현대 언어철학

현대 언어철학

Philosophy of Language: A Contemporary Introduction

초판 1쇄 발행 2021년 12월 10일
초판 2쇄 발행 2022년 1월 12일

지은이 윌리엄 G. 라이컨
옮긴이 서상복

펴낸이 김현태
펴낸곳 책세상
등록 1975년 5월 21일 제2017-000226호
주소 서울시 마포구 잔다리로 62-1, 3층(04031)
전화 02-704-1250(영업), 02-3273-1334(편집)
팩스 02-719-1258
이메일 editor@chaeksesang.com
광고·제휴 문의 creator@chaeksesang.com
홈페이지 chaeksesang.com
페이스북 /chaeksesang 트위터 @chaeksesang
인스타그램 @chaeksesang 네이버포스트 bkworldpub

ISBN 979-11-5931-772-9 93160

＊잘못되거나 파손된 책은 구입하신 서점에서 교환해드립니다.
＊책값은 뒤표지에 있습니다.

Philosophy of Language

A Contemporary Introduction

윌리엄 G. 라이컨 지음

서상복 옮김

현대 언어철학

책세상

《현대 언어철학》3판은 학생들에게 21세기 언어철학의 주요 쟁점과 이론을 소개하며, 특히 언어 현상을 집중적으로 다룬다. 책은 총 4부로 구성했다. 1부 '지칭과 지칭하기'는 러셀의 기술 이론과 제기된 반론, 도넬런의 구별, 대용의 문제, 고유 이름 기술 이론, 설의 다발 이론, 인과 역사 이론을 다룬다. 2부 '의미 이론'은 경쟁하는 언어 의미 이론을 개괄하고 유리한 점과 불리한 점을 다양하게 비교한다. 3부 '화용론과 화행'은 언어 화용론의 기초 개념을 소개하고 간접 효력의 문제를 상세히 논의한다. 4부 '표현과 비유'는 다양한 형태의 표현 언어와 '은유적 의미'는 무엇인지, 대다수 청자가 어떻게 은유적 의미를 쉽게 파악하는지 검토한다.

이 책의 특징

- 장별 개요와 요약
- 이해를 돕는 명확한 예시
- 학습 과제
- 주석이 달린 더 읽을거리 목록
- 용어해설

3판에 새로 추가한 내용

- 완전히 새로 쓴 14장 '표현 언어'는 반어, 비꼬는 말, 경멸 언어, 특히 중상/비방을 다룬다.
- 가식 이론에 관한 짧은 절을 (1) 지칭에 관한 수수께끼, (2) 반어, (3) 은유를 다룬 장에 각각 추가했다.
- 적합성 이론에 대한 논의를 확장하고, 특히 임시 개념 구성 또는 '풀기와 조이기' 개념을 은유에 적용한다.
- 카펠렌과 르포가 제기한 내용 의존에 관한 회의론을 새로 추가해 논의한다.
- 최신 정보에 근거해 새로운 문헌을 추가하고, 더 읽을거리 목록, 참고문헌 목록, 용어해설도 개선한다.

추억과 고마움을 담아서
밥과 마지 턴벌에게 바친다.

서문

제목에서 알 수 있듯 이 책은 21세기로 접어든 현대 언어철학의 주요 쟁점을 소개한 입문서다. 언어철학은 20세기 초부터 유행했으나, 언어철학의 쟁점이 선명하게 드러나기 시작한 시기는 1960년대 이후다.

지난 40년 동안 언어철학이 발전한 결정적 계기는 이론 언어학자들이 명확하게 표현한 형식적 문법과 구문에 언어철학자들이 주목한 점이다. 나는 이런 주목이 언어철학 분야에 활력을 불어넣은 비결이라고 믿으며, 이 책에서 그 점을 최대한 다룰 것이다. 그렇지만 유감스럽게도 문법과 구문이라는 주제에만 집중하지 못했다. 언어철학 분야에 능숙해지기 위해 반드시 익혀야 할 쟁점을 빠짐없이 소개해야 했기 때문에, 형식과 관련된 구문의 기초를 설명하는 데 충분한 지면을 할애할 수 없었다.

1980년 무렵에 심리철학/정신철학으로 돌아선 언어철학자도 있었고, 언어와 현실의 관계를 탐구하는 형이상학에 몰두한 언어철학자도 있었다. 이렇게 주의를 돌린 시도들이 많은 철학자의 흥미를 끌었고, 몇몇 괜찮은 교과서는 심리철학과 형이상학 가운데 하나에 집중하거나 둘 다에 집중했다. 블랙번은 《낱말 퍼뜨리기》를, 데빗과 스테를니는 《언어와 현실: 언어철학 입문》을 출간했다. 그러나 나의 선택은 달랐다. 이 저작들은 장점이 무엇이든, 언어 기제(linguistic mechanism)나 언어철학의 핵심 쟁점을 구체적으로 이해하는 데 그다지 도움이 되지 않는다고 생각했다. 이 책은 그런 언어 기제와 쟁점을 집중적으로 다룰 것이다. (형이상학이나 심리철학/정신철학을 공부하고 싶은 독자들은 마이클 루의 《형이상학》과 존 헤일의 《심리철학/정신철학》을 각각 참고하면 좋을 것이다. 두 책은 루틀리지 출판사의 현대철학 입문 총서로 출판되었다.)

이 책의 여러 장과 절은 언어 현상에 주목하고, 필요한 자료를 제공하는 형식으로 서술되었다. 먼저 언어 현상에 대해 논의한 학자의 이론을 설명한 다음, 어떤 반론이 제기되었는지 정리했다. 지면의 한계로 반론을 정리하지 못할 때는 각 경우에 다양한 이론가와 그들의 반대자들이 **첫수**를 어떻게 두었는지만 요약할 것이다. 특히 제기된 반론이 어떤 이론을 폐기할 만큼 치명적인지 의구심이 든다. 이론을 대표하는 학자들이 반론을 피하거나 논박하는 능력이 출중한 까닭이다. 진짜 현실적 이론 세우기는 이 책을 덮는 곳에서 시작한다.

나는 형식 논리학의 기호법, 특히 술어 논리 계산법을 약간 사용했다. 술어 논리 계산법으로 논점을 훨씬 명료하게 파악할 수 있다고 생각하는 까닭이다. 그러나 논리학의 기호법을 사용할 때마다 일상 언어로도 의미를 설명해 놓았다.

이 책에서 논의할 수많은 논문은 다음 선집들에 실려 있다. 올셰브스키의 《언어철학의 문제》, 로젠버그와 트래비스의 《언어철학의 읽을거리》, 데이비드슨과 하먼의 《문법의 논리》, 하니쉬의 《언어철학의 기본 주제》, 마티니치와 소사의 《언어철학》, 러들로의 《언어철학의 읽을거리》, 나이의 《언어철학: 큰 문제》, 배그래미언의 《현대 언어철학》, 스테인턴의 《언어철학의 관점》을 참고할 수 있다.

3부 화용론과 화행

4부 표현과 비유

현대 언어철학

Philosophy of Language: A Contemporary Introduction

서론

: 의미와 지칭

개요
Overview

일정한 종류의 표시[1]와 소리가 **의미**를 지닌다는 것, 우리 인간이 이에 관해 생각하지 않으면서도 의미를 파악한다는 것은 대단히 주목할 만한 사실이다. 철학적 의미 이론은 표시나 소리의 문자열이 유의미하다는 것, 특히 문자열이 어떤 효능으로 독특한 의미를 지니는지 설명해야 한다. 인간이 별다른 노력 없이 유의미한 발언을 만들어내고 이해하는 일이 어떻게 가능한지도 설명해야 할 것이다.

의미에 관해 널리 퍼진 생각에 따르면, 낱말과 복잡한 언어 표현은 세계 속 사물을 나타냄으로써 의미를 지닌다. 이런 의미 지칭 이론(refer-

---

1 (옮긴이) 'mark', 'sign', 'symbol'은 모두 '기호'로 옮길 수 있는 영어 낱말이다. 'mark'는 표시로, 'sign'은 기호나 표시로, 'symbol'은 상징이나 기호로 옮긴다. '기호'는 모든 영역에서 언어적 기호와 비언어적 상징을 포괄하는 개념으로 이해하면 좋을 듯하다. 라이컨은 '표시'를 '언어 표현'과 동의어로 사용하고 있다.

ential theory of meaning)은 상식에 부합하고 처음에는 매력이 있어 보이지만, 적절치 않다는 점이 아주 쉽게 드러난다. 우선 세계 속 사물을 실제로 나타내는 낱말은 전체 낱말의 일부에 불과하다. 다음으로 만약 모든 낱말이 고유 이름처럼 개별 사물을 골라내는(pick out) 것이라면, 우리는 애초에 문법에 맞는 문장을 형성할 수 없을 터다.

의미와 이해
Meaning and Understanding

다음에 서술한 내용을 아는 사람은 별로 없다.

> 1931년 히틀러가 미국을 방문했고, 관광하는 도중 아이오와주 키오컥에서 맥신이라는 이름의 여자를 만나 잠시 바람을 피웠으며, 페요테 선인장에서 추출한 마약을 흡입하고 (이 마약은 그에게 아주 작은 장화를 신은 개구리와 두꺼비 떼가 나치 독일의 국가를 부르며 행진하는 환각을 일으켰고), 디트로이트시 근교의 군수 공장에 잠입하여, 당시 부통령 커티스와 향후 물개 가죽에 관해 비밀 회담을 했고, 전기 병따개를 발명했다.

이를 아는 사람이 별로 없다고 말해도 좋은 이유는, 서술된 어떤 내용도 참이 아니라는 것이다. 앞에서 서술한 긴 문장을 (1)이라고 부르자. 그런데 놀랍고 주목할 만한 일은 바로 지금 여러분이 (1)을 읽었을 때 완벽하게 이해했다는 점이다. (1)을 받아들일 준비가 되어 있든 아니든, 여러분은 의식적으로 전혀 노력하지 않고 문장 (1)을 **이해했다.**

나는 방금 '놀랍고 주목할 만하다'고 말했다. 여러분은 아마 놀랍거나 주목할 만하다고 생각하지 않았을 것이다. 여러분은 숨 쉬고 먹고 걷는 것처럼 자연스럽게 낱말과 문장을 읽자마자 이해한다. 그런데 여러분은 어떻게 문장 (1)을 이해했는가? 이전에 (1)을 봤기 때문인가? 아니다. 우주 역사를 통틀어 누구도 내가 쓰기 전까지 문장 (1)을 쓰거나 발언하지 않았다고 확신한다. 여러분이 흡사한 문장을 봤기 때문에 (1)을 이해한 것도 아니다. (1)과 조금이라도 비슷한 문장을 만들어낸 사람이 과연 있었을까?

여러분은 한국어를 말할 줄 알고 (1)이 영어를 번역한 한국어여서 이해했다고 말할지도 모른다. 맞는 말이긴 하지만, 이런 접근은 수수께끼를 밀쳐두는 꼴이다. 여러분은 어떻게 "나 목말라", "입 다물어", "육수 더 많이" 같은 기본 표현이 아니라 (1)처럼 복잡하고 새로운 문장을 만들어내고 이해할 정도로 영어를 말할 수 있는가? 새로운 문장을 만들어내고 이해하는 능력은 참으로 놀라우며, 이를 설명하는 것은 여러분이 어떻게 숨 쉬고 먹고 걷는지 설명하는 일보다 훨씬 어렵다. 숨쉬기, 먹기, 걷기는 생리학자들이 설명했기 때문에 잘 이해할 수 있지만, 문장을 만들어내고 이해하는 능력은 아직 충분히 설명되지 못한 까닭이다.

깊이 생각해보면 단서 하나는 아주 분명하다. (1)은 낱말들로 엮여 있으며, 여러분은 낱말 하나하나를 이해한다. 그래서 여러분은 (1)에 나오는 낱말을 개별적으로 이해하고 또 낱말들을 엮은 어떤 방식을 이해하기 때문에, (1)을 이해하는 것처럼 보인다. 뒤에서 살펴보겠지만 이는 매우 중요한 사실이다. 여기서는 우선 이 정도만 언급하고 넘어가겠다.

지금까지 우리는 화법(speech)[2]을 만들어내고 이해하는 인간의 능력에 대해 논의했다. 이제 언어 표현 자체를 연구 대상으로서 고찰해보자.

---

2 (옮긴이) 'speech'는 기호와 음성 체계인 언어(language)를 사용해서 감정, 의지, 사상을 표현하거나 전달하는 행동이 강조되는 말로서 언어를 뜻한다. 단독으로 쓰일 때 화법이라고 옮기고, 'speech act'는 '화행'으로 옮겼다. '화행(話行)' 이론은 12장에서 자세히 다룬다.

(2) 더블유 지에프제이에스디케이에이치제이 제이아이오비에프지엘
지엘에프 유디

(w gfjsdkhj jiobfglglf ud)

(3) 거실에 휘발유를 끼얹는 것은 위험하다.

(It's dangerous to splash gasoline around your living room.)

(4) 좋다 의 떨어져 새침하게 그 한 그 그 왜.

(Good of off primly the a the the why.)

(1)~(4)는 모두 표시의 (또는 발음했다면 소리의) 문자열이다. 네 문자열은 서로 극적으로 다르다. (1)과 (3)은 유의미한 문장이지만, (2)와 (4)는 의미 없는 헛소리(gibberish)다. (4)는 개별적으로 유의미한 낱말을 포함한다는 점에서 (2)와 다르지만, 낱말들은 문장을 구성하도록 연결되지 않아서 아무것도 의미하지 못한다.

그렇다면 소리나 표시의 일정한 배열은 자연적으로 드물고 긴급하게 설명이 필요한 특징이 있다. **어떤 것을 의미함**(meaning something)이라는 특징이다. 그런 문자열은 각각 특별하게 어떤 것을 의미함이라는 구체적인 속성을 갖는다. 예를 들어 (3)은 거실에 휘발유를 끼얹는 것이 위험함을 의미한다.

그래서 철학적 언어 연구는 다음과 같은 사실을 자료로 받아들이면서 시작한다.

- 표시나 소리의 어떤 문자열은 유의미한 문장이다.
- 각 유의미한 문장은 자체로 유의미한 부분들을 갖고 있다.
- 각 유의미한 문장은 무언가를 특별히 의미한다.
- 어떤 언어의 유능한 화자들은 그 언어의 문장을 대부분 노력하지 않아도 순간적으로 이해할 수 있다. 그들은 또한 같은 방식으로 문장을 만들어낸다.

그리고 이 자료는 모두 설명할 필요가 있다. 표시나 소리의 계열은 무엇의 효능으로 의미를 지니는가? 무엇의 효능으로 이런 분자열은 독특하게 의미한 것을 의미하는가? 또 인간은 어떻게 어울리는 유의미한 화법(appropriate meaningful speech)을 이해하고 만들어낼 수 있는가?

지칭 이론
The Referential Theory

앞에서 언급한 자료에 대한 매력적이고 상식에 부합한 설명이 있다. 우리가 열 살이나 열한 살 무렵에 생각해낼 만큼 매력적이다. 언어 표현이 **사물을 나타내기** 때문에 의미를 지닌다는 생각이다. 언어 표현들이 의미하는 것은 언어 표현들이 나타낸 것이다. 이 견해에 따르면 낱말은 상품에 붙인 꼬리표(labels)처럼 세계 안에 있는 항목(items in the world)을 표상/재현, 지목, 명명, 지시, 지칭한다. '아돌프 히틀러'라는 이름은 히틀러라는 사람을 지시하고, '개'라는 명사는 세계 안에 있는 개들을 지칭하고, 마찬가지로 프랑스어 'chien'(시앙)과 독일어 'Hund'(훈트)도 세계 안에 있는 개들을 지칭한다.[3] "고양이는 깔개 위에 앉았다"라는 문장은 어떤 고양이가 어떤 깔개 위에 앉았음을 표상하고, 추정컨대 '고양이'는 고양이를, '깔개'는 깔개를, '위에 앉았음'은 (이런 식으로 말할 수 있다면) 고양

---

3 (옮긴이) 홑 따옴표 안에 들어간 낱말에 해당하는 영어 단어 앞에 모두 정관사 'the'가 붙는데, 우리말로 옮길 때 대부분 생략했다. 우리말은 정관사 없이도 문맥이나 상황에 따라 특정한 낱말이나 어구가 단 하나의 개체를 가리킨다고 암묵적으로 승인되기 때문이다. 영어에서는 정관사와 부정관사를 구별하고 낱말 앞에 쓴다. 정관사 'the'는 확정된 사물을 가리키기 위해 낱말이나 구 앞에 붙고, 부정관사 'a/an'은 일반 명사나 집합명사 단수형 앞에 붙는다. 'the'는 '그'로, 'a'는 '한', '하나의', '어느', '어떤'으로 번역할 수 있으나, 우리말로 옮길 때 대부분 생략한다. 일일이 옮기면 오히려 우리말로 원문의 취지를 제대로 전달할 수 없기 때문이다.

이가 깔개 '위에 앉았음'이라는 관계를 지시한다. 이처럼 문장은 기술한 사태를 비추며, 이것이 바로 문장이 사물을 의미하는 방식이다. 당연히 대다수 낱말은 그것이 지칭하는 것과 **제멋대로/임의적으로(arbitrarily)** 연합한다. 어떤 이는 단순히 히틀러를 '아돌프'라고 불러야 한다고 결심했고, '개'라는 문자나 소리는 뭐든 의미하기 위해 사용할 수 있었다.

언어 의미 지칭 이론은 모든 표현의 의의(significance)를 표현들이 세계 속 사물이나 사태들과 관습적으로(conventionally) 연합함의 효능으로 설명하고, 인간이 문장을 이해함도 문장을 이루는 요소인 낱말들이 무엇을 지칭하는지 앎의 측면에서 설명할 것이다. 이는 자연스럽고 호소력이 있는 견해다. 여기까지 보면 언어 의미 지칭 이론은 명백히 옳은 것처럼 보인다. 어떤 사람이든 지칭(reference)이나 명명하기(naming)가 낱말과 세계 사이에 성립하는 가장 분명하고 익숙한 관계라는 점을 부정하기는 어려울 것이다. 하지만 지칭 이론은 검토의 대상이 되자마자 심각한 반론에 직면한다.

반론 1

모든 낱말이 실제 대상(actual object)을 명명하거나 지시하는 것은 아니다.

첫째, 페가수스나 부활절 토끼 같은 실존하지 않는 대상에 붙인 '이름'이 있다. '페가수스'는 아무것도 지시하지 않는다. 왜냐하면 '페가수스'라는 이름이 지시하는 날개 달린 말은 현실에 없기 때문이다. (3장에서 이런 이름들에 대해 더 길게 논의하겠다.) 혹은 양화 대명사를 살펴보라.

(5) 나는 아무도 보지 못했다.

  (I saw nobody.)

'아무도 … 아니다/않다/없다/못하다(nobody)'에서 '아무도'를 이름으로 생각하고 "그러면 너 틀림없이 시력이 엄청 좋은 거야"라고 응수하는

20

것은 진부한 농담이다. 캐럴(Lewis Carroll, 1832~1898)은 《이상한 나라의 앨리스》에서 이렇게 말한다. "너 길에서 누구를 지나쳤어?(Who did you pass on the road?)" … "아무도 지나치지 않았지.(Nobody.)" … "그래서 물론 아무도 너보다 더 느리게 걷지 않은 거지.(So of course nobody walks slower than you.)"[4] 또 커밍스(edward estlin cummings, 1894~1962)(커밍스는 이름의 첫 글자를 소문자로 표기하기 위해 법적 절차를 밟았다)의 시 〈예쁜 어떻게 도시에서 살았던 누구든지〉[5]에 대해, 커밍스가 '누구든지(anyone)'와 '아무도 … 아니다/않다(no one)' 같은 표현을 개별 사람의 이름처럼 삐딱하게 사용하고 있음을 알아채기 전까지 독자들은 뜻을 파악하기 어렵다.

둘째, 단순 주어와 술어 형식의 문장을 살펴보자.

> (6) 랠프는 뚱뚱하다.
>
> (Ralph is fat.)

'랠프'는 특정한 사람을 명명할 수도 있지만, '뚱뚱하다'라는 형용사는 어떤 개체를 명명하거나 지시하지 않는다. 뚱뚱하다는 표현은 확실히 랠프를 명명하지 않고, (공정성 여부를 떠나) 랠프를 기술하거나 특성 짓는다.

우리는 '뚱뚱하다'가 추상체를 지시한다고 제언할 수도 있다. 예를 들면 '뚱뚱하다'와 그밖에 다른 형용사가 사물의 **성질**(qualities)을(혹은 '고유 성질'이나 '속성', '특징', '특성' 따위를) 지칭한다고 말할 수도 있다. '뚱뚱하다'가 뚱뚱함이라는 추상체를 명명한다고 말할 수도 있고, 또는 플라톤이라면 뚱뚱함 자체(The Fat Itself)를 명명한다고 말했을 것이다. 어쩌면 (6)은 랠프가 뚱뚱함이라는 성질을 갖거나 예시하거나 뚱뚱함이라는

---

4 캐럴, 《이상한 나라의 앨리스·거울 나라의 엘리스(Alice's Adventures in Wonderland and Through The Looking Glass)》(London: Methuen, 1978), 180쪽.

5 커밍스, 《시 전집 1913~1962》(New York: Harcourt, Brace, Jovanovich, 1972).

1장 서론: 의미와 지칭   21

성질의 사례라고 말한 것일지도 모른다. 이런 해석에 근거하면 '뚱뚱하다(is fat)'는 '뚱뚱함을 가진다'를 의미할 것이다. 그러나 이때 만약 주어와 술어 의미(subject-predicate meaning)는 속성의 이름과 개체의 이름을 계사(copular) '이다(is)'를 사용해 나란히 놓기(concatenating)의 문제로 생각한다면, 개체가 속성을 가짐처럼 '이다'가 나타내는 '가짐'의 관계가 필요할 것이다. 그것은 (6)이 다시 "랠프는 뚱뚱함과 관계를 가짐의 관계를 맺는다(Ralph bears the having relation to fatness)" 같은 어떤 것을 의미하게 만들어서, 우리는 '관계를 맺는다'라는 새로운 관계를 원래 개체와 관계, 그리고 속성과 이어줄 셋째 추상체가 필요할 것이다. 이렇게 넷째, 다섯째 관계가 필요할 것이고, 또 다른 관계가 영원히 필요할 터다. (이런 무한 후퇴(infinite regress)의 문제는 브래들리(Francis Herbert Bradley, 1846~1924)가 1930년에 출간한 《현상과 현실》, 17~18쪽에서 지적했다.)

셋째, 문법상 명사(nouns)[6]지만, 직관적으로 개별 사물이나 사물의 종류를 명명하지 않고, 실존하지 않는 '사물'을 명명하지도 않으며, 성질 같은 추상체도 명명하지 않는 낱말이 있다. 콰인(Willard Van Orman Quine, 1908~2000)은 《말과 대상》에서 '목적/이유/동기(sake)', '이익/원조/지지(behalf)', '힘/타격(dint)'을 예로 든다. 사람은 때때로 다른 사람의 목적이나 이익을 위해 어떤 일을 하지만, 여기서 목적이나 이익은 수혜자와 묶여 있는 대상이 아닌 것 같다. 또는 사람은 고된 일의 힘으로 무엇을 성취하지만, 여기서 힘은 사물이나 사물과 비슷한 종류가 아니다. '미량/소량(whit)'과 '공모/한패(cahoot)'가 그런지는 확실치 않다. 이 낱말들은 명사기는 해도 확실히 특정한 종류의 대상을 지칭함으로써 의미를 갖지 않고, 긴 구문에 나타남으로써만 의미를 갖는 것처럼 보인다. 그런 점에서 **유의미한** 낱말이지만, 단독으로는 거의 아무것도 의미

---

6 (옮긴이) 'noun'은 명사(名詞)로 옮기며, 사물의 이름을 나타내는 품사다. 3장에 나오는 'name'은 '이름'으로 옮긴다.

할 수 없다.

넷째, 이름을 제외하면 화법(speech)을 구성하는 명사가 아닌 여러 요소는 어떤 종류든 사물을 지칭하지 않는 것처럼 보인다. 예컨대 '매우 (very)', '…의(of)', '그리고(and)', '그(the)', '한/어느/어떤(a)', '예/그렇다/그래(yes)', '어이/이봐(hey)', '아아(alas)'는 어떤 부류의 사물이든 어떤 식으로도 지칭하는 것 같지 않다. 그렇지만 물론 이 낱말들은 유의미하며 어느 유능한 영어 화자라도 이해하는 문장 속에 나타난다.

(이처럼 사물을 지칭하지 않는 낱말이 분명히 있지만, 지칭 이론이 결정적으로 논박되었다고 모든 사람이 확신하는 것은 아니다. 실제로 몬테규(Richard Montague, 1930~1971)는 〈논리적 필연성, 물리적 필연성, 윤리와 양화사〉에서 아무것도 지칭하지 않는 것처럼 보이는 낱말에도 높은 수준의 추상적 지칭체(referent)를 할당한다. 적어도 일부는 지칭한다고 가정된 것을 지칭함으로써 의미를 갖는다고 주장하면서 세련되고 전문성이 매우 높은 이론을 세우려고 했다. 몬테규의 체계는 10장에서 추가로 논의할 것이다.)

반론 2
지칭 이론에 따르면 문장은 이름들의 목록이다. 그러나 이름들을 나열한 단순한 목록은 아무것도 말하지 않는다.

> (7) 프레드 마사 어빙 필리스
>
> (Fred Martha Irving Phyllis)

(7)은 설령 마사나 어빙이 물체가 아니라 추상체일지라도, 어떤 것이든 주장하기 위해 사용할 수 없다.

> (8) 랠프 뚱뚱함
>
> (Ralph fatness)

어떤 이는 (8)과 같이 개체의 이름을 성질의 이름과 나란히 이어 놓으면 결과로 나온 문자열이 정상적인 주어와 술어 의미를 지니고, 랠프는 뚱뚱하다고 말하는 셈이라고 가정할지도 모른다. 러셀은 직업 철학자로서 경력을 쌓던 초기에 사물의 올바른 종류에 올바른 순서로 붙인 이름들의 목록을 작성함으로써 사람들이 한 사태의 집단명(the collective name of a state affair)을 형성할 것이라고 제언했다. 그러나 사실 (8)은 문법에 맞지 않는 표현이다. 정상적으로 주어와 술어의 의미를 지니려면, 아래 문장 (9)처럼 동사가 들어가야 하기 때문이다.

(9) 랠프는 뚱뚱함을 (가지거나 예시한다).
(Ralph (has/exemplifies) fatness.)

그런데 (9)는 브래들리의 무한 후퇴에 빠질 것이다.

반론 3

다음에 이어질 두 장에서 논의하겠지만, 의미가 지칭보다 외연이 더 크다는 점을 보여준다고 생각되는 특정한 언어 현상이 있다. 특히 공동지칭 명사/용어들(coreferring terms)은 흔히 동의어가 아니다. 다시 말해 두 명사/용어는 지칭체를 공유할 수 있으나 의미가 다를 수 있다. '호르헤 마리오 베르고글리오(Jorge Mario Bergoglio〔로마 가톨릭교회의 266대 교황의 예수회 시절 본명. 2013년 교황이 되면서 받은 이름은 프란치스코다〕)'와 '교황(the Pope)'을 예로 들 수 있겠다.

우리는 무엇을 명명하는 것과 다르게 유의미한 표현이 되는 방식이 적어도 하나 있다고 결론지어야 할 것 같다. 사물을 명명하는 몇몇 표현에 대해서도 마찬가지일 듯하다. 비록 제각기 고유한 난점에 직면해도 지칭 이론을 뛰어넘는 여러 의미 이론이 있다. 2부에서 여러 의미 이론과 끊임없이 결부되는 난점을 좀 더 살펴보겠다. 그러나 먼저 이어질 1부의 세 장에서 명명하기(naming), 지칭하기(referring) 같은 화법(speech)의 본성을 살펴볼 것이다. 일부는 의미 지칭 이론이 실패했더라도 지칭은 여전히 중요하기 때문이고, 일부는 지칭에 관한 논의가 의미 이론을 평가하는 데 필요한 몇몇 개념을 끌어들일 때 도움을 주기 때문이다.

요약

- 표시나 소리의 어떤 문자열은 **유의미한 문장**이다.
- 정상적인 사람이라면 누구나 아주 길고 새로운 문장이라도 즉각 의미를 파악할 수 있다는 점은 놀라운 사실이다.
- 각 유의미한 문장은 자체로 유의미한 부분들을 갖고 있다.
- 의미 지칭 이론은 처음에 매력적인 것처럼 보이더라도 몇 가지 강력한 반론에 직면한다.

학습 과제

1. 여러분은 여기서 진술된 지칭 이론에 대한 반론 말고 다른 반론을 생각해낼 수 있는가?
2. 반론 1과 2는 둘 다 공정한가? 아니면 지칭 이론가들이 응수할 만한 그럴듯한 답변이 있는가?

더 읽을거리

- 지칭 이론에 맞선 가장 집요한 비판자는 비트겐슈타인일 것이다. 그는 《철학적 탐구》(1953)의 1부에서 지칭 이론을 비판한다. 비트겐슈타인의 비판을 밀고 나간 체계적인 공격은 바이스만의 《언어철학의 원리》(1965: 8장)에서 찾아볼 수 있다.
- 반론 3의 배후에 놓인 논증은 프레게의 〈개념과 대상에 대하여〉(1892/1952)에서 찾아볼 수 있다.
- 브래들리의 무한 후퇴에 대한 추가 논의는 월터스토프의 《보편자에

대하여: 존재론에 관한 소론》(1970: 4장), 루와 크리스프의《형이상학》
(2017: 1장)에 포함되어 있다.

1부

지칭과 지칭하기

Reference and Referring

확정 기술

개요
Overview

의미 지칭 이론이 모든 낱말에 대해 유효하지 않더라도, 적어도 단칭 명사(고유 이름과 대명사, 확정 기술처럼 단일 개체를 지칭하는 명사/용어)에는 적용되지 않을까 생각할 수도 있을 것이다. 그러나 프레게(Gottlob Frege, 1848~1925)와 러셀(Bertrand Russell, 1872~1970)은, 확정 기술이 적어도 지시한 것을 지시함의 효능으로 의미한 것을 의미하지 않는다는 강력한 논증을 제시했다. 러셀은 "거기 사는 여자는 생화학자다(The woman who lives there is a biochemist)" 같은 확정 기술(definite descriptions)[1]을 포함

---

1 (옮긴이) 우리는 사물(일, 사건, 사실, 물체, 대상 등)에 대해 말하기 위해 '기술 (description)'이라는 방법을 사용한다. '기술'은 무엇을 있는 그대로 기록하거나 서술 하거나 묘사하는 활동이나 방법을 가리킬 뿐만 아니라 그렇게 기록하거나 서술하거나 묘사한 어구를 뜻한다. '기술'에 '구'라는 의미가 포함되어 있으므로 굳이 '기술구'라고 쓸 필요는 없을 듯하다. 영어에서 '확정 기술(the definite descriptions)'은 앞에 대부 분 정관사 'the(그)'를 붙여 쓰지만, 우리말로 옮길 때 '그'는 생략한다. '그'를 생략해도

한 문장은 겉으로만 주어와 술어 형식을 갖춘 것처럼 보이며, 현실적으로 (논리적으로) 다음과 같은 세 가지 일반 명제와 동치라고 주장했다. "적어도 한 여자가 거기 살고, 기껏해야 한 여자가 거기 살며, 거기 사는 이는 누구든지 생화학자다(At least one woman lives there, and at most one woman lives there, and whoever lives there is a biochemist)."

러셀은 이런 논리적 분석을 통해, 골치 아픈 네 논리적 수수께끼를 해결할 수단도 각각 제공할 수 있다고 주장한다. 실존하지 않는 대상(nonexistents)을 지칭하는 것처럼 보이는 문제, 부정 실존 문장의 문제, 동일성 진술에 관한 프레게의 수수께끼, 대체성의 문제를 각각 해결할 수 있다는 것이다.

러셀의 기술 이론에 다양한 반론이 제기되었다. 스트로슨(Peter Frederick Strawson, 1919~2006)은, 러셀의 기술 이론이 우리의 일상 언어 습관과 상충한다고 지적했다. '현재 프랑스의 왕(The present King of France)'을 주어로 갖는 문장은 적어도 한 사람의 프랑스 왕(one King of France)이 있다고 선제[2]하지만, 한 사람의 왕이 없더라도 **거짓**이 되는 것은 아니다. 오히려 그 문장은 적당한 진술을 하기 위해 사용될 수 없고, 그래서 어떤 참

맥락상 유일한 대상을 가리킴을 알 수 있기 때문이다. 그런데 '김구의 어머니'처럼 고유 이름과 일반 명사를 소유격으로 이은 말도 확정 기술이 될 수 있다. 김구의 어머니는 한 사람밖에 없고, 화자는 '김구의 어머니'라는 확정 기술로 김구의 유일한 어머니를 지칭할 수 있다. 불확정 기술(indefinite descriptions) 앞에는 언제나 부정관사 'a/an(한/어떤/어느)'이 붙는다. 우리말로 옮길 때 꼭 필요한 경우가 아니면 '한, 어떤, 어느'도 대부분 생략한다. 이를 생략하더라도 유일한 사물이 아닌 여러 대상 가운데 하나를 가리킨다는 점이 명백하기 때문이다.

2 (옮긴이) 'presupposition'을 '전제'나 '선제'로 옮기는 철학자들이 많다. 그런데 '전제'는 논증에서 결론을 뒷받침하는 문장을 가리키는 말로 널리 사용되므로, 구별하기 위해 '선제'로 옮긴다. 실제로 '선제'라는 용어를 사용하는 분석철학자들도 많다. '선제(先提)'는 사전에 아직 등록되지 않은 용어로 '미리 또는 앞서 가정함'이나 '미리 또는 앞서 무엇을 가정함'을 뜻하고, 철학적 맥락에 따라 독특한 의미로 사용된다.

값[3]도 갖지 못한다. 그리고 러셀의 이론은 기술이 대부분 맥락에 구속되고, 특정한 배경에 놓일 때만 유일하게 지시한다는 사실을 무시한다. 예컨대 "탁자 위에 있는 책을 내게 주세요(Bring me the book on the table)"라는 문장은 제한된 장소라는 배경에서만 진술된다. 스트로슨은 러셀이 문장과 문장의 논리적 속성을 지나치게 추상적으로, 다시 말해 구체적 상황과 거리가 먼 방식으로 다루어서, 현실에서 사람들이 대화할 때 어떻게 문장을 사용하는지를 고려하지 않았다고 주장한다.

도넬런(Keith Donnellan, 1931~2015)은, 설령 러셀이 기술의 몇몇 사용에 대해서 옳은 주장을 했더라도, 기술이 지칭체의 속성과 무관하게 단지 특정한 개인이나 사물을 지시하려고 '지칭적으로(referentially)' 사용되는 흔한 경우를 무시했다고 지적한다.

끝으로 러셀식 논법에 도전할 수 있는 또 다른 기술의 사용으로 '대용적' 사용(anaphoric uses)이라 불리는 것이 있다.

단칭 명사
Singular Terms

영어 또는 다른 어느 자연 언어(natural languages)에서도 지칭을 위한 전형적 수단은 단칭 명사[4]다. ('개'나 '갈색'처럼 하나보다 많은 사물에 적용하는 일반

---

3 (옮긴이) 'truth-value'는 '참값'으로 옮겼으나 '진리치', '진리값'이라고 번역되기도 한다. 여기서 참값은 문장이 가지는 값을 말하며 참과 거짓이라는 두 값을 가진다고 가정한 이론이 표준 논리이고, 참과 거짓뿐 아니라 제3, 제4의 값을 가정한 이론은 비표준 논리라고 부른다.

4 (옮긴이) 'term'은 '명사(名辭)'나 '용어(用語)'로 옮겼다. 두 낱말 모두 개념을 나타내는 말이다. 명사는 특히 정언 명제를 구성하는 요소며, 용어는 특정 전문 분야에서 사용하는 말을 뜻한다.

명사와 대조적으로) 단칭 명사는 특정한 개인, 장소, 대상을 가리키거나 지시하는 표현이다. 단칭 명사에는 고유 이름('제인', '윈스턴 처칠', '자카르타', '7', '오후 3:17'), 확정 기술('영국의 여왕', '깔개 위 고양이', '끝에서 둘째 학과 회의'), 단수 인칭 대명사('너', '그녀'), 지시 대명사('이것', '그것/저것'), 그 밖에 몇 가지가 포함된다.

의미 지칭 이론이 모든 낱말에 대해 참이 아니더라도, 적어도 단칭 명사에 대해 참이라고 합당하게 기대할 수도 있다. 그러나 프레게는 〈개념과 대상에 대하여〉(1892/1952a)와 〈뜻과 지칭에 대하여〉(1892/1952b)에서, 러셀은 〈지시하기에 대하여〉(1905/1956)와 〈논리 원자론 철학〉(1918/1956), 《수리 철학 입문》(1919/1971)에서 의미 지칭 이론이 확정 기술에 참되게 적용되지 않는다고 주장했다. 그리고 의미 지칭 이론이 일상적으로 쓰는 단칭 명사에 참되게 적용될 수 있을지에도 의문을 제기했다.

프레게와 러셀은 단칭 명사에 관한 네 논리적 수수께끼를 발표했는데, 세 수수께끼는 1장에서 의미 지칭 이론에 제기한 반론과도 겹친다.

실존하지 않는 대상을 지칭하는 것처럼 보이는 문제
The Problem of Apparent Reference to Nonexistents

다음 문장을 살펴보자.

(1) 제임스 모리아티는 대머리다.

(James Moriarty is bald.)

(모리아티 교수는 코난 도일(Arthur Conan Doyle, 1859~1930)이 〈마지막 사건(The Final Problem)〉에서 자세하게 묘사한 셜록 홈즈의 숙적이다.)[5] 이제 다음에 열거

---

5 코넌 도일, 스미스 엮음, 《셜록 홈즈의 모험(The Adventures of Sherlock Holmes)》 1권(New York: Heritage Press, 1950). 모리아티 교수에 관해 호기심을 자아내는 사실

한 진술들의 집합은 일관되게 주장할 수 없다. (다시 말해 논리적 모순에 빠지기 때문에 한꺼번에 참이 될 수 없다.)

> J1 (1)은 유의미하다. (의의가 있거나 무의미하지 않다.)
>
> J2 (1)은 주어와 술어 형식의 문장이다.
>
> J3 유의미한 주어와 술어 형식의 문장은 (오로지) 어떤 개별 사물을 골라내기(picking out)와 그 사물에 어떤 속성이 있다고 여김의 효능으로 의미를 지닌다.
>
> J4 (1)의 주어 명사는 실존하는 어떤 사물이든 골라내거나 지시하는 데 실패한다.
>
> J5 만약 (1)이 한 사물을 골라내고 그 사물에 어떤 속성이 있다고 여김의 효능으로만 유의미하고(J1, J2, J3이 참이고), (1)의 주어 명사가 실존하는 어떤 사물이든 골라내는 데 실패하면(J4가 참이면), 결국 (1)은 (J1과 반대로) 유의미하지 않거나 실존하지 **않는** 어떤 사물을 골라낸다. 그러나 다음과 같다.
>
> J6 '실존하지 않는 사물(nonexistent thing)' 같은 것은 없다.

문제는 J1~J6이 각각 참인 것처럼 보인다는 점이다.

부정 실존 문장의 문제
The Problem of Negative Existentials

앞으로 살펴보겠지만, 이는 앞에서 다룬 수수께끼의 특수한 경우로 한층 까다롭고 골치 아픈 문제다. 다음 문장을 살펴보자.

은 육군 대령 출신 형제가 한 사람 있고, 그도 제임스라는 이름으로 불린다는 점이다(여러분이 홈즈광이고 그런 사실을 아직 몰랐다면, 여러분은 기꺼이 즐기며 검증하려 할 것이다).

(2) 페가수스는 실존한 적이 없었다.

(Pegasus never existed.)

(2)는 참인 듯하고, 벨레로폰의 말(馬) 페가수스에 관한 것인 듯하다.[6] 그런데 만약 (2)가 참이라면, (2)는 페가수스에 관한 것일 수 없는데, 페가수스에 관한 것이 될 만한 독립체[7]가 없는 까닭이다. 마찬가지로 만약 (2)가 페가수스에 관한 것이라면, (2)는 거짓인데, 그때 페가수스는 어떤 뜻에서 실존해야 하는 까닭이다.

프레게가 거부했고 나중에 러셀이 훨씬 더 격렬히 거부했던 실존하지 않는 대상(nonexistents)을 지칭하는 것처럼 보이는 문제와 부정 실존 문장의 문제에 대해 이전 철학자가 내놓은 해결책은 주목할 가치가 있다. J1은 논란의 여지가 없다. J2는 명백해 보이고, J4는 정확한 사실이며, J5는 사소하게[8] 참이다. 마이농(Alexius Meinong, 1823~1920)[9]은 대담하

---

6 (옮긴이) 벨레로폰(Bellerophon)은 그리스 신화 속 코린트의 영웅이고, 페가수스는 영웅 페르세우스가 메두사의 목을 벨 때 흘린 피에서 태어난 말로 등에 날개가 달려 있었다. 벨레로폰은 페가수스를 길들여 타고 괴물을 퇴치했다고 한다. 페가수스는 신화 속 대상이므로 실존하지 않으나, 고유 이름이므로 그것이 가리키는 대상이 어떤 뜻에서 있어야 한다고 생각하기에 역설이 생겨난다.

7 (옮긴이) '독립체'는 'entity'의 번역어다. 'entity'는 일반적으로 '대상(object)'이나 '사물/물건/것(thing)'으로 옮길 수도 있지만, 이 낱말들과 구별할 필요가 있다. 'entity'는 라틴어에서 유래한 말로 'being'과 동의어지만, 다른 존재들과 구별되어 독립적으로 있는 것들을 총칭하는 일반 명사이므로 '독립체'라고 옮겼다.

8 (옮긴이) '사소하게'란 말은 'trivially'의 번역어다. 논리학에서 동일률, 모순율, 배중률 같은 논리 법칙은 세계에 대한 정보를 제공하지 않고 논증의 타당성을 증명하기 위해 따라야 하는 규칙일 뿐이다. 이 논리 법칙들은 모든 가능 세계에서 참인 명제로 형식적으로 참이다. 이것을 사소하게 참이라고 부른다. 타당한 연역 논증은 전제들이 모두 참이라고 가정할 때 결론의 참을 필연적으로 보장하며, 결론은 전제들에 이미 포함되어 있다. 이때 결론은 사소하게 참이다.

9 (옮긴이) 오스트리아의 철학자이자 심리학자다. 지향성이 정신 상태의 근본 특징이라고 생각했으며, 독특한 대상 이론으로 유명하다. 실존하는 것뿐 아니라 속성과 가치도 대상에 포함되며, 심지어 불가능한 대상도 어떤 점에서 존재한다고 주장했다.

게 J6를 부정하는 쪽으로 갑자기 방향을 틀었다. 마이농은, 성 안셀무스 (Saint Anselm of Canterbury, 1033/34~1109)[10]와 같은 방식으로 가능한 어떤 사유 대상이든, 심지어 자기 모순적 대상조차 어떤 종류로서 **존재**[11]라는 속성을 가지며, 이런 대상들 가운데 소수만 현실(reality)에 실존할 만큼 운이 좋기도 하다고 주장한다. 모리아티(코넌 도일의 추리 소설에서 셜록 홈즈의 숙적으로 등장하는 지능이 뛰어난 범죄자다)는 가능한 사유 대상으로서 존재(being)라는 속성을 지녀서 지칭될 수 있지만, 영국과 세계에 다행스럽게도, **실존함**(existing)이라는 속성을 갖지 못한다.[12]

이렇게 설명될 수밖에 없는 구별을 활용해 마이농은 특히 부정 실존 문장을 아주 쉽게 처리할 수 있었다. 부정 실존 문장은, 존재라는 속성을 지니지만 실존이라는 속성을 지니지 않는 독립체(entity)에 대해 말한다. 세크러테리엇, 씨비스킷, 스마티 존스(유명한 경주마들의 이름이다) 같은 말은 실존했으나 날개가 없었다. 페가수스는 날개는 있지만 실존한 적이 없었다. 그런 일은 우연히 일어난다.

프레게는 훨씬 그럴듯하게 J3을 거부함으로써 실존하지 않는 대상을 지칭하는 것처럼 보이는 문제를 처리했다. 그는 '뜻(sense)'이라는 추상체(abstract entity)를 상정했고, 단칭 명사는 지칭체에 더해 뜻을 지님의 효능으로 유의미하고, 지칭하지 않는 단칭 명사의 경우에는 지칭체 대

---

10 (옮긴이) 이탈리아의 그리스도교 신학자이자 철학자다. 존재론적 신 증명으로 유명한데, 완전한 존재는 관념으로만 존재하는 것보다 현실적으로 존재해야 더 완전하므로 완전한 신은 존재할 수밖에 없다고 주장했다.

11 (옮긴이) '존재(being)'는 개체, 속성, 관계를 비롯해 있는 모든 것을 포함하는 개념이어다. '실존함(existing)'은 대상이나 개체가 시간과 공간 안에, 현실 세계에 정말로 있음을 뜻하는 말이다. 맥락에 따라 두 낱말은 서로 바꿔 쓰기도 한다. 존재하는 모든 것이 실존하는 것은 아니다. 실존은 엄밀한 뜻에서 시간·공간적으로 존재를 확인할 수 있다는 뜻을 담고 있다. 따라서 존재와 실존을 구별해 옮겼다. 그러나 사람들은 일상적으로 존재와 실존을 엄밀히 구별하지 않고 모호하게 사용하므로 맥락에 따라 구별할 수밖에 없다.

12 안셀무스는 실존이 **완전함**임을 논증함으로써 특히 신의 실존을 증명하려고 했다.

신에 뜻을 지님의 효능으로 유의미하다고 주장했다. 다시 말해 단칭 명사는 뜻을 표현하므로, 실제로(actually) 지칭하든 않든 유의미하다.

부정 실존 문장을 비롯한 다른 문제에 대한 프레게의 해결책은 다음 장에서 간략하게 개괄하겠다.

동일성에 관한 프레게의 수수께끼
Frege's Puzzle About Identity

다음과 같은 동일성 진술을 살펴보자.

> (3) 마크 트웨인은 새뮤얼 랭혼 클레먼스다.[13]
>
> (Mark Twain is Samuel Langhorne Clemens.)

(3)은 동일성 진술로 두 단칭 명사(singular terms)를 포함한다. (만약 (3)이 참이라면) 두 단칭 명사는 같은 사람이나 같은 사물을 골라내거나 지시한다. 그때 진술 (3)이 말한 것은 단순히 그 사람이 그 사람과 동일하다는 것, 그 사람이 자신과 동일하다는 것인 듯하다. 그렇다면 진술 (3)은 **사소하다**(trivial). 왜냐하면 (3)은 "마크 트웨인은 마크 트웨인이다"라는 것 이상을 말하지 않기 때문이다. 그렇지만 (3)은 두 측면에서 사소해 보이지 않는다. 첫째, (3)은 누군가 (3)을 읽음으로써 새로운 무엇(트웨인의 실제 정체성에 관한 무엇이나 클레먼스가 유명한 저자였다는 것)을 배울 수도 있다는 점에서 정보를 제공한다. 둘째, (3)은 **우연적**(contingent)이고, 철학자들이 말하듯 (3)이 진술한 사실은 그럴 필요가 없었다. 현실은 달리 존재했을 수 있다. 클레먼스는 트웨인 가면을 쓴 척했거나 어떤 책도 쓰지 않았을

---

13 (옮긴이) 마크 트웨인은 19세기 미국 소설가로 《톰 소여의 모험》, 《허클베리 핀의 모험》 같은 청소년 모험담을 발표해 인기를 끌었다. 새뮤얼 랭혼 클레먼스는 마크 트웨인의 본명이다.

수도 있다. 그래서 (3)에 등장한 단칭 명사 가운데 적어도 하나는 지칭체에 더해 어떤 종류의 의미를 반드시 지니거나 그런 의미에 공헌/기여해야 하는 것 같다.

대체성의 문제
The Problem of Substitutivity

단칭 명사의 기능은 개별 사물을 골라내서 담론(discourse)에 끌어들이는 것이다. 의미 지칭 이론을 전적으로 받아들이지 않는 사람이라도, 어쨌든 단칭 명사는 지시하는 역할을 하기 때문에 유의미하다고 생각할 수도 있다. 그러므로 우리는 같은 한 사물(one and the same thing)을 지시하는 두 단칭 명사가 있다면 둘은 동의어라고 여길 것이다. 다시 말해 우리는 두 단칭 명사 가운데 하나가 포함된 문장을 예로 들고, 의미를 바꾸지 않거나 적어도 문장의 참값을 바꾸지 않으면서 첫째 명사를 둘째 명사로 대체할 수 있다. 그런데 다음 문장을 살펴보자.

> (4) 앨버트는 새뮤얼 랭혼 클레먼스가 키가 5피트(152.4cm)보다 작았음을 믿는다.
>
> (Albert believes that Samuel Langhorne Clemens was less than 5 feet tall.)

(4)가 참이라고 가정하자. 그러나 앨버트는 클레먼스가 '트웨인'이라는 필명으로 소설과 이야기를 썼음을 알지 못한다. 이때 우리는 (4)에서 진술의 참값을 바꾸지 않으면서, '새뮤얼 클레먼스'를 '마크 트웨인'으로 대체할 수 없다. 이런 대체의 결과는 거짓 문장인데, 앨버트가 트웨인의 사진을 보고 표준 키였다고 믿는다고 가정할 수 있는 까닭이다. 콰인이 《말과 대상》(1960)에서 사용한 용어로 말하면, 문장 (4)에서 새뮤얼 랭혼 클레먼스라는 이름이 놓인 자리는 간단히 말해 지칭적으로

불투명(opaque)하다. 이것은 지칭적으로 **투명하다**(transparent)는 말의 반대어다('불투명하다'는 말은 한 단칭 명사를 다른 단칭 명사로 대체하면 문장의 참값이 바뀔 수 있음을 의미한다). 불투명성의 원인은 '…임을/이라고 믿는다(the believes that)'라는 구문이다. 왜냐하면 "새뮤얼 랭혼 클레먼스는 키가 5피트보다 작다"라는 문장은 단독으로 보면 투명하기 때문이다. 다시 말해 클레먼스는 키가 5피트보다 작았고, 트웨인도 그랬다면, '그들'은 동일인이었을 것이다.

러셀의 기술 이론
Russell's Theory of Descriptions

러셀은 처음으로 네 수수께끼를 고유 이름(proper names)이 아니라 확정 기술(definite descriptions)의 측면에서 제기했다. 왜냐하면 러셀은 정관사 '그(the)'의 논리에 관심이 있었기 때문이다. 《수리 철학 입문》(1919/1971)에서 러셀은 이렇게 말한다. "'그(the)'라는 말 하나에 관해 논하기 위해 장을 둘이나 할애하는 것이 지나치다고 생각할 수도 있겠으나, 철학자이면서 수학자인 이에게 '그(the)'라는 말은 아주 중요하다. 전접어(enclitic) 데($\delta\varepsilon$)를 연구한 브라우닝(Robert Browning, 1812~1889)의 문법학자[14]처럼, 나는 '하반신을 쓰지 못하고' 감옥에 갇힌 신세가 아니라면, 이 말에 관한 학설을 세울 것이다."[15]

별로 놀랄 일도 아니지만, 러셀은 네 수수께끼를 기초로 확정 기술이

---

14 (옮긴이) 브라우닝은 〈어느 문법학자의 장례식(A Grammarian's Funeral)〉이라는 시에서 그리스어 문법을 연구하느라 일생을 보낸 문법학자에 대해 이야기한다. 인생을 살 것이냐 인생을 이해할 것이냐는 딜레마 상황에서 후자를 선택한 문법학자의 삶을 주제로 쓴 시다.

15 러셀, 《수리 철학 입문》(1919/1971), 167쪽. 러셀의 자서전에도 실린 이야기다.

지칭체를 넘어서는 의미를 지니며, 의미에 공헌/기여한다고 논증했다. 러셀의 기술 이론은 전형적 확정 기술에 나타난 '그(the)'라는 말을 맥락적으로 정의한다. 다시 말해 "그(the)의 정의는 … 다(The=$_{def}$…)"라는 공식을 어떻게 채울 것이냐고 명시적으로 묻지 않고, 정관사 '그(the)'를 포함한 전체 문장의 표준형을 다른 말로 바꿔 쓸 비법을 제의한다. '그(the)'라는 말의 역할을 간접적으로 보여줌으로써 문장의 '논리적 형식(logical forms)'을 드러내는 방법이다. 여기서 러셀은 "고래는 포유류다(The whale is a mammal)" 같은 문장에 나타난 정관사 '그(the)'의 복수 용법이나 일반 용법을 다루지 않는다. 확정 기술은 정관사 '그(the)'를 사용하지 않고도, 예컨대 '나의 형(my brother)'이나 '도리스의 달걀 샐러드 샌드위치(Doris' egg salad sandwich)'처럼 소유격을 써서 구성할 수 있고, 소유격과 정관사 '그(the)'를 포함한 확정 기술인 '나의 형(the brother of me)'으로 바꿔 쓸 수도 있다는 점에 주목하라.

여기서 '그(the)'에 대한 러셀의 맥락적 정의가 무엇인지 살펴보자. "그 F는 G다(The F is G)"라는 형식의 전형적 문장을 예로 들어보자.

(5) 《웨이벌리》의 저자는 스코틀랜드인이었다.[16]

(The author of *Waverley* was Scotch.)

(5)는 주어와 술어 형식의 문장으로 **나타나며**(appears), (월터 스콧 경[17]

---

16 러셀은 Scotch를 스코틀랜드인(Scottish)을 뜻하는 낱말로 썼다. (20세기 후반부터 Scotch는 위스키의 한 종류를 뜻하며, 오직 Scotch 위스키만 whiskey가 아닌 whisky 라고 표기할 수 있다.) 그러나 본문의 'Scotch'가 들어간 문장은 러셀이 들었던 유명한 사례여서, 해당 낱말을 그대로 썼다.

17 (옮긴이) 월터 스콧(Sir Walter Scott, 1771~1832)은 스코틀랜드의 저명한 역사 소설 가다. 주요 저작 《웨이벌리》는 1745년 자코뱅 반란에 대한 이야기로, 사라져버린 스코틀랜드 고지 사람들의 생활상과 충성심을 새롭게 해석하여 생생하게 그렸다. 12세기 영국을 배경으로 역사 소설 《아이반호(Ivanhoe)》(1819)도 썼다.

이라는) 한 개체를 지칭하면서 그에게 어떤 속성(스코틀랜드인임)이 있다고 서술한다. 그러나 러셀은 현상(appearances)은 속임수라고 주장한다. 표면상 단칭 명사 '《웨이벌리》의 저자'는, **서술 표현**(predicative expression)의 앞에 붙은 '그(the)'라는 귀찮은 말을 포함한다는 점에 주목하라. 이런 표현의 의미가 결정적으로 그 표현의 지칭체를 알아내거나 골라내는 우리의 능력 속에 등장하는 점에도 주목하라. 그 지칭체를 알아내려면, 우리는 《웨이벌리》를 썼던 어떤 사람을 찾아내야 한다. 러셀은 이렇게 제언한다. 정관사 '그(the)'는 논리학자나 언어학자들이 **양화사**(quantifiers)라고 부른, ('모든 10대', '어떤 바나나', '거의 여섯 마리', '대다수 경찰관', '어떤 백열전구도 없음' 따위에 나타나는 '모든', '어떤', '여섯', '대다수', '어떤 것도 없음' 같은) 일반 명사의 양을 한정하는 말이 포함된 더 복잡한 구문을 줄여 쓴 것이다. 사실 러셀은 전체 문장 (5)가 양화사를 포함한 세 일반 진술로 구성된 연언 복합 문장을 줄여 쓴 것이고, 세 일반 진술 가운데 어떤 것도 개별적으로 스코틀랜드인을 지칭하지 않는다고 생각한다.

    (5a) 적어도 한 사람이 《웨이벌리》를 저술했다.

        (At least one person authored *Waverley*.)

    (5b) 기껏해야 한 사람이 《웨이벌리》를 저술했다.

        (At most one person authored *Waverley*.)

    (5c) 《웨이벌리》를 저술했던 사람이 누구든지 스코틀랜드인이었다.

        (Whoever authored *Waverley* was Scotch.)

(5a)~(5c)는 직관적으로 각각 (5)가 참이 되기 위한 필요조건이다. 만약 《웨이벌리》의 저자가 스코틀랜드인이었다면, 그런 저자가 있었다. 다음으로 저자가 한 사람보다 더 많았다면, 정관사 '그(the)'를 사용해서는 안 되었다. 끝으로 저자가 스코틀랜드인이었다면, 저술한 사람이 누구든

지 있었다는 것은 사소하게(trivially) 뒤따라 나온다. 확실히 (5a)~(5c)를 하나로 묶는 것은 (5)가 참이 되기 위한 충분조건인 것 같다. 그래서 우리는 (5)에 대해 개별적으로 필요조건이 되고 합쳐서 충분조건이 되는 집합을 가진 듯하다. 이는 그 자체로 러셀의 분석을 지지하는 강력한 논증이다.

표준 논리학의 기호법에 따라 W가 술어 '《웨이벌리》를 저술했다'를, S가 '스코틀랜드인이었다'를 나타내면, 러셀의 세 조건은 다음과 같이 기호로 표현된다.

> (a) $(\exists x)Wx$ 〔어떤 x에 대해 x는 W다〕
> (b) $(x)(Wx \rightarrow (y)(Wy \rightarrow y = x))$ 〔모든 x에 대해 (x는 W라면, 모든 y에 대해 (y는 W면, y는 x와 같다))〕
> (c) $(x)(Wx \rightarrow Sx)$ 〔모든 x에 대해 x가 W라면 x는 S다〕

(a)~(c)는 결합하면 (d)와 동치다.

> (d) $(\exists x)(Wx \,\&\, ((y)(Wy \rightarrow y = x) \,\&\, Sx))$ 〔어떤 x에 대해 (x는 W고 (모든 y에 대해 (y는 W면 y는 x와 같다) 그리고 x는 S다))〕

러셀의 입장은 (d)가 (5)의 **논리적 형식**을 올바르게(correctly) 표현하며, (5)의 표층 문법 형식과 구별된다는 것이다. 우리는 1장에서 "나는 아무도 보지 못했다(I saw nobody)"라는 문장으로 예시된 이런 구별의 예를 이미 마주했었다. 표층 문법에 따라 이해하는 경우 그런 문장은 "나는 마사를 보았다(I saw Martha)"라는 문장과 형식이 같다. 말하자면 주어+타동사+목적어 형식이다. 그렇지만 두 문장은 논리적 속성이 전혀 다르다. "나는 마사를 보았다"라는 문장은 내가 어떤 사람을 보았음을 함의하지만, "나는 아무도 보지 못했다"라는 문장은 정확하게 반대 내용을 함의

한다.[18] 후자는 "내가 누군가를 보았다는 것은 사실이 아니다"라는 문장이나 "내가 봤던 사람은 없다"라는 문장과 동치다. 영어를 막 배우기 시작한 사람은 앞에서 말한 두 문장을 하나로 생각할 수도 있겠지만, '아무도 아님(nobody)'은 **현실적으로 단칭 명사가 아니라** 양화사다. 논리학의 기호법에 따라 A는 '보았다'를 나타내고 i는 '나'를 나타낸다고 치면, "나는 아무도 보지 못했다"라는 문장은 ~(∃x)Aix[어떤 x에 대해 내가 x를 보았다는 것은 사실이 아니다]라는 부정 존재 양화 문장이나 이것과 동치인 (x)~Aix[모든 x에 대해 나는 x를 보지 못했다]라는 전칭 부정 양화 문장으로 표현되고, 이런 형식적 기호법을 지배하는 명시적 추론 규칙들이 그렇게 번역된 영어 문장의 논리적 작동 방식(logical behavior)을 설명해준다.

그래서 러셀도 역시 다음과 같이 주장했다. (5)의 표면상 단칭 명사 '《웨이벌리》의 저자'는 현실적으로 (다시 말해 논리적 형식의 수준에서) 단칭 명사가 아니라, (a)~(c)에 드러난 더 복잡한 양화 구조를 지닌 (잘못 읽은 것일지라도) 편리한 약어/줄임말이다. 그가 말하듯 표면상 단칭 명사는 '분석을 거쳐 사라진다.' 사실 우리가 마주한 수수께끼는 단수형 지칭에 관한 규칙을, **현실적으로** 단칭 명사가 아닌데 단칭 명사인 것처럼 꾸며진 표현에 적용했기 때문에 생긴다.

이제 네 수수께끼를 자세히 검토하면서 러셀의 해결책을 살펴보자.

실존하지 않는 대상을 지칭하는 것처럼 보이는 문제
Apparent Reference to Nonexistents

러셀은 아래 문장 (6)을 통해 실존하지 않는 대상을 지칭하는 것처럼 보이는 문제를 제기한다.

---

18 (옮긴이) '함의한다'는 'entail'의 번역어다. 철학에서 '함의한다'라는 말은 논리적 귀결이나 필연적 결과를 포함한다는 뜻으로 사용한다. 비슷하게 철학에서 중요한 '함축한다'라는 낱말은 'imply'의 번역어로 의미나 논리적 귀결을 포함한다는 뜻으로 사용한다.

(6) 현재 프랑스의 왕은 대머리다.

    (The present King of France is bald.)

    그러면 (1)에 관한 논의에서 (J1)~(J6)에 대응하는 진술들의 집합은 일관되게 주장할 수 없다는 데로 돌아가서, (1)을 (6)으로 대체하고 진술들에 'J' 대신 'K'를 집어넣기로 하자. (이렇게 진술 K1은 "(6)은 유의미하고(의의가 있고, 무의미하지 않고)", K2는 "(6)은 주어와 술어 형식의 문장이고" 등등으로 바뀐다.)

    이제 앞서 말한 방법에 따라 문장 (6)을 다른 말로 바꿔 써보자.

    적어도 한 사람이 현재 프랑스의 왕이고 [정확히 말해 현재 왕으로서
      프랑스를 통치하고],

      (At least one person is presently King of France [more per-
      spicuously, presently kings France],)

    그리고

      기껏해야 한 사람이 현재 프랑스의 왕이며,

      (at most one person is presently King of France,)

    그리고

      현재 프랑스의 왕이 누구든지 대머리다.

      (whoever is presently King of France is bald.)

이렇게 표현하는 것은 아무 문제도 없다. 방금 말한 세 연언지(conjunct) 가운데 첫째 문장은, 현재 프랑스에는 왕이 한 사람도 없으므로 단순하게 거짓이다. 그래서 (6)은 러셀의 분석에 따라 거짓으로 드러난다. 우리가 처음 수수께끼를 진술했을 때, J3과 K3을 거부하거나 터무니없게도 J6과 K6을 거부해야 하는 것처럼 보였다. J2는 부정할 수 없는 다

른 J 진술들만큼 명백해 보였기 때문이다. 하지만 이제 러셀은 기발하게 진술 K2, 곧 "(6)은 주어와 술어 형식 문장이다"를 부정한다. 그는 '현재 프랑스의 왕'이 '현실적으로' 단칭 명사가 아니라고 주장한다. 물론 (6)은 표층 문법에서 주어와 술어 형식을 가진다. 그런데 위에서 말한 세 연언지는 모두 일반 진술이고, 어떤 연언지도 현재 프랑스의 왕에 대응하는 구체적인 특정 개체(specific individual)를 언급하지 않는다는 점에 다시 한번 주목하라. '왕(the King)'은 심층 문법을 드러낸 **논리적** 형식의 어디에서도 주어로 나타나지 않는다.

(극적 효과는 덜한 대안을 하나 제시해보자. 우리는 K2를 표층 문법 형식을 언급한 것으로 이해하면서 그대로 두고, 표층적으로 주어와 술어 형식의 문장이 특정한 어떤 개체도 골라내지 않으면서 유의미할 수 있다는 근거로 K3를 거부할 수 있다. 왜냐하면 K2는 순수하게 세 일반 진술을 줄인 말이기 때문이다.)

부정 실존 문장
Negative Existentials

러셀의 분석을 아래 (7)에 응용해보자.

> (7) 현재 프랑스의 왕은 실존하지 않는다.
> (The present King of France does not exist.)

이제 순진한 청자에게 그렇게 보이듯 (7)을 변칙(anomaly)으로 남겨두는 (7)에 대한 러셀식 바꿔 쓰기(a Russellian paraphrase)가 있다. '실존한다'를 '스코틀랜드인이다' 또는 '대머리다' 같은 일상적 술어로 받아들이고, '아니다(not)'를 일상적 술어를 수식하거나 일상적 술어에 적용되는 말로 받아들이면, (7)은 다음과 같이 바꿔 쓸 수 있다.

> 적어도 한 사람이 현재 프랑스의 왕이고,

(At least one person is presently King of France,)

그리고

기껏해야 한 사람이 현재 프랑스의 왕이고,

(at most one person is presently King of France,)

그리고

현재 프랑스의 왕이 누구든지 실존하지 않는다.

(whoever is presently King of France does not exist.)

변칙은 첫째 연언지에서 한 사람의 현재 왕이 실존한다고 주장하지만, 셋째 연언지에서 그것을 부정한다는 점 때문에 발생한다. (7)이 우리에게 기이해 보이는 것은 전혀 이상한 일이 아니다. (7)의 뜻을 이해하려면, 우리는 '아니다(not)'가 동사 '실존한다(exist)'를 수식하는 것이 아니라 (7)의 나머지 전체에 적용되는 것으로 이해할 수밖에 없다. 따라서 다음과 같이 표현된다.

아니다: (현재 프랑스의 왕은 실존한다). [다시 말해 현재 프랑스의 왕이 실존한다는 것은 거짓이다.]

(Not: (The present King of France exist). [That is, it is false that: the present King of France exists.])

이것은 (7)을 진지하게 발언했던 사람이 의미했을 내용이다. 그러면 우리는 러셀식 분석을 (7)의 **안에**(inside) 나타난 '아니다'에 적용해 다음과 같이 표현할 수 있다.

아니다: (적어도 한 사람이 현재 프랑스의 왕이고, 기껏해야 한 사람이 현재 프랑스의 왕이며, 현재 프랑스의 왕이 누구든지 실존한다.)

(Not: (At least one person is presently King of France, and at most one person is presently King of France, and whoever is presently King of France does not exist.))

기호로 표현하면 다음과 같다.

> ~(∃x)(Kx & ((y)(Ky → y = x) & Ex))〔어떤 x에 대해 (x는 K고 모든 y에 대해 (y는 K면 y는 x와 같다) 그리고 x는 실존한다))는 것은 거짓이다〕

기호로 표현한 문장에서 'E'는 '실존한다'를 나타낸다. 논리 이론에서 '실존한다'라는 말은 현실적으로 양화사로 취급한다. 그래서 연언지 Ex는 (∃z)(z = x)로 적당하게 대체되어야 하지만, 그것은 군더더기다. (7)의 직관적 내용은 바로 "어떤 사람도 유일한 프랑스의 왕이 아니다"라거나 "어떤 사람도 현재 프랑스의 유일한 왕으로서 통치하고 있지 않다"라는 것이고, 러셀의 바꿔 쓰기는 그 문장과 정확히 동치가 됨이라는 효능을 가진다. 러셀의 분석 어디에서도 우리는 한 개체를 골라내서 그 개체에 대해 그가 실존하지 않는다고 말하지 않는다. 그래서 적어도 확정 기술의 경우에 부정 실존 문장의 문제는 사라진다.

(7)에 대해 선호되는 이해에서 기술은 러셀이 말한 '이차 자리'에 있다. 다시 말해 기술의 바탕에 놓인 '적어도', '기껏해야', '누구든지' 같은 양화사를 '아니다'의 범위 안에 있는 것으로 해석했다. 앞서 말한 선호되지 않는 바꿔 쓰기에서는 기술이 일차 자리에 있고, 논리적 순서상 기술을 먼저 '아니다'와 함께 놓아서 '아니다'의 지배를 받았다. 이런 종류의 의미 구별을 **범위** 구별(scope distinction)이라고 부른다. 요즘 쓰는 용어로 말하면 이차 독해에서 양화사는 좁은 범위를 가지며, '아니다'의 범위 안에 놓인다. 일차 독해에서 양화사는 '아니다'의 범위 밖에 놓이고, '아니다'가 양화사의 범위 안에 있다.

프레게의 수수께끼
Frege's Puzzle

확정 기술의 특징을 나타내는 예를 들어보자.

> (8) 현재 영국의 여왕은 엘리자베스 윈저[와 같은 한 개체]다.
>
> (The present Queen of England is [one and the same individual
> as] Elizabeth Windsor.)

(8)에서 왼쪽에 놓인 확정 기술을 러셀의 방식으로 바꿔 써보자.

> 적어도 한 사람이 현재 영국의 여왕이고 [현재 영국을 여왕으로
> 서 통치하고],
>
> (At least one person is presently Queen of England [presently
> queens England],)
>
> 그리고
>
> 기껏해야 한 사람이 현재 영국의 여왕이고,
>
> (at most one person is presently Queen of England,)
>
> 그리고
>
> 현재 영국의 여왕이 누구든지 엘리자베스 윈저[와 같은 한 사람]
> 이다.
>
> (whoever is presently Queen of England is [one and the same
> as] Elizabeth Windsor.)

기호로 나타내면 다음과 같다.

> $(\exists x)(Qx \& ((y)(Qy \rightarrow y = x) \& x = e))$[어떤 x에 대해 (x는 Q이
> 고 ((모든 y에 대해 y는 Q라면, y는 x와 같다) 그리고 x는 e와 같다))]

이제 우리는 최초 동일성 진술이 왜 사소하지 않은지 쉽게 알아본다. **물론** 우리는 러셀의 바꿔 쓴 말을 들을 때 어떤 것(something), 다시 말해 엘리자베스와 현재 여왕 둘 다에 관한 실질적인 어떤 점(something substantive)을 배운다. 그리고 물론 동일성 진술은 우연 진술이다. 어떤 다른 사람이 여왕이었거나 여왕이 아예 없었을 수도 있고, 엘리자베스가 왕위를 계승하지 않고 집을 뛰쳐나가 록 밴드를 조직하거나 다른 일을 했을 수도 있기 때문이다. 확정 기술 이론은 동일성 진술의 직관적 내용을 올바르게 설명하는 것 같다. 러셀의 견해에 근거하면 그런 기술을 포함한 동일성 진술은 표층적으로만 **동일성** 진술(identity statement)이다. 현실적으로 동일성 진술은 서술(predication)이고 엘리자베스에게 복잡한 관계적 속성이 있다고 여기는 것이다. 그것은 **현실적** 동일성 진술(real identity statement)이 어떻게 참이면서 동시에 정보를 제공할 수 있느냐는 문제를 우리에게 남기는데, 이에 대해서는 3장에서 더 다루겠다.

대체성
Substitutivity

앨버트의 사례로 돌아가 보자. 앨버트는 철학책을 읽고 있다. 그리고

> (9) 앨버트는 《무와 존재》의 저자가 심오한 사상가라고 믿는다.[19]
>
> (Albert believes that the author of *Nothing and Beingness* is a profound thinker.)

그런데 앨버트는 《무와 존재》의 저자가 부업으로 싸구려 외설물을 쓴다

---

19 (옮긴이) 프랑스의 실존주의 철학자 사르트르를 떠올릴 수도 있으나, 가상의 철학자가 현실에 살고 있다고 가정한 것이다. 사르트르의 저작 제목은 《존재와 무》이고, 본문에서 말하는 철학자는 《무와 존재》의 저자다.

는 사실을 모른다. 그러면 우리는 (9)의 참값을 바꾸지 않으면서 (9) 안에 나타난 '《무와 존재》의 저자'를 '《화끈한 수의사들》의 저자'로 대체할수 없다. 대체할 경우 (9)는 거짓 진술이 된다. 앨버트는 《화끈한 수의사들》의 저자가 바보 명청이라고 믿는 까닭이다. (유감스럽게도 이는 앨버트가 《화끈한 수의사들》을 읽었음을 드러내는 것 같다.) 따라서 (9)에서 확정 기술이 차지한 자리는 불투명하다.

(9)에서 확정 기술은 앨버트가 믿는 것의 일부로 나온다. 그래서 우리는 러셀식 바꿔 쓰기를 '앨버트는 믿는다'로 시작한 다음, 러셀의 분석 방법을 적용해 확정 기술이 이차 자리에 오거나 좁은 범위를 갖도록 만들 것이다.

앨버트는 다음과 같은 것을 믿는다.

> (적어도 한 사람이 《무와 존재》를 저술했고,
>
> 그리고
>
> 기껏해야 한 사람이 《무와 존재》를 저술했고,
>
> 그리고
>
> 《무와 존재》를 저술했던 누구든지 심오한 사상가다.)

이는 앨버트가 무엇을 믿는지에 대한 아주 좋은 설명이다.[20] 이제 우리가

---

20 여러분이 기대하듯 바로 '아니다(not)'를 어디에 놓아야 할지 선택해야 해서 러셀의 분석을 (7)에 적용하는 두 방식이 있었던 것처럼, 러셀의 분석을 (9)에 적용할 둘째 방식이 있다. 다른 방식은 확정 기술을 "앨버트가 …임을/이라고 믿는다"에 관해 '일차로' 나오거나 넓은 범위를 갖게 하는 방식이다. 그러면 러셀식 바꿔 쓰기는 다음과 같을 것이다. "적어도 한 사람이 《무와 존재》를 저술했고, 기껏해야 한 사람이 《무와 존재》를 저술했고, 《무와 존재》를 저술했던 누구든지 앨버트가 심오한 사상가라고 믿는다(At least one person authored *Nothing and Beingness*, and at most one person authored *Nothing and Beingness*, and whoever authored *Nothing and Beingness* is believed by Albert to be a profound thinker)." 이 독해에 따르면 (9)는 앨버트와 부

왜 (9)에서 '《무와 존재》의 저자'를 '《화끈한 수의사들》의 저자'로 대체하면 안 되는지 이유는 명백하다. 대체한 결과로 나온 문장에 대응하는 분석이 다음과 같이 드러날 것이기 때문이다.

앨버트는 다음과 같은 말을 믿는다.

> (적어도 한 사람이 《화끈한 수의사들》을 저술했고,
>
> 그리고
>
> 기껏해야 한 사람이 《화끈한 수의사들》을 저술했고,
>
> 그리고
>
> 《화끈한 수의사들》을 저술했던 누구든지 심오한 사상가다.)

이는 전혀 다른 믿음이 앨버트에게 있다고 여기므로, '《화끈한 수의사들》의 저자'로 대체한 문장은 (9)가 참이더라도 거짓이 되는 것이 전혀 놀랍지 않다. (물론 논리적 형식의 수준에서 우리는 아무것도 대체하지 않았다. 단칭 명사는 '분석으로 사라졌고' 대체할 것이 더는 없는 까닭이다.)

네 수수께끼는 확정 기술이 직접적으로 명명하고 다른 아무것도 하지 않음으로써 세계에 고리를 걸지 못한다는 점을 분명히 했다.[21] 그런데

업으로 외설물을 쓴 저자, 다시 말해 어떻게 기술되는지와 무관한 그 사람 자체가 믿음 관계를 맺는다고 주장한다. 그러나 이런 독해는 특히 공동지칭 기술들(coreferring descriptions)이 참값을 바꾸지 않고 대체될 수 있어서 유별나게 듣기 거북하다. (9)에 대한 '이차적' 이해가 훨씬 흔하고 자연스럽다.

21 러셀은 다섯째 수수께끼도 추가했는데, 배중률의 문제라고 부른다. (1) "현재 프랑스의 왕은 대머리다"라는 긍정 문장도 참이 아니고, (1)을 부정하는 "현재 프랑스의 왕은 대머리가 아니다"라는 분명한 부정 문장도 참이 아니다. 그런데 논리 법칙에 따르면, 어떤 문장과 그것의 부정 문장 가운데 하나는 반드시 참이다. 러셀은 현재 프랑스의 왕이 대머리도 아니고 대머리가 아닌 것도 아닌 것처럼 보여서 다섯째 수수께끼를 추가했다. "종합을 사랑하는 헤겔주의자들은 아마도 그 왕이 가발을 썼다고 결론지을 것이다."(〈지시하기에 대하여〉(1905/1956), 48쪽) 다섯째 수수께끼는 러셀이 다른 네 수수께끼를 다룬 방식에 비추어 독자들이 직접 풀도록 남겨둔다.

우리는 확정 기술이 어떻게 세계에 고리를 거는지 설명할 적극적 이론이 필요했다. 러셀은 동기가 아주 확실한 이론을 제공했다. 확정 기술은 지칭체를 이름과 같은 방식으로 할당받지 않고, '현실적으로' 단칭 명사가 전혀 아닐지라도, 여전히 그것에 부응한 단일 개체가 있다고 일컫는다는 점에 주목하라. 기술이 실제로 가리키려던 부응한 개체가 있을 때, 다시 말해 유일한 그러저러한 것(a unique so-and-so)이 실존할 때, 나는 그것을 기술의 **의미론상 지시체**(semantic denotatum) 또는 **의미론상 지칭체**(semantic referent)라고 부르겠다. 그러나 (러셀의 견해에 근거하면) 확정 기술과 의미론상 지칭체를 이어주는 '고리'는 단순 이름과 이름의 담지자(bearer)를 이어주는 고리만큼 직접적이지 않다.

그리고 기술이 간접적인 것이 되는 특정 방식은 주목할 만하다. 기술은 복합 표현이고 개별적으로 유의미한 낱말들로 구성되어 있다. 그리고 1장에서 말했듯, 여러분은 기술에 나온 낱말을 각각 이해하고 낱말이 함께 엮인 방식을 이해하기 때문에 기술을 이해하고 기술의 지칭체를 확인한다. '미국인 횡령범에게 공감을 표현할 뿐 아니라 자유를 사랑하는 반권위주의자로 알려졌던 블라디미르 푸틴에게 편지를 썼던 첫 수감자(the first prison inmate ever to have written a letter to Vladimir Putin was known for his anti-authoritarian love of freedom as well as his sympathy for American embezzlers)'라는 아주 긴 기술을 잘 살펴보라. 이것이 바로 이따금 '프레게의 원리'라고 부르는 합성성의 원리(principle of compositionality)를 따른 한 예다. 어림잡아 복합 표현의 의미는 유의미한 가장 작은 부분들(전형적으로 개별 낱말들)의 의미들과 부분들의 결합 방식으로 결정될 뿐이라는 것이다.[22]

---

22 합성성의 원리는 다른 여러 방식으로 공식이 만들어졌지만, 어떤 공식은 너무 전문적이고, 학자들은 프레게가 어떤 공식을 수용했을지에 관해서도 의견이 일치하지 않는다.

러셀의 이론에 제기된 반론
Objections to Russell's Theory

러셀의 성취가 인상 깊은 만큼 확정 기술 이론에 여러 반론이 제기되었는데, 주로 스트로슨의 〈지칭하기에 대하여〉(1950)에서 나왔다. 반론을 다루기 전에, 여기서 러셀이 미리 막으려고 선수를 쳤던 중요한 비판을 하나 짚고 넘어가겠다.

앞에서 논의한 네 수수께끼에 관해 정리할 때, 나는 '단칭 명사에 관한' 수수께끼라고 말했다. 이후 각 수수께끼는 확정 기술이 들어간 예를 들어서 설명했고, 네 수수께끼에 대해 다룰 때 러셀의 '기술 이론'을 마음껏 활용했다. 그러나 네 수수께끼는 현실적으로 기술(descriptions)이 아니라, 단칭 명사(singular terms) 전반에 관한 것이다. 우리는 이미 실존하지 않는 사물을 지칭하는 것처럼 보이도록 만들려고 고유 이름을 사용했다. 스크루지가 말리의 유령에게 말한 '너/그대' 같은 대명사도 사용했다.[23] 프레게의 수수께끼와 대체성 문제는 당연히 고유 이름(proper name) 때문에 생긴다. 이 문제는 러셀이 기술의 측면에서 제기한 것과 정확히 같은 문제인 것 같다. 러셀은 단순히 기회를 놓쳤던 것처럼 보인다. 왜냐하면 그는 본질상 단칭 명사의 아주 특별한 한 부류에만 적용되는 이론을 세웠지만, 네 수수께끼를 푸는 어느 해결책이라도 일반적으로 적용되어야 하기 때문이다.

이 문제에 대한 러셀의 해결책은 기술 이론 자체보다 훨씬 교묘했다.

---

23 (옮긴이) 스크루지와 말리의 유령은 찰스 디킨스의 유명한 소설 《크리스마스 캐럴》에 등장하는 허구의 존재들이다. 스크루지는 구두쇠 사업가로 크리스마스의 유령을 만나 과거와 현재, 미래에 삶을 체험하고 새로운 인생을 살게 되는 인물이다. 말리는 스크루지의 동업자였다가 죽은 인물이고, 유령이 되어 스크루지 앞에 나타난다. '너/그대'라는 인칭대명사는 지칭체가 맥락에 따라 바뀌는 지표어라는 점을 드러내기 위한 예시다.

간단히 말해 기술 이론은 표층 현상(surface appearance)과 논리적 현실(logical reality)의 구별에 호소해서, 우리가 일상적으로 부르는 고유 이름이, 현실적으로는 확정 기술의 약어/줄임말(abbreviation)이라고 주장한다. 이런 러셀의 논제에 대한 검토는 미뤄두었다가 다음 장에서 하겠다.

스트로슨의 비판은 근본적이고 주도면밀했다. 사실 러셀과 스트로슨은 아주 다른 접근법으로 언어를 연구했으며, 어떤 뜻에서 20세기 언어철학 분야에서 경쟁하는 두 위대한 체계의 명목상 우두머리였다. 두 접근법과 두 체계에 대한 논의는 남겨두었다가 6장에서 하겠다. 지금은 스트로슨의 반론에 적합한 무대를 꾸미기 위해, 러셀과 스트로슨의 다음과 같은 차이에 주목하겠다. 러셀은 추상적 수준에서 대상 자체로 받아들인 문장과 특히 문장의 속성이라는 점에 주목해서 생각했다. 반면에 스트로슨은 문장이 어떻게 사용되고, 인간이 구체적 상황 속에서 어떻게 반응하는지 강조했다. 러셀의 가장 유명한 논문 〈지시하기에 대하여〉(1905/1956)에서, 지시하기는 추상적으로 고찰된 표현과 표현의 지칭체나 지시체가 되는 사물이 맺는 관계다. 스트로슨의 논문 제목은 〈지칭하기에 대하여〉(1950)인데, 역설적으로 보이도록 의도한 것이다. 지칭하기를 표현과 사물이 맺는 추상적 관계가 아니라 어느 때 한 사람이 어떤 기회를 잡아 수행하는 행위로 생각한 까닭이다. 이렇게 사물을 바라보는 사고방식에 따라 스트로슨은 앞에서 다룬 네 수수께끼에 관해 참신한 견해를 내놓았다.

스트로슨은 **표현**(expressions)이 아예 지칭하지 않고, 사람들이 지칭하려는 목적을 가지고 표현을 사용함으로써 지칭한다고 주장한다. 이 주장은 미국 총기 협회가 내세운 "총은 사람을 죽이지 않고, 사람이 사람을 죽인다(Guns don't kill people, people kill people)"라는 표어를 떠올리게 한다. 스트로슨의 주장은 확실히 옳은 점이 있다. 스트로슨의 예를 이용해서, 내가 "이것은 선명한 붉은 것이다(This is a fine red one)"라고 적을 때, 내가 지칭하려고 어떤 행위를 하기 전까지 '이것'은 아무것도 지칭하지 않고 어떤 결정적 진술도 하지 않았다. 표현은 내가 알맞게 잘 조작된 맥락에서 사용하는 경우에만 지칭하게 될 것이고, 그래서 표현은 특정 사물이나 사람을 지칭한다. 그것은 표현을 사용함의 문제고, 내가 표현을 사용할 때 지칭하는 것은 표현이 아니라 바로 나다.

반론 1

러셀에 따르면 문장 (6)("현재 프랑스의 왕은 대머리다")은 이런 어떤 왕도 없으므로 **거짓**이다. 스트로슨은 그런 판단이 그럴듯하지 않다고 지적한다. 누군가 나타나서 (6)을 주장한다고 가정하자. 그렇게 말한 사람의 청자들은 "그것은 거짓이야"라거나 "난 동의하지 못해"라고 말함으로써 반응할까? 확실히 아니다. 오히려 스트로슨은 이렇게 계속 주장한다. (6)을 주장한 화자는 표면상으로만 지칭 표현을 만들어냈고, 의도한 지칭은 불발에 그쳤다. 화자는 단순히 무엇이든 지칭하는 데 실패했고, 그래서 완전한 진술을 하지도 못했다. (6)을 주장한 화자의 발언은 확실히 결함이 있으나, "현재 영국의 여왕은 자식이 없다"와 같은 방식으로 결함이 있지는 않다. 그것은 틀린 것이 아니라 수포로 돌아간다. 다시 말해 거짓이 될 기회도 얻지 못한다.[24] 애초에 어떤 적당한 진술도 하지 않았으므로, 참도 아니고 거짓도 아닌 것을 말했다는 결론에 이른다. 청자는 바로 이해하지 못하거나 "근거를 대봐(Back up)"라고 말하고, 발언의 선제(presupposition)에 의문을 제기할 것이다("나는 네가 무슨 말을 하는지 이해가 되지 않아, 프랑스에는 왕이 없잖아").[25] 그러므로 스트로슨은 K3을 부정함으로써 실존하지 않는 대상을 지칭하는 것처럼 보이는 문제를 해결한다.

---

24 전혀 다른 이유로 프레게도 동의한다. 그래서 이는 프레게의 견해와 러셀의 견해가 갈등을 빚는 논점이다.

25 스트로슨은 예외가 있다는 점에 주목한다. 때때로 지칭하지 않는 기술을 포함한 문장은 완전히 거짓이다. 닐의 《기술》(1990), 래서존의 〈실존 선제와 배경 지식〉(1993), 야블로의 〈비위협적 선제 실패〉(2006)를 보라.

56

(6)은 해당 언어에서 적법한 쓰임이 있고, 세계가(또는 프랑스인이) 더 협조적이라면 참이거나 거짓인 사항을 말하기 위해 사용**될 수** 있다는 점에서 유의미하다. 그러나 어떤 특정 사물이든 골라내는 데 성공한다는 점에서 유의미한 것은 아니다.

러셀은 유의미한 문장이란 의미를 가진 문장, 또는 그가 썼듯 명제를 표현한 문장으로 생각했다. 러셀의 견해에 따르면 문장의 논리적 형식은 현실적으로 문장이 표현한 명제의 형식이다. 그런데 명제는 본성적으로 참이거나 거짓이다. 스트로슨은 '명제(proposition)'에 대한 논의를 피하고, **문장(sentence)**이 참이거나 거짓일 수 있다는 점도 부정한다. 참이라는 속성과 거짓이라는 속성의 담지자는 오히려 화자가 무언가를 말하는 데 성공할 때 했던 진술(statement)이며, 발언 행위가 모두 무언가를 말하는 데 성공하는 것은 아니다. 유의미한 문장이 모두 언제나 진술을 위해 사용되지는 않는 까닭이다.

러셀을 지지한 사람들은 반론 1에 대해 표준 답변을 내놓았는데, 13장에서 다룰 몇 가지 개념에 의존한다. 이 논의는 13장에서 계속할 것이다.

반론 2

스트로슨은 자신이 러셀의 것이라고 여긴 주장, 다시 말해 "화자가 [(6)을 발언할 때] 주장할 것의 일부는 프랑스의 유일한 왕이 현재 실존했을 것"(《지칭하기에 대하여》, 330쪽)이라는 주장을 추가로 비판한다. 이 주장도 그럴듯하지 않은데, 화자가 유일한 왕이 있음을 선제해도, 이는 화자가 주장한 것의 일부가 확실히 아닌 까닭이다.

그런데 스트로슨의 주장은 오해에서 비롯한다. 러셀은 그런 주장을 하지 않았다. 러셀은 주장하기(asserting)에 대해 아무것도 말하지 않았다. 어쩌면 스트로슨은 러셀의 편에서, 어떤 문장이 논리적으로 함축한 무엇이든 필연적으로 그 문장을 발언한 화자가 주장한 것이라고 가정한 것일지도 모른다. 그러나 뒤에 말한 원칙은 틀렸다. 만약 내가 "뚱뚱한 토미는 나무를 타고 올라갈 수 없다"라고 말한다면, 내가 말한 문장이 토미가 뚱뚱하다는 것을 논리적으로 함축하더라도 나는 토미가 뚱뚱하다고 주장한 것이 아니다. 그리고 만약 내가 "토미는 키가 5피트 7인치(170.18cm)다"라고 말한다면, 그것은 내가 "토미는 키가 2피트(60.96cm)보다 크다거나 18마일(28km)보다 작다"라고 주장한 것이 아니다.

반론 3

많은 기술이 맥락에 구속된다고 스트로슨은 지적한다. 그는 다음과 같은 예를 제시한다.

> (10) 탁자는 책들로 뒤덮여 있다.
>
> (The table is covered with books.)

추정컨대 (10)의 주어 명사는 색다르고 흔치 않은 방식이 아니라 표준적으로 사용된 확정 기술이다. 그런데 러셀의 분석을 적용하면, "적어도 한 물건이 탁자고, 기껏해야 한 물건이 탁자며, 탁자인 어떤 물건이든지 책들로 뒤덮여 있다"라는 세 진술을 얻는다. 여기서 둘째 연언지는 우주 전체에 기껏해야 탁자가 하나 있다는 것을 함의한다. 그런데 이는 어깨를 으쓱하고 넘어갈 수 없는 문제다. 러셀은 자신이 의도한 것은 아니지만, 발언 맥락에 주목해야 할 것이다.

러셀에게 몇 가지 선택지가 있다. 어쨌든 누군가 '탁자(the table)'라는 확정 기술을 말할 때, 청자들은 일반적으로 맥락 속에서 무언가가 그것을 두드러지게 만들기 때문에 어떤 탁자를 의미하는지 안다는 사실에 대해, 스트로슨은 어떤 독점권도 갖지 못한다. 그것은 시야에 들어온 유일한 탁자일 수도 있고, 방에 있는 유일한 탁자일 수도 있고, 우리가 방금 말하기 시작한 탁자일 수도 있다. 러셀은 여기에 생략된 요소가 있다고 말할지도 모른다. 말하자면 특정한 맥락 속에서 '탁자'는 유일하게 만족하는 더 정교한 기술**의 준말**(short for)이다. 다음 장에서 보겠지만, 러셀은 생략 가설(ellipsis hypothesis)의 적이 아니었다.

이 생략 견해에는 성가신 함축이 몇 가지 있다. 러셀은 논리적 형식이 객관적 현실성을 갖는다고, 다시 말해 문장들은 그가 상정한 논리적 형식들을 현실적으로 가진다고 생각한다. 그래서 만약 '탁자'에 생략된 요소가 있다면, "어떤 요소가 생략되어 있느냐?"는 질문에 명확한 답을 해야 한다. 그리고 답은 문제가 될 것인데, 왜냐하면 어떤 후보를 고르느냐에 따라 (10)은 완전히 다른 것을 말하게 되기 때문이다. 우리가 '탁자'가 이 방에 있는 탁자를 의미하는 것으로 말했다고 가정하자. 그러면 우리는 '방'이라는 개념을 도입했고, (10)을 문자 그대로(literally) 어떤 방에 관해 말한 것이라고 해석했고, 바탕에 놓인 논리 구조에 숨은 '방'이라는 술어를 정말로 가진 것이라고 해석한 것이다.

어쩌면 **제한 양화**(restricted quantification)에 호소한 접근법이 더 나을 듯싶다. (나는 1984년에 출간한 《자연 언어에서 논리적 형식》(1984)에서, 닐은 1990년에 출간한 《기술》에서 제한 양화에 호소했다.) 흔히 우리는 우주에 속한 모든 사람이 아니라 맥락적으로 지시된 일정한 사회에 속한 모든 사람을 의미하면서 "모두 다 그녀를 좋아해" 같은 말을 한다. 혹은 "아무도 저 식당에 더는 가지 않아" 같은 말을, 어떤 인간도 거기에 가지 않는다는 의미로 하지 않을 듯하다. 이 말은 일반적으로 우리 같은 종류의 사람은 (그것이 어떤 종류든) 더는 거기에 가지 않는다는 뜻이다.[26] 논리학자들이 양화사가 포괄하는 **영역**(domain)이라고 부른 것은 보편 집합일 필요가 없고, 흔히 맥락 속에서 어림잡아 선제한 특정한 집합이다. 사실 여러분이 스스로 점검할 수 있듯, 현실적으로 영어에 등장하는 모든 양화는 제한 양

---

26 체스터턴(Gilbert Keith Chesterton, 1874~1936)의 브라운 신부 이야기 가운데 〈투명 인간〉은 전적으로 이런 현상에 근거한다.

화다. 예컨대 "나는 피자라면 무엇이든 먹을 거야", "맥주가 없어", 심지어 "나는 이 자동차를 세상의 무엇과도 바꾸지 않을 거야"라고 말한다.

물론 흔한 러셀식 분석은 양화사로 시작한다. "적어도 한 물건이 탁자고, ⋯." 여기에 나오는 양화사를 적합하게 제한된 것으로 생각해보자. 같은 제한을 '기껏해야 한 물건'에도 적용할 것이고, 그래서 우리는 우주에 기껏해야 탁자가 하나 있다는 원치 않는 함축을 없앨 것이다. (10)은 이제 맥락적으로 지시된 종류의 탁자가 기껏해야 하나 있다는 것만 함축할 테고, 이것은 좋다.

제한 양화에 호소한 접근법은, 명시적 개념 자료(explicit conceptual material)가 (10)에서 은밀하게(clandestinely) 언급된다고 요구하지 않는다는 점에서 생략 가설과 다르다. 양화사 제한은 묵시적 지시 대명사와 흡사하다. 예컨대 '기껏해야 그런 부류의 한 탁자(At most one table of that sort)'에서 맥락이 '그것/저것(that)'의 지칭을 고정한다. 그래서 우리는 러셀의 편에서 탁자 문제를 해결한 것처럼 보인다.

그러나 더욱 골치 아픈 문제를 함축한 사례가 있다. 아래 (11)을 고찰해보자.

> (11) 어떤 주교가 또 다른 주교를 만나면, 그 주교는 다른 주교를 축복한다.
>
> (If a bishop meets another bishop, the bishop blesses the other bishop.)
>
> 하임, 〈E-유형 대명사와 당나귀 대용〉(1990)

추가할 다른 사례는 라이머(Marga Reimer)의 〈불완전 기술〉(1992), 스탠리(Jason Stanley)와 서보(Zoltán Szabó)의 〈양화사 영역 제한〉(2000), 러들로(Peter Ludlow)와 시걸(Gabriel Segal)의 〈확정 기술과 불확정 기술의 통합 의미론적 분석〉(2004), 르포(Ernest Lepore)의 〈의미론에서 맥락의 남용:

불완전 확정 기술〉(2004)을 보라.

양화사가 맥락 속에서 어떻게 세한되는지, 거의 언제나 모호하지만 정확한 제한 영역을 결정하는 것은 무엇인지, 청자는 도대체 어떻게 별다른 노력 없이도 재빠르게 올바른 영역을 확인하는지 따위의 일반적 문제도 남아 있다.

이 논의는 잠시 멈추고, 표현이 아니라 사람이 지칭한다는 스트로슨의 개념을 부분적으로 반박해보자. "총이 사람을 죽이지 않고, 사람이 사람을 죽인다"라는 미국 총기 협회의 표어를 떠올려보라. 적합한 반응은 이렇다. "그렇다. 하지만 사람은 총을 이용해 훨씬 쉽게 효과적으로 사람을 죽인다." 여기에는 총이 희생자를 죽였다는 더할 나위 없는 뜻이 완벽하게 담겨 있고, 따라서 표현들이 지칭한다고 말할 이차적인 뜻이 적어도 하나 있다. 특정 맥락에서 '탁자'라는 표현이 두드러진 가구를 지칭한다는 말에 잘못된 점은 없다. 더욱이 우리는 이미 어떤 기술의 '의미론상 지칭체' 개념을 도입했다. 맥락 속에서 기술의 의미론상 지칭체는 어느 대상이든 (만약 있다면) 사실상 기술을 유일하게 만족하는 대상이라는 점을 기억하라.

러셀에게도 기술의 지칭체에 관한 논의에 제기할 반론이 있다는 점에 주목하라. 러셀은 기술이 현실적으로 지칭하는 표현이 아니라고 주장하고 싶어 한다. 기술을 하나 포함한 문장은, 완전히 일반적이며 특정한 누구에 관한 것도 아닌 양화와 관련된 자료 덩어리(a mass of quanti-ficational material)를 줄여 쓴 것이다. 그런데 나의 의미론상 지칭체 개념은 이 논점에 관해 러셀에게도 똑같이 적용된다. 기술은 적어도 이차적인 뜻에서 지칭체를 가질 수 있다. 기술은 고유 이름이 지칭하는 방식으로 지칭체를 직접 가리키지 않는다는 점을 기억하는 한, 확정 기술이 지칭한다는 것을 인정함은 러셀을 지지하는 사람에게도 전혀 해롭지 않다.

이제 도넬런이 〈지칭과 확정 기술〉(1966)에서 제기한 반론으로 넘어가자.

반론 4

도넬런은 우리가 확정 기술을 마치 꼬리표(tags)나 이름과 비슷하게 오로지 개체를 지칭하려고 사용하는 것처럼 보이는 사례에 주목했다. 이런 사례에서 러셀식 분석은 적합한 문장을 발언할 때 말한 것처럼 보이는 무엇(what seems to be said when the relevant sentences are uttered)을 포착하지 못한다.

도넬런은 자신의 논문을 러셀과 스트로슨의 논쟁을 끝내려는 의도로 겸손하게 썼지만, 통찰력을 보여준 핵심 주장은 널리 응용된다. 이제 도넬런이 자신의 논문에서 사용한 용어를 사용해 설명해보겠다.

도넬런의 구별
Donnellan's Distinction

도넬런은 확정 기술의 **속성적 사용**(attributive use)과 대립한 것으로서 **지칭적 사용**(referential use)에 주목했다. 지칭적 사용이 드러난 가장 명백한 유형은 기술을 대문자로 크게 쓰고 현실에서 호칭으로 사용되는 경우다. 고전적 사례는 '신성 로마 제국(The Holy Roman Empire)'인데, 프랑스의 계몽 철학자인 볼테르(Voltaire, 1694~1778)가 말했듯, 이 기술이 지칭하는 대상은 신성도 아니고 로마도 아니고 제국도 아니다. '고마운 죽음'으로 번역되는 '그레이트풀 데드(The Grateful Dead)'는 록 밴드의 이름이다. 이 이름을 포함한 문장은 적어도 한 사물이 고맙고 죽는다는 것 따위를 의미하지 않는다.

러셀은 대문자들이 보여주듯, 호칭은 기술로 사용되지 않고, 녹아든 **호칭**(fused titles)으로 사용된다고 당당하게 응수했을지도 모른다. '백조(The Swan)'는 생상스(Camille Saint-Saëns, 1835~1921)의 기악곡 작품에 붙인 이름이고, 이 호칭을 포함한 문장은 물에 사는 새가 아니라 음악에 관한 것이다. 그런데 우리가 기술을 단지 그 사람이나 그 사물의 속성과 무관하게 특정한 개체에 초점을 맞추려고 사용한 덜 형식적인 사례가 있음을 도넬런은 보여준다.

대조를 위해 여기서 러셀식 표준적 사례를 들어보자. 우리는 끔찍하게 살해당한 스미스의 시신을 우연히 발견하고, 나는 이렇게 끔찍한 범죄를 저지른 이는 누구든지 미쳤다는 의미로 다음과 같이 주장한다.

(12) 스미스의 살인자는 미쳤다.

(Smith's murderer is insane.)

여기서 도넬런은 러셀과 언쟁하지 않는다. 왜냐하면 (12)는 기술의 속성적 사용이라고 부른 예이기 때문이다.

그러나 앞에서 말한 내용 대신에, 우리는 시신을 보지 못했고 사건에 대한 어떤 직접적 지식도 달리 없었다고 가정해보자. 존스가 체포되어 살인죄로 기소되었고, 우리는 존스의 재판에 참석하고 있다고도 가정하자. 검찰 측의 주장이 탁월하고, 우리는 개인적으로 존스가 유죄라고 추정한다. 존스는 살인 방법에 대해 말할 때 눈알을 굴리며 침까지 질질 흘린다. 여기서도 나는 여러분에게 (12), "스미스의 살인자는 미쳤다"라고 말한다. 이 맥락에서 나는 '스미스의 살인자'라는 기술을 오로지 우리가 보고 있는 사람, 그가 가진 속성과 무관하게 피고인을 지칭하려고 사용한다. 더욱이 피고인이 살인을 저질렀는지와 무관하게 만약 피고인이 미쳤다면 그리고 오로지 그런 경우에만 내가 말한 문장은 참이다. 이것이 도넬런이 말한 지칭적 사용의 예다.

도넬런이 기술 이론에 제기한 반론은 기술 이론이 기술의 지칭적 사용을 간과한다는 점이다. 러셀은 마치 모든 기술이 속성적으로(attributively) 사용된다는 것처럼 말한다. 그러나 도넬런은 스트로슨에게 맞서 기술의 속성적 사용을 알아보지 못했다고 불만을 토로한다. 스트로슨은 마치 모든 기술이 어떤 맥락에서 특정한 사람, 장소, 사물에 어떤 사람의 주의를 환기하려고 지칭적으로(referentially) 사용되는 것처럼 말한다. 따라서 스트로슨과 러셀은 둘 다 모호성(vagueness)을 인정하지 않아서, 확정 기술이 언제나 한 가지 방식으로 작동한다고 생각하는 실수를 저질렀다. 도넬런은 그것이 어떤 종류의 모호성인지에 대해서는 입장을 전혀 밝히지 않는다. 특히 그는 기술의 자명하게 구별되는 '사용'을 설명하면서 문장 (12) 자체가 두 가지 다른 의미를 지니는지 결정하려고 시도하지 않는다.

도넬런은 새로운 지칭적 사용에 대해 몇 가지 비형식적 특성을 말해준다. "주장할 때 확정 기술을 지칭적으로 사용하는 화자는 … 자신이 말하는 사람과 사물을 청자가 골라낼 수 있도록 그 기술을 사용한다."(도넬런, 〈지칭과 확정 기술〉, 285쪽) 확정 기술은 '본질적으로 나오지' 않고, "단지 어떤 사람이나 사물에 주의를 환기하는 하나의 도구일 뿐이고, 일반적으로 같은 일을 하는 다른 어느 장치라도, 다른 기술이나 이름도 마찬가지일 것이다."(도넬런, 〈지칭과 확정 기술〉, 285쪽) "우리는 마음에 둔 사람이 누구인지 청자가 알아차릴 것을 기대하고 의도한다. … 가장 중요한 점은 우리가 뭔가 말하려는 사람이 바로 이 사람임을 청자가 알 것이라고 기대하거나 의도한다는 것이다."(도넬런, 〈지칭과 확정 기술〉, 285~286쪽) 이는 모두 곧바로 '스미스의 살인자' 예에 대해 올바른 말처럼 들린다.[27]

---

27 실제로 도넬런이 말한 특성들은 서로 완벽하게 일렬로 세워지지 않는다. 예를 들어 그가 의도하듯 지칭적으로 사용된 경우에도, 우리는 언제나 '청자가 우리가 마음에 둔 사람이 누구인지 알아차릴 것이라고, 가장 중요한 점으로 우리가 말하려는 사람이 바로 이 사람이라고 인식할 것이라고 기대하거나 의도하지' 않는다. 나는 누가 알아차리기를 기대하거나 의도하지 않으면서 "스미스의 살인자는 미쳤다"라고 속삭이듯 혼잣말을 할 수도 있기 때문이다. '도넬런의 구별'은 관계가 있으나 별개의 구별들이 모인 가족인 것처럼 보인다. 그래서 논평자들은 이 점을 잘 정리하려고 애썼다. 설의 〈은유〉(1979b), 버톨레의 〈도넬런의 구별에 담긴 의미론적 의의〉(1980), 데빗의 〈도넬런의 구별〉(1981b)을 참고하라.

그렇지만 도넬런은 이어서 추가 특성을 말한다. "그 φ 는 Y이다(The φ is Y)"[28]의 속성적 사용에서는 "아무것도 그 φ가 아니라면 Y라고 말할 아무것도 없었다(if nothing is the φ then nothing has been said to be Y)." 반면 지칭적 사용에서는 "아무것도 그 φ가 아니라는 사실은 이런 결과를 낳지 않는다(the fact that nothing is the φ does not have this consequence)."(도넬런, 〈지칭과 확정 기술〉, 287쪽) 도넬런은 이 논점을 린스키(Leonard Linsky)의 〈지칭과 지칭체〉(1963)에서 가져온다. 린스키는 사교 모임에 참석한 어떤 사람이, 어느 여자든 그녀의 남자 동반자를 눈여겨보고 "그녀의 남편은 그녀에게 친절하다(Her husband is kind to her)"라고 말하는 예를 든다. 도넬런과 린스키는, 여자가 사실은 결혼하지 않았더라도 지칭되는 것은 그녀의 동반자고, 그 사람이 실제로(actually) 그녀의 남편이라는 속성을 가짐과 무관하게 그녀에게 친절하다고 말하는 것이라는 점에 동의한다. 이 견해에 따르면 현실적 지칭체(real referent)는 내가 말한 의미론상 지칭체와 다르며, 린스키의 예에는 어떤 의미론상 지칭체도 없다.

혹은 앞에서 다룬 스미스의 사례에서 모든 증거와 반대로 존스가 결백하다고 가정해보자. 스미스는 자살했고 살인자는 없다고 가정하자. (어쩌면 스미스는 심지어 죽지 않고 깊은 가사 상태에 빠졌을 수도 있다.) 직관적으로 도넬런의 주장은 여전히 유효하며 내가 말한 것을 바꾸지도 않는다. 더불어 살인자가 있음과 무관하게, 만약 존스가 미쳤다면 그리고 오로지 그런 경우에만 내가 말한 것은 참이다. 도넬런은 모임에 참석한 어떤 손님이 유리잔에 든 마티니 음료를 홀짝이는 재미나게 생긴 사람을 보는 사례를 하나 더 든다. 손님은 이렇게 묻는다. "마티니를 마시는 남자는 누구죠?(Who is the man drinking a martini?)" 사실 유리잔에는 물이 담겨 있을 뿐이다. 그러나 도넬런이 주장하듯 손님의 질문은 재미나게 생긴

---

28 (옮긴이) φ(파이)는 그리스어 알파벳 소문자 가운데 하나로 앞에 정관사 '그(the)'를 붙여 확정 기술을 나타낸 것이고, Y는 술어를 나타낸 기호다.

사람에 관한 것이지, 사실은 멀리 떨어진 당구대가 놓인 방에서 마티니를 마시는 유일한 사람인 디노에 관한 것이 아니다.

　1976년에 피터 셀라스(Peter Sellars, 1925~1980)가 경감 클라우소로 출현한 희극 영화, 〈핑크 팬더의 반격〉에 지칭과 속성 구별에 관한 농담이 나온다. 경감 클라우소가 호텔 직원과 대화를 나누고 있다. 접수대에는 개가 한 마리 있다.

　　클라우소: 당신의 개는 사람을 무나요?
　　직원: 아뇨.
　　클라우소: (개를 쓰다듬어 주려고 몸을 숙이며) 귀여운 강아지군.
　　개가 그를 문다.
　　클라우소: 당신의 개는 물지 않는다고 말했잖아요.
　　직원: 저 개는 제 개가 아닌걸요.

이 같은 예들은 때때로 '조금 빗나간(near-miss)' 사례로 불리고 논쟁을 불러일으킨다. 그라이스의 〈의미〉(1957)를 따르고 스트로슨을 따르지 않으면서 크립키(Saul Kripke)는 〈화자 지칭과 의미론상 지칭〉(1979a)에서, 언어 표현 자체가 의미하거나 지칭하는 것과 화자가 언어 표현을 사용할 때 의미하거나 지칭하는 것을 구별한다. 예를 들어 문자 그대로 받아들이면 "앨버트는 멋진 녀석이다(Albert's an elegant fellow)"라는 문장은 앨버트가 멋진 녀석이라는 것을 의미하지만, 화자는 그 문장을 앨버트가 역겨운 게으름뱅이임을 지적하기 위해 비꼬는 말로(sarcastically) 사용할 수도 있다. (화자 의미와 표현의 문자에 충실한 의미에 드러난 차이는 7장과 13장에서 더 논의할 것이다.) 그래서 나도 '스미스의 살인자'라고 말할 때, 문자 그대로 받아들인 확정 기술이 스미스를 죽였던 누군가를 의미하고, (나 자신은) 정직하게 증언대에 선 존스를 의미하고 정확히 존스를 의미하는 것으로 받아들일 수도 있다. 린스키의 예에서 화자는 여자의 동반자를 의미하지만, '그녀의 남편'은 영어의 규칙에 따라, 만약 있다면 그녀가 결혼한 누군가를 의미한다. 그렇다면 도넬런의 사교 모임에 참석한 손님은 분명히 재미나게 생긴 남자를 의미하지만, '마티니를 마시는 남자'라는 확정 기술은 문자 그대로 누구든지 사실은 마티니를 마시는 사람을 의미한다. '조금 빗나간' 사례의 화자는, 도넬런이 의미한다고 말한 사물을 의미할 뿐만 아니라 참된 사물을 의미한다. 그러나 ('앨버트는 멋진 녀석이다'에서 그렇듯) 화자는 사실상 거짓인 문장을 발언함**으로써** 그런 일을 행한다.

화자 지칭을 의미론상 지칭과 대조하기 위해 조금 형식적으로 정의해보자. 어떤 기술이 사용되는 때에 화자 또는 발언자의 지칭체는, 만약 있다면 어느 것이든지 그 기술을 사용했던 화자가 자신의 청중에게 주의를 환기하도록 의도했던 대상이다.

다행히도 **의사소통**(communication)은 화자 의미(speaker-meaning)와 화자 지칭(speaker-reference)을 길잡이로 삼는다. 만약 내가 화자로서 '스미스의 살인자'라고 말할 때 존스를 의미하고, 여러분은 내가 존스를 의미한다고 받아들이고 존스가 미쳤다고 이해하면, 올바르게 이해하고 의사소통에 성공한 것이다. 이때 내가 발언한 문장이 문자에 충실한 의미의 측면에서 참이 아니라는 것은 전혀 문제가 되지 않는다. 마찬가지로 "앨버트는 멋진 녀석이다"라는 문장이 문자에 충실한 의미의 측면에서 거짓이라는 사실도 문제가 되지 않는다.

그러므로 크립키에 따르면 도넬런은 아무것도(혹은 이질적인 어떤 것이) 확정 기술의 의미론상 지칭체가 아닐지라도 확정 기술을 포함한 문장이 참일 수 있음을 보여주는 데 실패했다.

크립키가 '조금 빗나간' 예들에 대해 옳더라도, 도넬런의 구별을 변형한 어떤 견해(some version of Donnellan's distinction)를 고수하는 것은 중요하다. 도넬런이 조금 빗나간 사례를 포함한 문장의 의미와 참값에 관해 틀렸더라도, 도넬런의 구별은 처음에 들었던 '스미스의 살인자'를 비롯한 다른 예들로 충분히 증명된다. 그리고 도넬런의 논문은 어떤 이가 기술을 사용함으로써 지칭하려고 의도한 사람이나 사물을 지칭하는 데 성공한 상황을 구체적으로 확인하는 문제를 제기한다. 도넬런은 이런 상황이 언제나 화자의 지칭체에 따라 흘러가지는 않는다는 점도 보여주었다. 더 나아가 도넬런의 구별은 분명히 어떤 종류의 절에 기술을 집어 넣은 문장의 참값을 결정할 때 중요하다. 내가 다음과 같이 말했다고 가정해보자.

> (13) 나는 동네 의사에게 들었기 때문에 그것이 옳음을 안다.
>
> (I know that's right because I heard it from the town doctor.)

여러분은 나에게 이렇게 물을지도 모른다. "그 사람이 의사고 이것이 의료 문제기 때문이라는 뜻입니까, 혹은 **그 사람**에게 그것을 들었고 그 사람도 진짜 범죄에 대한 권위자기 때문이라는 뜻입니까?" (13)의 참값은 '동네 의사'가 속성적으로 사용되는지, 지칭적으로 사용되는지에 의존할 수도 있다. 혹은 다음 문장을 고찰해보자.

> (14) 나는 그녀의 남편이 그녀의 남편이 아니었기를 바란다.
>
> (I wish that her husband weren't her husband.)

(14)의 가장 자연스러운 독해는 첫째 기술(that 절에 들어간 명제의 주어 자리에 있는 'her husband')을 지칭적으로 받아들이고, 둘째 기술(that 절에 들어간 명제의 술어 자리에 있는 'her husband')을 속성적으로 받아들이는 것이다. 화자는 문제의 남자가 문제의 여자와 결혼하지 않았기를 바란다. 요점을 말하자면 그녀가 그와 결혼하지 않았기를 바란다. 그러나 (14)의 몇 가지 다른 독해는 아주 바보스러울지라도 기술을 어떤 식으로 받아들이느냐에 달렸다.

어떤 이는 크립키의 화자 또는 발언자의 지칭체와 의미론상 지칭체 구별에 비추어, 도넬린의 쟁점을 단순히 언어와 관련된 것으로 치부하려는 유혹에 넘어가서, 기술 이론이 여전히 문자 그대로 받아들인 문장의 참값에 대한 설명으로서 올바르지만, 도넬린의 접근이 화자 지칭체와 화자 의미에 관해 자주 옳다고 말할지도 모른다. 그러나 (13)과 (14) 같은 문장의 모호성은 여전히 러셀의 분석을 교묘하게 피해 가는 듯하다.[29]

또한 누구든 크립키에게 설득되고 조금 빗나간 예의 가치를 깎아내리더라도, 지칭 사례에 대해 **실제** 지칭체(actual referent)가 언제나 화자의 지칭체냐는 문제는 논란거리로 남는다. 이 문제가 셋째 개념, 다른 두 지칭체와 개념적으로 구별되는 '실제' 지칭체를 선제한다는 점에 주목하라. 실제 지칭체는 화자가 (질문하고 명령을 내리는 등등의) 진술을 할 때 그것에 **관해**(about) 말하는 데 실제로 성공한 대상을 의미하는 것처럼 보인다. 이것이 발언한 문장에 대한 문자에 충실한 의미론상 해석의 길을 내는지는 열린 문제로 남는다. (물론 만약 기술 이론이 올바른 견해라면, 실제 지칭체는 언제나 의미론상 지칭체거나, 혹은 러셀에 따르면 확정 기술은 현실적으로 전혀 지칭하지 않으므로 실제 지칭체는 없다.)

매카이(A. F. MacKay)는 〈도넬런 선생과 험티 덤티의 지칭하기〉(1968)의 몇몇 사례에서 어떤 사람이 잘못 말하더라도, 그 사람의 실제 지칭체는 화자 지칭체가 아니라 의미론상 지칭체라고 주장한다. 탁자 위에 조약돌과 책이 놓여 있고, 여러분이 책을 가져오기를 바라지만, 나는 혀가 꼬여서 '조약돌'을 지칭적으로 사용하고 화자로서 책을 지칭하면서 "탁자 위 조약돌을 가져다줘"라고 말한다고 가정해보자. 이때 나는 여전히 여러분에게 조약돌을 가져다 달라고 요구했고, 여러분이 나에게 조약돌

---

29 확고한 러셀 추종자는 (7)과 (9)를 다룬 노선에 따라 (13)과 (14)의 모호성을, 러셀의 분석을 '왜냐하면'과 '바란다' 안에 적용하느냐 밖에 적용하느냐에 달린 것으로 해명하려고 시도할지도 모른다. 시도해보라.

대신 책을 가져다주면, 여러분은 나의 요구에 따르지 않은 셈이다.

혹은 내가 여러분에게 "나는 너에게 자동차 경주의 영예로운 승자가 마흔 살이 넘었다는 데 5달러를 걸겠어"라고 말한다고 가정해보자. 나는 '영예로운 승자'를 미하엘 슈마허라고 생각하면서 그가 경주에서 이겼다고 완벽하게 확신하고, 마음속에 그에 대한 아주 분명한 심상도 떠올리며 지칭적으로 사용한다. 그런데 슈마허는 1등으로 결승선을 통과했지만, 사실은 이기지 못한다. 거의 알려지지 않은 기술력(技術力, technicality)으로 측정하면 슈마허는, 뒤처졌다가 막판에 따라잡은 팻 프레디 프릭(Fat Freddy Phreak)에 이어 2등으로 결승선을 통과하기 때문이다. 팻 프레디 프릭은 겨우 스물두 살이다. 나는 여러분에게 5달러를 빚진다.

매카이는 화자의 의도가 제멋대로 빗나갈 수도 있다는 일반적 논점을 드러낸다. 내가 도넬런은 산타클로스와 마가렛 대처의 혼외 아들이라는 말도 안 되는 믿음을 갖게 되었다고 가정해보자. 여기서 나는 기술을 지칭적으로 사용해 이렇게 말한다. "대처 여사의 크리스마스 사생아는 기술에 대한 고전적 논문을 썼다." 만약 여러분이 나의 이상한 믿음에 관해 충분히 안다면, 여러분은 딱 맞는 개체를 골라내서 내가 의미한 것을 이해할 것이다. 그러나 아무도 내가 도넬런이 고전적 논문을 썼다고 **말했다**고 올바르게 기술할 수는 없다.

우리는 '실제 지칭체(actual referent)'라고 정당하게 분리할 수 있는 개념이 있느냐고 물어야 한다. 화자 지칭체라는 개념은 명료하고, 의사소통 이론은 화자 지칭체라는 개념을 요구한다. 어쩌면 '실제 지칭체'라는 관념은 앞서 말한 두 지칭체 개념을 혼동한 결과물일지도 모른다. 이런 혼동은 문자로 표현된 문장 의미론과 의사소통 이론의 차이를 제대로 알아보지 못해서 생긴다. 그러면 우리는 앞서 다룬 사례 속에 나타난 '실제 지칭체'에 관해 우리가 직관한 사실을 설명해야 할 것이다. 크립키는 어림잡아 이 노선을 따르고, 우리가 13장에서 논의할 그라이스의 발상을 이용한다.

대용
Anaphora

기술 이론에 제기된 마지막 반론은 반드시 언급해야 한다. 우리가 주목했듯 러셀은 자신이 정관사 '그(the)'의 핵심적 사용이라고 간주한 것만 다루고, 복수 용법과 일반 용법을 설명하지 않는다. 따라서 어떤 이는 확정 기술 이론을 언제까지나 애지중지해서는 안 될 일이라고 생각할 수도 있다. 어쨌든 러셀은 맥락 사용을 언급하지 않는다. 기술 이론에서 왜 맥락 사용을 다루지 않는지 의아한데, 기술의 복수 용법과 일반 용법은 단칭 표현이 아니지만, 맥락 기술은 표면적으로 단칭 지칭 표현인 까닭이다.

일반적으로 **대용** 표현(anaphoric expressions)의 의미는 다른 표현, 곧 **선행어**(antecedent)에서 유래한다. 대용 표현이 언제나 해당 문장이나 이전 문장 속에 먼저 나오는 것은 아니지만 그런 경우가 흔하다. 다음 예를 살펴보자.

> (15) 길모퉁이 근처에 살았던 남자는 괴짜였다. 그는 거북이 머리로 만든 간식을 먹곤 했다.
>
> (The man who lived around the corner was eccentric. He used to snack on turtle heads.)

(15)에서 '그(He)'는 길모퉁이 근처에 살았던 남자를 다시 지칭한다. 기치(Peter Geach)는 《지칭과 일반성》(1962)에서 이런 용어를 '게으름의 대명사(pronoun of laziness)'라고 부르고, 그것은 선행 구(antecedent phrase)의 상용 문구 반복을 줄인 말일 뿐이라고 제언했다. 그래서 (15)의 둘째 절은 "저 길모퉁이 근처에 살았던 남자는 거북이 머리로 만든 간식을 먹곤 했다"라는 문장과 정확하게 동치다. 기치의 제언은 대용 대명사

에 대한 여러 이론 가운데 하나일 뿐이지만, 일반적으로 대용 대명사가 선행 구와 관계를 맺음으로써만 지칭체를 가진다는 생각이다.

만약 기치가 옳다면, (15)는 기술 이론에 어떤 문제도 제기하지 않는다. (15)의 둘째 절은 언제나 흔한 방식으로 분석될 테고, 그런 분석은 적어도 다른 핵심적 러셀식 바꿔 쓰기만큼 올바른 것 같다. 그러나 에반스(Gareth Evans)가 〈대명사와 양화사, 관계절 (I)〉(1977)에서 지적했듯, 병렬 처리는 선행어가 양화사거나 불확정 기술일 때 실패한다.

> (16) 꼭 한 마리 거북이가 길을 내려왔다. 그것은 마치 미치광이에게 쫓기듯 달리고 있었다.
>
> (Just one turtle came down the street. It was running as if it were being pursued by a maniac.)
>
> (17) 한 토끼가 식사 후 우리 집 정원에 나타났다. 그것은 태연해 보였다.
>
> (A rabbit appeared in our yard after dinner. It seemed uncon-cerned.)

(16)의 둘째 절은 "꼭 한 마리 거북이가 마치 미치광이에게 쫓기듯 달리고 있었다"라는 문장과 동치가 아니다. 왜냐하면 후자는 (16)이 참일 때조차 거짓이 될 수도 있기 때문이다(우리의 애완 거북이가 우리 식당에서 똑같이 달리고 있었을 수도 있다). (17)의 둘째 절은 "한 토끼가 태연해 보였다"라는 문장과 동치가 아니다. 이렇게 바꿔 쓴 문장은 최초 문장에 나오는 '그것'이 우리 집 정원에 나타났던 특정한 토끼를 지칭했다는 사실을 놓쳤기 때문이다.

러셀은 자신이 제의했던 것이 확정 기술 이론이었으며, (16)도 (17)도 확정 기술을 포함하지 않는다고 정중히 응수할지도 모른다. 그러나 (16)의 '그것(it)'이 게으름의 대명사가 아니라면, 우리는 왜 (15)의 '그(he)'는 게으름의 대명사라고 생각해야 하는가? 게다가 확정 기술은 그것 자체가 대용어일 수 있다. 다음 예를 살펴보자.

> (18) 꼭 한 마리 거북이가 길을 내려왔다. 그 거북이는 미치광이에게
>   쫓기듯 달리고 있었다.
>   (Just one turtle came down the street. The turtle was running
>   as if it were being pursued by a maniac.)
> (19) 한 토끼가 식사 후 우리 집 정원에 나타났다. 그 토끼는 걱정이 없어
>   보였다.
>   (A rabbit appeared in our yard after dinner. The rabbit seemed
>   unconcerned.)

(18)에서 '거북이'가 '**길을 내려왔던** 거북이(The turtle **that came down the street**)'를 줄인 것이라는 말은 아주 그럴듯하고, 이 경우에 (18)은 러셀의 분석을 위협하지 않는다. 그러나 (19)에 대해서는 똑같이 하지 못할 것이다. 만약 우리가 '그 토끼(The rabbit)'는 '식사 후 우리 집 정원에 나타났던 토끼(The rabbit that appeared in our yard after dinner)'를 줄인 말이라고 가정한다면, (19)는 기껏해야 한 마리 토끼가 정원에 나타났음을 함의할 것이다. (19) 자체가 그것을 함의하지 않는다는 점에 주의할 필요가 있다. 그런데 (19)의 시작 구는 '한 토끼(A rabbit)' 뿐이므로, (19)는 한 마리보다 많은 토끼가 정원에 나타났다는 것과 논리적으로 모순을 일으키지 않는다. 사실은 (19)를 발언한 화자는 어떻게든 꼭 한 마리 토끼가 있었음을 시사한다. 그러나 화자의 그런 시사가 (19)를 발언하고 나서, "사실은 토끼가 여러 마리 있었고, 토끼 가운데 어떤 토끼도 아주 걱정스러운 표정이 아니었어"라고 추가해도 모순을 일으키지 않음에 주목하라.

닐은《기술》(1990)에서 보수적인 러셀의 이론에 대용을 수용하려고 시도했다. 하임은 〈E-유형 대명사와 당나귀 대용〉(1990)에서, 캠프(Hans

Kamp)와 레일(Uwe Reyle)은 《담론에서 논리학으로》(1993)에서, 다른 학자들도 넓은 뜻에서 의미론상 구성 방식이 요구된다고 논증했다. 그러나 이 주제는 여기에서 다루지 않고 남겨두겠다.

최근 다른 몇 가지 쟁점이 더 생겨났다. 예컨대 확정 기술의 사용이 현실적으로 맥락적 유일성을 함의하냐는 문제가 제기되었다. 이 문제에 대한 논의는 서보의 〈기술과 유일성〉(2000)과 〈유일성 없는 확정 기술: 애벗에게 보내는 답변〉(2003), 애벗(Barbara Abbott)의 〈서보의 '기술과 유일성'에 보내는 답변〉(2003)을 보라.

더 일반적으로 말하면 확정 기술과 불확정 기술의 관계는 면밀하게 검토되었다. 이에 대한 논의는 서보의 〈기술과 유일성〉(2000), 러들로와 시걸의 〈확정 기술과 불확정 기술의 통합 의미론적 분석〉(2004)을 참고하라.

특히 셔비(Richard Sharvy)는 〈더 일반적인 확정 기술 이론〉(1980)에서, 닐은 《기술》(1990)에서, 브로가드(Berit Brogaard)는 〈그 하지만 모두가 아닌: 복수형 확정 기술에 대한 새로운 설명〉(2007)에서 복수형 기술에 관해 탐구했다.

요약

- 단칭 명사는 세계 속 개별 대상을 지칭한다. 하지만 그것이 단칭 명사가 하는 일의 전부라고 가정하는 것은 논리적 수수께끼로 이어진다.
- 러셀은 확정 기술을 포함한 문장이 세 일반 진술로 분석되어야 한다고 논증했다.
- 러셀은 이런 기술 이론을 직접적으로 방어하는 동시에 기술 이론이 네 논리적 수수께끼를 풀어낼 해결책도 제공한다는 점에 호소함으로써 방어한다.
- 스트로슨은 러셀이 문장과 문장의 논리적 속성을 지나치게 추상적으로 바라보아 실생활 속 진짜 사람들이 대화에서 문장을 쓰는 표준적 사용을 무시한다고 논증한다.
- 특히 러셀은 비(非)지시 기술을 포함한 문장이 거짓으로 치부되지 않고, 선제 실패에 대한 설명에 근거해 아예 참값을 갖지 못한다는 사실을 놓친다. 또한 러셀은 맥락에 구속된 기술도 무시한다.
- 도넬런은 러셀이 무시하기도 했던 기술의 지칭적 사용에 주의를 환기하고, 완전히 성공하지 못했더라도 지칭적 사용을 속성적 사용과 구별하려고 시도한다.
- 러셀의 이론이 기술의 대용적 사용을 전부 수용할 수 있을지 명백하지 않다.

학습 과제

1. 상황이 달라져 기술 이론이 그럴듯하다고 (논증을 위해) 가정하면, 여러분은 러셀의 해결책으로 네 수수께끼가 풀렸다고 확신하는가?
2. 스트로슨의 비판은 내가 인정했던 것 이상으로 설득력이 있는가? 스트로슨의 비판을 러셀에 맞서 조금 더 펼쳐내보라.

3. 기술 이론은 영어에서 정관사 '그(the)'의 사용 전체를 어느 정도 올바르게 예측하고 설명하는가?

4. 여러분은 도넬런의 구별에 대해 어떻게 생각하는가? 도넬런의 구별을 더 정확하게 설명할 수 있는가? 도넬런이 시작한 직관적 대조를 세련되게 만들어보라.

5. '실제 지칭체'에 관한 도넬런의 흥미로운 직관적 판단 가운데 어떤 것이든 특정한 가설적 언어 상황에서 논박하거나 방어해보라. 그때 도넬런의 계획에 찬성하기 위해 이런 경우에 관한 여러분의 입장이 갖는 중요한 의의는 무엇인지 논평해보라.

6. 도넬런은 자신의 논문이 러셀과 스트로슨 사이에 벌어진 논쟁에 공헌/기여했다고 여긴다. 하지만 도넬런은 자신의 논문에서 그런 모든 쟁점이 시작되었던 네 수수께끼에 관해 거의 말하지 않는다. 여러분이 해석한 것으로서 도넬런의 이론은 네 수수께끼 가운데 어느 하나를 또는 모두를 해결하는가?

7. 여러분은 러셀을 도와서 그의 이론을 우리가 들었던 대용 예들을 망라하도록 확장할 수 있는가? 러셀에게 추가 문제를 제기하는 다른 대용 예들이 있는가?

더 읽을거리 ────

• 카플란(David Kaplan)의 〈러셀의 기술 이론이란 무엇인가?〉(1972)는 기술 이론에 대해 상세하고 탁월하게 설명한 논문이다. 카트라이트 (Richard Cartwright)의 〈러셀 기술 이론의 기원〉(1987)과 닐의 《기술》 (1990)도 보라. 학술지 《마인드》는 〈지시하기에 대하여〉 탄생 100년을 기린 전면 특별판 144호를 2005년 10월에 펴냈다.

• 러셀의 〈스트로슨의 지칭하기에 대하여〉(1957)는 스트로슨의 비판에 응수한 답변이다.

- 린스키의 〈지칭하기〉(1967)는 러셀과 스트로슨이 벌인 논쟁을 잘 개관한다.

- 러셀이 마이농의 견해를 경멸했는데도, 라우틀리(Richard Routley)는 《마이농의 정글 탐사를 넘어서》에서, 파슨스(T. Parsons)는 《실존하지 않는 대상》(1980)에서 굳세게 마이농의 견해를 옹호했다.

- 도넬런의 〈험티 덤티를 다시 합치기〉(1968)는 매카이에게 보낸 답변이다. 도넬런의 〈화자의 지칭과 기술, 대용〉(1979)은 훨씬 확장된 논의고, 대용 문제도 계속 제기한다.

- 테일러(Kenneth Allen Taylor)의 《진리와 의미》(1998)의 2장은 대용 현상에 대해 자세하고 풍부하면서도 이해하기 쉽게 개관한다.

- 오스터태그(Gary Ostertag)의 《확정 기술: 독본》(1998)에 확정 기술에 대해 다룬 중요한 여러 논문이 담겨 있다. 베쥐든하우트(Anne Bezuidenhout)와 라이머(Marga Reimer)가 공동 편집한 《기술을 넘어》(2004)도 마찬가지다. 러들로의 〈기술〉(2007)도 보라. 촘촘하게 아주 잘 개관한 좋은 논문이다.

고유 이름

:기술 이론

개요
Overview

러셀은 확정 기술이 진정한 단칭 명사가 아님을 보여줌으로써 확정 기술에 대한 의미 지칭 이론을 논박했던 듯하다. 어쩌면 이는 놀라운 일이 아닐 텐데, 기술이 각각 독립적으로 유의미한 부분들을 갖는 복합 표현인 까닭이다. 그러나 어떤 이는 일상적 고유 이름이 진짜 단칭 명사라고 자연스럽게 계속 생각할지도 모른다. 그렇더라도 실존하지 않는 대상과 부정 실존 문장에 관한 수수께끼를 비롯한 네 수수께끼는 기술에 대해서뿐 아니라 고유 이름에 대해서도 끈질기게 생겨난다.

프레게는 이름(name)이 지칭체(referent)에 더해 뜻(sense)을 지니고, 뜻은 명사/용어의 지칭체를 '제시하는 방식(way of presenting)'이라고 제안함으로써 네 수수께끼에 대한 해결책을 내놓았다. 그러나 프레게는 '뜻'이 무엇인지, 실제로 어떻게 작동하는지는 거의 말하지 않았다.

러셀은 이런 문제를 일상적 고유 이름이 현실적으로 위장한 확정 기술(disguised definite descriptions)임을 상당히 설득력 있게 논증함으로써 해결했다. 고유 이름이 위장한 확정 기술이라는 가설은 러셀이 기술 이론을 고유 이름까지 넓혀서 네 수수께끼를 풀게 했다.

그렇더라도 고유 이름이 의미론적으로 기술과 같다는 러셀의 주장은 심각한 반론에 직면한다. 예를 들면 주어진 이름과 의미가 같다고 판단되는 구체적인 특정 기술(a specific description)을 찾기 어렵고, 같은 이름으로 다른 기술을 표현한 사람들이 같은 사람이나 사물에 대해 논의하거나 토론할 때, 서로 다른 말을 하는 일이 벌어질 것이다. 설(John Searle, 1932~)은 러셀의 견해에 제기된 초기 비판을 피할 고유 이름에 대한 느슨한 '다발' 기술 이론을 제안했다. 그러나 크립키(Saul Kripke, 1940~)를 비롯한 다른 언어철학자들은 러셀의 기술 이론뿐 아니라 설의 느슨한 이론에도 적용되는 많은 추가 반론을 축적해왔다.

프레게와 수수께끼
Frege and the Puzzles

우리는 기술이 현실적으로 (논리적으로) 단칭 명사가 아니어서 의미 지칭 이론이 기술에 적용되지 않는 틀린 이론이라는 러셀의 주장에 동의했으나, 지칭 이론이 고유 이름에 대해 유효하다고 계속 주장할 수도 있다. 확실히 **이름**은 이름일 뿐이다. 이름들은 단순히 그것들이 지시/지정하는(designate) 특정 사물들을 지시/지정하고, 지시체들(desinata)을 담론에 끌어들임으로써 의미를 지닌다. 이런 표현을 **밀식** 이름(**Millian** name)이라고 부르기로 하자. 존 스튜어트 밀(John Stuart Mill, 1806~1873)은 《논리 체계》(1843/1973)에서, 고유 이름은 개별 사람이나 개별 대상을 가리키려는 꼬리표(label)일 따름이고, 고유 이름이 들어간 문장의 의미에 개체보다 더 많이 공헌/기여하지 않는다는 견해를 옹호한 것처럼 보였던 까닭이다. 그러나 러셀의 기술 이론에 제기된 최초 반론을 떠올려보라. 기술 이론은 전적으로 네 수수께끼를 풀려는 동기로 나오기는 했지만, 네 수수께끼가 확정 기술에만 특이하게 나타나지 않는다는 반론이다. 왜냐하면 수수께끼들은 **처음** 확정 기술은 말할 것도 없고, 고유 이름에 대해서도 끈질기게 생겨났기 때문이다.

프레게는 고유 이름과 관련된 네 수수께끼에 대해 해결책을 제시한 점에서 러셀을 앞서나갔다. 우리는 실존하지 않는 대상을 지칭하는 것처럼 보이는 문제에 관해 프레게가 어떤 주장을 했는지 이미 보았다. 다음 진술을 예로 들어보자.

(1) 제임스 모리아티는 대머리다.

(James Moriarty is bald.)

(1)은 '제임스 모리아티'라는 이름이 사실상 지칭체가 없더라도 그것의 추정 지칭체(putative referent)에 더해 '뜻'을 지니기 때문에 유의미하다. 사실은 제임스 모리아티라는 이름으로 지칭되거나 **지시되는** 아무것도 없지만, 뜻은 제임스 모리아티라는 이름으로 '표현된다.'

프레게에게 '뜻'은 어림잡아 명사/용어의 추정 지칭체를 제시하는 특수한 방식(a particular "way of presenting")이었다. 뜻은 정신적 또는 심리적 독립체가 아니라 추상체지만, 어떤 사람이 지칭체에 대해 지닌 개념이나 생각한 방식을 반영한다. 프레게는 이따금 뜻을 확정 기술의 형태로 표현했다. 예를 들어 '아리스토텔레스'라는 이름의 뜻은 '플라톤의 제자이자 알렉산드로스 대왕의 스승'이나 '스타게이로스 출신이자 알렉산드로스 대왕의 스승'이다. 이에 대한 설명은 프레게의 〈개념과 대상에 대하여〉(1892/1952b)를 참고할 수 있다. 하나의 뜻이 유일한 지칭체를 결정하지만, 여러 뜻이 같은 지칭체를 결정할 수도 있다.

이제 프레게가 다른 세 수수께끼를 어떻게 공략했는지 보자.

부정 실존 문장
Negative Existentials

> (2) 페가수스는 실존한 적이 없었다.

> (Pegasus never existed.)

2장에서 말했듯 (2)는 참인 듯하고, 페가수스에 관한 것인 듯하지만, (2)가 참이라면 (2)는 페가수스에 관한 것일 수 없다. 여기에 실존하지 않는 대상을 지칭하는 것처럼 보이는 문제로만 제기된 것보다 더 복잡한 문제가 있다는 점에 주목하라. (1)은 제임스 모리아티가 실존하지 않는데도 유의미하지만, (2)는 페가수스가 실존하지 않는데도 유의미할 뿐만이 아니라 실제로 중요하게 참이다.

뜻이 특수한 제시 방식이라는 발상은 프레게에게 적어도 부정 실존 문장에 대해 인상적인 해결책을 제공한다. (이 해결책이 실제로 프레게의 견해였는지, 얼마나 정확한지는 분명치 않다.) (2)는 어림잡아 '페가수스'의 뜻, 곧 벨레로폰이 탔던 날개 달린 말이라는 개념이 지칭체를 찾기에 실패하고, 심지어 '실존하지 않는' 지칭체를 찾기에도 실패한다는 의미로 받아들일 수 있다. 현실에서 아무것도 그런 뜻에 부응하지 않는다.[1]

이 발상이 간단치 않은 이유는, 프레게에게 이름은 그것의 뜻을 '표현'할 뿐이고 지시하지 않기 때문이다. 그래서 (2)는 문자 그대로 '페가

---

1 2장에서 언급했듯 마이농은 '페가수스'라고 이름을 붙인 날개 달린 말이 있고, 문장 (2)는 그런 특별한 말이 실존하지 않음을 서술한다고 주장했을 것이다. 이 견해에 근거하면, (2)는 "페가수스는 결코 자주개자리(alfalfa〔식물의 일종〕)를 먹은 적이 없었다"라는 문장과 똑같다. 너와 나는 운이 좋아서 실존하지만, 우리가 선택하든 말든 페가수스는 실존하지 못했다. 러셀이 한때 아주 진지하게 받아들인 적이 있었지만, 프레게도 러셀도 마이농의 견해를 받아들일 수 없었다. 오히려 (2)는 단지 신화는 신화일 뿐이고, 벨레로폰이 탔던 날개 달린 말은 없었음을 의미한다고 생각하는 것이 훨씬 그럴듯하다.

수스'의 뜻에 관한 것이 아니며, 지칭체를 결여한 그런 뜻에 대해 속속들이 말해주지 않는다. (2)가 참이 됨을 알 때 우리 철학자들이 아는 하나가 후자라고 해도 말이다.

프레게의 수수께끼
Frege's Puzzle

(3) 마크 트웨인은 새뮤얼 랭혼 클레먼스다.

(Mark Twain is Samuel Langhorne Clemens.)

(3)은 고유 이름을 두 개 포함한 진술이고, 둘 다 같은 사람이나 사물을 골라내거나 지시한다. 그리고 만약 두 이름이 밀식 이름이라면, (3)은 사소하게 참일 수밖에 없다. 그렇지만 2장에서 보았듯, (3)은 정보를 제공하는 진술인 동시에 우연 진술인 듯하다. (허구와 관련된 예로 "슈퍼맨은 클라크 켄트다"라는 진술을 들 수 있다. 제리 시겔 씨(Mr. Jerry Siegel, 1914~1996)의 장편 만화책에서, 한 백만장자 호사가는 슈퍼맨의 은밀한 정체를 밝히려고 시간과 돈을 쓴다.)

프레게의 견해에 따라 살펴보면, (3)에서 두 이름이 공통 지칭체(common referent)를 골라내지만, 두 이름은 다른 방식으로 개체(individual)를 '제시한다.' 다시 말해 두 이름은 중요하게 다른 뜻을 지닌다. 그리고 프레게가 '인지적 의의(cognitive significance)'라고 부른 것은 지칭이 아니라 뜻에 동반되는 개념이다.

"a = a"와 "a = b"의 인지적 가치 또는 인지 값(cognitive value)이 다르다는 점을 발견했을 때, 인식 목적을 위해 문장의 뜻, 곧 문장으로 표현된 사유(thought)는 지칭 못지않게 실제로 중요하다고 설명한다. … 이제 a = b라면, 정말로 'b'의 지칭은 'a'의 지칭과 같으므로, "a = b"의 참값은 "a = a"의 참값과 같다. 이렇더라도 'b'의 뜻은 'a'의 뜻과 다를 수 있고, 그래서 "a = b"에서 표현된 사유는 "a = a"의 사유와 다르다. 그런 경우에 두 문장의 인지적 가치 또는 인지 값은 같지 않다.

프레게, 〈개념과 대상에 대하여〉(1892/1952b), 78쪽.

(그러나 여기서 우리는 어떻게 "a = b"가 우연 진술일 수 있는지에 대해서는 아무 말도 듣지 못한다.)

대체성
Substitutivity

> (4) 앨버트는 새뮤얼 랭혼 클레먼스가 키가 5피트(152.4cm)보다 작았음을 믿는다.
>
> (Albert believes that Samuel Langhorne Clemens was less than 5 feet tall.)

그런데 (4)에서 '새뮤얼 랭혼 클레먼스'를 '마크 트웨인'으로 대체할 경우, (4)는 거짓이다. 앞 장에서 말했듯 '…임을/이라고 믿는다(believes that)'라는 구문에서 단칭 명사의 자리는 지칭적으로 불투명하다. 두 이름이 밀식 이름이고, 지칭체를 담론에 끌어들임을 빼고 의미에 아무 공헌/기여도 하지 않는다면, 두 이름을 대체함으로써 어떤 차이도 생겨서는 안 되고, 단칭 명사의 자리는 투명해야 할 것이다.

여기서 프레게는 천재적인 수를 둔다. 우리가 기억하는 문제는 불투명성이 '…임을/이라고 믿는다'라는 구문으로 생겼다는 것이었는데, 이 믿음 구문에 포함된 문장이 그 자체로 불투명하지 않기 때문이다. 믿음은 인지적 문제이므로, 프레게는 믿음 문장의 참값이 믿음 연산자(belief operator)의 다음에 오는 표현의 지칭체가 아니라 뜻으로 결정된다고 가정했다. 그러므로 프레게는 믿음 연산자의 기능은 특히 이름의 지칭을 전환하는 것이라고 제언한다. '…임을/이라고 믿는다'라는 구문 속에서 이름은 늘 그렇듯 클레먼스나 트웨인이라는 사람을 지칭하지 않고, 각 이름의 뜻을 지칭한다. 그것이 (4)에서 '새뮤얼 랭혼 클레먼스'를 '마크 트웨인'으로 대체한 결과 참값이 달라지는 이유다. 믿음 문맥/맥락 속에서 '마크 트웨인'은 **그것의** 뜻, 곧 '새뮤얼 랭혼 클레먼스'의 뜻과 다른 뜻을 언급한다.

따라서 프레게의 지칭과 '뜻' 구별은 네 수수께끼를 각각 처리할 수 있게 한다. 그리고 프레게의 해결책은 옳은 소리처럼 들리기까지 한다. 이름은 지칭체에 더해 어떤 부류의 의미에 공헌/기여하고, 그것이 물론 우리가 알아보는 곳에서 차이를 만든다. 나는 프레게의 해결책이 도식적 특징(schemetic feature) 때문에 옳은 것이 아닐까 생각한다. 프레게는 추가된 의미를 '뜻'이라고 부르지만, 뜻이 무엇인지에 관해 거의 말하지 않는다. '지시하기'와 대조되는 '표현하기'와 '인지적 의미' 따위에 관해서도 마찬가지다. 특히 프레게는 뜻이 어떤 종류의 의미인지 또는 어떻게 적극적으로 의미에 공헌/기여하는지 말하지 않는다. 이는 문제를 해결하기보다 만들어내는 꼴이다. 프레게의 견해가 어떤 일을 해냈는지는 10장에서 더 깊이 살피고 평가하겠다.

어쩌면 우리는 이름이 **기술의** 뜻(senses of descriptions)을 지닐 수 있다는 프레게의 추가 귀띔(hint)을 알아챌 수 있을지도 모른다. 그것이 바로 러셀이 했던 일이고, 러셀을 네 수수께끼에 대한 아주 풍성한 접근법으로 이끌었다.[2]

---

2 그러나 러셀의 이론이 프레게의 이론을 변형한 견해일 뿐이라고 생각하지 말라. 두 이론에는 몇 가지 중요한 차이가 있다. 2장에서 주목했듯 하나는 프레게의 이론에 따르면 비(非)지시 단칭 명사가 (정상적으로) 그것을 포함한 문장이 참값을 갖지 못하게 만든다는 점이다. 다른 하나는 프레게의 '뜻' 가운데 몇몇이 확정 기술과 느슨하게 연결되더라도, 프레게는 확실히 다음 절에서 논의될 러셀의 고유 이름 이론을 승인하지 않는다는 점이다.

러셀의 이름 주장
Russell's Name Claim

러셀의 반응은 재기가 번뜩이는 동시에 방어 논증도 강력하다. 러셀은 방향을 돌려 새로운 논제를 제의하는데, 나는 이를 이름 주장이라고 부르겠다. 러셀의 이름 주장은 일상적 고유 이름이 **현실적으로 이름이 아니라는 것**, 적어도 진정한 밀식 이름(genuine Millian names)이 아니라는 것이다. 일상적 고유 이름은 이름처럼 보이고, 우리가 소리를 내어 말할 때 이름처럼 들린다. 그러나 논리적 형식을 따져보면 일상적 고유 이름은 이름이 아니다. 여기서 표현의 논리적 속성이 드러난다. 사실 일상적 고유 이름은 확정 기술과 의미가 같다고 러셀은 주장한다. 러셀은 고유 이름이 기술을 '줄인다(abbreviate)'라고 말하며, 문자 그대로 정말로 그것을 의미한 듯하다.

따라서 러셀은 현상(appearance)과 현실(reality)을 나눈 둘째 의미론상 구별을 끌어들인다. 확정 기술은 표층 문법의 측면에서만 단칭 명사인데, 더 놀라운 점은 일상적 고유 이름에 대해서도 마찬가지라는 것이다. 물론 여기서 차이는 훨씬 극적으로 드러난다. 지칭론자의 편견에 사로잡히지 않고 확정 기술을 바라보면, 확정 기술에 포함된 독립적으로 유의미한 낱말들이 기술 전체의 의미에 공헌/기여하는 개념 구조를 지녔음도 알아볼 수 있을 것이다. 그래서 오해의 소지가 있을 만큼 단순한 정관사 '그(the)'의 현상 배후에 양화와 관련된 요소가 있다는 점은 전혀 놀랄 일이 아니다. 그런데 우리는 지금 개념적으로 단순해 보이는 표현에 관해 같은 말을 듣고 있다.

러셀의 이름 주장이 참이라면, 러셀이 네 수수께끼를 풀려고 내놓은 해결책은 결국 일반적으로 주장될 것이다. 왜냐하면 우리는 단지 이름들을 이름들이 표현하는 확정 기술들로 바꾼 다음, 2장에서 한 것과 마찬가지로 처리하기 때문이다. 애초에 우리가 좋다고 생각하든 그렇지 않든, 러셀의 해결책은 이전과 마찬가지로 응용된다. 따라서 이름은 프레게가 '뜻'이라고 생각했던 의미를 지니며, 이름의 뜻은 지칭체가 같아도 다를 수 있다. 그러나 러셀은 뜻을 어떤 추상적인 종류의 기초 용어(basic term)로 받아들이지 않고 분석한다.

이름 주장이 기술 이론 자체와 전적으로 독립적이라는 점을 알아보는 것은 중요하다. 사람들은 '러셀의 기술 이론'이라는 구를 러셀의 이름 주장을 포함한 다른 여러 견해와 묶어서 말하기 위해 자주 사용한다. 그러나 어떤 이는 두 학설 가운데 하나를 수용하면서 다른 하나를 거부할 수도 있다. 어떤 이론가는 기술 이론을 확정 기술 이론이라고 주장하면서 이름 주장을 완전히 거부한다. 드물지만 러셀의 이름 주장을 포용하면서 러셀과 다른 기술 이론을 주장하는 이도 있다.

러셀은 기술 이론을 지지할 때 직접적 논증을 제시했다. 그리고 기술 이론이 네 수수께끼를 풀 수 있다는 장점을 내세웠다. 러셀은 이름 주장을 위해 유사한 설명 사례를 든다. 이 설명 사례에서 이름 주장은 고유 이름 이론에 대해서도 수수께끼를 해결할 힘을 똑같이 빌려준다. 수수께끼는 기술보다 이름의 경우에 풀기가 더 힘들어 보였다. 그러나 러셀은 또한 직접적 논증을 적어도 하나 제시하고, 둘째 논증은 러셀의 저술에서 쉽게 끌어낼 수 있다.

첫째, 러셀이 기술 이론을 방어하려고 직접적으로 내놓은 논증을 떠올려보라. 기술을 포함한 문장은 직관적으로 분석을 통해 드러난 세 가지 절을 각각 함의하고, 세 절은 합쳐서 기술을 포함한 문장을 함의한다고 러셀은 주장한다. 이제 그는 고유 이름을 포함한 문장에 대해서도 같은 논증을 펼친다.

가장 풀기 힘든 부정 실존 문장의 사례를 들어보자. (2)("페가수스는 실존한 적이 없었다")는 실제로 참이다. 그러면 (2)는 무엇을 의미하는가? (2)는 실존하는 사물을 골라내지 않고, 페가수스가 실존하지 않는 어떤 것이라고 거짓을 주장하지도 않는다. 문장 (2)는 마이농이 가정한 독립체(entity)를 골라내지 못하고 그런 독립체의 실존을 부정하지도 않는다는 것이다. 사실상 날개 달린 말은 없다고 확실하게 보여줄 따름이다. 비슷하게 "셜록 홈즈는 실존한 적이 없었다"라는 문장은 베이커가(街) 221구역에 살았다는 따위로 기술되는 영국의 전설적 탐정이 실제로는 없음을 의미한다. 이는 아주 그럴듯해 보인다.

둘째 논증은 명료화 질문에 주의를 환기한다. 내가 아는 한, 러셀은 이런 둘째 논증을 명시적으로 주장하지 않았다. 어떤 사람이 '릴리 블랑제'라는 이름을 들었다고 가정하자. 여러분은 화자가 말한 사람이 누구인지 모를 때 그 사람이 누구냐고 묻는다. 그러면 화자는 "오, 1913년에 〈파우스트와 헬레네〉라는 성악곡으로 로마 작곡 대상을 수상했던 첫 여성 작곡가지"라고 대답한다. 적당한 답변이다. 여러분은 들은 이름을 이해하지 못했기 때문에 물었다. 그것을 이해하기 위해, 여러분은 "누구냐"고 물어야 했고, 답변은 기술이어야 했다. (단지 블랑제의 둘째 고유 이름을 대는 것은 여러분이 이전에 그/저 이름을 기술과 연합하지 않았던 한, 묘수로 쓰지 못할 것이다.)

혹은 우리는 시험용으로 '누구입니까'라고 질문할 수 있는데, 이를 '즉석 확인(spot-check test)'이라고 부른다. 여러분은 '윌프리드 셀라스'라는 이름을 사용했고, 내가 "그 사람은 누구지?"라고 묻는다고 가정하자. 여러분은 "음, 피츠버그 대학교에서 가르친 유명한 철학자인데, 정말 치밀하게 책을 썼지"라거나 비슷한 다른 답변을 할 수 있다. 일반적으로 누구든 이름을 사용한 다음에 "누구를(혹은 무엇을) 뜻하는 것이죠?"라는 질문을 받으면, 즉각 본능적으로 자신이 의미했던 것을 설명하려고 기술을 떠올린다.

설은 〈고유 이름〉(1958)이라는 논문에서 비슷하게 배우기와 가르치기에 호소했다. 여러분은 아이에게 새로운 고유 이름을 어떻게 가르치고, 다른 사람에게서 특정한 이름의 지칭체를 어떻게 배우는가? 전자의 경우에는 하나 혹은 그보다 많은 기술을 만들어내고, 후자의 경우에는 기술을 끌어낸다.

이는 강건해 보이는 현상이다. 그래서 이름 주장은 단지 고유 이름으로 변형한 네 수수께끼(proper-name versions of four puzzles)를 풀기 위해 필사적으로 달려든 것이 아니다.

러셀은 이름들의 '줄인' 기술들에 대해, 마치 그것들이 단지 '유.에스.에이.(the U.S.A)'가 '미국(the United State of America)'의 **준말**인 것처럼, 저돌적으로 말한다. 이는 지나치게 강한 주장이다. 러셀이 자신의 분석을 위해 실제로 필요한 것은, 이름들이 어떻게든 기술들과 의미가 같다는 더 약한 주장뿐이다. (그런 더 약한 논제를 고유 이름 기술 이론이라고 부르기로 하자.)

그렇지만 야심이 덜한 약한 기술 이론도 호된 비판을 받았다.

처음 제기된 반론
Opening objections

반론 1

설은 〈고유 이름〉(1958)에서, 만약 고유 이름이 기술과 의미가 같다면, 각 이름에 대해 그것과 같은 어떤 특정 기술이 있어야 한다고 불만을 제기했다. 예를 들어 내가 셀라스의 개성을 보여주는 사실에 대해 꽤 많이 알아서, 무심결에 아래 문장 (5)를 발언했다고 가정하자.

    (5) 윌프리드 셀라스는 정직한 사람이었다.

    (Wilfrid Sellars was an honest man.)

이때 나는 무엇을 말하는가? 설은 기술 유형의 두 가지 후보를 시험해보고, 결점을 찾아낸다. 우리는 '윌프리드 셀라스'라는 고유 이름이 나에게 'x는 F이고, x는 G이고, … 등등인 유일한 x(the one and only thing x such that x is F and x is G and …)'와 의미가 같다고 가정할 수 있다. 여기서 F, G 따위는 **모두** 내가 문제의 사람에게 적용하거나, 믿음을 형성한 사람에게 참되게 적용할 수 있는 술어들이다. 그런데 이는 내가 사용한 문장 (5)가 아래 문장 (6)을 **함의하는** 고약한 결과로 이어질 것이다.

> (6) 1979년 조지 파파스의 응접실에서 격론을 벌였던 적어도 한 사람의 철학자가 있다.
>
> (There is at least one philosopher with whom I had a fairly violent argument in George Pappas' living room in 1979.)

그리고 (5)는 확실히 나에게든 다른 누구에게든 (6)을 함의하지 않는다.

이제 즉석 확인은 이름의 각 사용에 대해 더 국지적인 대답(a more local answer)을 제공해야 하고, 우리가 이미 보았듯 화자는 정상적으로 재촉을 받았을 때 꽤 구체적인 특정 기술(a fairly specific description)을 내놓을 수 있다고 생각하는 것이 그럴듯해 보인다. 그러나 내놓은 기술이 언제나 화자가 이미 마음속으로 결정해 두었던 것인지는 분명치 않다. 여러분은 "셀라스는 누구죠?"라고 내게 묻는다. 그러면 나는 여러분이 그에 관해 알고 싶어 할 것으로 보이는 정보에 따라 머릿속에 떠올린 답변 가운데 하나를 내놓을 수 있다. 여기서 내놓은 답변이 내가 이전에 '셀라스'라는 이름을 사용해 표현했던 것과 정확히 같은 기술이라는 결론은 따라 나오지 않는다.

다음에 주목하라. 불만스러운 점은 화자가 이름을 발언할 때 어떤 기술을 '마음에 떠올렸는지' **찾아내기** 어렵다는 것만이 아니다. 더 강한 논제는 적어도 화자가 의식하든 어렴풋하든 '머릿속에 떠올린' 단 하나의 결정된 기술이 **없는** 경우가 여럿 있다는 것이다. 나는 의미론적 수수께끼와 독립적으로 '윌프리드 셀라스'가 '〈철학과 인간의 과학상〉의 저자'

와 같은 의미로 사용되는지, '피츠버그 대학교의 가장 유명한 철학자'나 '정신 언어 이론의 발명자', 또는 '내가 1979년 조지 파파스의 응접실에서 격론을 벌였던 객원 교수'를 잊지 않고 '1976년 10차 채플 힐 학회에서 자신의 논문에 관해 논평했던 사람'과 같은 의미로 사용되는지와 관련해 어떤 문제가 생기는지 잘 모르겠다. 나는 무심결에 (5)를 발언했을 때 방금 말한 기술 가운데 하나를 특별히 (암묵적으로도) 머릿속에 떠올려야 할 필요가 없다.

반론 2

사람마다 다른 사람에 관해 달리 인식한다는 것은 부정할 수 없다. 어떤 경우에는 심지어 X가 Z에 관해 아는 것과 Y가 Z에 관해 아는 것이 겹치지 않을지도 모른다. 이름과 동의어로 가정된 기술이 화자의 머릿속/마음속에 즉석 확인으로 드러난다고 가정하면, 러셀의 이름 주장에서 같은 이름은 사람마다 (여러) 다른 뜻을 지닌다는 결론이 따라 나온다. 모든 이름은 다중적이고 헤아릴 수 없이 애매하다. 만약 이름들이 확정 기술들과 의미가 같다면, 이름들은 다른 사람들의 입에서 나온 다른 확정 기술들과 의미가 같고, 그런 점에서 같은 사람의 입에서 다른 때 나온 다른 확정 기술들과도 의미가 같아진다. 이는 어떤 이의 지식이 계속 변동하는 동시에 다른 사람에 비해 한 사람에 관해 심리적으로 두드러진 점도 계속 변동하기 때문이다.

상황은 더욱 나빠진다. 내가 윌프리드 셀라스를 〈철학과 인간의 과학상〉의 저자'로 생각하고, 여러분은 셀라스를 '피츠버그 대학교의 가장 유명한 철학자'로 생각한다고 가정하자. 그때 이상하게도 우리는 셀라스에 관해 의견이 불일치하지 않을 것이다. 나는 "셀라스는 한 손으로 신발 끈을 묶곤 했지"라고 말하고, 여러분은 "터무니없는 말이야. 셀라스는 그러지 않았어"라고 말했다고 치자. 러셀의 견해에 따르면 우리는 이때 서로 모순된 주장을 하게 되지 않을 것이다. 내가 발언한 문장과 여러분이 발언한 문장은 각각 아래 (7)과 (8)로 다르게 일반화될 것이기 때문이다.

> (7) 유일한 사람이 〈철학과 인간의 과학상〉을 썼고, 〈철학과 인간의 과학상〉을 썼던 누구든지 한 손으로 신발 끈을 묶곤 했다.
> (8) 유일한 사람이 피츠버그 대학교의 다른 누구보다 유명한 철학자였고, 피츠버그 대학교에서 다른 누구보다 유명했던 누구든 한 손으로 신발 끈을 묶지 않았다.

위에서 말한 두 진술은 논리적 관점에서 보면 전적으로 양립할 것이다. 거의 주먹다짐으로 치달을 만큼 기백이 넘쳐 보이던 논쟁은 진짜 논쟁이 아니었던 셈이다. 우리는 서로 다른 말을 하고 있을 뿐이다. 그러나 뭔가 잘못된 것 같다.[3]

설의 다발 이론
Searle's Cluster Theory

러셀의 기술 이론에 처음 제기된 두 반론과 몇 가지 다른 반론에 비추어, 설은 느슨하지만 정교하게 변형한 기술 이론을 제의했다. 설은 이름이

---

3 2장에서 우리는 기술의 **의미론상 지시체/지칭체**라는 개념을 정의했고, 누군가는 이것이 두 논쟁자 사이에 필요한 접점을 마련한다고 시사할지도 모른다. 그러나 이는 러셀의 (7) 과 (8) 사이에 양립 불가능성 같은 것은 전혀 없다는 사실을 무시하게 될 것이다. 나중에 어떤 기술주의자는 러셀의 견해를 개선하면서 이름 주장을 지칭적으로 사용한 기술이라고 말하고, 우리가 도넬런에 대해 논의할 때 의사소통은 의미론상 지칭체가 아니라 화자 지칭체로 일어난다는 점에 주목했던 사실에 호소할지도 모른다. 그러면 의미 내용의 충돌보다 더 약한 화자들의 '의견 불일치'라는 개념을 끌어들이게 될 것이다.

어떤 것이든 특정 기술이 아니라 기술들의 모호한 다발과 연합한다고 제언했다. 그가 말하듯 "이것은 N이다"라는 진술에서 'N'은 어떤 고유 이름으로든 바꿀 수 있다. "이것은 N이다"라는 진술의 힘은, 그런 고유 이름과 연합한 충분하지만 아직 특정되지 않은 다수의 '표준 정체 확인 진술(standard identifying statements)'이 '이것'으로 확실하게 밝혀진 대상에 대해 참이라고 주장하는 것이다. 다시 말해 이름은 일반적으로 이름과 연합한 충분하지만 모호한 불특정 다수의 기술(a sufficient but vague and unspecified number of descriptions)을 만족한 어떤 대상이든 지칭한다. (N 이라고 불리는 그 사람으로 **존재한다는** 것은 적합한 속성들의 충분하지만 모호한 불특정 다수의 기술을 가짐이라는 형이상학적 주장을 설은 덧붙인다.)

모호성은 중요하다. 정확히 말해 모호성이 바로 이름과 기술을 구별하는 점이고, 사실 우리가 기술과 대조되는 이름을 사용하는 이유라고 설은 주장한다. 만약 러셀의 이름 주장이 올바른 견해라면, 고유 이름의 유일한 기능은 말을 적게 하도록 해주거나 글을 쓸 때 잉크를 아낄 수 있게 해주는 것이라는 점에 주목하라. 러셀의 주장을 따른다면 고유 이름은 단지 줄인 말(shorthand)이다. 설은 이름이 단 하나의 기술과 동치라는 것이 아니라 '기술을 거는 못'으로 기능하며(〈고유 이름〉, 172쪽), 우리가 처음 세계를 이해할 수 있도록 만드는 언어라고 주장한다.

우리는 약간 세련되게 표현할 필요가 있을 것이다. 예를 들어 만약 어떤 이가 설의 추종자라면, '충분한 수'가 적어도 절반 **이상**이라고 요구하는 것이 자연스러워 보인다. 그렇지 않으면 명백히 구별되는 두 개체가 동시에 그 이름의 지칭체가 될 수 있다. 또한 우리는 확실히 어떤 사람의 정체를 확인하는 속성 가운데 어떤 속성이, 그 사람의 정체를 확인할 때 다른 속성보다 더 중요하다고 말하고 싶어 한다. 정체 확인 기술들의 **중요도를 가려내는** 어떤 방식이 얽혀 있다.

이런 다발 이론은 우리가 러셀의 견해에 제기했던 두 반론을 설이 피할 수 있게 한다. 반론 1은 설에게 제기되지 않는데, 설은 이름에 대해 제각기 그것이 표현한 어떤 하나의 특정 기술이 있어야 한다는 확언(commitment)[4]을 포기했기 때문이다. 이름은 단지 기술들의 느슨한 다발과 의미론적으로 묶인다. (설이 믿기에) 반론 2는 서로 다른 사람이 서로 다른 기술 자료의 하위 다발을 머릿속에 가질 수 있지만, 제각기 충분하지만 모호한 불특정 다수의 정체 확인 기술을 가짐으로써 같은 개체를 지칭하기에 성공한다는 사실로 무뎌진다.[5]

따라서 설은 기술 접근을 변형한 느슨한 견해를 제의함로써 러셀의 이름 주장에 처음 제기된 반론을 누그러뜨리려고 했다. 이 견해는 러셀의 견해와 네 수수께끼로 신용을 잃은 밀식 이름 개념 사이에 놓인 분별 있는 중도 노선으로 알맞을 듯하다. 그러나 마커스(Ruth Barcan Marcus, 1921~2012)가 〈외연〉(1960)과 〈양상과 내포 언어〉(1961)에서 내놓은 중요한 생각을 기반으로, 크립키는 《이름과 필연》(1972/1980)에서 러셀의 이름 주장과 설의 다발 이론을 둘 다 끈질기게 비판했다. 설이 러셀로부터 충분히 멀리 물러서지 못했던 까닭은 설의 견해가 러셀과 같은 종류의 문제를 많이 물려받기 때문이며, 오히려 고유 이름에 대한 기술주의의 전체 그림이 오도된 것이라고 크립키는 논증했다. 지칭 이론은 기술 이론과 같은 것이 아니었다.

---

4 (옮긴이) 분석철학 관련 문헌에서 'commitment'는 '특정 이론에 대해 철학자로서 특정한 입장을 확실하게 가진다고 주장함'을 뜻한다. 이런 의미로 적합한 낱말은 '확언'이고, '개입'이나 '공약', '입장 표명' 같은 말보다 훨씬 낫다.

5 이 논점은 최소한 추가로 탐구할 필요가 있는데, 설의 견해에 따르면 두 화자가 같은 개체를 골라내는 데 성공하더라도, 그들이 사용한 문장들은 여전히 다른 의미를 지니고, 보여주었던 모든 것에 대해 여전히 의견의 불일치 문제가 생길 수도 있는 까닭이다.

크립키의 비판

Kripke's Critique

반론 3

'리처드 닉슨'은 '1968년 미국 대통령 선거의 승자(the winner of the 1968 U.S. Presidential election)'와 의미가 같다고 가정하자. 이제 가능성에 관한 질문을 살펴보자. (가능성과 필연성에 관한 질문은 **양상** 질문이라고 부르며, 다음 장에서 더 논의하겠다.) 리처드 닉슨은 1968년 미국 대통령 선거에서 패자였을 수 있는가?(Could Richard Nixon have lost the 1968 election?) 여기서 '… 이었을 수 있다(could)'라는 가능 조동사는 우리의 지식 상태에 관한 무엇이 아니라 이론적 가능성이나 논리적 가능성, 또는 형이상학적 가능성을 표현할 뿐이라고 가정하면, **애매하지 않게**(unequivocally) '그렇다'라고 답할 수 있을 듯하다. 그러나 기술 이론에 따르면 우리가 앞서 했던 질문은 (9)와 같은 것을 의미한다.

> (9) 유일한 사람이 1968년 선거에서 이겼고 1968년 선거에서 이겼던 누구든지 1968년 선거에서 졌다는 것은 가능한가?
>
> (Is it possible that: one and only one person won the 1968 election and whoever won the 1968 election lost the 1968 election?)

이 질문에 대한 답은 분명히 '아니다'일 것이다.

설의 다발 이론은 개선을 제의한 것 같을 수도 있는데, '리처드 닉슨'과 연합한 사람이 충분하지만 모호한 불특정 다수의 기술 다발을 만족함에도 '1968년 선거의 승자'라는 특정 기술(the particular description "winner of the 1968 election")을 만족시키지 못함이 가능하기 때문이다. 그러나 크립키가 지적하듯 인간의 가능성은 이보다 더 멀리 확장된다.

다시 말해 닉슨이라는 개체로서 사람은 일반적으로 그와 연합한 **어떤 것
도** 하지 않았을 수도 있다. 그는 12살에 신발 공장의 수습생이 되고 평
생 신발을 만들고, 정치나 공직 생활을 해본 적도 없거니와 신문에 이름
이 날 일이 전혀 없었을 수도 있다. 그렇더라도 분명히 '리처드 닉슨'과
연합한 충분하지만 모호한 불특정 다수의 기술 다발을 만족한 어떤 사
람이 그런 다발에 포함된 기술들을 전혀 만족하지 않는 일은 가능하지
않다. 설의 견해에 근거하면 신발 공장의 수습생이 되었을 수도 있는 인
물은 '리처드 닉슨'의 지칭체가 아니었을 테고, 그런 점에 대해서 리처
드 닉슨이 아니었을 것이다. 그리고 이는 틀린 말인 듯하다.

　더밋(Michael Dummett, 1925~2011)은 《프레게: 언어철학》(1973)에서 반
론 3이 자체로 부당하다고 주장했다. 적어도 반론 3은 숨은 거짓 가정에
의존한다. 우리는 단지 '리처드 닉슨'이 어쨌든 한 기술과 의미가 같다면,
그것은 좁은 범위를 가진 기술과 의미가 같다고 가정함으로써 우리의 양
상 질문이 (9)와 동의어라고 추론할 수도 있다. 2장에서 설명한 용어를
사용한다면, 그런 기술은 "…임은 가능하다(It is possible that)"라는 구문
과 관련해 '이차 자리에' 나온다. 적합한 기술이 넓은 범위를 가진다면 어
떤가? 그러면 원래 질문은 (9)가 아니라 아래 문장 (10)과 동의어다.

> (10) 유일한 사람이 1968년 선거에서 이겼고, 그리고 1968년 선거에
> 　　서 이겼던 누구든지 그 사람에 관해, 그 사람이 선거에서 졌다는
> 　　것은 가능한가?
> 　　(One and only one person won the 1968 election, and, con-
> 　　cerning whoever won the 1968 election, is it possible that that
> 　　person lost?)

(10)은 대답하기 까다로운 질문이다. 또한 의문 부호 자체가 범위를 가
진다는 사실 때문에 우리의 질문에 대해 부적합한 애매함의 해소라는 다

른 문제가 생긴다. 그래서 바로 직설법 형태의 두 가지 독해를 사용함으로써 논점을 더 단순하게 드러내보자.

(11) 리처드 닉슨이 1968년 선거에서 졌다는 것은 가능하다.
　　(It is possible for Richard Nixon to have lost the 1968 election.)

'리처드 닉슨'이 '1968년 선거의 승자'와 의미가 같다고 가정하면, 문장 (11)은 좁은 범위의 독해와 넓은 범위의 독해 사이에 애매함을 초래한다. (나는 여기서 '졌다'를 '이기지 못했다'로 나타냈다.)

가능하다: $(\exists x)(Wx \,\&\, (y)\,(Wy \to y = x)\,\&\,(z)\,(Wz \to \sim Wz))$

이런 기호화는 양화사가 영향을 미치는 범위가 좁게 해석되고, (11)에 대응하며 거짓이다.

$(\exists x)(Wx \,\&\, (y)(Wy \to y = x)\,\&\,(z)\,(Wz \to \text{가능하다: } \sim Wz))$

이 기호화는 양화사가 영향을 미치는 범위를 넓게 해석하며, 추정컨대 참이다. 일상 대화에서 (11)은 유일한 사람이 그 선거에서 이겼고 선거에서 이겼던 누구든지 **그 사람**이 선거에서 졌을 수 있음을 의미한다.[6]

　비슷하지만 더 세련된 수를 둔 몇몇 철학자는 이름을 해명하려고 사용한 기술을 '고정함'으로써 반론 3을 교묘하게 처리했다. '리처드 닉슨'을 '1968년 미국 대통령 선거의 승자'가 아니라, '1968년 미국 대통령 선거의 **실제** 승자(the **actual** winner of the 1968 election)'로 이해하라는 것

6　이는 러셀이 프레게에서 벗어난 출발점이다. 프레게는 고유 이름이 범위를 갖는 것을 허용하지 않았다.

이다. 이에 대한 논의는 4장을 보라.

반론 4

크립키는《이름과 필연》(1972/1980: 83~87쪽)에서 유명한 상위 수학적 결과물(a famous metamathematical result)인 괴델(Kurt Gödel, 1906~1978)[7]의 불완전성 정리에 관한 사례를 꾸며낸다. 크립키의 꾸며낸 이야기 속에서 불완전성 정리는 1920년대 슈미트라는 이름을 가진 남자가 증명했지만, 그는 발표하지 않고 의문의 죽음을 맞았다. 괴델이 와서 원고를 훔쳤고, 야비하게 자신의 이름으로 불완전성 정리를 발표했다.[8] 이제 사람들은 대부분 괴델이 불완전성 정리를 입증한 사람으로 안다. 그것 말고는 괴델에 관해 아무것도 모르는 사람들조차 '괴델'이라는 이름을 발언할 때, 자기들이 모르는 슈미트가 아니라 괴델을 가리킨다. 예를 들어 그들은 "괴델은 불완전성 정리를 입증했다"라고 발언할 때, 거짓을 말하는 것이지만, 자신이 믿은 것이 정당하다고 여길 것이다.

　이런 반론은 고전적인 러셀의 견해와 마찬가지로 설의 다발 이론에도 제기된다. 사실은 아무도 불완전성 정리를 입증하지 못했다고 가정하라. 슈미트가 주장했다는 증명에 결함이 있고 바로잡을 수 없다거나, 어쩌면 심지어 슈미트가 있었던 것이 아니라 "불완전성 정리의 증명은 단순히 원자들이 종잇조각 위에 무작위로 흩어져서 구현되었다(《이름과 필연》, 86쪽)"고 가정하라. 여기서 사람들이 대부분 '괴델'이라는 이름을 사

7　(옮긴이) 오스트리아에서 태어나 미국으로 건너가 활동한 수학자다. 괴델은 참이지만 증명 불가능한 식을 제시하여, 엄밀한 논리적 수학 체계라도 진리라고 증명할 수 없는 명제를 포함하므로, 수학에서 명백한 것으로 여기던 공리들이 모순을 일으킬 수 있음을 보여주었다. 이것을 괴델의 불완전성 정리라고 부른다. 괴델의 정리는 완전한 체계가 가능하다고 확신했던 당대 학자들에게 충격을 주었고, 인간 인식의 한계도 보여주었다.

8　크립키는 1970년 프린스턴 대학교에서 이 사례를 강의 중에 소개할 때, "나는 괴델 교수가 여기 없기를 바랍니다"라는 말을 불쑥 던졌다.

용할 때 다른 누가 아니라 괴델을 지칭한다는 것은 명백하게 참이다. 그렇더라도 이런 사용의 배후에는 설이 가정한 어떤 기술 다발도 없다.

반론 5

다음 문장을 살펴보자.

> (12) 어떤 사람들은 키케로가 툴리임을 모른다.
>
> (Some people are unaware that Cicero is Tully.)

(12)는 표면상 참이다. 그러나 이름 주장이 올바른 견해라면 (12)를 해석하기 어려운데, "정상적인 영어 화자들의 공동체에서 '키케로는 툴리다'로 표현되고 '…임을/이라고(that)' 절로 지시되는 단일 명제(single proposition)가 없는 까닭이다."(크립키, 〈믿음에 관한 수수께끼〉, 1979b: 245쪽) '키케로'와 '툴리'는 사람마다 다른 기술과 의미가 같으므로, (12)가 어떤 사람들이 모른다고 말한 단일 사실(single fact)은 없다. 이제 내가 (12)를 주장한다면, 추정컨대 그것의 보어절(complement clause)은 "키케로는 툴리다"를 **나의** 화법으로(in my speech) 의미한 것을 표현한다. 그러나 나는 키케로가 툴리임을 아는 까닭에, (무엇이든) 같은 기술들의 집합을 두 이름과 연합한다. 철학자들이 대부분 그렇듯 나는 '키케로'와 '툴리'라는 이름을, 둘 다 '카틸리나'를 탄핵했고 콰인의 몇몇 유명한 예에 나오는 '로마의 유명한 연설가'와 연합한다. 그러면 (12)는 (13)과 동치다.

> (13) 유일한 사람이 유명한 로마인 … [등등]이었다는 것과 유일한 사람이 유명한 로마인 … [등등]이었다는 것과 유명한 로마인 … [등등]이었던 누구든지 유명한 로마인 … [등등]이었음을 어떤 사람들은 모른다.
>
> (Some people are unaware that one and only one person was

a famous Roman ⋯ [etc.] and one and only one person was a famous Roman ⋯ [etc.] and whoever was a famous Roman ⋯ [etc.] was a famous Roman ⋯ [etc.].)

지나치게 장황한 (13)은 (14)와 동치다.

(14) 유일한 사람이 카틸리나를 탄핵했고 콰인의 몇몇 유명한 예에 나오는 로마의 유명한 연설가였음을 어떤 사람들은 모른다.
(Some people are unaware that one and only one person was a famous Roman orator who denounced Catiline and who figures in some famous examples of Quine's.)

의심할 여지 없이 (14)는 참이지만, (14)는 확실히 내가 (12)를 발언할 때 (12)가 **의미한** 것을 표현하지 않는다.

설이 어떻게 반론 5를 처리할 수 있을지도 전혀 명백하지 않다.

반론 6

만약 러셀의 이름 주장이 참이라면, 모든 이름은 그것의 지칭체에 **유일 하게**(uniquely) 적용되는 한 기술로 '뒷받침'된다(is 'backed'). 그러나 대다수 사람은 '키케로'를 오로지 '로마의 유명한 연설가(a famous Roman orator)'나 어떤 다른 불확정 기술과 연합하고, '리처드 파인만'을 오로지 '선도하는 [당대] 현대 이론 물리학자(a leading [then] contemporary theoretical physicist)'와 연합할 따름이다. 그래도 대다수 사람은 그런 이름들을 올바르게 사용하기에 성공할 뿐만 아니라 그렇게 사용할 때 키케로와 파인만을 각각 지칭하기에도 성공한다. 더욱이 '키케로'와 '툴리'처럼 같은 사람의 두 이름은 뒷받침하는 기술로서 같은 불확정 기술을 가진다고 해도 좋고, 두 이름이 같은 불확정 기술을 가질 때, 어떤 러셀식 이론도 믿음 문맥에서 두 이름의 계속되는 대체 실패를 설명할 수 없다(크립키, 《이름과 필연》: 80쪽 이하, 〈믿음에 관한 수수께끼〉, 246~247쪽).

더 일반적으로 말하면 한 사람을 지칭하기에 성공하는 데 많은 것이 필요치 않다. 도넬런은 〈고유 이름과 정체 확인 기술〉(1970)에서 침대로 가서 잠이 들었던 아이가 부모 때문에 잠시 깬 예를 든다. 아이의 부모는 가족의 오랜 친구인 톰이 손님으로 와서 함께 있고, 마침 아이를 보고 싶어 했다. 부모는 "이 아저씨는 우리의 친구 톰이란다"라고 말한다. 톰은 "안녕, 너구나"라고 말하는 데서 일화는 끝나고, 아이는 잠이 덜 깬 상태였다. 아침에 아이는 톰이 좋은 사람이라고 어렴풋이 기억하며 깨어난다. 그러나 아이에게 '톰'이라는 이름과 연합할 어떤 기술 자료(descriptive material)도 없다. 아이는 톰이 간밤에 반쯤 깬 상태로 만났던 사람이었다는 것을 기억하지 못할 수도 있다. 그래도 도넬런은 그런 상황이 아이가 톰을 지칭하기에 성공함을 막지 못한다고 주장한다. 좋은 사람이라는 말을 듣는 한 사람이 있고, 그것이 톰이다(There is a person who is being said to be a nice man, and it is Tom).

반론 7

러셀은 단연코(emphatically) 자신의 이론이 '햄릿'과 '셜록 홈즈', '공짜 점심' 같은 **허구** 이름(fictional name)에도 적용되기를 원했다. 만약 러셀의 이름 주장이 올바르다면, '일차' 또는 넓은 범위 자리에 허구의 이름을 포함한 어떤 문장이든 거짓으로 드러날 것이다. 아래 문장 (15)를 예로 들어보자.

(15) 셜록 홈즈는 베이커가 221구역에 살았다.

(Sherlock Holmes lived at 221B Baker Street.)

(15)는 아래 문장 (16)과 동치고, (16)은 (사실상 이런 사람이 전혀 실존하지 않

아서) 거짓으로 여겨지므로, 거짓으로 드러날 것이다.

> (16) 유일한 사람은 … [등등]인 유명한 탐정이었고 [바로 유명한 탐정이었던 정확히 한 사람이 **실존하고**] … [등등]인 유명한 탐정이었던 누구든지 베이커가 221구역에 살았다.
> (One and only one person was [that is, **there exists** exactly one person who was] a famous detective who … [etc.] and whoever was a famous detective who … [etc.] lived at 221B Baker Street.)

그러나 (15)와 "햄릿은 덴마크 사람이었다" 같은 몇몇 허구 문장은 **참** 문장이거나, 어쨌든 거짓 문장이 아니다.

러셀은 방금 펼친 논증으로 많이 동요하지 않았을 텐데, 홈즈가 베이커가나 다른 어디든 살았다는 것을, 단지 '참인 척하기(make-believe-true)'나 '허구에서 참(true-in-fiction)'과 대조되는 것으로서 **참**이라고 말할 의향이 전혀 없었던 까닭이다. (주의: 만약 홈즈가 베이커가에 살았다는 것이 참이라면, 홈즈가 거기에 살았다는 것은 베이커가, 바로 오늘날 현실의 장소에 대해 참일 터다. 또한 만약 이런 문장들이 단지 어떤 사람이 인기를 끈 책이나 소설로 썼던 덕분에 참이라면, 홈즈가 **실존했다**는 것, 햄릿이 실존했다는 것 따위는 사람들이 책과 소설에서도 그런 것을 말하기 때문에 동등하게 참이 될 것이다. 이 논점은 이상하게도 간과된다.) 그렇더라도 어떤 사람들은 허구 문장이 **거짓**이 아니라 문자 그대로 참값이 없다고 주장하기를 원한다. 만약 여러분이 이 논점에 공감하면, 여러분은 러셀의 이론보다 크립키의 허구 이름 이론을 받아들이고 싶을 것이다(크립키, 《이름과 필연》, 156~158쪽). 도넬런은 〈아무것도 아님에 대해 말하기〉(1974)에서 이런 이론을 더 세부적으로 옹호한다.

크립키는 기술 이론에 어떤 면에서 더 근본적인 추가 반론을 제기하지만, 전문적인 장치(technical apparatus)가 약간 필요하다. 이런 장치는 어쨌든 다시 필요할 것이다. 나는 다음 장에서 그런 장치를 개발하겠다.

요약 ─────

- 지칭에 관한 네 논리적 수수께끼는 확정 기술뿐만 아니라 일상적 고유 이름에 대해서도 끈질기게 생겨난다.
- 프레게는 '뜻'이라고 부른 것의 측면에서 논리적 수수께끼에 대한 해결책을 제의했으나, 해결책은 현실적으로 설명하지 못한다.
- 이에 응답해서 러셀은 이름 주장을 옹호함으로써 자신의 기술 이론을 확장했다.
- 그러나 이름 주장은 적어도 두 가지 강력한 반론에 직면한다.
- 설은 이름에 대한 느슨한 '다발' 기술 이론을 제의하고, 처음 제기된 반론을 피한다.
- 그러나 크립키는 러셀의 엄격한 이론뿐 아니라 설의 견해에도 적용될 만한 정곡을 찌른 추가 반론을 여럿 정리한다.

학습 과제 ─────

1. 네 수수께끼에 대한 프레게의 해결책은 어쨌든 현실적으로 수수께끼를 해결하는가? '뜻'이 기술의 형식을 가진다는 가정이 없을 때, 프레게의 해결책은 무엇을 설명하는가?
2. 여러분이 러셀의 이름 주장을 거부한다고 가정하자. 그러면 여러분은 이름과 관련해 네 수수께끼를 어떻게 풀 수 있는가?
3. 러셀을 대신해서 처음 제기된 두 반론 가운데 하나 또는 둘 다에 응답해보라. 혹은 추가 반론을 떠올려보라.
4. 설의 다발 이론은 현실적으로 러셀의 엄격한 기술주의와 달리 반론 1과 2를 피하는가?
5. 여러분은 러셀의 원래 기술 이론에 적용되지 않는, 설의 이론에 제기할 반론을 생각해 낼 수 있는가?

6. 러셀은 크립키가 제기한 반론 3~반론 7 가운데 어떤 것이든 논박할 수 있는가? 러셀이 할 수 없더라도, 설은 할 수 있는가?

더 읽을거리 ────

- 러셀은 〈논리 원자론의 철학〉(1918/1956)에서 이름 주장을 이해하기 아주 쉽게 옹호한다.
- 크립키와 비슷하게 이름 주장을 비판한 견해는 도넬런의 〈고유 이름과 정체 확인 기술〉(1970)을 보라.
- 설은 《표현과 의미》(1979a)의 3장에서 허구 이름에 대한 문제를 다룬다. 그는 《지향성: 심리철학/정신철학》(1983)의 9장에서 크립키가 제기한 몇 가지 반론에 답변한다. 일반적으로 허구 이름에 관한 문헌은 아주 많다. 예를 들어 에버렛과 호프웨버의 《빈 이름, 허구, 실존하지 않는 대상의 수수께끼》(2000), 브라운의 〈빈 이름, 허구 이름, 신화 속 이름〉(2005)이 있다. 그리고 거기 들어 있는 참고문헌 목록을 보라.
- 버지의 〈지칭과 고유 이름〉(1973), 로어의 〈단칭 명사의 의미론〉(1976), 바흐의 《사유와 지칭》(1987) 따위는 크립키에 맞서 훨씬 구체적인 기술 이론을 옹호했는데, 크립키의 반론 가운데 일부를 피하려고 변형한 견해들이다.

/

고유 이름
: 직접 지칭과 인과 역사 이론

개요
Overview

크립키는 고유 이름 기술 이론에 반론을 추가할 때 '가능 세계(possible world)' 혹은 대안 우주(alternative universe) 개념에 호소했다. 러셀의 확정 기술은 세계에 따라 지칭체가 바뀐다. 예컨대 '1998년 세계에서 제일 빠른 여자(the world's fastest woman in 1998)'는 실제로 메리언 존스(Marion Jones)를 지칭하지만, 다른 세계에서는 다른 개체를 지시한다. 존스가 느림보였거나 아예 실존하지 않았을 수도 있고, 다른 여자가 더 빨리 달렸을 수도 있기 때문이다. 그러나 '메리언 존스' 같은 고유 이름은 전형적으로 그런 개체(that individual)가 실존하는 모든 세계에서 같은 개체를 지칭한다.

어떤 이론가들은 이름이 문장의 의미에 오직 이름의 담지자나 지칭체로 공헌/기여할 뿐이라는 점에서, 이름이 **직접** 지칭한다고 주장한다. 크립키가 기술 이론에 반대해 펼친 논증에 비추어 볼 때, 이는 대단히 그럴듯한 견해다. 그러나 네 수수께끼는 여기에 다시 나타난다. 그래서 여전히 어떤 역설이 남는다.

이와 별도로 제기할 질문은 이렇다. 고유 이름은 무엇의 효능으로 그 것의 담지자를 지시하는가? 크립키는 지칭하기에 대한 인과 역사 그림을 제의했고, 이 그림에 따르면 '메리언 존스'라는 이름의 주어진 사용은 존스가 이름을 얻은 명명식의 발언에 근거한 인과 사슬의 효능으로 메리언 존스를 지칭한다. 하지만 그런 모형에 분명히 맞아떨어지지 않는 몇 가지 예에 비추어 볼 때, 크립키가 제의한 인과 역사 그림을 적절한 지칭 이론으로 만들기 위해서는 상당한 개선이 필요하다.

크립키와 퍼트넘(Hilary Whitehall Putnam, 1926~2016)은 인과 역사 이론을 고유 이름뿐 아니라 '물'과 '금', '호랑이' 같은 자연종 명사(natural-kind terms)까지 포괄하도록 확장했다. 만약 우리가 이를 기본적으로 올바르다고 가정하면, 예기치 않은 결과를 낳는다. 퍼트넘의 유명한 '쌍둥이 지구' 예는 자연종 명사의 의미가 화자와 청자의 머릿속에 있는 것만으로 결정되지 않음을 보여주는 것 같다. 외부 세계의 상태도 자연종 명사의 의미에 공헌/기여한다는 것이다. 따라서 두 화자는 분자 상태가 똑같은 복제 인간일 수 있더라도, 그들의 말에 의해 서로 다른 것을 의미할 수 있다.

가능 세계
Possible Worlds

나는 이제 고유 이름 기술 이론에 크립키가 제기한 주요 비판을 진술하는 데 필요한 장치를 마련하겠다. 이 장치는 '가능 세계'라는 개념에서 시작한다. 가능 세계 개념은 20세기에 비로소 철학적 논리학에 편입되었지만, 적어도 라이프니츠(Gottfried Wilhelm Leibniz, 1646~1716)까지 거슬러 올라간다. 우리가 사는 세계가 지구 행성이 아니라 우주 전체라고 생각하라. 우주 속 사물에 관한 우리의 담화/대화(talk)는 실제로 존재하는 것, 현실적으로 있는 사물에 관한 것이다. 테리사 메이(Theresa May) 영국 총리, 나의 왼쪽 팔꿈치, 볼리비아, 너의 접시에 놓인 샌드위치, 안드로메다 성운 따위는 실제로 있다. 그러나 햄릿, 부활절 토끼, 커다란 사탕 바위산, 공짜 점심[1]은 실제로는 없다. 그리고 이 우주에서 참인 것은 당연히 실제로 참이다. 그러나 참이었을 수도 있지만 사실상 거짓인 것들이 있다. 일은 달리 진행되었을 수도 있고, 세계는 지금과 달랐을 수 있다. 테리사 메이가 아니라 다른 어떤 사람이 데이비드 캐머런(David Cameron) 총리의 자리를 이어받았을 수도 있고, 내가 (실수였겠지만) 다른 사람과 결혼했을 수도 있고, 개인 비서를 고용하고 개인 요리사와 살인 청부업자 두어 명을 포함한 수행원들을 고용했다면 이 책을 쓰는 일이 더 빨리 끝났을 수 있음을 나는 안다.

따라서 세계가 달랐을 수도 있는 방식은 수없이 많다. 세계를 조금 더 환상적으로 묘사하면, **대안 세계(alternative worlds)**가 있다. 서로 다른 세계는 우리의 세계였을 수 있지만, 가능할 뿐 실제로 있는 세계는 아니다. 아주 넓게 말해 일이 다르게 돌아갈 수도 있는 무한히 많은 방식에 대응해 가능한 우주들의 배열이 있다고 생각하라. 이런 가능 세계들은 모두 비(非)실제 세계 가능성들(non-actual global possibilities)을 나타낸다.

이제 (명백히) 진리나 참은 문장의 의미가 고정되었다고 주장할 때도, 우리가 어떤 세계를 살펴보고 있는지에 달렸다. "테리사 메이는 영국 총리다"라는 문장은 실제 세계(actual world)에서 참이지만, 테리사 메이가 총리가 되었어야 할 필요는 없으므로, "테리사 메이는 영국 총리다"라는 문장이 거짓인 셀 수 없이 많은 세계가 있다. 그런 세계들에서 테리

---

1 (옮긴이) 영어 속담인 "공짜 점심 같은 것은 없다(There is no such thing as a free lunch)"에서 유래한 확정 기술이다. 아무것도 하지 않고 무언가 얻는 일은 불가능하다는 생각을 전달하는 속담이다.

사 메이는 데이비드 캐머런의 뒤를 이어 총리가 되지 못했거나, 정계에 발을 들여놓지 않았거나, 아예 실존하지 않았다. 그리고 다른 어떤 세계에서는 다른 어떤 사람이 총리다. 예컨대 캐머런이 여전히 총리거나 스트로슨(P. F. Strawson), 혹은 나, 아니면 마돈나(Madonna), 혹은 대피 덕(Daffy Duck)이 총리였을 수도 있다. 또 다른 세계에는 총리라는 직책이 아예 없거나, 혹은 영국이라는 나라조차 없다. 이렇게 계속 이어진다. 그래서 어떤 주어진 문장이나 명제는 세계에 따라 참값이 바뀐다.

(크립키가 어떤 견해에 도달하는지 알아보기 위해 당분간 '대안 세계'에 대한 모든 이야기를 직관적으로 은유나 그림이자 무언가 발견하는 방법으로서 받아들이기로 하자. 진지한 형이상학으로 고찰하면 논란을 불러일으키는 여러 쟁점과 씨름하게 되는데,[2] 그런 쟁점이 크립키가 언어철학에서 가능 세계 이론을 사용한 목적에 큰 영향을 미치지 않기를 바란다.)

문장이 세계에 따라 참값이 바뀌는 것처럼, 주어진 단칭 명사는 세계에 따라 지칭체가 바뀔 수도 있다. 2017년 말에 우리의 실제 세계(actual world)에서 '현재 영국 총리(the present British Prime Minister)'는 테리사 메이를 지시한다. 그러나 앞서 말했듯 테리사 메이는 총리가 되지 못했거나, 애초에 정계에 발을 들여놓지 않았거나, 아예 실존하지 않았을 수도 있다. 그래서 다른 어떤 세계에서는 같은 기술이 여기 우리의 세계에서 지시한 것을 의미하면서 다른 어떤 사람(캐머런, 스트로슨 따위)을 지시하거나, 아무도 지시하지 않는다. 다른 어떤 가능 세계에서는 그 해 노동당이 선거에 이겼고, 어떤 다른 세계에서는 캐머런이 사임했고, 이렇게 계속된다. 이것이 기술의 지칭체가 세계에 따라 바뀌는 이유다.

다른 세계에서 다른 것을 지시하는 단칭 명사를 **느슨한 지시어**[3](flaccid

---

2 루이스의 《세계의 다수성에 대하여》(1986)와 내가 펴낸 《양상과 의미》(1994)를 보라.

3 (옮긴이) 'flaccid'는 '느슨한'으로 옮길 수 있다. '고정(rigid)'과 대비되는 '비고정(non-rigid)'과 같은 의미로 사용했다. 느슨한 지시어(flaccid designator)나 비고정 지

designator)라고 부르기로 하자. 이는 크립키가 **고정** 지시어(rigid designa-tor)라고 부른 것과 명확하게 대비된다. 느슨하지 않은 명사/용어는 세계에 따라 지칭체가 바뀌지 않고 모든 세계에서 (적어도 그 항목이 실존하는 모든 세계에서[4]) 똑같은 항목(items)을 지시한다.

고정성과 고유 이름
Rigidity and Proper Names

이제 우리는 고유 이름 기술 이론에 제기한 크립키의 추가 반론을 진술할 수 있다(《이름과 필연》, 74쪽 이하). 방금 예를 들어 설명했듯 러셀이 생각한 확정 기술은 느슨하다. 그렇더라도 고유 이름은 러셀의 확정 기술처럼 세계나 가설적 상황에 따라 지칭체가 (흔히) 바뀌지 않는다고 크립키는 주장한다. 만약 아리스토텔레스가 이러저러한 일을 하는 어떤 세계를 우리가 상상한다면, **아리스토텔레스**는 그런 일을 하고 여기 현실 세계(real world)[5]에서 지닌 것과 다른 어떤 속성을 갖는다. 그러나 '아리스토텔레

시어(non-rigid designator), 함축 의미어(connotative term)는 외연적으로 모든 가능 세계에서 같은 대상을 지시하지 않는다.

4 이는 중요한 자격이다. 어떤 용어가 모든 가능 세계에서 같은 항목을 지시했다면, 그 항목이 모든 가능 세계에 실존했음을 의미하고, 결과적으로 모든 가능 세계에 실존할 수밖에 없었음을 의미할 것이다. 일상 사물이나 사람은 그런 종류의 불가피성을 갖지 못한다. 너/그대/여러분, 나, 그리고 브루클린 다리는 현실적으로 실존하지만, 우리는 실존하지 않았을 수도 있고, 그래서 우리가 실존하지 않는 세계들은 존재한다. 어떤 종류의 사물이 모든 가능 세계에 실존하는가? 아마도 신일 것이다. 크립키는 수(numbers), 적어도 0, 1, 2 따위로 시작하는 자연수는 모든 가능 세계에 실존한다고 생각하고 싶어 하는 편이다. 만약 그렇다면, 수를 지칭하는 숫자(numerals)는 추정컨대 모든 가능 세계에서 같은 수를 지시한다. 하지만 그것은 정상적인 경우라고 하기는 어렵다.

5 (옮긴이) 'reality'는 문맥에 따라 '현실'이나 '현실성'으로 옮겼다. 현실은 나와 너/그대/여러분, 우리에게 들이닥치고 영향을 미치는 것들이자, 나와 너, 우리가 영향을 미치면서 바꾸기도 하는 것들의 총체를 뜻한다. 'real'은 '현실적'이나 '진짜'로, 'really'는 '현실

스'라는 이름은 거기서 다른 어떤 사람이 아니라 **그를** 지시한다. 이름은 (정상적으로) 그런 뜻에서 고정 지시어고, 어떤 세계에서든 지칭체를 같게 유지한다. 반면에 러셀의 기술은 느슨하다. 따라서 이름은 러셀의 기술과 의미가 같지 않다. (물론 도넬런이 말하듯 지칭적으로 사용할 경우, 러셀의 기술은 고정 지시어가 될 수도 있다.)

앞에서 괄호로 묶은 자격을 나타낸 부사('흔히'나 '정상적으로')는 중요하다. 크립키는 고유 이름에 관해 엄밀하고 보편적인 어떤 논제도 주장하지 않는다. 그는 일상적 고유 이름의 정상적 사용에 관해 일반적으로 진술하고, 이런 일상적 이름이 대부분 고정적으로 사용된다고 말할 따름이다. 그래서 크립키는 흔치 않은 느슨한 이름(unusual flaccid names)을 제시함으로써 논박되지 않는다. 흔치 않은 느슨한 이름은 확실히 실제로 있다. 이따금 기술은 외견상 고유 이름의 지칭체를 확인하는 것만이 아니라 관습적으로 의미를 고정하는 것으로서 제시된다. '살인자 잭(Jack the Ripper)'[6]이 한 예다. 또 1950년대 런던 경찰이나 영국의 탐정문화를 소재로 다룬 인기 문학 작품 속에서 '처미(Chummy)'라는 이름은 단지 '범인(the culprit)'의 동의어로 사용되었을 뿐이고, 속성적으로나 또는 느슨하게(attributively or flaccidly) '범죄를 저지른 누구든지(whoever committed the crime)' 의미했다. 그 점에 대해서는 아마 어떤 고유 이름이든 때때로 느슨하게 사용될 것이다. 프레게는 〈개념과 대상에 대하여〉(1892/1952a)에서 유명한 예를 든다. "트리에스테는 빈이 아니다(Trieste

---

적으로'나 '실은', '진짜'로 옮겼다. 'realism'은 '실재론'으로 옮겼다. 실재론은 어떤 특징을 갖든 현실 전체나 현실의 부분이 객관적으로, 혹은 의식이나 정신과 독립적으로 존재한다는 견해다. 'actuality'도 '현실성'으로 옮겼다. 실제 시간과 공간 안에 실현되어 있음을 뜻한다. 'actual'은 '실제'로 'actually'는 '실제로'로 옮겼다. 철학자들은 대체로 'reality'는 실제 사태와 가능 사태의 총합으로, 'actuality'는 실제 사태의 총합으로 이해한다.

6 (옮긴이) 1888년 8월 7일부터 11월 10일까지 영국 런던 이스트엔드 지역의 윤락가 화이트채플에서 최소 5명을 살해한 연쇄살인범의 별명이다. 널리 알려진 미제 사건 가운데 하나로 수많은 문학과 연극에서 소재로 쓰였다.

is no Vienna)"[7]라는 문장에서 '빈'은 도시의 이름이 아니라 빈이 가진 흥미로운 문화적 속성들의 느슨한 다발을 줄인 말이다. 비슷한 맥락으로 미국의 유권자들에게 생생하게 기억되는 1988년 부통령 후보인 로이드 벤슨(Lloyd Bentsen)은 경쟁 후보인 댄 퀘일(Dan Quayle)에게 "의원님, 당신은 잭 케네디가 아닙니다(Senator, you're no Jack Kennedy)"라고 말했다. 하지만 이 예들은 '빈'과 '잭 케네디'라는 이름을 표준적으로 사용한 것이 아니다.[8]

크립키는 명사/용어가 고정되어 있는지 확인하는 좀 더 직관적인 시험을 추가로 제의한다. "N은 N이 아니었을 수도 있다(N might not have been N)"라는 문장 틀(sentence frame)에 용어나 명사를 채워 넣어 시험해보라. N의 자리에 '1970년 미국의 대통령'이라는 기술을 넣으면, "1970년 미국의 대통령은 1970년 미국의 대통령이 아니었을 수도 있다"라는 문장을 얻는다. 이 문장은 적어도 대부분의 자연스러운 독해에서 참이다. 1970년에 대통령이었던 사람은 그때나 (다른 어느 때나) 대통령이 아니었을 수도 있다. 그런 문장의 진리 또는 참은 기술이 다른 세계에서 다른 사람을 지칭하고, 따라서 느슨하다는 것을 보여준다.

하지만 만약 우리가 문장 틀에 '닉슨'이라는 고유 이름을 넣으면, 우리는 기껏해야 "닉슨은 닉슨이 아니었을 수도 있다(Nixon might not have been Nixon)"라는 아주 이상한 문장을 얻는다. 그것은 닉슨이 아예 실존하지 않았을 수도 있음을 의미할 텐데, 이는 어쩌면 닉슨이 닉슨으로 존

---

7 (옮긴이) 빈은 도나우강을 따라 번성한 오스트리아의 수도다. 중세부터 동유럽과 서유럽 사이의 관문 역할을 했고, 1558~1806년에 신성 로마 제국의 중심지였고, 이후 1918년까지 오스트리아-헝가리 제국의 중심지였다. 문화를 꽃피운 도시로 건축과 음악으로 유명하다. 트리에스테는 이탈리아 동북부, 아드리아 해에 인접한 도시다. 1857년에서 1918년 사이 오스트리아-헝가리 제국에 속할 당시에 오스트리아-헝가리 제국 입장에서는 지중해로 진입하는 거의 유일한 항구 도시였으므로 크게 번창했었다.
8 이름이 느슨하게 사용되는 추가 사례에 대해서는 보어(S. Boër)의 〈속성적 이름〉(1978)을 보라.

재하지 않았을 수 있음을 보여주는 가장 분명한 방법일지도 모른다. 그러나 닉슨이 실존했다면, 어떻게 그가 닉슨이 되지 않았을 수 있는가? 그는 '닉슨'이라고 **명명되는** 데 실패했을 수 있지만, 이것이 **닉슨 자신으로 존재하는** 데 실패했다는 말은 아니다(당연히 닉슨은 '닉슨'이라고 명명되었어야 할 필요는 없기 때문이다). 그는 닉슨과 전형적으로 연합한 속성들을 갖지 않았을 수 있고, 따라서 트리에스테가 '빈으로 존재하는' 데 실패한다는 뜻에서 '닉슨으로 존재하는' 데 실패했을 수 있다. 그러나 앞 장에서 보았듯 이름들의 이런 느슨한 사용은 드물다.

크립키는 어떤 이가 '닉슨'이라는 이름을 이 세계에서 한 사람을 지칭하려고 사용한 다음에 그 이름을 계속 사용하면서 가상의 각본이나 대안 가능 세계(hypothetical scenarios or alternative possible worlds)를 기술한다면, 그 사람은 같은 사람에 관해 말하고 있는 것이라고 주장한다. 그래서 여러분이 "닉슨이 대통령이 되지 않고 흑표범당[9]에 합류했을 수도 있을까?(Might Nixon have joined the Black Panthers rather than becoming President?)"라고 물으면, 대답은 '그렇다'일 수도 있고 '아니다'일 수도 있다. 그러나 여러분이 고려한 각본은 바로 그 사람, 닉슨이 흑표범당의 당원이라는 것이지, 미국의 대통령이었던 사람이 누구든지 간에 그가 흑표범당의 당원이었다는 것은 아니다. 여러분은 흑표범당의 당원이 미국의 대통령인 세계를 상상하고 있지 않다.

그러나 러셀의 즉석 확인 논증은 어떤가? "'릴리 블랑제'/'윌프리드

---

9 (옮긴이) '자기방어를 위한 흑표범당(The Black Panther Party for Self-Defense)'을 가리킨다. 1966년 캘리포니아주 오클랜드에서 메리트 대학교의 학생이던 휴이 뉴턴(Huey P. Newton)과 바비 실(Bobby Seale)이 결성한 흑인 인권 운동 단체다. 처음에 경찰의 괴롭힘으로부터 흑인들을 보호하기 위해 기관총과 법전을 가지고 흑인 빈민 지역을 순찰했고, 무료 아침 식사를 제공하고 열린 학교를 운영했으며, 흑인들을 위한 병원을 운영하기도 했다. 미국의 백인 신좌파 세력과 연대하고 당시 베트남전과 캄보디아 침공을 비판해 주목받기도 했다. 미국 흑인 사회에 흑표범당이 미친 영향력은 아주 컸다.

셀라스'는 누구를 뜻하는 것입니까?"라는 질문에 답할 때, 여러분은 대뜸 기술이나 기술의 다발을 내놓는다. 설이 가르치기와 배우기에 호소한 논의와 비슷하다. 가르치기와 배우기도 기술이나 기술의 다발이 이름과 같다고 보면서 진행된다. 이런 사실은 부정할 수도 없고, 극복할 수도 없을 듯하다.

이에 응답해서 크립키는 중요한 구별을 도입했다. 러셀과 설은 둘 다 이렇게 가정했다. 만약 이름이 두 철학자가 제각기 지적했던 방식으로 이름과 연합한 기술이나 기술들의 다발을 갖는다면, 이름은 (지금부터 내가 줄여서 그냥 '기술'이라고 부를) 그런 기술 자료(that descriptive material)의 의미를 공유해야 한다. 그러나 이런 가정은 보증되지 않는다. 왜냐하면 기술은 이름과 약한 관계를 맺고 여전히 즉석 확인과 교육용 자료를 설명할 수도 있기 때문이다. 비록 기술이 이름의 언어적 의미를 말해주지 못하더라도, 기술은 어느 때 이름의 지칭을 결정하기 위해 사용되는 것이다. '릴리 블랑제'라는 이름은 '로마 작곡 대상을 수상한 첫 여성 작곡가'와 동의어가 아니지만, 뒤에 나온 기술은 누구든 '릴리 블랑제'라는 이름을 사용할 때 지칭한 그 사람을 지칭하기 위해 사용될 수 있다. 또 '로마 작곡 대상을 수상한 첫 여성 작곡가'라는 기술은 '릴리 블랑제'라고 명명한 개체의 정체를 확인하도록, 학생에게 설명할 교육용 자료의 일부로 사용할 수 있다.

따라서 어떤 사람의 입에서 나온 이름이 동시에 그 사람의 머릿속/마음속에 있는 특정 기술과 심리적으로 확고하게 연합하더라도, 이름이 기술과 의미가 같다는 결론은 도출되지 않는다. 지금까지 보여준 모든 것에도 불구하고, 그 사람이 즉석 확인에 대한 반응으로 기술을 자상하게 내놓을 때, 그는 단지 그 이름의 지칭체를 확인할 뿐이다. 유사하게 내가 어린아이에게 '테리사 메이'가 누구인지 이야기해 줄 때 "테리사 메이는 영국 총리란다"라고 말함으로써 이름의 지칭체를 확인하더라도, '테리사 메이'라는 이름이 단순히 '영국 총리'를 의미한다는 결론은 따라 나오지 않는다. (물론 이것은 이름 주장 자체에 반대하는 논증은 아니다. 이는 단지 러셀이 이름 주장에 대한 논증으로서 즉석 확인 시험을 사용한 기반을 약하게 만들 뿐이다.)

직접 지칭
Direct Reference

러셀은 일상적 고유 이름이 밀식 이름이라는 견해를 공격하고 기술 이론 (Description Theory)을 지지하려고 네 수수께끼와 (암시적으로) 자신의 즉석 확인 논증을 이용했다. 이에 크립키는 일상적 고유 이름이 고정 지시어 (rigid designator)라는 주장을 하기 위해 기술 이론을 공격했다. 그러나 일상적 고유 이름이 고정 지시어라는 주장은 이름에 대한 밀식 철학에 이르지 않는다. 왜냐하면 모든 고정 지시어가 밀식 이름은 아니기 때문이다.

밀식 이름은 명제와 관련해 공헌/기여하지 않지만 이름의 담지자와 지칭체에 이르도록 만든다는 점을 기억하라. 밀식 이름의 유일한 기능은 개체를 담론 속으로 끌어들이는 것이다. 밀식 이름은 그것이 나오는 문장의 의미에 다른 아무것도 더해주지 않는다. 만약 우리가 "제이슨은 뚱뚱하다"라고 말하고, '제이슨'이 표준 고유 이름이라면, 문장의 의미는 단순히 뚱뚱함이라는 속성을 가진 제이슨이라는 사람 자신으로 구성된다.

밀식 이름은 확실히 고정성을 함축한다. 그러나 이 명제의 역은 유효하지 않다. 크립키는 밀을 인용하면서 이름은 고정되어 있다고 주장하지만, 고정성이 밀식 이름을 함축하는 것은 아니다.[10] 왜냐하면 확정 기

---

10 (옮긴이) '함축(implication)'은 모든 철학 분야에서 중요한 개념이지만, 논리학과 언어철학에서 특히 중요하게 다룬다. 우선 함축은 논리적 귀결, 함의, 논리적 함축이라고도 부르며, 한 진술의 참이 하나 또는 하나 이상 다른 진술의 참에서 논리적으로 따라나오는 관계를 의미한다. 13장에서 '함축' 개념을 자세히 다룬다.

술은 고정될 수 있기 때문이다. **산술** 진리(arithmetical truths)는 모두 필연적 진리라는, 널리 퍼진 견해를 받아들인다고 가정하자. 그러면 '9의 양의 제곱근(the positive square root of nine)' 같은 산술 기술은 고정되는데, 모든 가능 세계에서 같은 수를 지시하기 때문이다. 그러나 산술 기술(arithmetical descriptions)은 확실히 밀식 이름이 아니다. 왜냐하면 지칭을 확보하기 위해 개념적 내용을 이용하기 때문이다. 그야말로 산술 기술은 러셀의 기술 이론과 일치할 듯하다. '9의 양의 제곱근'은 어떤 양의 정수이든 자신과 곱했을 때 9가 나오는 수를 의미하는 것 같다. 그래서 앞에서 말한 산술 기술은 고정되어 있으나 밀식 이름이 아니다. 단순하게 산술 기술의 담지자(수 3)를 담론 속으로 끌어들이는 기능만 하지는 않기 때문이다. 그것은 3을, 자신과 곱했을 때 9가 나오는 어떤 수라고 특성 짓기도 한다. 따라서 이름의 고정성을 옹호할 때, 크립키는 더 강한 주장을 하지 않았다(그는 강한 주장을 의도하지도 않았고, 이름이 밀식 이름이라고 믿지도 않았다).[11]

---

11 크립키는 〈믿음에 관한 수수께끼〉(1979b)에서 밀식 견해를 논박하기 위해 지칭 표현에 관한 대체성 수수께끼로 돌아가서 변형한 견해(variation)를 이용한다. 여기서 크립키의 논증은 자신의 고정성 논제를 곤경에 빠뜨리는 듯한데, 어떤 긍정적 대안도 제의하지 않는다. 카플란은 〈러셀이 프레게-처치가 되는 방법〉(1975)에서 '확정된 그것/저것(dthat)'(분명히 발음된 '그것/저것')이라는 조어를 만들었다. '확정된 그것/저것'은 '모퉁이에 있는 그 남자(the man in the corner)' 같은 일상적 기술을 받아들여 그것의 만족 대상(its satisfier)을 느슨하게 또는 속성적으로 지시하지 않고 고정적으로 지시하게 만든다. 따라서 '모퉁이에 있는 확정된 그 남자(dthat man in the coner)'는 주어진 가능 세계에서 모퉁이에 있는 어떤 남자든지가 아니라 이 세계에서 모퉁이에 있는 같은 남자를 지칭한다. 만약 내가 '모퉁이에 있는 확정된 그 남자'라는 말을 사용하면, 여러분은 그것을 단순히 그 사람에 관해 말하고 있다고 이해해야 한다. 그리고 내가 남자와 모퉁이에 있음을 언급하면서 개념적으로 덧붙인 내용은 바로 여러분이 그 남자에게 주목하게 만드는 한 방식일 따름이다. 마치 내가 기술의 지칭체를 그것의 뜻을 고정하지 않은 채 고정하고 있었다는 듯이 말이다. 그래서 '확정된 그것/저것'은 고정 지시어로 기능한다. 플랜팅가는 〈보이티우스의 타협안〉(1978)에서, 애커먼은 〈고유 이름, 명제 태도와 비-기술 내포〉(1979)에서 고유 이름은 고정되어 있으나 밀식 이름이 아니라는 긍정 이론을 옹호할 때 고정화 관념을 변형한다는 다른 견해를 내놓는다. 주석 12를 보라.

그렇지만 다른 철학자들은 이름 직접 지칭 이론(Direct Reference Theory of names)이라고 불리게 되었던 밀식 개념을 열성적으로 옹호했다. 20세기에 이런 부류에 속한 첫 인물은 마커스(Ruth Marcus, 1921~2012)였고, 〈외연〉(1960)과 〈양상과 내포 언어〉(1961)를 썼다. 크립키는 자신의 저작에 직접적으로 영감을 주었다면서 두 논문을 인용했다. 이후 이름 직접 지칭 이론은 마커스와 크립키의 저작 위에 세워졌다. (예를 들어 카플란의 〈러셀이 프레게-처치가 되는 방법〉(1975), 새먼(Wesley C. Salmon, 1925~2001)의 《프레게의 수수께끼》(1986)를 보라.)

카플란과 새먼 같은 이론가는 이름 직접 지칭을 몇몇 다른 단칭 명사, 특히 이름뿐만 아니라 '나', '너', '그녀', '이것', '그것/저것' 같은 인칭 대명사와 지시 대명사까지 확장했다. (직접 지칭을 대명사로 확장할 때 생기는 분명한 문제는, 정상적인 영어 화자라면 누구나 특정 상황에서 대명사가 지시한 사람이 누구인지 알든 모르든 그 대명사가 의미하는 것을 안다는 점이다. 아무도 없는 교실의 칠판에 적힌 "나는 아파서 오늘 수업을 하지 못할 것입니다"라는 문장을 여러분이 보았다고 치자. 그러면 여러분은 누가 무슨 요일에 그것을 썼는지 몰라도 그 문장을 이해한다. 이 문제는 11장에서 다루겠다.)

물론 이름 직접 지칭은 네 수수께끼에 직면할 수밖에 없다. 그리고 명백히 이름 직접 지칭 이론가들은 러셀의 해결책이나, 또는 그와 비슷한 어떤 해결책도 지지할 수 없다. 왜냐하면 이름 직접 지칭에 따르면 이름은 의미론상 이름의 담지자를 나타내는 것 말고 아무 기능도 하지 않기 때문이다.

첫째로 대체성(substitutivity)의 수수께끼에 대해 먼저 살펴보자. 다음 문장을 떠올려 보라.

> (1) 앨버트는 새뮤얼 랭혼 클레먼스가 키가 5피트[152.4cm]보다 작았음을 믿는다.
>
> (Albert believes that Samuel Langhorne Clemens was less than

5 feet tall.)

'새뮤얼 랭혼 클레먼스'를 '마크 트웨인'으로 대체할 경우, (1)은 거짓이 된다. 직접 지칭은 어떻게 그런 사실을 설명하거나 심지어 관용할 수 있는가?

이름 직접 지칭 이론가들은 두 가지 장기 전략을 구사한다. (종종 명백하게 구별되지 않지만) 긍정 논제와 부정 논제가 있다. 긍정 이름 직접 지칭 이론에 따르면 이름들은 문장의 참값을 변경시키지 않고 현실적으로 대체된다. 이 견해에 따라 다음 문장 (2)는 거짓이 아니라 참이다.

(2) 앨버트는 마크 트웨인이 키가 5피트(152.4cm)보다 작았음을 믿는다.

(Albertt believes that Mark Twain was less than 5 feet tall.)

적어도 믿음 문장은 투명하게 읽히거나 이해된다. 투명한 독해에 따라 '믿는다'의 범위 안에 들어가는 이름들은 그것들이 지칭한 것을 현실적으로 지칭할 뿐이다.

자연스럽게 우리는 이와 다르게 생각한다. 문장 (2)는 우리에게 참인 것 같지 않다. 왜냐하면 우리는 믿음 문장을 볼 때 흔히 그것의 보어절(complement clause)이 주어가 말하거나 생각할 방식을 재생/재현한(reproduce) 것으로 받아들이기 때문이다. 만약 내가 (2)를 주장하면, 나는 그렇게 주장함으로써 어떻게든 앨버트가 "마크 트웨인이 키가 5피트보다 작았다"라거나 이와 비슷한 어떤 문장을 받아들일 것임을 함축한다. 만약 내가 "앨버트는 마크 트웨인이 키가 5피트보다 작았음을 믿지 않는다"라고 말한다면, 나는 앨버트가 "마크 트웨인은 키가 5피트보다 작았다"라는 문장을 마주할 때 '아니다'라거나 '모르겠다'라고 말할 것임을 제언할 터다.

그런데 이름 직접 지칭 이론가들은 이런 제언이 언제나 참은 아니며, 어쩌면 참인 적이 없었다고 지적할지도 모른다. 고인이 된 치섬(Roderick Chisholm, 1916~1999)의 것으로 여겨지는 다음 문장을 살펴보자.

(3) 콜럼버스는 카스트로의 섬이 중국이었음을 믿었다.
(Columbus believed that Castro's island was China.)

우리는 모두 어떤 이가 (3)을 주장할 때 의미하는 것을 한다. 다시 말해 화자가 의미한 것은 콜럼버스가 쿠바를 보았을 때 자신이 동인도 근처에 있고 바로 중국에 접근하고 있다고 생각했었다는 것이다. 물론 450년 전에 콜럼버스는 피델 카스트로(Fidel Castro, 1926~2016)에 관해 전혀 몰랐다. 하지만 우리는 (3)의 보어절이 콜럼버스가 표상/재현했던 방식으로 사물을 표상했다고 가정하지 않고서 (3)을 주장할 수 있다. **화자**는 콜럼버스가 표상/재현했던 방식이나 혹은 비슷한 다른 어떤 방식으로 쿠바를 지칭했으리라 가정하지 않으면서 쿠바를 카스트로의 섬으로 지칭한다.

혹은 여러분과 나의 지인인 자크가 사실은 대중 일간지나 경찰에서 '고양이(Le Chat)'라고 불리고, 파리의 부유층을 공포에 떨게 만든 악명 높은 보석 도둑이라는 사실을 아는 몇 안 되는 사람이 여러분과 나라고 가정하자. 우리는 특별히 대담하지만 실패한 강도 사건이 일어난 다음에 경찰이 "고양이가 달아날 때 멸치를 한 줌 떨어뜨렸다"라고 믿는다는 기사를 신문에서 읽는다. 우리는 서로에게 "경찰은 자크가 달아날 때 멸치를 한 줌 떨어뜨렸음을 믿는다"라고 말한다.

그래서 믿음 문장 안에 투명한 자리가 있다는 점을 부정할 수 없을 듯하다. 이런 믿음 문장 안에서 지칭 표현은, 믿음 문장의 주어가 지칭 표현의 담지자를 표상/재현했을 수 있는 방식에 관해 어떤 추가 제언도 하지 않고서 그것의 담지자를 지칭할 따름이다. 단칭 명사는 투명하게(transparently) 이해될 수 있고, 자주 그렇게 이해된다. 우리는 심지어 다음 문장 (4)에 대해 이렇게 말할 수도 있다.

(4) 어떤 사람들은 툴리가 툴리임을 의심한다.
(Some people doubt that Tully is Tully.)

(4)는 어떤 사람들이 키케로가 툴리라고도 불린 남자였는지에 대해 의심했음을 의미한다. 그것은 어쩌면 (4)에 대한 소수의 해석일 테지만, 우리는 적어도 (4)를 사람들이 키케로가 툴리임을 의심한다는 주장이라고 알아들을 수 있다.[12]

직접 지칭에 관한 거의 모든 문헌은 믿음 문맥에서도 이름이 밀식 독해(Millian readings)를 가진다는 긍정 논제를 세우려고 정성을 쏟았다. 그러나 긍정 논제는 이름 직접 지칭 이론가에게 필요한 모든 것과 거리가 멀다. 모든 믿음 문장이 투명하게 해석된다고 설득당하더라도, 우리는 대부분 모든 믿음 문장이 어떤 대체를 통해 참 문장을 거짓 문장으로 바꾸는 경우에 불투명하게 해석될 수도 있다고 여전히 확신한다. **어떤 뜻에서(in one sense)** 콜럼버스는 카스트로의 섬이 중국이라고 믿었으나, 다른 뜻에서 그는 이것을 믿지 않았다. 콜럼버스가 카스트로에 대해 아무것도 듣지 못했고, 결코 듣지 못했을 것이라는 점이 명백한 탓이다. 마찬가지로 어떤 뜻에서 경찰은 자크가 멸치를 한 줌 흘렸다고 믿지만, 다른 뜻에서 이것을 믿지 않았다. '툴리가 툴리임을(that Tully is Tully)' 의심하는 사람에 대해서도 비슷하게 말할 수 있다. 그런데도 이름 직접 지칭은

---

12 물론 만약 '툴리'가 밀식 이름이기도 하다면, 지칭된 사람이 그 사람일 뿐이라는 점이 의심스러워질 것이다. 그러나 이것도 (4)를 이해하는 가능한 방법이다. 부수적으로 투명한 독해에 관한 논점은 대명사에 관해서도 생길 수 있다. 자크와 대화하면서, 우리는 "경찰은 네가 도망칠 때 멸치를 한 줌 흘렸다고 생각해"라고 말할 수 있다. 이에 대해서 소사의 〈대언 명제 태도와 대물 명제 태도〉(1970)와 쉬퍼의 〈이름과 앎〉(1979)을 참고할 수 있다.

믿음 문맥이 불투명하다는 직감조차 허용할 수 없을 듯하다. 이 논점이 이름 직접 지칭의 부정 논제다. 이름은 믿음 문맥에서도 비(非)밀식 독해(non-Millian reading)를 용납하지 않는다는 것이다.

문제는 한층 어려워진다. 왜냐하면 불투명한 독해가 투명한 독해보다 훨씬 쉽게 들린다는 점을 부정하기 힘들기 때문이다. 사실 이름 직접 지칭 이론가들은 우리가 투명한 독해를 들으려고 노력해야 함을 알아서 그런 논점에 암시적으로 동의한다. 이름 직접 지칭 이론가들은 그런 사실을 특별하게 극적인 환상(a particularly dramatic illusion)으로 설명하려고 시도할 수밖에 없다. 다시 말해 그들은 사실상 (1)~(4) 같은 문장이 우리가 흔히 의미한다고 받아들일 수 있고 받아들이게 될 무엇을 문자 그대로 의미할 수 없다고 주장해야 한다. 거기에 우리가 이런 문장을 불투명하게 알아듣도록 현혹하는 어떤 이질적 이유가 있다. 이런 추정적 설명은 13장에서 검토할 자료를 이용해 일부 밑그림이 그려졌다. 새먼의 〈프레게의 수수께끼〉(1986), 솜즈(Scott Soames)의 〈직접 지칭, 명제 태도, 의미 내용〉(1987)과 《고정성을 넘어서: '이름과 필연'의 끝나지 않은 의미론적 의제》(2002), 웨트스타인(Howard Wettstein)의 《의미론은 오류에 기댔는가?》(1991), 마커스의 〈믿음에 관한 수수께끼를 풀기 위한 해결책 제안〉(1981)을 보라. 그런데 여기서 이름 직접 지칭 이론가들은 많이 노력했으나 목표를 달성하지 못했다. 솜즈의 《고정성을 넘어서: '이름과 필연'의 끝나지 않은 의미론적 의제》(2002)가 가장 유망해 보이지만, 적어도 지금까지 그려진 밑그림 가운데 어떤 것도 아주 그럴듯해 보이지 않는다.

위에서 예로 들었던 (4)가 함축하듯, 프레게의 수수께끼는 밀식 견해의 추종자에게 훨씬 심각한 문제다. 직접 지칭 이론가들에 따르면, "새뮤얼 랭혼 클레먼스는 마크 트웨인이다" 같은 문장은 어떤 식으로 지시하든 공통 지칭체(common referent)가 자신이라는 것만 의미할 수 있다. 하지만 이런 문장은 사실상 그런 점을 의미한 것으로 이해되지 않는다.

그리고 누구든지 겉으로 볼 때 누군가의 자기동일성을 의심하지 않으면서 클레먼스가 트웨인이라는 것을 의심할 수도 있다. 여기서 다시 이름 직접 지칭 이론가들은 우리의 직관적 판단을 착각이라고 설명함으로써 무거운 짐을 진다.

실존하지 않는 대상(nonexistents)을 지칭하는 것처럼 보이는 문제와 부정 실존 문장의 문제는 더 심각하다. 만약 이름의 의미가 단순히 그것의 담지자를 지칭하는 것이라면, 담지자를 갖지 않지만 완벽하게 유의미한 이름에 관해서는 어떤가? (그런 두 문제와 마주하려는 용맹한 직접 지칭 시도에 대해서는 새먼의 〈비실존〉(1998), 솜즈의 《고정을 넘어서: '이름과 필연'의 끝나지 않은 의미론적 의제》(2002), 브라운(D. Braun)의 〈빈 이름, 허구 이름, 신화 속 이름〉(2005)을 보라.)

이제 우리는 거의 역설이라고 할 만한 심각한 양자택일의 궁지[13]에 빠진다. 한편으로 3장에서 보았듯 크립키는 이름이 느슨한 기술의 줄인 말이거나, 달리 실질적인 뜻이나 함축 의미(substantive senses or connotations)[14]를 지닌 것으로 생각될 수 없는지에 대한 강력한 이유를 제시했다. 직관적으로 이름들은 밀식 이름이다. 그렇더라도 최초 수수께끼는 여전히 이전과 마찬가지로 끈질기게 생기기 때문에 직접 지칭

---

13 (옮긴이) 논리학에서 '딜레마(dilemma)'는 뿔 둘에 받쳐 곤란한 상황에 빠진 논증을 가리킨다. 딜레마는 '양도 논증'으로 번역하거나 외래어 표기법에 따라 '딜레마'라고 부른다. 'dilemma'는 'di(둘)'과 'lemma(뿔)'의 합성어다. 여기서는 '양자택일의 궁지'로 의역했다.

14 (옮긴이) 함축 의미(connotation)는 내포(intension)와 동의어로 사용된다. 내포는 어떤 명사/용어가 적용되는 사물들이 갖는 속성이나 성질이다. 예컨대 '식물'의 내포는 '섬유소로 구성됨', '살아 있음', '유기체', '광합성 작용을 함' 같은 속성들이다. 포괄 범위(comprehension)는 이런 모든 내포의 집합이다. 외연(extension)은 어떤 명사/용어가 적용되는 모든 사물의 집합이다. 함축 의미는 내포와 동의어로 사용되지만, 사물의 속성이나 성질이 아니라 그런 속성이나 성질을 나타내는 말들을 의미로 포함한다. 예컨대 인간의 함축 의미는 '이성적으로 생각함', '말과 글을 통해 의사소통함', '두 발로서 서서 걸음' 같은 언어 표현의 의미다.

이론은 거의 논박된 듯하다. 이는 양자택일의 궁지(a dilemma), 정확히 말해 삼자택일의 궁지(a trilemma)에 빠진 셈이다. 왜냐하면 우리가 다음의 세 가능성 가운데 하나를 붙잡는 것으로 보이기 때문이다. 이름은 밀식 이름이거나, 드러난 기술들을 줄인 말이거나, 설의 견해처럼 더 느슨하게 말하면 어떤 실질적인 '뜻'이나 내용을 가진다. 그런데 우리는 세 견해 가운데 어떤 선택지도 수용할 수 없다.

몇몇 이론가들은 삼자택일의 궁지에서 벗어날 길을 찾을 수 있다고 주장했다. 3장에서 주목했듯 플랜팅가(Alvin Carl Plantinga, 1932~)는 〈보에티우스의 타협안〉(1978)에서, 애커먼(Diana F. Ackerman)은 〈고유 이름, 전치사 태도와 비(非)기술 내포〉(1979)에서 '1968년 선거의 승자(the winner of the 1968 election)'와 대조되는 '1968년 선거의 **실제** 승자(the **actual** winner of the 1968 election)' 같은 고정 기술에 호소했다. 여기서 '1968년 선거의 실제 승자'는 고정 기술이다. 왜냐하면 '**실제** 승자(the **actual** winner)'는 이 (우리의) 세계에서 승자를 의미하고, 그가 승리했는지와 무관하게 다른 어떤 세계에서든 같은 사람을 지칭한다. 이 견해에 따르면 이름은 밀식 이름이 아니지만 고정된다(잭슨의 〈지칭과 기술 재고〉(1998)도 보라). 데빗(Michael Devitt)은 〈직접 지칭에 반대하여〉(1989)와 《우리의 뜻 되찾기》(1996)에서 프레게의 뜻 개념을 근본적으로 수정했다. 나는 《양상과 의미》(1994)에서 이름 직접 지칭 이론을 약하게 변형한 훨씬 섬세하고 더 아름답고 효과적인 견해(a much subtler, more beautiful, and more effective weakened version of Direct Reference Theory of Names)를 제의했지만, 여기서 자화자찬을 늘어놓으면 겸손해 보이지 않을 터다.[15]

---

15 내가 쓴 《양상과 의미》(1994)는 반양장본도 비싸다. 하지만 조심스럽게 말한다면 그만한 값어치를 할 것이다.

가식 이론
Pretense Theories

몇몇 이론가들에게는 더 급진적 접근법이 필요한 것 같다. 이런 접근법 가운데 하나는 가식(pretense)이나 가장(make-believe)이라는 개념에 호소한다.[16] 크립키는 〈공허한 이름과 허구 독립체〉(1972/2012)에서 허구의 작품을 지어내는 사람들과 허구의 작품을 읽는 사람들은 가식에 참여하고 있다고 제언했다.

> 허구의 작품을 쓴다는 것은 말하자면 어떤 연애담을 늘어놓듯, 셜록 홈즈가 현실적으로 있다는 것, 이 소설에 사용된 '셜록 홈즈'라는 이름이 어떤 남자, 셜록 홈즈를 현실적으로 지칭한다는 것 따위를 상상하는 것이다. 그러므로 추정컨대 '셜록 홈즈'라는 이름이 현실적으로 이름이고, 이름들의 일상적인 의미론상 기능을 현실적으로 한다는 것은 소설의 가식에 속한 부분이다.
>
> 〈공허한 이름과 허구 독립체〉, 58쪽[17]

(따라서 '셜록 홈즈'라는 이름이 현실 세계에서 의미론적으로 어떻게 기능하는지 설명할 필요가 없는 까닭은 그것이 현실 세계에서 의미론상 아무 기능도 하지 않기 때문이다. 그것은 소설 속에서만 이름일 뿐이다.) 크립키가 말했듯 주요 문제는 가식 이론이 부정 실존 문장을 설명할 수 없다는 점이다. 또한 가식 이론은 담지자 없

---

16 (옮긴이) 'pretense'는 '가식(假飾)'으로 옮겼다. '가식'은 '말이나 행동을 거짓으로 꾸밈'을 뜻한다. 실제로는 그렇지 않으면서 그런 체하거나 그런 척하는 것을 총칭한다. 'make-believe'는 '가공(架空)'이나 '가장(假裝)'으로 옮겼다. 여기서 '가공'은 '실제로 있는 것이 아니고 상상으로 꾸며 냄'을 뜻하고, '가장'은 '태도를 거짓으로 꾸밈'이나 '임시로 변장함'을 뜻한다. 전자보다 후자가 일상어로 자주 사용되므로 후자로 옮겼다.

17 크립키는 이런 견해가 프레게의 〈논리학〉(1897)에서 발견된다는 점에 주목한다.

는 이름을 포함해, 계획적 허구 밖에 나타난 이름에 관해 아무것도 설명할 수 없다. 그리고 허구 맥락에 등장한 현실적 독립체(real entities)에 관한 문제가 있다(크룬, 〈가장과 허구 지칭〉, 1994).

에반스(Gareth Evans, 1946~1980)는 《지칭의 다양성》(1982)에서 가식이라는 발상을 부정 실존 문장까지 확장했다. 가식이 계획적 허구 또는 독창적으로 '어떤 예술을 창조하거나 상상력을 발휘하는 과정'뿐만 아니라 '공유된 환상 ⋯ 또는 잘못된 증언의 결과'로도 만들어질 수 있도록 '가식' 개념을 넓게 사용했다(《지칭의 다양성》, 353쪽).

미학자 월턴(Kendall Lewis Walton)은 《가장으로서 모방: 표상 예술의 토대》(1990)에서, 현실적 독립체와 사태가 상상 놀이나 다른 가식에 등장하는 방식까지 다룬 온전한 가장 이론을 펼쳐냈다. 에반스가 그랬듯, 월턴은 가장의 맥락에서 만들어진 진술이 현실 세계 주장(real-world assertions)으로서 기능을 겸할 수 있고, 그런 목적으로 자주 사용된다는 추가 핵심 논점을 밝힌다. "최후의 만찬에서 제자들은 점점 색이 바래고 있다(《가장으로서 모방: 표상 예술의 토대》, 411쪽)"라는 진술은 (레오나르도가 묘사한 것으로서 그림에서 거짓이더라도) 레오나르도 다빈치가 그린 〈최후의 만찬〉에 관해 현실 세계에서 참을 말한 것일 수도 있다. 월턴은 또한 '비공식(unofficial)' 가장 놀이, 누구나 조각상을 어루만지듯 '완벽하게 자연스럽고 약정(stipulation) 없이 이해되는' 놀이를 허용한다(《가장로서 모방: 표상 예술의 토대》, 406쪽). 그리고 가장의 '폭로(betrayal)'와 '부인(disavowal)'이라는 개념을 끌어들인다. "어쨌든 프레이저의 소설에서 링컨은 오하이오 포츠머스에서 연설했다"라는 진술은 허구를 폭로하지만, 허구에 참여하지 않기로 한 것도 아니고 현실 세계에 관해 이러니저러니 말하지도 않는다. 그러나 만약 내가 "링컨이 포츠머스에서 연설했다는 것은 소설일 뿐이야"라고 말한다면, 나는 바로 그런 허구를 부인하는 셈이다. 나는 계속 허구에 참여할 수도 있겠지만, 대응하는 현실 세계 주장은 참이 아니라고 지적했을 것이다.

부정 실존 문장과 관련해, 월턴은 이중적 가식이나 가장이 이어진다고 제언한다. 누군가 다음과 같이 발언했다고 가정하자.

(5) 그레고르 잠자는 실존하지 않는다.
(Gregor Samsa does not exist.)

(잠자는 카프카의 《변신》에 나오는 주인공이다.) (5)는 허구를 부인하는 진술일 것이다.

'그레고르 잠자'라는 이름을 사용할 때 화자는 일종의 지칭하는 척하기뿐 아니라 일종의 지칭을 **시도하는** 척하기를 드러낸다. 화자가 부인한 것은 일종의 가식에 속한 지칭 시도, 또는 지칭 시도들이다. 화자가 주장한 것은 이렇게 가식적으로 지칭하려는 시도가 무엇이든 지칭하기에 성공하지 못할 것이라는 점이다. … 가식은 화자가 부인하기를 바라는 일종의 지칭 시도를 골라내는 한 방식으로만 드러난다. 화자는 이런 시도를 하는 척하거나 이런 종류의 가식을 드러냄으로써 지칭 시도를 명기한다.

《가장으로서 모방: 표상 예술의 토대》, 425~426쪽

(월턴은 (5)의 논리적 형식에 관해 아무 주장도 하지 않는다.)

계획적 허구(deliberate fiction)를 가장(a make-believe)으로 여기는 것은 당연한데, 월턴은 아예 허구 밖에 나타난 비(非)지칭 이름으로 분석을 확장하려고 시도한다. 이런 부정 실존 발언은 허구를 부인하는 진술이지만, 다음과 같이 주장한다.

화자는 그때 자신이 부인한 지칭 시도의 종류를 드러내기 위해, 지칭을 시도하는 척하거나, 허구적으로 그렇게 하거나, 또는 이런 가식을

간접적으로 언급할 필요가 없다. [위에서 말한 (5)]를 주장하면서, 누구든 '그레고르 잠자'라는 이름을 수단으로 지칭하는 척하거나 이런 가식을 드러내지만, 이는 주장한 내용의 핵심이 아니다. 주장한 것은 일정한 방식으로 지칭하려는 시도가 실패한다는 점이다.

《가장으로서 모방: 표상 예술의 토대》, 426쪽

이는 어떻게 논쟁을 끝내는 것으로 여겨지는가? 논증을 위해 태양계 밖 행성 므두셀라(처음에 붙인 이름은 'PSR B1620-26 b'로 1993년에 발견되었고, 2003년에 행성으로 확증)가 실존하지 않는다고 가정하자. 증거는 강력했으나 완전히 그릇된 길로 이끌려 천문학자들은 틀리고 만다. 어떤 독불장군은 근거 없이 (참되게) (6)을 주장한다.

> (6) 므두셀라는 실존하지 않는다.
>
> (Methuselah does not exist.)

월턴의 견해에 근거하면 화자가 주장하는 것은 '이런 방식으로' 지칭하려는 시도나 '이런 종류의' 지칭 시도가 실패한다는 것이다. 그리고 방식이나 종류의 같음을 만든 것은 다음과 같은 사실이다.

> [그 시도들]이 같은 사물에 이르는 성공적 지칭은 함축된 비공식 놀이에서 허구다. 이런 놀이는 당연히 [그 천문학자들이 믿은] 것이 … 허구고, … 이런 모든 예시에서 지칭되는 [한 태양계 밖 행성]이 있다는 것이 허구가 되는 놀이다.

《가장으로서 모방: 표상 예술의 토대》, 426쪽

이는 다루기 힘든 문제다. 표면상 이와 반대로 우리의 독불장군은 단순하게 사실의 문제에 관해 주류의 의견에 동의하지 않는다. 독불장군은 므두셀라의 실존에 대한 공인된 여러 증거에도 설득되지 않고 이런 행성이 없다고 믿으며, 사실상 옳다. (월턴은 당연히 독불장군이 이런 행성이 없다고 믿는다고 응수할 수도 있다. 단순한 **어떤** 사실 논쟁이 있다는 것은 논란의 여지가 없다. 문제가 되는 것은 이른바 (6)으로 표현되는 **부가적** 믿음이다.)

크리민스(Mark Crimmins)는 〈헤스페루스와 포스포루스, 뜻, 가식, 지칭〉(1998)에서 월턴의 가식 이론을 프레게의 수수께끼에 응용한다. 그는 러셀의 〈논리 원자론의 철학〉(1918/1956)에 나온 유명한 논평에서 단서를 얻는다.

> 동일성은 처음 볼 때 좀 수수께끼 같은 문제다. "스콧은 《웨이벌리》의 저자다"라고 말할 때, 여러분은 두 사람이 있고 한 사람은 스콧이고 다른 사람은 《웨이벌리》의 저자이며, 둘은 우연히 동일인이라고 생각하고 싶은 유혹에 반쯤 넘어간다. 이는 명백히 부조리해 보이지만, 그것이 누구나 동일성을 언제나 다루고 싶어지게 만드는 방식이다.
>
> 〈논리 원자론의 철학〉,《논리와 지식》, 247쪽

크리민스는 추가로 "두 사물이 동일할 때 하나는 다른 하나와 같은 속성을 가진다"(《가장으로서 모방: 표상 예술의 토대》, 32쪽)와 같은 논평에 주목한다. 훈련된 철학자들도 방심할 때 명백히 정합성이 없거나 일관되지 않게 말한다. 이는 동일성 진술을 내놓을 때 화자가 현실적으로 **마치** 두 사물이나 두 사람이 있는 것**처럼** 말하고 둘은 서로 특별히 밀접한 관계를 맺는다고 제언한다. 크리민스는 마치 그런 것처럼 말하기(talking-as-if)를 '피상적' 가식이라고 부른다. (대조를 이루는 **현실적** 가식의 완전한 개념에 대해서는 오스틴이 〈가식〉(1958)에서 수행한 고전적 분석을 보라.) 그리고 크리민스는 뜻이 지칭체를 제시하는 방식이라는 프레게의 발상을 차용하면서 이렇게 말한다(《가장으로서 모방: 표상 예술의 토대》, 10쪽). "가식이란 제시 방식에 관한 구별을 제시되는 대상들의 구별로 표상/재현하기 위한 허가증이라고 우리는 생각해야 한다(We should think of the pretense as license for representing distinctions about modes of presentation as distinctions among the objects as presented)."

동일성 진술의 경우에 우리는 새뮤얼 랭혼 클레먼스와 마크 트웨인이 다른 두 사람인 척하고, 그들은 구별되는 개체들이 끼어들 수 있는 '뒤섞인(promiscuous)' 같음의 관계를 서로 맺는다고 주장하는 척한다. (가식적 주장으로 구성된) 현실 세계 주장(the real-world assertion)을 참이게 만든 점은 가식적 주장이 가식적으로 참이라는 것이다. 가식적 주장을 가식적으로 참이게 만든 점은, (현실로 돌아와) 프레게가 그랬듯 구별되는 '클레먼스'와 '트웨인'이라는 제시 방식들을 같은 개체에 붙인 것이다. 그래서 우리는 프레게의 설명을 활용하지만, "새뮤얼 랭혼 클레먼스는 마크 트웨인이다"라는 문장은 제시 방식에 관해 어떤 것이든 **말하**거나 사소하게 필연적으로 참인 것 이상을 주장하지 않는다.

앞에서 나는 고유 이름이 역설에 가까운 양자택일의 궁지에 빠진다고 인정했다. 그리고 가식 이론가들은 길고 복잡한 탈출구를 제공했다. 어쩌면 훨씬 쉬운 길이 있을 것이다.[18] 예를 들어 앞서 언급한 직접 지칭 옹호자 가운데 몇 사람이 제언했듯, 2장에서 언급했고 7장에서 형식적으로 도입할 예정인 화자 의미와 문자에 충실한 표현 의미의 구별에 호소할 수도 있다. 문제가 되었던 문장들은 직접 지칭 이론에서 그것들이 의미한다고 말한 것을 정확히 의미하지만, 그것들을 발언한 화자들은 기술 내용과 함께 더 실질적인 무언가를 의미할 수도 있다. 그런 발상에 대한 평가는 여러분에게 맡긴다.

---

18 내가 쓴 탁월한 《양상과 의미》(1994)로 돌아가지 않아도.

* * *

우리는 이제 아주 중요한 구별을 해야 한다. 이번 장에서 지금까지 우리는 **고유 이름 의미론**(semantics of proper names), 다시 말해 이름은 그것이 나온 문장 의미에 공헌/기여한다는 이론에 대해 논의했다. 특히 직접 지칭은 이름의 지칭체 또는 이름의 담지자라는 관념을 당연하게 받아들인다. 하지만 또 다른 질문을 하나 제기할 수 있다. 사물은 무엇의 효능으로 특정 이름의 지칭체나 담지자가 되는가? 의미론은 그런 문제를 철학적 분석에 맡긴다. **지칭하기의 철학 이론**(Philosophical theory of referring)은 이름을 지칭체에 묶는 것이 정확히 어떤 관계인지 설명하려고 세운 가설이다. 구체적으로 말해 누군가의 이름 발언과 그 발언으로 지칭된 개체 사이에 성립하는 지칭 관계란 무엇이냐는 질문에 답한 견해다.

이름 의미 이론(semantical theories of names)과 지칭하기의 철학적 설명(philosophical accounts of referring)은 독립적으로 달라진다. 러셀과 설은 양자의 차이를 흐리게 만들었는데,[19] 각자 두 질문에 아주 비슷한 답변을 내놓았기 때문이다. 러셀은 이름이 의미를 얻고, 기술을 줄임으로써 전체 문장의 의미에 공헌/기여한다고 말했다. **또한** 어떤 사물을 이름의 담지자로 만드는 점은 그 사물이 유일하게 기술을 만족한다는 것이다. 설의 다발에 대해서도 비슷하게 말할 수 있다. 그러나 이제 이름 직접 지칭 이론가일지라도, 혼자서는 이름을 지칭체에 붙이는 것이 무엇인지에 관해 아무것도 우리에게 말해주지 못한다는 점에 주목하라. 크립키의 더 약한 고정성 논제에 대해서도 똑같이 말할 수 있다. 이제까지 크립키는 의미론에 대해 논의했을 뿐이고, 우리는 크립키의 지칭하기 이론에

---

19 크립키는 이름 의미 이론과 지칭하기의 철학적 설명의 차이를 충분히 강조하지 않았다. 데빗이 〈직접 지칭에 반대하며〉(1989)에서 현실적으로 처음 크립키가 그런 차이를 충분히 강조하지 않았다고 고발했다.

대해 아무것도 알아보지 못했다. 이제 지칭하기의 이론으로 돌아가자.

인과 역사 이론
The Causal - Historical Theory

여러분이 스스로 검증할 수 있듯, 크립키가 이름 주장과 기술 의미론에 일반적으로 제기한 반론은 대부분 지칭하기의 기술 이론(Description Theory of referring)에 제기할 반론으로 바뀔 것이다. 지칭하기의 기술 이론은 틀린 지칭체(3장의 반론 5에서 괴델/슈미트 사례를 생각하라)나, 지칭체가 전혀 없음(반론 1처럼 화자가 마음에 둔 특정한 기술이 없을 때나 반론 6처럼 불확정 기술의 사례에서 보듯)을 예측할 것이다.

크립키는 더 나은 발상을 간략히 묘사한다. 그는 기억하기 쉽도록 이렇게 시작한다(《이름과 필연》, 91쪽). "가령 한 아기가 태어났다고 하자."(나는 신생아가 아기라는 크립키의 가정을 인정해야 한다고 생각한다. 너무 까다로운 존재 같은 것이 있다.) 크립키는 이어서 말한다.

> [아기의] 부모는 일정한 이름으로 아기를 부른다. 부모는 친구들에게 아기의 이야기를 하고, 다른 사람들은 아기를 만난다. 각양각색의 담화를 거쳐 아기의 이름은 마치 사슬처럼 고리와 고리가 맞물려 퍼진다. 이 사슬의 맨 끝에 있는 화자가 시장이나 장터 같은 곳에서 예컨대 리처드 파인만이라는 이름을 들었다고 치자. 이때 화자는 처음 그에게 파인만의 이름을 말한 사람이 누구인지, 또 그에게 파인만의 이름을 말한 사람들이 누구인지 기억하지 못하더라도, 파인만을 지칭할 수 있다. 화자는 리처드 파인만이 유명한 물리학자였다는 것을 안다. 궁극적으로 파인만이라는 사람 자체에 다다른 의사소통의 어떤 흐름이 해당 화자까지 이른다. 그러면 화자는 그를 유일하게 확인할

수 없더라도 파인만을 지칭한다.

크립키의 요점은 '파인만'이라는 나의 발언이 지칭 차용의 인과 역사 사슬에서 가장 최근 고리고, 첫째 고리는 유아일 때 파인만이 그 이름으로 불린 사건이라는 것이다. 나는 누군가에게 이름을 얻었고, 누군가는 다른 누군가에게 이름을 얻었고, 누군가는 또 다른 누군가에게 이름을 얻었고…, 끝까지 거슬러 올라가면 이름을 지어 부른 명명식(naming ceremony)에 다다른다. 내가 러셀이나 설과 같은 종류의 어떤 특정한 인지 상태든 그런 상태에 있어야 하는 것은 아니다. 나는 파인만에 관해, 또는 내가 그런 이름을 습득한 방법에 대해 어떤 흥미로운 참 믿음을 형성할 필요도 없다. 필요한 것은 사실상 의사소통의 어떤 사슬이 내가 한 언어 공동체(a speech community)의 구성원인 덕분에 확립되었고, 언어 공동체 안에서 이름은 사람에게서 사람으로 전달되었고, 이 사슬은 파인만 자신까지 거슬러 올라간다는 것뿐이다.

물론 새로운 사용자가 역사의 사슬로 이어진 전임자에게 하나의 이름을 처음 배우는 것은, 초보자와 전임자가 정체 확인 기술들(identifying descriptions)의 심리적으로 두드러진 어떤 뒷받침(backing)을 공유함으로써만 가능하다. 그러나 앞서 3장에서 말했듯, 기술들의 특정한 뒷받침이 이름의 뜻을 고정한다고 가정할 이유는 없다. 단지 지칭만 고정하면 된다. 초보자는 전임자의 지칭체에 근거해 올바른 정체 확인을 고정하는 한, 그 사람을 지칭하기 위해 이름을 자유로이 사용할 수 있다.

액면 그대로 받아들이면 인과 역사 이론은 도넬런의 톰[20] 같은 예에 관해 옳은 예측을 하게 한다. 각 예에서 지칭하기는, 화자가 적합한 역사 경로를 따라 지칭체와 인과적으로 연결되기 때문에 성공한다.

---

20 (옮긴이) 도넬런의 톰 사례는 3장의 반론 6에서 다루었다.

크립키는《이름과 필연》(66~67쪽)에서 성경에 나오는 요나(Jonha)라는 인물의 사례를 추가로 제시한다. 내가 3장의 반론 3에서 다룬 '닉슨'의 예와 유사하다. 크립키는 우리가 완전한 신화 속 이야기와 현실의 진짜 사람들에 대한 실질적으로 거짓된 설명을 구별해야 한다고 지적한다. 역사학자들이 사실상 어떤 예언자도 거대한 물고기에게 삼켜진 적이 없었다거나, 혹은 요나에 대해 성경에 적힌 어떤 일도 일어나지 않았음을 발견한다고 가정하자. 요나가 맨 처음에 단순히 만들어진 인물이었냐, 혹은 요나의 이야기가 최종적으로 현실에 살았던 진짜 사람(real person)에 근거하냐는 문제는 남는다. 실제로 다음과 같은 하위 예들이 있다. 어떤 사람이 요나가 죽고 나서 요나에 관해 거짓 이야기를 꾸며내 퍼뜨렸을 수 있다. 아니면 요나가 흥미진진한 사람이기 때문에 죽은 뒤에 바로 온갖 소문과 이야기가 퍼지기 시작했고, 소문은 걷잡을 수 없게 되었을 수 있다. 혹은 수 세기에 걸쳐 정확한 정보는 점점 잊히고 요나에게 부여된 거짓 속성이 점점 쌓였을 수도 있다. 그러나 이런 어떤 사례를 보든 성경은 현실에 살았던 진짜 사람인 요나에 관해 거짓을 말하고 있는 것 같다.[21]

하나 이상의 사람이 가지는 **애매한**(ambiguous) 이름은 인과 역사 이론에 문제를 제기한다고 생각할 수도 있다. ('존 브라운'은 예전 앨버트 대공이 죽

---

21 크립키는 이런 견해를 진지하게 옹호한 긴즈버그(Harold Louis Ginsberg, 1903~1990)의《다섯 두루마리와 요나(The Five Megilloth and Jonah)》(1969)를 인용한다. 요나(Jonah)의 이름이 '요나'가 아니었을 수 있다는 점에도 주목하라. 히브리어에 '제이(j)' 소리가 없는 까닭이다. 카플란은 1971년 한 강연에서 지칭함에 대한 설의 설명보다 인과 역사 이론을 잘 두둔할 현실 세계 예(real-world example)가 적어도 하나 있다고 주장했다. 사례로 들었던 이름은 '로빈 후드(Robin Hood)'다. 역사가들은 로빈 후드 전설을 (인과적으로) 낳은 한 사람이 있었음을 발견했던 듯하다. 그러나 저 로빈 후드라는 사람은 가난하지 않았고, 셔우드 숲 근처에 살지도 않았으며, 무법자가 아니었고(사실상 그와 노팅엄의 주 장관은 아주 가까운 사이였다), 심지어 그의 이름은 '로빈 후드'가 아니었음이 드러난다. 인과 역사적 설명에 근거하면, 이것은 완벽하게 이해된다.

고 나서 빅토리아 여왕이 친밀하게 지낸 스코틀랜드인 종복의 이름인지, 1859년 노예 제도 폐지를 열렬히 옹호하며 하퍼즈페리의 조병창을 습격했으나 실패한 농장주의 이름인지, 영어권 세계에 틀림없이 있을 다른 수많은 남자의 이름인지 애매하다. 1994년까지 대단히 독특한 이름인 '윌리엄 라이컨'도 하나 이상의 사람에게 적용되었다. 나는 대다수 이름이 애매하다고 가정한다. 말하자면 이름은 오로지 역사적 우연에 따라서 애매하지 않을 뿐이다.) 이는 기술 이론에 전혀 문제가 되지 않는다. 기술 이론에 따르면 애매한 이름은 단순히 서로 다른 기술을 줄인 말이기 때문이다(기술 이론이 오히려 고유 이름을 더 많이 애매하게 만든다). 그러나 여러분이 이름 직접 지칭 이론을 지지한다면, 또는 이름이 어떤 점에서든 뜻이나 기술 함축 의미(descriptive connotations)를 지닌다는 것을 부정한다면 어떻겠는가?

방금 한 질문은 단지 여러분이 앞에서 말한 내용에 주의를 기울였는지 보려는 것이다. 이 질문은 이름 의미 이론과 지칭하기의 이론이라는 중요한 구별을 노골적으로 무시한다. 지칭하기의 인과 역사 이론은 애매한 이름의 문제에 분명하고 단순하게 답한다. 만약 이름이 애매하다면, 하나 이상의 사람을 그 이름으로 부른 탓이다. 주어진 어떤 때 그런 이름의 특정 사용을 애매하지 않게 만드는 것은 그런 사용의 인과 역사적 기반, 구체적으로 말해 명명식에 의해 기원이 시작된 특정 담지자다. 다른 무엇이겠는가?

크립키는 자신이 어떤 그림을 간략하게 그렸을 뿐이라고 강조한다. 그는 완성된 이론을 가지고 있지 않다. 묘수는 어떻게 어떤 이가 그런 그림을 가지고 심각한 반론에 맞설 현실적인 이론(a real theory)을 만들 수 있는지 알아보는 것이다. 그림을 이론으로 만드는 방법은 그림을 지나칠 만큼 문자 그대로 받아들이고, 마치 이론인 양 취급하면서 어떻게 다듬을 필요가 있는지 보는 것이다. 크립키는 단지 어떻게 다듬을 필요가 있는지 보는 일을 했을 뿐이고, 다듬는 일은 다른 이들에게 맡긴다.

인과 역사 이론의 문제
Problems for the Causal - Historical Theory

인과 역사 이론의 핵심 개념은 어떤 사람이 다른 사람에게 지칭을 넘겨 주는다는 생각이다. 그런데 이런 어떤 지칭 전달이든지 그냥 일어나지는 않을 것이다. 첫째, 우리는 '따서 이름짓기(naming after)'라는 현상을 배제해야 한다. 소년 시절에 나의 친구인 존 루이스(John Lewis)는 양치기 개 한 마리를 얻었고, 특정 황제의 이름을 따서 '나폴레옹'이라는 이름을 지었다. 친구는 역사 속 나폴레옹을 명시적으로 머릿속/마음속에 떠올렸고 그 유명한 사람의 이름을 따서 개의 이름을 지었다. '따서 이름짓기'는 인과 역사 사슬의 한 연결 고리다. 존 루이스가 자기 개를 그 이름으로 불렀던 이유는 오로지 그 황제가 '나폴레옹'으로 불렸기 때문이다. 하지만 이것은 잘못된 연결 고리다. 이를 배제하기 위해 크립키는 이렇게 요구한다. "이름을 고리에서 고리로 전달할 때, 이름 수신자는 자신에게 그 이름을 알려준 이가 지칭한 사람과 같은 사람을 지칭하려고 한다." (《이름과 필연》, 96쪽) 존 루이스가 이런 요건을 충족하지 않은 것은 분명하다. 존 루이스는 계획적으로 지칭체를 황제에서 개로 바꾸었고 친구들도 그런 점을 의식하도록 의도했다.

둘째, 크립키는 '산타클로스(Santa Claus)'의 사례를 든다. 우리가 사용하는 그 이름의 기원을 추적하면 역사 속의 성인, 아마 여러 세기 전에 동유럽에 살았던 진짜 사람(real person)에 이르는 인과 사슬(causal chain)이 있을 것이다. 그러나 아무도 아이들이 해당 이름을 사용할 때 자신도 모르게 그/저 성인을 지칭한다고 말하지 않을 것이다. 아이들은 분명히 성탄절 이야기에 등장하는 허구의 인물을 지칭한다. 그러면 '산타클로스'는 '요나'와 어떻게 다른가? 우리는 왜 진짜 산타클로스(real Santa Claus)가 있다고 말해서는 안 되고, 그에 관한 신화가 전부 번드르르한 거짓말이라고 말해야 하는가? 물론 우리는 그렇게 말하는 대신에

산타클로스는 없다고 말한다(몰랐던 사람에게는 미안하다). 우리는 마치 어떤 기술을 줄인 것처럼 '산타클로스'라는 이름을 사용한다. '드라큘라(Dracula)'라는 이름도 비슷한 사례일 것이다. 현재 '드라큘라'라는 이름의 사용은 '블라드'(흔히 '가시 공작 블라드'는 그를 성가시고 짜증나게 만들던 사람들을 다루는 습관 탓에 붙은 이름)라고 불렸던 현실 속 트란실바니아의 진짜 귀족까지 거슬러 올라간다는 점은 잘 알려져 있다. 물론 지금 '드라큘라'라고 말할 때 우리는 브램 스토커(Bram Stoker 1847~1912)가 소설에서 창조했고 벨라 루고시(Bela Lugosi, 1882~1956)가 유명한 영화에서 연기로 묘사했던 허구의 흡혈귀를 의미한다.

크립키는 문제를 제기했을 뿐, 이에 응답해서 자신의 해석을 고치려 하지 않고 넘어간다. 아마도 주목해야 할 가장 분명한 특징은, 우리가 사용하는 '산타클로스'와 '드라큘라'라는 이름이 아주 강한 전형적 인물, 실은 미국에서 흔히 말하는 문화적 우상(cultural icons)을 연상시킨다는 것이다. 이런 이름들의 사회적 역할은 너무 두드러져서 그 이름들은 현실적으로, '요나'가 종교인들 사이에서도 갖지 않는 어떤 방식의 허구 기술들(fictional descriptions)로 굳어졌다. 어떤 점에서 요나가 우상으로서 갖는 속성은 구약 성경에 기록된 역사적 속성을 함께 갖지만, '산타클로스'와 '드라큘라'는 순수한 우상이라고 말할 수도 있다. 평범한 미국인에게 신화는 역사 자료의 출처 찾기를 완전히 위축시킨다.

크립키가 말하듯 여러 작업이 필요하다. 데빗(Micheal Devitt)은 〈지시〉(1981a)에서 상당히 잘 발전시킨 견해를 단지 그림이 아니라 이론으로 제의했다. 하지만 위에서 기술한 인과 역사 이론을 변형한 어떤 견해에 든 적용될 몇 가지 반론이 있다.

반론 1

우리는 현재 사용하는 이름부터 실제 개체의 이름을 짓는 명명식에 이르기까지 시간을 거슬러 올라간 인과 역사 사슬이라는 개념을 제의받았다.

그러면 인과 역사 이론의 옹호자는 어떻게 빈 이름, 다시 말해 실제 담지자가 없는 이름을 수용할 수 있는가?

어쩌면 여기서 최선은 빈 이름도 특정 시점에, 계획적 허구나 어떤 오류로 언어 공동체에 도입된다는 사실을 이용하는 것이다. 데빗이 〈지시〉(1981a)에서 지적하고 도넬런이 〈아무것도 아닌 것에 대해 말하기〉(1974)에서 지적하듯, 이런 도입으로 마치 그 빈 이름이 실제 개체에 붙여진 것인 양, 인과 역사의 사슬은 미래로 퍼지기 시작한다. 그래서 지칭이나 실존하지 않는 대상의 지칭은 인과 역사 사슬에 따르지만, 사슬의 첫 연결고리는 실존하지 않는 이름 담지자의 추정적 행동이 아니라 명명 사건 자체다.[22]

반론 2

에반스는 〈이름 인과 이론〉(1973)에서 아무도 모르는 사이 불운이나 오류로 이름의 지칭이 바뀔 수 있지만, 지금까지 발표된 인과 역사 이론은 이름의 지칭 변화를 허용할 수 없다고 지적한다. 에반스에 따르면,[23] '마다가스카르(Madagascar)'는 본래 아프리카에 딸린 큰 섬이 아니라 아프리카 대륙의 일부를 일컫는 이름이었다. 지칭 변화는 최종적으로 마르코 폴로(Marco Polo, 1254~1324)의 오해에서 기인했다. 에반스는 다음과 같

---

22 이렇게 두는 수는 유사한 두 문제를 다룰 때도 도움이 될 것이다. 하나는 미래에 등장할 개체의 이름에 관한 문제다. "아기를 가지려고 노력해보고, 우리가 성공하면 아기의 이름을 '킴'이라고 부를 거야"라고 말하는 경우다. 다른 하나는 인과적 힘을 갖지 않는 개별 수(individual numbers) 같은 추상체에 관한 문제다. 적합한 인과 역사 사슬이 명명 사건에 기원을 둔다면, 여러분은 어째서 명명 사건 자체가 실제 지칭체가 아닌지 당연히 궁금할 것이다(따라서 "페가수스는 고작 30초를 뛰었고, 저자에게 거의 부담스럽지 않았다"라는 문장은 허구에 관한 것이 아니라 실제 항목(actual item)에 관해 참인 문장이다). 명명 사건은 추가 명명 사건의 대상이 아닌 한에서 지칭체가 아니라고 규정할지도 모른다. 혹은 뒤의 반론 4의 답변을 보라.

23 에반스는 테일러(Isaac Taylor)가 1898년에 쓴 책, 《이름과 이름의 역사: 역사 지도와 위상 명명법》(1969)을 인용한다.

이 이야기를 한다.

> 두 아기가 태어나고, 엄마들은 이름을 지어준다. 간호사의 부주의로 두 아기는 바뀌고 오류는 끝내 밝혀지지 않는다. 이후 널리 '잭'으로 알려진 남자가 이렇게 불리는 이유가 한 여자가 다른 어떤 아기에게 그 이름을 붙였기 때문이라는 사실은 부인할 수 없다.
>
> 에반스, 〈이름 인과 이론〉(1973), 196쪽

우리는 현재 사용하는 '마다가스카르'가 여전히 아프리카 본토의 일부를 지시한다거나, 혹은 '잭'이 모든 사람이 '잭'이라고 부르는 남자가 아니라 바뀌기 전의 다른 아기를 계속 지칭한다고 말하도록 강요받기를 원치 않는다.

이에 대한 답변으로 데빗은 〈지시〉(1981a, 150쪽)에서 **다중 기초(multiple groundings)**로 나아가는 수(a move)를 제언한다. 그는 명명식이 적합한 역사 사슬의 기초를 놓는 한 계기일 뿐이며, 지각을 통한 접촉도 도움이 될 수 있다고 말한다. 어떤 사람의 발언에서 최초 명명식까지 거슬러 올라가는 일직선의 인과 사슬이 있기는커녕 맹그로브 숲처럼 얽히고설킨 복잡한 구조가 있다. 이름의 발언은 추가된 역사 사슬에서도 일어나고, 추가된 역사 사슬은 이름의 담지자가 나중에 밟은 단계에 기초한다. 우리가 사용하는 '마다가스카르'라는 이름의 압도적 다중 기초가 아프리카의 본토가 아니라 아프리카의 섬과 관련되자마자, 그 이름은 아프리카의 섬을 지시하게 될 것이다. 우리가 사용하는 '잭'이라는 이름은 여러 사람이 그/저 이름으로 불리는 남자와 지각을 통해 접촉한 순간들에 기초하자마자, 그런 기초는 명명식으로 시작한 인과 역사 사슬을 압도할 것이다. 이는 모호해서 어쩌면 반론이 나올 만도 하다.

반론 3

우리는 명명식에서 대상의 징체를 잘못 파악할 수 있다. 내가 동물 보호소에서 새 반려동물을 찾는다고 가정하자. 나는 동물 보호소를 몇 번 방문했고 한 회색 얼룩무늬 고양이가 마음에 들어 입양하려고 결심한다. 다음에 방문할 때 고양이의 이름도 준비한다. 동물 보호소 직원이 외모가 비슷한 얼룩무늬 고양이 데려오자 나는 내가 입양하려던 고양이라고 **믿는다.** "여기서 다시 만나는구나, 귀염둥이야. 너의 이름은 이제 작곡가 엘리자베스 포스턴(Elizabeth Poston, 1905~1987)을 따서 '리즈(Liz)'[24]라고 부를게. 주사를 다 맞은 다음에 다시 보자"(나는 눈치가 있어서 강제 중성화는 언급하지 않는다). 보호소 직원은 고양이를 다시 데려간다. 그러나 나는 몰랐어도 그것은 입양하려던 귀염둥이가 아니라 엉뚱한 고양이였다. 보호소 직원은 실수를 알아채자 나에게 알리지 않고 맞는 고양이를 다시 찾아 주사를 놓고 남은 일을 처리한다. 나는 고양이를 집으로 데려오고, 이후 자연스럽게 고양이를 '리즈'라고 부른다.

물론 문제는 나의 고양이가 어떤 명명식으로도 그 이름을 얻지 않았다는 점이다. 나는 명명할 권리가 없었을지라도, 엉뚱한 고양이에게 '리즈'라는 이름을 주었다. 그렇더라도 나의 고양이는 확실히 '리즈'라는 이름의 담지자인데, 뒤이은 기초가 아니라 바로 내가 수행한 명명식에 따른 것이다(만약 내가 엉뚱한 고양이를 집에 데려와서 **그 고양이를** '리즈'라고 불렀다면 상황은 달라질 것이다). 여기서 다중 기초 전략은 도움이 되지 않을 듯하다. 오히려 중요한 점은 내가 어떤 고양이를 머릿속/마음속에 떠올렸고 명명식에서 이름을 지어 불렀다고 믿었다는 것이다. (데빗은 〈지시〉의 5.1절에서 '지시 능력'을 세련된 유형의 정신 상태로 해석한다.) 그렇다면 이 논점과 관련해 인과 역사 이론을 수정하려면 심리철학/정신철학의 영역으로 깊

---

24 (옮긴이) 영국의 작곡가이자 화가, 작가인 엘리자베스 포스턴의 애칭이다.

이 들어가야 할 것이다.

반론 4

사람들은 지칭체에 관해 믿을 때 **범주적으로**(categorially) 잘못을 저지를 수 있다. 에반스는 체임버스(Sir Edmund Kerchever Chambers, 1866~1954)[25] 가 《브리튼의 아서》(1927)에서 아서 왕에게 아니르(Anir)라는 아들이 있었고, "전설은 어쩌면 아들을 아서 왕의 매장지로 혼동했을지도 모른다"라고 주장한 내용을 인용한다. 혼란에 빠진 화자는 "아니르는 '푸르고 멋진 장소'임이 분명하다"라고 주장할지도 모른다. 인과 역사 이론은 그런 문장을 어떤 인간(아서 왕의 아들)이 푸르고 멋진 장소였다고 말한 것으로 해석할 것이다. 극적 효과는 덜하지만, 누구든 사람을 제도로 혼동하거나 제도를 사람으로 혼동할지도 모른다. (나의 전 동료 교수는 하버드 대학교 철학과가 자리한 건물의 이름인 에머슨 홀을, "에머슨 홀은 이걸 좋아하지 않을 거야"라고 말할 때 그렇듯 철학과를 지칭하는 방식으로 사용하곤 했다. 무심결에 들은 사람은 '에머슨 홀'이 사람의 이름이라고 쉽게 생각할지도 모른다.) 혹은 누구든 그림자를 산 인간으로 오인하고 이름을 지어 부를지도 모른다. 여기서 설명한 어떤 사례든, 해당 이름의 뒤이은 사용이 정말 범주적으로 항목(items)을 잘못 지칭한다는 말은 그럴듯하지 않다.

  데빗과 스테를니는 《언어와 현실: 언어철학 입문》(1987)에서 이것을 '자격 문제(qua-problem)'라고 부른다. 그들은 명명식의 참석자나 이름의 기초 가운데 어떤 것이든 책임 있는 다른 사람이 범주적으로 잘못을 저질러서는 안 되고 정말로 적합한 범주에 속한 어떤 것을 지칭하려고 의도해야 한다고 인정한다. 이는 기술주의(descriptivism)로 나아가기 위한 약간의 양보다.

---

25 (옮긴이) 영국의 문학 비평가이자 셰익스피어 연구자다.

반론 5

에반스는 〈이름 인과 이론〉(1973)과 《지칭의 다양성》(1982)에서, 로젠버그 (Jay Frank Rosenberg, 1942~2008)는 《형식주의를 넘어》(1994)에서 혼동과 얽힌 사례를 제시한다. 그들의 사례에서 인과 역사의 세부 사항은 복잡하고 뒤섞여서 장래의 작동 사슬(would-be operative chain)을 골라낼 원칙적 방법이 없다. 로젠버그는 오로지 명백한 기술 자료(descriptive material)만이 직관적으로 올바른 지칭체를 결정한다고 지적한다. 준비 운동일 뿐이지만 로젠버그의 **가장 단순한** 예에서, 하이디는 빈 학회(1930년대 '논리 실증주의' 철학자들의 모임)와 주요 회원들에 관해 강연한다. 헬무트는 그녀의 이야기에 매혹되어 나중에 라인홀트에게 이야기를 전한다. 하지만 헬무트는 '슐릭'과 '노이라트'를 혼동하고, 그래서 라인홀트에게 "슐릭은 우리를 항해사와 비교했고", "노이라트는 정신병에 걸린 학생에게 살해당했다"라고 말한다. (두 이름을 바꾸어야 참이다.) 헬무트는 거짓 믿음을 표현하지 않았고, 이름을 혼동했을 뿐이다. 그는 '슐릭'으로 노이라트를 의미하고, '노이라트'로 슐릭을 의미했다. 그는 하이디가 사용했던 대로 이름을 사용하려고 의도한다. 단지 실패할 뿐이다. 하이디의 발언을 거쳐 최초 실증주의자들까지 거슬러 올라간 지칭 차용(reference-borrowings)의 적합한 사슬이 있으므로, 크립키의 그림은 헬무트가 "노이라트는 살해당했다"라고 말할 때 노이라트에 관해 말한다고 예측하지만, 그런 예측은 직관적으로 맞지 않는다. 헬무트는 슐릭에 관해 말하고 있지만, 말이 잘못 나와서 의미론상 노이라트를 지칭하는 이름을 사용하기 때문이다.[26]

더 많은 반론(몇 가지는 에반스의 반론을 진전시킨 반론)이 있다. 대다수의 입

---

26 로젠버그는 데빗의 이론도 이 반례의 영향을 받는다고 주장한다. 로젠버그는 이어서 놀라우리만치 심각한 혼동 사례를 만들어낸다. 그레이시는 연애 소설가인 바버라 카트랜드에 관해 말하려고 하지만 실수로 '바버라 카트라이트'라고 말한다. 불행히도 사례는 두 쪽에 걸쳐 진술되어 있어, 여기에 전부 옮겨 쓸 수 없었다.

장은 크립키가 처음에 기술주의자의 그림에 과잉 반응을 보였다는 것인 듯하다. 어떤 종류의 인과 역사 사슬이 지칭을 위해 필요하고, 기술은 러셀과 설이 생각한 만큼 많은 일을 하지 않는다고 크립키가 주장한 것은 옳았다. 그러나 (크립키 자신을 포함한 비평가들이 주장하듯) 기술 조건도 마찬가지로 있다. 묘수는 설처럼 약한 기술주의자의 학설로 나아가지 않으면서 기술주의로 방향을 트는 것이다. 그러나 이런 어떤 방향이든 조정할 여지를 많이 남기지 않는다. 유망한 노선은 '인과 기술주의(causal descriptivism)'라고 불린다. 크룬은 〈인과 기술주의〉(1987)에서 다음과 같은 발상을 소개한다. 인과 역사 이론가의 인과 역사적 제안을 해당 사례들에 대해 올바르게 이해한 것이라고 받아들이되, 이를 기술 조건으로 만드는 것이다. 크룬은 일차적으로 '따서 이름짓기' 반론을 확장함으로써 이런 견해를 옹호한다.

자연종 명사와 '쌍둥이 지구'
Natural-Kind Terms and "Twin Earth"

크립키는 《이름과 필연》(1972/1980)에서, 그리고 퍼트넘은 〈'의미'의 의미〉(1975a)에서 고정 지시 의미 이론과 인과 역사 지칭 이론을 단칭 명사에서 술어나 일반 명사, 주로 **자연종 명사**(natural kind terms)까지 확장하기 시작했다. 자연종 명사는 '금', '물', '몰리브덴', '호랑이', '개미핥기' 같은 자연에 있는 실체나 유기체를 지칭하는 보통/공통 명사(common nouns)다. 이런 언어 표현은 단 하나의 사물에 적용하려는 언어 표현이 아니기 때문에 단칭 명사가 아니다. 그러나 크립키와 퍼트넘은 자연종 명사가 형용사보다 이름과 더 비슷하다는 논증을 펼쳤다. 의미론적으로 자연종 명사는 고정된다. 자연종 명사마다 그 종을 구성원으로 포함한 모든 세계에서 같은 자연종을 지칭하기 때문이다. 조금 다른 형태의 인과 역사 이론은 자연종 명사의 지칭 사용(referring use)을 특성 짓는다.

이 견해는 오랫동안 유지된 자연종 명사 기술주의 이론(Descriptivist Theory of natural-kind terms)과 날카롭게 대립했다. 기술주의자의 이론은 자연종 명사를 각각 기술 고정 관념(a descriptive stereotype)과 연합한다. 예를 들어 '물'은 '하늘에서 비로 내리고 호수와 강을 채우며 투명하고 냄새도 맛도 없지만 마시기에 적합한 액체'로, '호랑이'는 '독특한 검은색 줄무늬가 있는 황갈색을 띠고 사나우며 육식성으로 밀림에 서식하는 고양잇과 동물'로 의미를 분석했을 것이다. 크립키와 퍼트넘은 이런 기술주의자의 분석과 대비되는 양상 논증을 강력히 권고하는데, 3장의 반론 3과 이번 장에서 시작한 고정성 논증과 비슷하다. 예를 들어 비, 호수나 강이 없었더라도 물은 있었을 수 있고, 다른 상황에서 물은 냄새와 맛을 가졌을 수도 있다. 호랑이는 길들었을 수도 있고, 우리는 심지어 사실 어떤 호랑이에게도 줄무늬가 없다는 것을 알게 될지도 모른다('이상한 나라의 앨리스'식의 음모가 전 세계에 퍼져 모든 호랑이에 줄무늬를 칠한 것일 수도 있다).

상식 고정 관념(the commonsense stereotype)이 아니라면 어떤 것을 호랑이나 물의 표본으로 만든 본질은 무엇인가? 크립키와 퍼트넘은 자연종의 과학적 본성에 주의를 돌렸다. 물을 물이게 만든 본질은 물의 화학 성분, 다시 말해 H_2O다. 호랑이를 호랑이가 되도록 만든 본질은 호랑이의 독특한 유전 암호다. 모든 가능 세계에서 물은 H_2O이지만, 어떤 세계에서 H_2O는 냄새나 맛을 가진다.

물의 화학 성분과 호랑이의 유전 형질은 실질적인 경험적 발견이라는 반론이 있을 수도 있다. 따라서 확실히 물이 H_2O가 아닌 것이 가능했고, 또 물이 H_2O가 아닌 세계가 있을지도 모른다. 그러나 크립키와 퍼트넘은 여기서 내세운 '가능성'이 과학에 대한 무지에서 생긴 문제일 뿐이고 진정한 형이상학적 가능성이 아니라고 응수했다. 누구든지 자연종의 과학적 본질을 발견하자마자 그런 종의 참된 형이상학적 본성을 발견하게 되고, 그 종은 나타난 모든 가능 세계에서 그런 본성을 가진다. 세계에 따라 바뀌는 것은 상식 고정 관념을 이루는 요소들이다.

이 견해가 올바르다면,[27] 그것은 언어의 의미와 정신의 관계에 관한 조금 놀라운 주장을 함축한다. 다시 말해 퍼트넘이 썼던 대로 언어의 의미는 "머릿속에 있지 않다." 퍼트넘은 다른 은하계 어딘가 '쌍둥이 지구'라고 부르는 행성이 있다고 상상한다. 쌍둥이 지구는 우리가 사는 지구를 거의 똑같이 복제한 행성으로 우리의 역사와 평행해 정확히 따라 움직인다. 쌍둥이 지구는 쌍둥이 퍼트넘, 쌍둥이 브루클린 다리, 쌍둥이 라이컨, 쌍둥이 너/그대를 포함하며, 이들은 모두 이곳 지구에 있는 상대자의 복제물이다. 만약 어떤 이가 두 행성을 동시에 볼 수 있다면, 다른 두 화면에 비친 같은 텔레비전 방송을 시청하는 것과 같을 것이다. (그러나 쌍둥이 지구가 다른 가능 세계가 아니라는 점에 주목하는 것은 중요하다. 쌍둥이 지구는 지구와 같은 세계 안에 있는 또 다른 행성일 뿐이기 때문이다. 쌍둥이 지구의 당신이 당신과 외모가 똑같고 거의 비슷한 행성의 맥락에 있더라도, 그는 당신이 아니며 수적으로(numerically) 다른 사람이다.)

나는 쌍둥이 지구가 지구와 **거의**(nearly) 똑같은 복제 행성이라고 말했다. 다른 점은 하나다. 쌍둥이 지구에서 물과 비슷해 보이고 성질도 비슷한 것은 물, 다시 말해 H_2O가 아니라, 퍼트넘이 XYZ라고 부른 성분이 다른 물질이다. 그것은 냄새와 맛이 없고 물의 다른 피상적 속성을 드러내지만, (황철광이 금이 아니듯) '헛물(fool's water)'일 따름이다. 물론 쌍둥이 영어를 말하는 쌍둥이 영어 화자들은 XYZ를 '물'이라고 부른다. 그들은 그 밖에 다른 모든 점에서 우리와 비슷하지만,[28] 이는 애매한 표현이

---

27 설은 《지향성: 심리 철학 소론》(1983)에서, 로젠버그는 《형식주의를 넘어》(1994)에서, 시걸은 《좁은 내용에 관한 작은 책》(2000)에서 각각 이런 견해에 이의를 제기했다.

28 빈틈없는 독자는 퍼트넘의 사례가 부적절함을 간파했을 것이다. 인체는 아주 높은 비율의 물로 구성되어 있으므로, 쌍둥이 지구인들은 우리와 분자 구조가 같은 복제물일 수 없다. 이것을 무시하거나, 혹은 현실적으로 그것이 여러분을 성가시게 하면 인체가

다. 쌍둥이 영어에서 '물'은 물이 아니라 XYZ를 의미한다. 영국 영어에서 '치커리(chicory)'라는 종 명사가 미국 영어에서 같은 낱말이 의미하는 것과 다른 식물을 의미하듯이 말이다.

이제 세계를 가로지른 쌍둥이(transworld twins) 가운데 한 쌍, 말하자면 테리사 메이와 테리사 메이 쌍둥이를 살펴보자. 어떤 자연재해가 일어난 다음, 메이는 이재민에게 먹을 것과 물을 긴급히 전달하라고 강조한다. 당연히 같은 시간에 쌍둥이 테리사는 이재민에게 먹을 것과 '물'을 긴급히 전달하라고 강조한다. 그러나 두 사람이 발언한 문자 그대로 같은 문장은 다른 것을 의미한다. 메이의 문장은 이재민에게 먹을 것과 H_2O를 제공해야 함을 의미하고, 쌍둥이 테리사의 문장은 이재민에게 먹을 것과 XYZ를 제공해야 함을 의미한다.

그렇더라도 메이와 쌍둥이 테리사는 물리적 복제 인간이다. 퍼트넘의 배경 가정을 받아들이면, 이는 메이의 발언과 쌍둥이 테리사의 발언의 의미가 그들의 모든 뇌 상태나, 더 나아가 그들의 모든 신체 상태에 의해 결정되지 않는다는 것을 보여준다. 왜냐하면 두 사람의 뇌 상태와 신체 상태가 같아도, 두 발언의 의미는 다르기 때문이다.

어쩌면 이는 대단히 놀라운 일이 아닐지도 모른다. 따지고 보면 언어는 공적 자산(public property)이다. 주어진 어떤 언어든 공동체가 다른 사람들과 의사소통을 위해 사용하는 것이지, 어떤 사람의 사적 사유(private thoughts)를 단지 분명하게 표현하기 위해 사용하는 경우는 흔치 않다. 그러나 사실상 (배경 가정을 다시 받아들이면) 퍼트넘의 예는 더 많은 것을 함축한다. 문장의 언어적 의미는 화자의 뇌 상태와 신체 상태의 **총체**(totality)로 결정되지도 않고, 전체 공동체의 언어 사용 양식(entire community's pattern of usage)으로 결정되지도 않는다. 영어 화자와 쌍둥이 영어 화자

표상되지 않는 자연종으로 사례를 바꾸라.

가 물리적 성분뿐 아니라 소리가 같은 낱말을 공적으로 사용하는 면에서도 똑같기 때문이다. 그럼에도 다른 모든 점에서 동일한 그들의 언어에 속한 문장들은 서로 다른 것을 의미한다.[29] 우리는 6장에서 이 논점으로 돌아갈 것이다.

이제 의미와 의미 이론의 문제를 전반적으로 다룰 시간이다.

---

29 버지는 〈개체주의와 정신〉(1979)에서 쌍둥이 지구 유형 사례를 기반으로 화자가 어떤 언어 항으로 의미한 것이 부분적으로 주변 공동체의 언어 사용 방식에 의존해 화자의 머릿속 내용으로 결정되지 않는다고 주장한다. 이는 의미가 머릿속에 있지 않다는 퍼트넘의 주장을 그대로 유지하기는 해도 퍼트넘의 논점보다 덜 놀라울 것이다. (버지가 자신의 논문에서 진짜 관심을 두었던 주제는 언어가 아니라 정신이다. 그는 **믿음 내용**조차 머릿속에 있지 않음을 보여주려고 한다.)

요약

- 크립키의 주장에 따르면 고유 이름은 정상적으로는 고정 지시어로 기능하고, 이름이 지칭한 개체가 실존하는 모든 가능 세계에서 같은 개체를 지시한다.
- 야심 찬 이름 직접 지칭 이론가들은 밀식 견해를 옹호한다. 밀식 견해에 따르면, 이름이 문장의 의미에 공헌하는 유일한 기능은 이름의 담지자를 담론에 끌어들이는 것이다.
- 그러나 지칭에 관한 네 수수께끼는 여전히 이전과 마찬가지로 끈질기게 생겨나고, 이름 직접 지칭 이론을 지지할 수 없게 만드는 것처럼 보인다. 역설은 여전히 남는다.
- 한층 급진적인 수를 두는 몇몇 이론가들은 부정 실존 문장과 동일성 진술에 대해 '가식' 이론을 제의했다. 그들의 이론에 따르면 이런 문장들을 발언한 화자들은 그들이 주장하고 있는 것처럼 보이는 것을 진정으로 주장하고 있지 않다.
- 지칭 이론으로 돌아가면서 크립키는 기술 이론을 대신할 이론으로 자신의 인과 역사적 그림을 제의했다. 데빗을 비롯한 다른 철학자들은 초기 반론에 대응하기 위해 인과 역사 이론을 개선하면서 여러 갈래로 나뉘었다.
- 크립키와 퍼트넘은 인과 역사 이론을 자연종 명사까지 확장했다.
- 인과 역사 이론이 올바른 견해라면, 퍼트넘의 '쌍둥이 지구' 예들은 언어 공동체에서 사용하는 낱말의 의미가 화자와 청자의 무리가 가진 내용으로 완전히 결정되지 않음을 보여주는 것 같다. 외부 세계도 낱말의 의미에 공헌/기여한다는 것이다.

학습 과제

1. 몇몇 철학자들은 크립키의 '고정 지시어' 개념과 보조적인 '뜻 고정

하기'의 구별을 불편하게 받아들인다. 만약 여러분도 '고정'에 관해 편치 않다면, 문제를 명료하게 표현할 수 있는가?

2. 허구 이름은 크립키의 고정성 논제에 특별한 문제를 제기하는가? 크립키는 어떻게 허구 이름을 다룰 수 있을까?

3. 크립키는 러셀의 이름 주장을 거부했는데, 어떻게 네 수수께끼 가운데 하나 이상을 다룰 수 있는가?

4. 여러분은 이름 직접 지칭 이론이 네 수수께끼 가운데 하나 이상을 다루도록 도울 수 있는가? (더 어려운 과제다)

5. 여러분은 인과 역사 이론을 대신해서 반론 1~반론 4에 더 충분히 응답할 수 있는가?

6. 인과 역사를 보여주는 그림에 대해 여러분 스스로 비판해보라.

7. 자연종 명사는 특성이 과학적으로 밝혀진 종을 고정적으로 지시한다는 크립키와 퍼트넘의 견해를 평가해보라.

8. 여러분은 의미가 머릿속에 있지 않다는 퍼트넘의 '쌍둥이 지구' 예들을 납득할 수 있는가?

더 읽을거리 ─────

- 직접 지칭에 관한 대표적 추가 논문은 앨모그와 페리, 웨트스타인이 공동 편집한 《카플란의 주제》(1989)에서 찾을 수 있다. 직접 지칭에 대한 개관과 비판은 데빗의 〈직접 지칭에 반대하며〉(1989)에 나와 있으며, 레카나티의 《직접 지칭》(1993)도 보라.
- 크바트도 〈매개 지칭과 고유 이름〉(1993)에서 인과 역사 이론 가운데 하나를 잘 다듬어 설명한다.
- 에반스는 〈이름 인과 이론〉(1973)에서 크립키의 그림에 추가 반론을 제기하고 흥미로운 수정안을 제의한다. 《지칭의 다양성》(1982)에서 크립키에게 양보하지만, '이름을 사용하는 사회 관행/실천'이라는 생각이

반드시 추가 요소로 도입되어야 한다고 주장한다. 매킨지는 〈이름 인 과 이론에서 분할 지칭〉(1976)과 〈이름과 지향성〉(1978)에서 **구체계**로 물러났다. 추가 반론은 어윈과 클레이먼, 재마크가 공동 저술한 〈지칭 역사 이론〉(1976)과 린스키의《이름과 기술》(1977)에 나와 있다.

- 새먼은《지칭과 본질》(1981)에서 종명사에 대한 의미론적 견해를 개관 한다. 스워츠의《명명, 필연성, 자연종》(1977)에 관련 논문들이 들어 있 다. 크립키와 퍼트넘 노선에 대한 비판은 파인의 〈이론을 비교하는 방 법: 지칭과 변화〉(1975), 두프레의 〈자연종과 생물 분류군〉(1981), 웅거 의 〈지칭 인과 이론〉(1983)과 다른 논문에 나와 있다. 보어는 〈실체와 종: 새로운 지칭 이론에 대한 반성〉(1985)에서 몇 가지 반론에 응답한다.
- '쌍둥이 지구' 예들이 의미 이론에 미친 강한 영향은 일반적으로 하 먼의 〈개념 역할 의미론〉(1982)과 내가 쓴《자연 언어에서 논리적 형 식》(1984: 10장)에서 다룬다.

2
부

의미 이론

Theories of Meaning

전통적 의미 이론

개요
Overview

의미 지칭 이론이 거짓이라면, 어떤 이론이 참인가? 어떤 의미 이론이든 '의미 사실(meaning facts)'이라고 불러도 될 만한 적합한/유관한 사실(relevant facts)을 반드시 설명해야 한다. 어떤 물리적 대상들이 (어쨌든) 유의미하다는 것, 구별되는 표현들이 같은 의미를 지닐 수 있다는 것, 단일 표현(a single expression)이 하나 이상의 의미를 지닐 수 있다는 것, 한 표현의 의미가 다른 표현의 의미에 포함될 수 있다는 것 따위를 설명할 필요가 있다. 우리는 '의미'가 개별 **사물**인 것처럼 말하는 경향을 보인다.

의미(meanings)는 사람의 정신/마음에 깃든 특수/특정 관념(particular ideas)으로 생각되었다. 그러나 몇 가지 반론은 관념이 특정 시간에 특정한 사람의 정신/마음에 깃든 실제 사유(actual thought)를 의미할 수 없음을 보여준다. 기껏해야 의미는 훨씬 추상적인 관념, 말하자면 어떤 존재의 정신/마음의 어딘가에 발생할 수도 있는 (혹은 발생하지 못할 수도 있는) 관념의 **유형**(types of idea)이어야 할 것이다.

이에 따라 의미는 또한 추상적 사물(abstract things) 자체로 여겨졌고 '명제(propositions)'라고 바꿔 불렀다. "눈은 희다(Snow is white)"라는 문장은 눈이 흼을 의미한다. 마찬가지로 우리는 그 문장이 눈이 희다'라는 명제를 표현한다'고 말할 수도 있다. 심지어 다른 언어의 다른 문장들이, 가령 프랑스어 "La neige est blanche(라 네쥐 에 블랑셰)"와 독일어 "Der Schnee ist weiss(데어 슈네 이스트 바이스)" 따위는 같은 명제를 표현하므로 동의어다. 이 명제 이론은 다양한 '의미 사실'에도 잘 들어맞는다. '명제'는 본질적으로 '의미'를 달리 표현한 말인 까닭이다. 그러나 비판자들은 명제가 의미 사실을 만족스럽게 **설명하는지**, 혹은 정말로 조금이라도 설명하는지 의문을 제기했다.

이 책의 서론(1장)에서 지칭과 의미를 분리하지 않고 시작했다. 왜냐하면 사람들이 의미에 관해 공통으로 품은 가장 소박한 관념이 의미는 지칭이라는 생각이기 때문이다. 1장에서 우리는 상식에 맞지만 옹호할 수 없는 의미 지칭 이론의 가치를 낮게 평가했다. 그래서 우리는 이제 의미와 직접적으로 마주하고 더 세련된 의미 이론을 살펴보아야 한다.

의미 이론은 여느 이론과 마찬가지로 독점적 자료 꾸러미가 있어야 한다. 의미 이론의 일차 자료는 무엇인가? 나는 일차 자료를 '의미 사실'이라고 부를 것이다.

첫째, 1장에서 강조했듯 유의미성은 자체로 있다. 표시와 공기 속에 퍼진 소리를 엮은 어떤 문자열은 그냥 표시나 공기 속에 퍼진 소리를 엮은 줄일 뿐이다. 반면에 다른 문자열, 특히 완전 문장(whole sentences)은 유의미하다. 무의미한 문자열과 유의미한 문장의 차이는 무엇인가? 아마도 이는 의미 이론을 위한 기초 질문일 것이다.

둘째, 우리는 이따금 구별되는 두 표현이 동의어라고 말한다.

셋째, 우리는 때때로 단일 표현이 애매하다고, 다시 말해 의미를 하나 이상 지닌다고 말한다. (그래서 표현과 의미는 일대일 상관관계를 맺지 않는다.)

넷째, 우리는 가끔 **암컷**과 **사슴**이 '암사슴(doe)'의 의미에 포함되어 있 듯 한 표현의 의미가 다른 표현의 의미에 포함되어 있다고 말한다. 여기 서 중요한 구체적인 예는 한 문장이 다른 문장을 함의하는 경우다. 예컨 대 "해럴드는 뚱뚱하고 벤은 어리석다"라는 문장은 "벤은 어리석다"라 는 문장을 함의한다. (공동 함의도 있다. "그래니는 유치장에 있거나 이미 법정에 있 다"라는 문장과 "그래니는 유치장에 있지 않다"라는 문장은 함께 "그래니는 이미 법정에 있다"라는 문장을 함의하지만 두 문장 가운데 어떤 문장도 단독으로 "그래니는 이미 법정 에 있다"는 문장을 함의하지 못한다.)

휠씬 색다른 의미 사실도 있다. 예를 들어 어떤 논쟁이나 근거 없이 우기는 논쟁은, 사실에 관한 내용의 의견 불일치와 달리 **그저 말에 관한** 논쟁이거나 '오로지 의미에 관한' 논쟁일 뿐이다. X와 Y는 실제로 어떤 일이 벌어졌는지에 관해 의견이 다른 것이 아니다. 그들은 일어난 일이 '그러저러한 것(a so and so)'으로 생각되는지를 두고 논쟁할 따름이다. 논쟁을 지켜보던 사람들은 이렇게 말한다. "이런, 그들은 각자 할 말만 하고 있어." (이는 철학에서 많이 일어나는 일이다.)

앞에서 의미 사실을 진술할 때, 나는 적어도 건성으로나마 의미라고 불리는 것의 '실체화(reification)'를 피하려고, 다시 말해 '의미'가 마치 신발이나 양말 같은 개별 사물인 것처럼 말하지 않으려고 애를 썼다. 나 는 문장이 **유**의미함(being meaningful), 동의어임(being synonymous), 애 매함(being ambiguous) 같은 특징을 지닌다고 말했지만, 끝내(eventually) '의미'를 넌지시 언급했다. 내가 철저하게 실체화를 시도했다면, '유의미 하다' 대신에 '의미를 지닌다', '동의어다' 대신에 '같은 의미를 지닌다' 라고 말할 수 있었다. 혹은 어쩌면 심지어 "문장이 지닌 어떤 의미가 있 다(There is a meaning that the sentence has)"와 "이 문장들 각각에 공통 된 한 의미가 실존한다(There exists a meaning that is common to each of these sentences)"처럼, 분명한 양화사 표현을 사용할 수도 있었다. 철학 자들은 이를 문제 삼았다.

'독립체 이론(entity theory)'이라는 용어를, 공식적으로 의미를 개별 사물(individual things)로 받아들인 이론이라는 뜻으로 사용하자. 그런데 우리의 일상적 어법에 독립체 이론을 뒷받침하는 상당한 증거가 있다. 우리는 보통/공통 명사(common noun) 같은 말을 사용해서 의미라고 불리는 사물을 지칭하는 것처럼 보일 뿐만 아니라 그런 지칭 관계에 양화사 표현을 사용하는 것 같다. 우리는 이따금 의미를 헤아리기도 한다. "이 낱말은 네 가지 다른 의미를 지닌다"처럼 말이다. 그래서 먼저 독립체 이론에 관심을 돌리는 것이 부자연스럽지는 않다.

의미라고 받아들여질 만한 적어도 두 종류의 다른 독립체가 있다. 첫째로 어떤 이는 독립체를 정신/마음에 깃든 항목(mental item)이라고 받아들일 수 있다. 그런 종류의 이론을 때때로 **관념** 이론이라고 부른다.

관념 이론
Ideational Theories

여기서 매를 맞는 소년/희생양(whipping boy)이 으레 로크(John Locke, 1632~1704)인 까닭은 로크가 《인간 오성론》(1690/1955)에서 언어 표현의 의미는 정신/마음에 깃든 관념이라고 주장했던 듯하기 때문이다. 이런 부류의 견해에 근거하면 표시나 소리의 한 문자열이 유의미하다고 함은 그 문자열이 화자의 내용이 담긴 한 정신 상태(a content-bearing mental state), 어떤 관념, 영상, 혹은 어쩌면 어떤 사유나 믿음을 **표현하는** 것이거나, 어떻게든 의의 있게(significantly) 그런 정신/마음 상태에 대응한다는 것이다. 지금 내가 사용하는 관념 이론의 특징은 문제의 정신/마음 상태가 특정 시간에 특정 사람에게 깃든 실제 상태(actual states)라는 점이다.

만약 한 문자열이 어떤 관념을 표현한다는 점에서 유의미하다면, 두 표현이 동의어임은 두 표현이 같은 관념을 표현한 것이라고 말할 수 있다. 한 표현이 애매하고 함은 그것이 표현할 수 있는 관념이 하나 이상 있다는 말이다. 또 단지 말에 관한 의견 불일치(verbal disagreement) 현상과 관련해서 관념 이론의 옹호자는 다음과 같이 말할지도 모른다. 단지 말에 관한 의견 불일치는 한쪽 당사자의 생각과 다른 쪽 당사자의 생각이 갈등을 빚는 것이 아니다. 두 당사자는 같은 생각을 하지만 이를 양립할 수 없는 것처럼 들리는 다른 낱말로 표현해서 혼란이 생기는 것이다.

그래서 관념 이론은 의미 사실을 더 정밀하게 표현할 직관적 방식을 제공하는 것 같다. 그런데도 관념 이론은 이번 세기에나 지난 세기에나 인기를 끌지 못했다(우리는 7장에서 그라이스가 관념 이론에서 유래한 견해를 옹호한다는 점을 보게 될 것이다). 관념 이론의 평판이 나쁜 데는 몇 가지 이유가 있다.

반론 1

만약 관념 이론이 시험받을 만큼 엄밀하다면, 그것은 (결국) '관념'이 어떤 부류의 정신적 독립체(mental entity)인지 명기해야 한다. 그러면 관념 이론은 말썽을 일으킬 것이다. 사실상 영상(images)은 의미보다 더 상세하기 때문에, 심상(mental image)은 의미의 역할을 전혀 하지 못할 것이다. (개의 영상은 일반적으로 개가 아니라 어떤 특정 모양과 크기를 가진 개, 어쩌면 특정한 품종의 개에 대한 것이다. 삼각형의 영상은 어떤 특정 유형의 삼각형, 바로 이등변삼각형이나 직각삼각형, 혹은 다른 어떤 모양의 삼각형에 대한 영상이다.) 더 나은 후보는 더 추상적인 마음속의 '개념'일 텐데, 그런 제언은 누군가 의미라는 개념과 독립적으로 우리에게 '개념'이 무엇인지 용케 말해주기 전까지는 순환에 빠진다. 또한 개나 삼각형 같은 개념은 참도 거짓도 아니고, 그래서 완전 문장의 의미로서 역할을 할 수 없다.

완전한 사유(whole thought)는 완전 문장의 의미로서 역할을 할지도 모른다. 그러나 모든 문장이 누군가의 실제 사유를 표현하는 것은 아니다. 그리고 만약 '사유(thought)'가 프레게의 의도대로 더 추상적인 뜻에서 의미라면, 우리는 전혀 다른 부류의 이론을 논하는 셈이다. (아래 이어지는 내용을 보라.)

반론 2

지칭 이론에서 그렇듯 어떤 특정한 심상 또는 특정한 정신/마음의 내용과도 연합하지 않는 낱말은 너무 많다. 예컨대 주어 명사와 술어 명사를 연결하는 'is(이다)', 'and(그리고)', 'of(…의)'는 어떤 심상과도 연합하지 않는다. 정말로 만약 **영상**이 제공되는 것이라면, 심리적으로 연합한 영상을 떠올릴 **수 없는** 낱말들이 확실히 있다. '천각형(chiliagon)'이나 '비독립체(nonentity)' 같은 낱말을 예로 들 수 있다. 그리고 '붉다'처럼 어떤 낱말과 연합한 영상이 있을 때도, 우리는 스쳐 지나가는 그 낱말을 이해하는 일상 과정에서 그 영상을 언제나 머릿속/마음속에 떠올리지는 않는다. 사실 우리는 그 영상을 머릿속/마음속에 거의 떠올리지 않을지도 모른다.

반론 3

의미는 공적이고 상호주관적인 사회 현상이다. 한 영어 낱말은 공동체의 일부 구성원이 우연히 그 낱말을 이해하지 못하더라도, 영어 화자들로 이루어진 전체 공동체에 도움을 주는 의미가 있다. 그러나 머릿속/마음속 관념, 영상, 느낌이나 감정은 그런 방식으로 상호주관적이지 않다. 그것들은 주관적이고, 개별 사람의 머릿속/마음속에서만 포착되고, 누군가의 전체 정신/마음 상태와 배경에 의존하기 때문에 사람에 따라 **다르다** (differ).

그러므로 의미는 머릿속/마음속에 있는 관념이 아니다. (모든 영어 화자가 '개'에 대해 떠올린 관념들에 **공통된** 무엇에 호소함으로써 대답할 수도 있다. 그러나 모든 '개' 관념들에 공통된 무엇은 관념이 아니라 관념의 **유형**, 다시 말해 1장에서 살펴본 뜻과 관련된 보편적이거나 추상적인 '성질'이다.)

반론 4

어떤 실제 관념이나 사유, 또는 실제 정신/마음의 상태도 표현하지 않지만, 유의미한 문장이 있다. 우리가 1장에서 보았듯, 한 번도 발언한 적이 없고 앞으로 발언하지도 않을 꽤 길고 복잡한 문장이 있다. (물론 내가 여러분에게 예를 하나 들었다면 곧바로 더는 이런 예가 아니게 되었을 것이다. 왜냐하면 내가 이런 문장의 예를 쓰자마자 그것은 발언한 문장이 되기 때문이다. 그러나 우리는 이미 알고 있는 사실에서 아직 모르는 것을 추정할 수 있다. 나는 히틀러에 관한 공상적인 문장을 더 많이 만들어낼 수 있다.) 그래서 완벽하게 유의미하지만 아무도 내용을 생각했던 적이 없거나 심지어 아무도 떠올린 적이 없는 문장이 있다. 따라서 어떤 실제 정신적 독립체에도 대응하지 않는 유의미한 문장이 있다. 지난 세기에 더 흔했던 의미 독립체 이론의 옹호자들이 떠올린 독립체는 마음속에 있는 대상이 아니라 추상적인 무엇이다. 문장 의미를 특별히 '명제'라고 불렀다(2장에서 보았듯 러셀도 그렇게 불렀다).

명제 이론
The Proposition Theory

관념과 비슷하게 이 추상적 항목(abstract items)은 특정한 어떤 자연 언어와도 묶여 있지 않다는 점에서, '언어 독립적(language-independent)'이다. 그러나 관념과 달리 추상적 항목은 사람 독립적(people-independent)이기도 하다. 정신적 독립체는 정신/마음 안에 있으므로 정신/마음에 의존한다. 정신/마음 상태는 누군가의 정신/마음 상태, 곧 특정 시간에 특정 사람에게 속한 상태다. 명제는 아주 일반적이고, 여러분이 원한다면 영원하다고 말해도 좋다. (러셀은 명제의 본성에 관해 거의 말하지 않았다. 러셀의 동료인 무어는 이에 대해 더 명료했고 적극적이었으며, 적어도 더 솔직했다.[1] 프레게는 두 철학자보다 먼저 꽤 우아한 명제 이론을 구성했다. 프레게는 명제의 본성이 아니라 '명제'의 역할을 이해하려고 주장했던 듯하다.)

위에서 제기한 반론 4에 가능한 답변을 살펴보자. 어떤 사람은 우리가 **실제** 관념(actual ideas)에 제한받을 필요가 없고 단지 가능한 관념(possible ideas)에 호소할 수 있다고 제언함으로써 관념 이론을 구제하려 애쓸지도 모른다. 여기서 가능한 관념은 어떤 사람이 가질 수 있거나 가졌을 수도 있는 관념이다. 하지만 이는 가능한 사유의 내용이지만 누군가의 실제 사유와 아무 관련이 없는 추상적인 내용을 상정하는 셈이다. 명제 이론의 옹호자를 입회시켜 보자. "옳다. 이렇게 생각할 수 있는 것을 '명제'라고 부르자"라고 말하리라. 곧이어 관념 이론가가 토론에 참여하더라도, 관념 이론가의 견해는 단순히 명제 이론으로 주저앉는다.

명제 이론은 사실에 가까운 그림(a graphic picture)을 제공한다. 우리가 낱말들을 엮은 문자열 S를 가지며 S는 유의미하지만, 다른 문자열 g는 의미 없는 헛소리라고 가정하자. S와 g의 차이는 무엇인가? 러셀과 무어에 따르면 그 차이는 추상적 내용 또는 P라고 불리는 명제가 있고, S는 P와 어떤 특별한 관계를 맺는다는 점이다. S는 특정 언어에 속한 문장이다. 불쌍한 g는 명제 같은 어떤 항목과도 그런 특별한 관계를 맺지 못한다. 그 관계는 **표현**이라고 자주 부르며, 철학자들은 문장들이 명제를 표현한다고 흔히 말한다. (여기서 표현이라는 용어는 관념 이론에서 드러난 것보다 훨씬 핏기가 없다. 관념 이론가들은 문장을 거의 사유의 압력으로 우리의 내부로부

---

1 "절대로 우주의 모든 내용, 절대로 어쨌든 있는 모든 것은 두 부류로, 말하자면 한편의 명제들과 다른 편의 명제가 아닌 사물로 나뉜다는 것이 사실이다."(무어, 《철학의 주요 문제》, 1953/1962, 71쪽) 무어는 자서전의 주석에서 일찍이 명제가 탁자로 바뀐 악몽을 꾸었다고 썼다.

터 밀려 나오는 것으로 생각하지만, 명제는 추상적이며 변하지 않고 힘이 없어 밀고 당기지도 않는다고 생각한다.) 그래서 S는 특정 명제 P를 표현함의 효능으로 유의미하다. g의 실패는 그것이 아무 명제도 표현하지 않는다는 점에서 기인한다.

다른 의미 사실들은 지금 다루는 명제 이론의 관점에서 깔끔하게 묘사된다. 문장 S1과 문장 S2가 동의어라는 것은 S1과 S2가 같은 명제를 표현한다는 말이다. 두 문장은 구별되는 언어 표현이다. 다시 말해 두 문장은 같은 한 자연 언어의 다른 표현들이거나 다른 언어들에 대응하는 표현들일 수 있다. 두 표현의 공통점은 같은 명제를 표현하는 관계를 맺는다는 것뿐이다.

애매함에 대해서도 마찬가지다. 만약 적어도 두 구별되는 명제 P1과 P2가 있고, 단일 표현 S가 P1과 P2를 각각 표현하는 관계를 맺는다면 오로지 그런 경우에만 문장 S는 애매하다. 그저 말에 관한 논쟁(verbal disputes)의 경우, 우리는 당사자들이 어떤 명제에 관해 의견이 불일치한 것이 아니라고 말할 수 있다. 그들은 단지 같은 명제를 표현하려고 낱말의 다른 형식을 사용할 뿐이고, 특정한 낱말 형식들이 갈등을 빚지 않는데도 갈등을 빚는 것처럼 보일 따름이다.

우리는 명제가 문장으로 표현된다는 것 말고도 명제가 무엇이어야 하는지에 대해 몇몇 긍정적인 점들을 안다. 명제들은 '…임을/이라고 (that)' 절에 들어가는 항으로 확인할 수 있다. 우리는 눈은 희다는 명제에 대해 말하고, 에이브러햄 링컨은 자신의 국가에 대해 모든 인간은 [원문 그대로] 평등하게 창조되었다는 명제에 헌신한다고 말했다.[2] "Snow is white"라는 영어 문장, "La neige est blanche"라는 프랑

---

2 그는 "모든 인간은 평등하게 창조되었다는 진리를 자명하다고 주장한다"라고 시작하는 미국 독립선언문의 문장을 인용하고 있었다. **진리**는 참 명제다(A truth is a true proposition).

스어 문장, "Der Schnee ist weiss"라는 독일어 문장이 동의어인 까닭은, 각 문장이 눈은 희다는 명제를 표현하기 때문이다. '…임을/이라고(that)' 절에 들어가는 것이 특정 자연 언어의 또 다른 문장이더라도, 우리가 말하게 되는 것, 다시 말해 간접 화법을 만들어내는 '…임을/이라고' 절의 기능은 문제의 명제 지칭을 그것의 특정 표현에 얽매이지 않게 하는 것이다.

명제는 정신/마음 상태의 대상이기도 하다. 전 세계 사람들은 아시아 시장이 붕괴함을 **믿을 수도** 있고, 아시아 시장이 붕괴함을 의심할 수도 있고, 아시아 시장이 붕괴함을 희망하거나 두려워할 수도 있다. 여기서도 '…임을/이라고(that)' 절은 사람들이 모두 영어로 그런 사유를 했음이라는 함축을 제거하는 데 유용하다. 만약 우리가 어차피 언어로 생각할 수밖에 없다면, 전 세계 사람들은 어떤 언어로든 그것을 생각했을 수 있다. 또 그들이 아시아 시장이 붕괴함을 믿었거나 의심했거나, 혹은 비슷한 무엇이든 했음은 여전히 참일 것이다. 우리의 오감은 명제에 따라(propositionally) 지각한다. 여러분은 언니/누나의 차가 진입로에 있음을 보고, 그녀가 옆문으로 들어왔음을 듣고 알아챈다.

더 나아가 명제는 진리와 허위의 기본 담지자(fundamental bearers of truth and falsity)다. 문장은 참이거나 거짓일 때, 오로지 문장이 표현한 명제가 참이거나 거짓이기 때문에 그렇다. 이 주장의 한 논거는 문장의 참값(truth-values)이 시간과 맥락에 따라 바뀐다는 것이다.

(1) 현재 영국의 여왕은 대머리다.

　　(The present Queen of England is bald.)

2017년에 우리는 엘리자베스 윈저가 러셀의 충고에 따라 가발을 쓰지 않았다고 가정하면서 (1)은 거짓이라고 믿는다. 그러나 대머리였을 수도 있거나 대머리가 될 수도 있는, 과거나 미래의 다른 여왕들에 대해서는 어떤가? (1)을 대머리였던 어떤 선대 여왕의 재임기에 발언했다면 참일 테지만, 지금부터 수십 년이 지나 어떤 후대 여왕의 재임기에 발언하면 참일 수도 있고 거짓일 수도 있다. 그래서 (1)이 거짓인지 참인지는 언제 발언하냐에 달렸다. 어떤 문장의 특정 발언을 참이거나 거짓으로 만든 것은 발언한 때와 곳에서 문장이 표현한 명제다. (1)의 참값이 바뀌는 이유는 발언한 때와 곳에 따라 다른 명제를 표현하기 때문이다. 문장의 참값은 명제에서 유래하고, 명제의 참값은 영구적이다.

대다수 명제 이론가는 명제가 내부 구조(internal structure)를 가진다고 주장한다. 명제는 추상적인 개념 부분들로 구성된다. '눈(snow)'이라는 말은 유의미한 표현이지만, 명제를 표현함의 효능으로 유의미한 것이 아니다. 그 말은 단독으로 완전한 명제(full proposition)를 표현하지 못한다. 문장만이 명제나, 내가 문법을 배우던 학창 시절에 말하곤 했던 완전한 사유(a complete thought)를 표현한다. '눈'은 완전한 사유를 표현하지 못하지만, 많은 사유의 부분이 되는 어떤 것, 곧 정신적인 것이 아니라 추상적인 뜻에서 개념이나 유형, 또는 '관념'을 표현한다. '개념(concept)'은 더 큰 추상 명제를 구성하는 똑같이 추상적인 요소를 의미하기 위해 흔히 사용되는 용어다.[3]

문장의 부분이나 구성 요소에 관한 '의미 사실들'도 있고, 유비해서 (analogically) 다룰 수 있다. '눈'과 동의어인 낱말들은 같은 개념을 표현한다고 말할 수 있다. 만약 '눈'이 애매하다면, 그것은 다른 개념들을 표현함의 효능으로 애매하다. 때때로 '눈'은 하늘에서 내리는 차갑고 하얀 물질을 의미하고, 다른 때에 그것은 특수 규제 물질인 코카인 분말 가루를 의미한다.

명제 이론은 우리가 관념 이론에 제기한 네 반론을 모두 모면하지만,

---

3 하지만 '개념'은 '관념'과 마찬가지로 특정 정신적 독립체를 의미하려고 사용되기도 한다. 이런 애매함(equivocation)이 현대 인지 심리학에 혼란을 좀 일으켰다.

하나는 다른 반론보다 가까스로 피한다. 우리는 이미 명제 이론이 반론 4를 모면한다는 점을 보았다. 반론 1을 모면한 까닭은 명제와 개념이 정신적 독립체가 아니기 때문이고, 반론 3을 모면한 까닭은 정신적 독립체와 달리 명제와 개념이 상호주관성을 지니고 특정 사람과 특정 언어, 심지어 문화 전체에도 의존하지 않기 때문이다. 명제 이론은 반론 2를 간신히 모면한다. 명제 이론의 옹호자는 '이다', '그리고', '의', '천각형'이나 '비독립체' 같은 낱말이 개념을 표현한다고 주장할 수 있다(특히 '천각형'은 정의가 잘 된 전문 기하학 용어다). 그러나 내가 반론 1에 응답하면서 말했듯, 만약 이것이 공허하고 어쩌면 순환에 빠진 말로 들리지도 않아야 한다면, 명제 이론가는 적합한/유관한 개념들에 대한 어떤 추가 특징, 언어적 의미에 속한 어떤 개념을 슬그머니 선제하지 않는 특징을 우리에게 말해주어야 할 것이다. (우리는 10장에서 명제 이론을 정교하게 변형한 견해가 이렇게 할 수 있다는 점을 보게 될 것이다.)

명제 견해는 선도하는 의미 독립체 이론이다. 여느 의미 이론과 마찬가지로 명제 이론은 의미 사실 설명을 목표로 삼는다. 명제 이론은 일정한 범위의 독립체들(a certain range of entities)을 상정함으로써 의미 사실을 설명하려고 시도한다. 이는 우리가 사물을 설명할 때 자주 사용하는 방법이고, 특히 과학에서 그렇게 설명한다. 우리는 관찰할 수 있는 화학 물질들의 반응과 결합하는 비율을 설명하기 위해 원자 구성 입자들(subatomic particles), 다시 말해 일정 범위와 종류의 관찰할 수 없는 독립체들을 상정한다.

여기까지 진술한 명제 이론의 첫째 문제는, 내가 이제껏 언급하지 않았던 부류의 의미 사실 때문에 생긴다. 어떤 철학자들은 이런 부류의 의미 사실이 앞에서 목록으로 작성한 모든 의미 사실보다 훨씬 중요하다고 생각한다. 우리는 어떤 문장 S를 곧바로 **이해한다**. 반면에 우리는 낱말들의 헛소리 문자열을 이해하지 못한다. 낱말들의 어떤 문자열은 이해할 수 있고(intelligible) 다른 문자열은 이해할 수 없다. 이는 명제와 문장의 관계에 또 다른 항을 들여놓는다. 이제껏 명제 이론은 단지 언어 표현들과 명제들에 집중했고, 그것들에 근거해 표현 관계를 정의했다. 이제 명제 이론은 인간을 들여놓아야 한다.

어떤 사람이 문장 S를 이해한다는 것은 무엇인가? 무어식 고전적 대답은 다음과 같다. 그 사람은 명제와 일정한 관계를 맺고 S가 명제를 표현함을 안다는 것이다. 무어는 이 관계를 "파악하기(grasping)" 또는 "포착하기(apprehending)"라고 부른다. S를 이해함은 명제 P를 파악하고 S가 P를 표현함을 아는 것이다(To understand S is to grasp some proposition P and to know that S expresses P).

명제 이론은 상식과도 통한다. 다양한 다른 언어에 속한 일정한 문장들이 모두 공통된 어떤 것(문장들의 의미)이자 언어 독립적 내용을 가진다는 점에 동의하고, 그 언어 독립적 내용을 다양한 다른 문장으로 '표현되는 명제'라고 부르는 일은 쉽고 자연스러운 일이다. 더욱이 명제 이론은 우리가 언급했던 함의(entailment), 의미 포함(meaning inclusion), 반의어(antonymy), 장황함/쓸데없는 반복(redundancy) 따위는 말할 것도 없고, 다른 종류에 속한 '의미 현상'을 기술하고 토론하기에 편리한 도구다. 끝으로 10장과 11장에서 보겠지만, 명제 이론은 '가능 세계' 의미론 연구자들과 내포 논리학자들의 수중에서 수학적으로 정교하게 다듬어진다. 그러나 늘 그렇듯 문제는 있다.

반론 1

이제 문장들은 지칭 이론에서 그랬듯 명제를 **명명하지**(name) 않고 '표현한다(express)'고 말하더라도, 우리는 명제가 추상체(abstract entities)라고 말했다. 독립체로 여겨지는 이런 추상적 항목(abstract items)은 조금 기이하다. 명제들은 공간 속 어딘가에 자리하지 않고, 창조되거나 파괴될 수 없으므로 시간의 측면에서 영원하거나 적어도 영속한다. 명제의 **내용**(contents)이 프레드가 1995년 11월 19일 수요일 이른 저녁 '그는 여기 없음'이라는 술집에서 '말라가 쿨러(Malaga Cooler)' 각테일을 넉 잔 벌컥벌컥 마셨다는 것처럼 인간이 겪는 아주 구체적인 특정 사태(highly specific states of human affairs)와 관계하더라도, 명제들은 생물이 실존하기 오래전부터 실존했다. 그런 명제는 마지막 감각 생명체(last sentient creature)가 죽은 다음에도 오래 실존할 것이다. 그리고 (필연적으로 명제는 공간과 시간 속에 있지 않으므로) 명제들은 인과적 속성을 갖지 않아서 어떤 일도 일으키지 못한다.

답변

기이한 독립체를 상정함에 대해 경계를 늦추지 않는 태도는 옳고 지당하다. 그러나 어쩌면 이렇게 '오컴의 면도날'에 직접 호소하는 것은 시기상조일지도 모른다. 중세 철학자 오컴(William of Occam, 1287?~1347)은 우리에게 **설명할 필요를 넘어서** 상정되는 독립체의 수를 늘리지 말라고 말했다. 그러나 우리는 명제를 끌어들이지 않으면서 의미 현상을 올바르게 잘 설명하는 대안 의미 이론을 세워야만 명제가 설명에 불필요하다는 점을 알수 있다. 그리고 (이 시점까지) 우리는 이런 경쟁 이론을 가지고 있지 않다.

반론 2

'명제'는 어떤 점에서 우리의 경험에 익숙하지 않고 낯설다. 나는 낱말을 듣거나 보고 이해한다. 그러나 이는 내가 초경험적이고 비공간적이며 파괴할 수 없는 영원한 대상과 접촉하는 '파악하기'라고 부르는 어떤 일을 하는 경우가 거의 아니거나 혹은 거의 아닌 듯하다. (으스스한 분위기의 음악을 틀어보자.)

무어의 답변

내가 생각하기에 우리가 문장의 의미를 이해할 때, 문장을 구성한 낱말들을 그저 들음에 더해 다른 일이 우리의 마음속에 벌어진다는 것은 아주 분명하다. 여러분은 이해하는 문장을 들을 때 벌어진 일과 이해하지 못하는 문장을 들을 때 벌어진 일을 대조함으로써 이에 대해 쉽게 수긍할 수 있다. … 확실히 첫째 사례에서 낱말을 그저 들음에 더해 다른 어떤 의식 행위, 바로 둘째 사례에 없는 의미 포착이 발생한다. 그리고 어떤 의미를 지닌 한 문장에 대한 의미 포착(the apprehension of the meaning)이 어떤 점에서 다른 의미를 지닌 다른 문장의 의미 포착과 다르다는 것도 분명하다. … 다른 두 의미가 파악되는 일은 확실히 있다. 그리고 이런 두 의미는 각각 내가 명제라고 부르는 것이다.

무어, 《철학의 몇 가지 주요 문제》(1953/1962), 73~74쪽

그리고 만약 여러분이 그가 무엇을 논하는지 모르겠다고 말하면, 여러분은 거짓말쟁이라고 무어는 덧붙일지도 모른다. 파악하기는 여러분이 직접 경험했던 무엇이다.

다른 답변
도전하는 대신에 명제가 독립체로서 있다는 전제를 당연하게 인정하면서, 어떤 이는 철학뿐 아니라 과학도 아주 친숙한 현상을 매우 낯설고 어쩌면 꽤 불가해한 현상으로 설명하는 일이 흔하다고 지적할 수도 있다. 이는 새로운 것도 흔치 않은 일도 아니다.

반론 3
하먼(Gilbert Harman)은 〈콰인의 의미와 실존 I〉(1967~1968)에서 명제 이론은 사실 아무것도 설명하지 못한다고 반론을 제기한다. 명제 이론은 자료를 더 근사해 보이는 전문 용어로 반복할 뿐이다. ("왜 영어 문장 'Snow is white'와 프랑스어 문장 'La neige est blanche'는 같은 의미를 갖는가?" — "두 문장은 같은 명제를 표현하기 때문이다." — "오, 알겠어.") '명제를 표현한다'라는 구는

바로 '유의미하다'를 더 근사하게 말하는 방식이다. 적어도 명제 논의를 이해할 어떤 독립적 방법이 나타나기 전까지, 명제 이론이 의미 사실을 다시 표현하는 가식적 방법일 뿐이라는 의혹은 여전히 남을 것이다. 몰리에르(Molière, 1622~1673)의 희곡 《상상병 환자》(1673)에 나오는 의사의 아편(opium)과 '최면 효능(a dormitive virtue)'을 비교해보라.[4]

답변

우리는 이 반론에 지나치게 기가 죽을 필요가 없다. 명제 이론은 정교하게 다듬어져 한 문장이 어떤 명제를 표현하기라는 개념뿐 아니라 한 사람이 어떤 명제를 '파악하기'라는 개념을 완비할 때, 그런 개념 장치는 적어도 조금이나마 예측력을 가져서, 적어도 (예측력이 있는 그 정도까지) 약간의 설명력을 갖는 까닭이다. 결과로 나온 이야기가 **그럴듯하냐**는 다른 문제다. 그러나 어쩌면 하먼은 현실적으로 다음 반론에 착수하고 있었을지도 모른다.

반론 4

의미는 무엇이든 인간 사회에서 역동적 역할을 한다. 여러분의 행동(behavior)에 속한 일부는 내가 **그렇다고 의미한** 일정한 낱말들을 말함의 인과적 결과물이고, 나의 행동에 속한 일부도 마찬가지로 여러분이 유의미한 낱말을 말함에서 기인한다. 중요한 소송에서 법적 의사결정은 이따

---

4 "아편은 왜 사람들에게 잠이 오게 하죠?(Why does opium put people to sleep?)" - "그것은 최면 효능이 있기 때문이죠(Because it has a dormitive virtue)." 이 대답은 '최면 효능'이라는 구가 '잠이 오게 하는 힘'을 라틴어로 옮긴 말임을 깨닫기 전까지 심오한 의미를 담은 것처럼 들릴지도 모른다. 의사(《상상병 환자》에 나오는 아르강)는 피그 라틴어(Pig Latin)로 이렇게 말하는 편이 나았을지도 모른다. "It puts people to sleep because itay utspay eoplepay otay eepslay." 의사의 대답은 거의 설명이 아니다. [피그 라틴어는 낱말 앞의 자음을 뒤로 돌리고 거기에 'ei'를 덧붙이는 어린이 놀이용 은어다. 예컨대 'boy'를 'oybay'로 바꾸는 식이다.]

금 낱말의 의미 따위에 달렸다. 따라서 의미는 무엇이든 인과적으로 어떤 힘을 가질 수밖에 없다(밀고 당기기, 때리기, 후려치기처럼 말이다). 그러나 **명제**는 완전한 추상체로서 엄밀히 말해 인과력, 다시 말해 인과적으로 작용하는 힘을 내지 **못한다**. 명제는 공간과 시간 밖에 조용히 쓸모없이 있고, 아무것도 하지 못한다. 그래서 명제가 어떻게 인간의 언어적 행동(linguistic behavior)을 설명할 때 등장할 수 있는지, 또는 다른 어떤 방식으로 사회에서 의미의 역동적 역할을 설명하는 데 도움이 될 수 있는지 알아보기 어렵다. 그러므로 명제들이란 결국 불필요한 상정물(posits)인 것처럼 보인다.

답변

명제가 인간의 행동을 설명하도록 돕지 못하더라도, 인간의 행동은 설명이 필요한 유일한 대상이 아니다. '의미 사실'은 일차 자료이고, 하먼**에게** **실례지만**, 명제는 여전히 이런 일차 자료를 설명하도록 돕는다. 1950년대 '일상 언어' 철학자들은 반론 1과 반론 4의 초기 형태에서 교훈을 하나 끌어냈다. 우리에게 필요한 것은 인간의 행동과 연결함으로써 의미 현상을 설명하는 이론이다. (인간의 행동이 실제 신체 운동을 포함한다는 점을 기억하라. 의미는 어떻든 **문자에 충실한** 밀고 당기기에 틀림없이 공헌/기여한다.) 구체적으로 말해 우리는 언어를 **사용**함으로써 의미를 이해할 필요가 있다. 이후 철학자들은 의미 '사용' 이론에 대해 여러 설명을 제시했다. 그러나 우리는 거의 현명해지지 못하는데, '사용'의 여러 다른 종류나 방식이 있고, 몇몇은 특성상 언어적인 뜻에서 의미와 명백히 관련이 없는 까닭이다. 구체적으로 언어와 관련된 다른 '사용' 개념들은 경쟁하는 의미 이론들로 이어진다.

요약

- 의미 이론은 '의미 사실'을 설명해야 한다.
- '의미'는 독립체나 개별 사물로 자주 받아들여졌다.
- 관념 이론가들은 의미가 사람들의 정신/마음에 깃든 특수/특정한 관념이라고 주장한다.
- 그러나 몇 가지 반론은 기껏해야 의미가 훨씬 추상적인 것, 다시 말해 특정 사람들의 정신/마음에 깃든 실제 사유가 아니라 관념의 **유형**일 수밖에 없음을 보여준다.
- 명제 이론가들은 의미를 추상적 사물 자체로 받아들인다.
- 그러나 비판자들은 명제 이론이 의미 사실을 만족스럽게 설명하는지 (혹은 조금이라도 설명하는지) 의문을 제기했다.

학습 과제

1. 관념 이론을 지지하기 위해 할 말이 더 있는가? 여러분은 제기된 반론 가운데 하나 또는 그 이상에 맞서 관념 이론을 옹호할 수 있는가?
2. 명제 이론은 의미 사실을 현실적으로 설명하는가? 왜 그러한가? 혹은 왜 그렇지 않은가?
3. 반론들에 맞서 명제 이론을 더 철저히 옹호해보라. 아니면 여러분 자신의 새로운 반론을 제기해보라.

더 읽을거리

- 로크의 관념 이론은 베넷의 《로크, 버클리, 흄: 중심 주제》(1971)에서 논의된다.
- 프레게는 〈사유〉(1918/1956)에서 명제 이론을 지지하기 위해 관념 이

론을 비판했다. 비트겐슈타인은《철학적 탐구》(1953)에서 아주 다른 관점(6장을 보라)으로 관념 이론을 비판했고, 바이스만은《언어철학의 원리》(1965a)에서 비슷하게 비판했다.

- 고전적 명제 이론은 러셀이 〈명제에 대하여: 명제는 무엇이고 명제는 어떻게 의미하는가〉(1919/1956)에서 제의한 것이었다.

- 명제와 문장, 그리고 진술의 관계를 다룬 대단한 논의는 카트라이트의 〈명제〉(1962)와 레먼의 〈문장, 진술, 명제〉(1966)를 보라.

- 명제 이론에 대한 콰인의 비판은 하먼의 〈콰인의 의미와 실존에 대하여 I〉(1967~1968), 특히 124~127쪽에 아주 잘 요약되어 있다(141~147쪽도 관련이 있다). 내가 쓴 〈명제는 어떤 것이든 설명했을 수 있는가?〉(1974)는 명제 이론의 편을 들려는 답변서다. 루와 크리스프의《형이상학》(2017) 4장도 보라.

/

'사용' 이론

개요
Overview

명제 이론은 문장 및 다른 언어 항목(linguistic items)을 비활성 추상체 (inert abstract entities)로 다루고, 마치 현미경으로 관찰하듯 그 구조를 연구할 수 있다. 그러나 비트겐슈타인(Ludwig Wittgenstein, 1889~1951)은 낱말과 문장이 규칙의 지배를 받는 관습적 사회 관행/실천 속에서 움직이는 놀이용 말이나 놀이용 화폐와 흡사하다고 주장했다. '의미'는 추상체가 아니라 인간의 사회 행동에서 표현이 담당한 역할의 문제다. 표현의 의미를 앎은 대화 마당(conversational setting)에서 표현을 적당히(appropriately) 펼쳐놓는 방법을 아는 것일 따름이다.

이 발상을 변형한 셀라스(Wilfrid Sellars, 1912~1989)의 견해는 추론 행위를 가장 중요한 것으로 만든다. 말하자면 '사용' 이론가가 길고 새로운 문장을 수용하도록 허용하는 것은 추론 양식의 복잡성(complexity of patterns of inference)이다. 이 견해에 따르면 어떤 문장은 다른 문장을 함의하는데, 두 문장이 하나가 다른 것에 어떻게든 포함되는 명제를 표현하기 때문이 아니라, 사람이 자신의 이웃이 첫째 문장에서 둘째 문장을 추론하는 행위를 수행할 것이라고 사회석으로 기대하기 때문이다.

이런 종류의 '사용' 이론은 중요한 두 장애물을 만난다. 하나는 아무 의미도 생성하지 않는 체스 놀이처럼 규칙의 지배를 받는 일상의 관습적 활동이 언어 사용과 어떻게 다른지 설명하는 일이다. 다른 하나는 특히 한 문장이 어떻게 (프랑스어 문장 "La neige est blanche"가 눈은 흼을 의미하듯) 그러저러함을/하다고(that so-and-so) 의미할 수 있는지 설명하는 일이다. 브랜덤(Robert Brandom, 1950~)은 최근 이런 위업을 달성한다고 주장한 '사용 이론'을 제의했다.

우리가 2장에서 보았듯 러셀의 습관은 문장을 칠판에 쓰고 (그가 주장했듯) 문장으로 표현되는 명제 자체를 관심의 대상으로 삼아서 명제의 구조를 식별하려고 애쓰면서 검토하는 것이었다. 비트겐슈타인과 오스틴(John Austin, 1911~1960)은 언어가 어떻게 작동하고 연구되어야 하는지를 이렇게 묘사한 그림이 완전히 잘못되었다고 주장했다. 언어와 언어를 구성하는 독립체들은 현미경 아래 놓인 표본처럼 관찰할 수 있는 핏기 없는 추상체들이 아니다. 오히려 언어는 행동, 활동, 특히 사회 관행/실천의 형태로 나타난다. 문장은 생명이 없다. 우리가 칠판에 쓴 문장과 그것이 표현한다고 주장되는 명제는 현실 세계의 맥락 속에서 인간이 특정한 때/기회에 수행한 발언 행위에서 난폭하게 떼어낸 추상화의 결과다.[1] 그리고 사람이 무언가를 발언함은 무엇보다 먼저 무언가를 행하

---

1 여기에 드물게 주목하지만, '문장'이라는 개념이 현실 세계의 언어 활동에서 상당히 벗어난 추상물이 되는 세 방식이 있다. 첫째, (여러분이 배우면 놀랄 수도 있는데) 인간의 발언은 별개의 낱말로 뿔뿔이 흩어지지 않는다고 말한다. 우리가 입으로 소리내 말하는 것에 대한 음향 분석은 다양한 높낮이의 굴곡으로 이어진 소리의 흐름을 나타낸다. (우리가 … 말할 … 때 … 우리는 … 낱말 … 사이를 … 잠시라도 … 끊지 … 않는다.) 누군가 말하는 소리의 흐름을 들을 때, 우리는 들은 말을 자동으로 전혀 생각하지 않으면서 부

는 것(to do something)이다. 이는 익힌 관습에 따라 규칙의 지배를 받는 사회 관행/실천에 끼어드는 작은 행동이다. 우리는 2장에서 이런 발상을 변형한 견해를 이미 만났는데, 스트로슨이 처음에 매력적으로 보였던 러셀의 기술 이론에 대해 이와 같은 관점에서 몇 가지 반론을 제기했기 때문이다. 우리가 궁극적으로 스트로슨의 반론에 설득되든 않든, 스트로슨의 반론은 참신하고 빼어나며 여러 사람에게 여전히 직관적으로 설득력이 있다. 그런 반론은 의미 사용 이론의 관점을 권하는 좋은 추천서다.

어림잡아 비트겐슈타인식 뜻에서 '사용'
"Use" in a Roughly Wittgensteinian Sense

비트겐슈타인은 《철학적 탐구》(1953)에서, 오스틴은 〈수행 발언〉(1961)과 《말로 행위를 하는 방법》(1962)에서 사회 행동 관념(social-behavioral idea)을 서로 다른 방식으로 펼쳐냈다. 여기서 나는 비트겐슈타인식 견해에 집중하고, 오스틴의 견해는 12장까지 미루겠다. 내가 '비트겐슈타인

분으로 나눈다. 이는 이미 우리가 만든 추상, 이론이나 분석 차원의 움직임이다.

둘째, '문장' 같은 것에 대해 생각함은 문법적으로 잘 형성됨이라는 개념을 선제한다. 그저 낱말을 엮은 모든 줄이 문장을 형성하지는 않고, 문법에 맞는 줄만 문장을 형성한다. 문법에 맞음(grammaticality)은 네 살짜리 아이도 희미하게 파악하기는 하지만 복잡하고 미묘한 관념이다.

셋째, 언어학자들이 말한 문법에 부분적으로만 맞는 발언을 살펴보자. 사람들이 만들어 내는 발언 가운데 몇몇은 문법에 절반만 맞을 따름이다. 일부 발언의 경우 낱말을 종이 위에 쓴다고 치면, 결과물은 (문법적으로 어울려서) 문법 규칙에 완전히 맞는 문장으로 여기지 않을 테지만, 이해될 만큼 충분히 정합적이다. 사실 나는 거의 모든 사람이 거의 모든 때에 그렇게 말하는지 의심스럽다. 적어도 우리는 모두 시작할 때 잘못을 저지르고, 중도에 열심히 편집한다. 그래도 우리는 청자에게 이해받을 뿐만 아니라 아무도 이런 잘못에 주목하지 않는다. 우리는 문법을 부분적으로 활용해 이를 거의 자동으로 고친다. 이런 교정은 우리의 뇌에서 일어난 이론적 측면의 행동이고, 말하는 사건을 현실 세계에서 떼어낸 추상이기도 하다.

식'이라고만 말한 점에 주목하라. 우리가 '비트겐슈타인'에 붙들려 있을 수 없는 이유는, 비트겐슈타인이 철학의 체계적 이론화에 반대했고, 비트겐슈타인의 추종자들이 '무엇에 대한 비트겐슈타인의 이론'이나 '무엇에 관한 비트겐슈타인의 학설'이라는 어구를 반대했기 때문이다.[2] 나는 비트겐슈타인의 공헌/기여에 근거한 설명을 개략적으로 진술할 뿐이고, 내가 설명한 사용 이론이나 다른 어떤 이론도 비트겐슈타인에게 돌리지 않을 것이다.

만약 의미 자체가 신비스럽다면, 이 신비함을 줄이는 한 방도는 우리에게 친숙한 더 직접적으로 알려진 어떤 것을 통해 그 신비한 영역으로 들어가는 것이다. 의미를 다루기 위해 언어 표현을 받아들이는 쪽에서, 곧 언어 표현의 의미 파악이나 이해로부터 의미를 생각해보자. 그리고 이해가 무엇인지 이해하기 위해, 우리가 언어를 배워서 생겨난 것이자 누구든 언어를 배울 때 배운 것으로서 의미를 생각해보자.

그러나 이렇게 의미를 살피려고 시도하자마자 곧바로 다음과 같은 점이 명백하게 드러난다. 배우고 익힘은 복잡한 형태의 사회적 행동이라는 점이다. 여러분이 언어를 학습할 때 배운 점은 움직이는 것, 곧 일정한 종류의 관행/실천이고, 특히 대화 행동에 참여하는 활동이다. 맨 처음 배우는 것은 다른 사람들이 일정한 종류의 소리를 낼 때 소리를 따

---

2 비트겐슈타인의 《철학적 탐구》(1953) 43절은 잘못 인용되는 것으로 유명하다. 이렇게 적혀 있다. "우리가 '의미'라는 말을 적용하는 경우는 대부분, 전부는 아니지만 이렇게 정의할 수 있다. 낱말의 의미는 특정 언어에서 그것의 사용이다." 비트겐슈타인은 '전부는 아니지만'이라고 아주 진지하게 말한다. "의미는 사용이고", 이상 끝이라고 주장하지 않았다는 말이다. 사실 비트겐슈타인은 보편적 일반화를 몹시 싫어했다. 그는 보편적 일반화를 추구함이 철학의 심각한 결함이라고 생각했다. 현실 세계는 언제나 그런 일반화보다 더 복잡하다고 그는 주장했다. 폰 라이트(Georg Henrik von Wright, 1916~2003)가 썼듯, 비트겐슈타인은 "평생을 정신병의 경계선을 넘나들면서 살았다"(노먼 맬컴, 〈간략한 전기〉, 《루트비히 비트겐슈타인: 회상》에서 인용). 비트겐슈타인은 꽤 흥미로운 인생을 살아냄으로써 자신을 대부분의 영어권 철학자들과 구별했다. 레이 몽크의 멋진 전기, 《루트비히 비트겐슈타인: 천재의 의무》(1990)를 보라.

라서 내고, 그런 소리가 어울리는 상황일 때 일정한 종류의 소리를 내는 올바른 방식이다. 규칙이 무엇인지를 분명히 말하는 경우는 거의 없을지라도, 언어 관행/실천은 매우 복잡하게 짜인 규칙의 지배를 받는다. 어린아이들은 엄청난 진도로 규칙을 따라잡고, 그런 학습이 자신들의 행동인지 깨닫지 못한 채 규칙에 따르는 법을 배운다.

이런 정곡을 찌른 진리는 독립체 이론으로 모호해지는데, 독립체 이론이 의미를 정지상태에 있는 비활성 사물로 다루기 때문이다. 비트겐슈타인과 오스틴은 둘 다 독립체 이론에 반대하며 긴 독설을 퍼부었지만, 우리는 여기서 '사용'의 긍정적 설명에 관심을 둘 것이다. 비트겐슈타인도 의미가 언어 표현과 세계 속 사물의 지칭 관계를 포함한다는 견해에 경멸감을 표현했다. (물론 비트겐슈타인은 그런 어떤 지칭 관계가 있음을 부정하지 않았다.)

비트겐슈타인은 언어 활동을 놀이하기에 견준 핵심적 유비를 제의했다. (당시 케임브리지 대학원생이던 물리학자인 프리먼 다이슨에 따르면 어느 날 비트겐슈타인은 축구 시합이 벌어지는 운동장을 지나면서 "언어 안에서 우리가 **낱말**을 가지고 **놀이**를 한다는 생각이 처음 떠올랐다"고 한다.)[3] 언어는 칠판에 적힌 표시들이 '명제'라고 불리는 추상체와 '표현' 관계를 맺는 문제가 아니다. 언어는 사람들이 고도로 규칙의 지배를 받는 관습에 따라 행위를 하는 활동이다. 언어 활동은 놀이하기가 규칙의 지배를 받듯 규칙의 지배를 많이 받는다.

더욱이 언어 표현 자체가 놀이용 말과 비슷하다. 체스를 살펴보자. '폰'과 '룩'은 시작 위치와 다음 수를 어떻게 두어야 하는지를 지배하는 체스 규칙으로 정의된다. 예컨대 나이트를 나이트로 만든 것은 나이트가 관습적으로 제정된 체스 놀이 규칙의 특성에 맞게(characteristically) 움직이는 방식이다. 마찬가지로 언어 표현의 의미도 올바른 관습적 사

---

3 맬컴은 《루트비히 비트겐슈타인: 회상》(1958: 65쪽)에서 다음과 같이 보고했다. "비트겐슈타인 철학의 핵심 관념인 '언어 놀이' 개념은 언뜻 보기에 이 사건에서 유래했다."

용을 지배하는 암묵적 규칙에 따라 형성된다.

"안녕/어보세요", "제기랄"(또는 "맙소사"), "이런", "실례합니다", "아멘/그렇게 될지어다", "고맙습니다", "그만해!", "좋아"(내기에 응할 때 하는 말), "조심하세요" 같은 표현과 더불어 시작해보자. 이 말들은 각각 무엇이든 나타내거나 혹은 명제를 표현함의 효능으로 무언가를 의미하는 것처럼 보이지 않는다. 각각 인사하고 소스라치게 놀람을 나타내며, 유감으로 여기고 변명하며, 승인하고 감사하며, 저항하고 내기에 참여하며, 복을 빌어주는 관습적 장치다. 그런 말들은 각각 사회적으로 정의된 기능적 역할을 하며 우리가 만들어낸 소리다. 각각 사용하기에 적당한 때와 곳, 부적당한 때와 곳, 적당한 반응이 있다. 우리가 의미에 대해 논할 때, 그것들은 각각 우리의 현행 사회 관행/실천의 맥락에서 특성에 맞게 수행하는 기능을 의미한다. 비트겐슈타인의 견해에 따르면, 바로 이 지점이 모든 의미가 생겨나는 장소이자 본고향이지만, 대부분의 표현은 한층 더 복잡한 사회적 역할을 한다.

이를 모두 강조하기 위해 비트겐슈타인은 '언어 놀이(language-game)'라는 용어를 만들어냈고, 모여서 인사를 주고받는 언어 놀이, 결혼 언어 놀이, 산수 언어 놀이 따위에 대해 말한다.

비트겐슈타인은 추가 유비를 제의한다(《철학적 탐구》, 2쪽). 한 건축가와 그의 조수가 있다고 치자. 이들이 사용할 건축용 석재는 네 종류뿐이다. 그들은 네 종류의 석재에 대응하는 네 가지 낱말, '벽돌', '기둥', '석판', '들보'만 가진 다소 원시적인 언어를 구사한다. 이런 원시적 언어 활동의 도움으로 비언어적 활동에 참여하면서 건물을 짓는다. 건축가는 '석판'이라고 말하고, 조수는 적당한 모양의 석재를 가져온다. 이제 누군가 이렇게 말할지도 모른다. "물론 그/저 석판이라는 낱말은 이런 모양의 덩어리와 지칭 관계를 맺고, 그것의 의미는 조수가 이런 모양의 덩어리를 건축가에게 가져온다는 명제다." 그러나 비트겐슈타인에 따르면 이는 논점에서 벗어나는 말일 것이다. 이렇게 다소 원시적인 언어 놀이에서 '석판'이라는 낱말은 분명히 그런 모양의 덩어리와 연결하는 기능이 있지만, 논점은 기능이지 지칭 관계가 아니다. 건축가가 '석판'이라는 소리를 낸 요점은 조수가 어떤 일을 하게 하는 것, 관습에 따라 (손일을 배우는 조수에게) 유용한 활동의 한 양식(a pattern of useful activity)을 자극하는 것이다. 그 활동은 이런 유형의 사물을 포함하지만, 중요한 논점은 행동을 개시하는 것이지 지칭하거나 영원한 명제를 '표현'하는 것이 아니다. (그래서 의미를 독립체로 상정할 어떤 이유도 없다.)

물론 의미가 무미건조한 관습에 따른 사회적 기능이라는 이런 단순한 그림을 길고 복잡한 문장까지 늘여서 추정하기는 어렵다. "현재 영국의 여왕은 대머리다"나 "1931년에 아돌프 히틀러가 미국을 방문했고, 관광하던 중에…" 같은 긴 문장을 예로 들 수 있다. 둘 가운데 어떤 문장도 쉽게 확인할 수 있는 관습상 사회적 역할을 (영국의 현재 여왕은 대머리임과 1931년에 … 임을, 쓸모없이 **주장하기** 말고는 다른 역할을) 하지 않는다. 그런 추정 (extrapolation)을 완수하려면 어떤 추가 기제(some additional mechanism)를 도입해야 한다. 논리 실증주의자들은 검증이라는 개념에 호소하는데, 이 논의는 8장까지 미뤄두겠다. 셀라스는 〈언어 놀이에 대한 몇 가지 반성〉(1963)과 〈기능 분류로서 의미〉(1974)에서 **추론하기**(inferring)가 사회적 행동이라는 발상에 호소했다. 그는 '언어에 들어가는 규칙(language-entry rules)'과 '언어에서 나오는 규칙(language-exit rules)'을 각각 특정한 비언어적 사건에 반응해서 말하기를 지배하는 규칙과 일정한 언어적 발언에 반응해서 행동하기를 지배하는 규칙이라고 말했다. 그러나 가장 중요한 '언어 규칙'은 이전에 말한 다른 것에서 무언가를 추론하는 과정을 지배하는 규칙이다. 이 견해를 의미 추론 이론(inferential theory of meaning)이라고 부른다.

"안녕/여보세요" 또는 "석판"을 설명 모형으로 삼은 이론이 어떻게 더 세련된 의미 사실을 설명하는 데 성공할 수 있을지는 알 수 없다. 유의미성, 동의성, 애매함은 문제가 아니다. 그러나 복잡한 문장들 사이에 성립하는 함의(entailment)에 대해서는 어떤가? 여기서 의미 추론 이론의 추론하기에 호소함이 도움을 주는데, 두 문장의 정적이고 추상적인 관계인 듯 보일 수도 있는 것을, 한 문장을 다른 문장에서 추론하기라는 규칙의 지배를 받는 관행/실천으로 재구성할 수 있는 까닭이다. "헤럴드는 뚱뚱하고 벤은 어리석다"라는 문장은 "벤은 어리석다"라는 문장을 함의한다. 왜냐하면 누군가 전자를 주장하고 후자는 부정할 경우, 우리가 심각한 사회적 제재를 가하기 때문이다. 사실 우리는 적어도 누군가 전자를 주장할 때, 마치 후자가 참인 것처럼 계속 행동하지 않으면 눈살을 찌푸린다. 사용 이론에 따르면 추론을 타당하게 만든 것은 이런 관행/실천 자체지, (논리학 교과서에서 그렇듯) 추론이 진리를 보존한다는 어떤 독립적 보증도 아니다.

반론과 몇 가지 답변
Objections and Some Replies

의미 추론 이론의 아름다움은 전통적인 세 이론(지칭 이론, 관념 이론, 명제 이론)에 제기한 모든 반론을 애쓰지 않고 피한다는 데 있다. 더불어 의미 추론 이론은 현실 세계에서 사용되는 언어의 실제 특징에 주의를 집중한다는 점에서 자연주의에 가깝다. 하지만 몇 가지 만만찮은 문제가 여전히 있다.

반론 1
모든 언어 놀이는 지구와 쌍둥이 지구 사이에서 일어나는 것과 똑같은데, 두 행성은 정확히 평행해 달리는 까닭이다. 그러나 쌍둥이 지구의 낱말들과 나머지 것은 지구에 있는 상대역과 의미가 다르다. 어떤 지구인의 발언과 쌍둥이 지구인의 발언에 대해, 어떤 발언은 참이고 다른 발언은 거짓일 수도 있다. 의미의 차이를 이해하기 위해 더 필요한 것은 무엇인가? 따라서 표현의 의미는 언어 놀이에서 표현이 하는 역할로 충분히 다루지 못한다.

답변

어떤 이는 '언어 놀이'를 훨씬 정교하게 분류하고, 우리와 우리의 쌍둥이 지구인들이 하는 놀이가 텔레비전에 나오면 둘은 똑같은 놀이로 보일 테지만, 우리와 우리의 쌍둥이 지구인들이 '같은' 놀이를 하고 있음을 부정할 수 있다. 예를 들어 우리는 물(H_2O)에 반응하고 행동하지만, 우리의 쌍둥이 지구인들은 XYZ를 상대한다. 규칙이 전혀 다르다는 말이다. (셀라스는 퍼트넘의 쌍둥이 지구에 대해 아직 들은 적이 없었지만, 셀라스가 원래 의도한 견해가 바로 이것이었다.)

반론 2

고유 이름은 '사용' 이론에 문제를 제기한다. '윌리엄 라이컨'이나 여러분의 제일 친한 친구의 이름을 사용하기 위한 규칙을 말해보라. 여러분이 사는 지방의 사투리(local dialect)를 쓰는 모든 유능한 화자가 실제로 예외 없이 따르는 규칙이 있어야 함을 기억하라. 내가 떠올린 유일한 후보 규칙은 '사용' 이론가들을 이름 의미 기술 이론 안으로 밀어넣는 것이다. 비트겐슈타인은 기술주의(descriptivism)가 마음에 든다고 생각했지만, 크립키를 읽지는 못했다.

반론 3

비트겐슈타인식 이론은 우리가 1장에서 공유한 최초 자료, 다시 말해 길고 완전히 새로운 문장을 처음 듣고 조금도 생각하지 않고 이해하는 화자의 놀라운 능력과 마주할 때 속수무책인 것처럼 보인다. 체스용 말을 비롯해 비슷한 다른 것은 친숙하고 반복되는 대상의 유형들(recurring types of object)이고, 사용 규칙들은 일대일로 대상의 유형들에 영향을 미친다. "석판", "안녕/여보세요", "아야", "그러겠습니다"를 비롯해 다른 비트겐슈타인식 표현 예시의 사용도 유사하게 국지적 전례나 관례(local rituals or customs)로 정의된다. 그러나 길고 새로운 문장을 이해하고 그것에 근거해 행위를 하는 우리의 능력은 이 새로운 발언에 영향을 미친 관습을 아는 것의 결과일 수 없는데, 어떤 관습도 그런 길고 새로운 발언에 영향을 미치지 않았던 까닭이다.

비트겐슈타인의 추종자는 '프레게의 원리'를 내키지 않아도 인정해야 한다. 프레게의 원리에 따르면 우리는 새로운 문장을 **합성성에 따라**(compositionally), 다시 말해 문장에 나오는 낱말을 개별적으로 이해하고 함께 엮는 방식에 따라 문장의 전체 의미를 알아냄으로써 이해한다. (9장에서 이에 관해 더 많이 다루겠다.) 따라서 다음과 같은 결론에 이른다. 이해되는 것, 다시 말해 문장 의미는 그것의 내부 구조의 기능이기도 해서 **단순히** 그런 문장의 배열(deployment)에 영향을 미친 관습상 규범이 있음의 문제가 아니다.

반론 4

나는 표현의 쓰임을 알고, 그것을 이해하지 못하면서 기계적으로 받아들일 수 없는가? 나는 학술 용어를 찾아내 종류별로 정리하고 이해하지 못하면서도 술술 말하는 재능이 뛰어난 학부생을 안다. 파리에서 온 객원 교수의 현상학 과목을 수강하고 아무것도 이해하지 못했으나, 현상학의 전문 용어를 잘 엮는 요령을 터득하고 기말 논문을 써서 A 학점을 받은 학부생도 안다. 사용은 완벽하다(또는 적어도 A를 받을 정도다). 그러나 의미는 0점(nil)이다.

반론 5

규칙의 지배를 받는 여러 활동, 특히 운동경기와 놀이 자체는 언어 표현이 담은 종류의 의미를 중심부에 포함하지 않는다. 확실히 체스의 수와 테니스의 기술은 그런 종류의 의미를 지니지 않는다. (간첩이 체스의 수를 실제 암호로 사용한 경우를 대비해보라. 예를 들어 N‒Q3는 관습에 따라 "지르콘을 포파에게 가져가고 우리가 오늘 밤 이사한다고 말해라"를 의미한다고 규정되었을 수도 있다.) 그러면 무엇이 언어 놀이를 일상적 놀이와 구별한다고 생각하는가?

어떤 공동체가 일정한 낱말들, 혹은 어쨌든 소리와 표시를 특이한 방식으로 사용하자고 결정한다고 가정하자. 그 공동체의 화자들은 세 개씩 나란히 음절의 수가 같은 '낱말들'만 말하거나, 혹은 각 문자열이 한 글자로 시작하고 뒤이은 각 항목에 연속적으로 한 글자를 덧붙이는 식의 운을 맞춘 쌍으로만 '문장들'을 발언하기로 한다. (이것은 공동체에 널리 퍼진 일종의 말 잇기 놀이일 수도 있다.) 이 변덕스러운 사회에 새로 온 사람은, 정해진 낱말이나 문장 배열 방식에 대해 아무것도 모른다면, 무슨 일이 벌어지는지 이해하지 못할 것이다. 새로 온 사람은 이윽고 다양한 사례가 사용되는 규칙을 모두 알아내지만, 무슨 말을 하는지 전혀 짐작하지 못할지도 모른다. 적어도 이렇게 단순한 경우는 아무것도 말해주지 않는다. 어떤 이는 건축가의 언어와 비슷한 놀이가 너무 **단순**하고/하거나 원시적이어서 자격이 없다고 제언할지도 모른다. 그러나 복잡성을 그저 덧붙인 언어가 어떻게 도움이 될지 알아보기는 어렵다.

답변

어떤 사람은 만약 놀이 규칙이 충분히 많이 있고 주변 조건에 충분히 자주 주의를 기울이면, **지칭**과 예측은 놀이 기술로서 회복될 수 있다고 주장할지도 모른다. 종업원이 들어올 때마다 셋째 놀이 참가자(player)가 "여기, 종업원"이라고 외치고 마티니 한 잔이 나오는 규칙이 있다고 가정해보자. 어떤 놀이 참가자든 "믹스, 부탁합니다"라고 말할 때마다 가장 가까이 있는 누구든지 간식 그릇을 넘겨받는다는 것 따위의 규칙일 수도 있다. 사람들은 그때 '종업원'은 종업원을 지칭하고, '믹스'는 간식을 의미한다고 결론을 내리고 싶어질 터다. 그래서 놀이 동작(the game moves)은 어쨌든 의미를 지닐 것이다.

응답

어쩌면 그 경우에 놀이 규칙으로 명기되는 진술은 의미를 지닐 것이다. 그러나 이는 오로지 발언이 사물을 나타내거나 지칭하기 때문이지 단지 관습적으로 배열하는 행동 때문이 아니다.

그러므로 놀이가 아무리 복잡해지더라도 놀이 참가자의 발언이 놀이 밖에 있는 사물을 지칭하지 않는다고 약정해보자. 발언은 놀이의 동작일 뿐이다. 그러면 놀이는 실제 언어(actual language)의 시작도 아니고, 놀이의 동작은 영어 문장의 발언과 같은 방식으로 의미를 지니지 않는다는 점이 훨씬 더 명백해질 듯하다. 그래서 '사용' 이론가의 명시적 조건은 어떤 것이 언어로 존재함의 충분조건이 아니다.

둘째 답변

바이스만(Friedrich Waismann, 1896~1959)[4]은 《언어철학의 원리》(1965a, 158쪽)에서 이런 종류의 반론을 예상하고, 이에 반박하는 답변을 하나 암시한다. 그는 진정한 언어 놀이는 '삶/생활 속으로 … 통합된다(integrated … into life)'라고 말한다. 반대로 말 잇기 놀이의 낱말은 체스의 수 두기나 테니스 기술처럼 "진지하게 사용한 낱말보다 훨씬 덜 밀접한 관계를 맺는다." 언어 놀이는 기밀 용기에 넣을 수 없다. 다시 말해 언어 놀이는 우리가 적당히 거리를 두었다가 마음이 내킬 때 바로 개시하는 어떤 것일 수 없다.

---

4 (옮긴이) 바이스만은 오스트리아의 수학자이자, 물리학자, 철학자로 슐릭과 카르나프, 파이글과 함께 빈 학단을 이끌었으며, 논리 실증주의를 세운 핵심 인물이다. 1927년부터 1936년까지 비트겐슈타인과 간헐적으로 수학과 언어철학의 주제에 관해 대화를 나누고 영향을 받았으나, 두 철학자의 의견의 차이는 명백히 드러났다. 여기서 인용한 《언어철학의 원리》는 바이스만의 사후에 그의 논문을 하레가 편집해 출간한 책이다.

응답

그러나 따분한 농담 같은 몇몇 언어 놀이는 기회가 닿을 때만 의지한 대로(only occasionally and at will) 기밀 용기에 넣었다가 꺼내서 놀이를 개시한다. 또한 더 진지한 다목적 언어 놀이가 삶/생활 속으로 철저히 통합된다고 동의하더라도, 우리는 흔히 그런 **지칭하기**의 닫힌 통합 관계를 우리의 관심사인 세계 속 사물에 관한 낱말로 생각한다. 비트겐슈타인의 추종자는 의미가 본질적으로 지칭하기를 포함한다는 점에 동의하지 않는다. 그래서 바이스만은 '통합(integration)'이 무엇인지 비트겐슈타인을 대신해 설명할 필요가 있다. 통합이라는 관념은 언어 놀이가 **다른 사회 관행/실천들(other social practices)**과 통합되어 있음을 뜻하는 말인 듯하다. 그러나 비트겐슈타인의 추종자가 어떻게 그런 관념을 (a) 언어 동작이 어떻게 명제 내용을 담는지 설명하지만, (b) 암암리에 지칭하기를 끌어들이지 않고서 설명하는 방식으로 자세히 풀어낼 수 있을지 알아내기는 어렵다.

　바로 앞에서 내가 '명제 내용(propositional content)'이라는 구를 사용한 것은 성공하지 못할 것이 뻔한(unsuccessfully) 명제 이론에 무언의 충성을 바치는 것으로 비추어질지도 모른다. 그러나 나는 명제 내용이라는 구를 사용하고 있으며, 한 문장이나 다른 항목의 어떤 속성이 "브로콜리가 너/그대를 죽일 것임을 의미한다(means that broccoli will kill you)"처럼 '…임을/이라고(that)' 절로 어떻게든 표현되는 만큼, 이 책에서 명제 내용이라는 구를 계속 사용할 것이다. 우리는 그런 속성을 '명제'라고 불리는 추상체와 '표현' 관계를 맺는 문제로 여길 필요가 없다.

반론 6

사회 관행/실천이 실제 언어로서 자격을 얻는다는 말의 한 가지 분명한 의미는 다음과 같다. 사회 관행/실천에 따라 누구나 소리를 내거나 표시를 새길 수 있고, 그것에 의해 P를 바꿀 어떤 적합한 문장에 대해 P임을/라고 말할(say that P) 수 있다는 것이다. 그리고 확실히 언어의 본질 가운데 하나는 우리가 언어로 무언가를 말할 수 있다는 점이다. 그러나 이런 어떤 간접 화법/담론(indirect discourses)도 단지 어떤 사람들이 체스 놀이나 말 잇기 놀이의 효능으로 허가받는 것이 아니다. 체스나 말 잇기 놀이의 참가자 가운데 아무도 P임을 말하거나 묻거나 요청하거나 제언하는 따위의 어떤 일도 하지 않았다. 무언가 놓친 점이 있다. 우리는 놀이를 하고, 한 벌의 관습적 규칙에 따라 놀이용 소품을 사용하고, 재미뿐만 아니라 더 중요한 점이 있을지도 모르는 사회 관행/실천에 참여하고 있다. 놀이는 어떤 면에서 우리의 삶의 방식에 활력을 주기도 한다. 이렇게 다양한 놀이에서 참가자들이 했던 일은 어떤 점에서 의의를 지닐 수도 있으나, 아무도 뭐든 주장하거나 요구하거나 누군가에게 충고하지 않았다.

추론주의
Inferentialism

이 시점에서 진지하게 의미 지칭 이론에 양보하는 것은 솔깃한 일이다. 그러나 이는 셀라스의 의미 추론 이론을 계승한 최근 이론을 간과하게 되는 셈이다. 브랜덤(Robert Brandom)의 700쪽에 달하는 대작 《명시하기》(1994)는 적어도 앞에서 제기한 몇 가지 반론을 피할 잠재력을 가진 책이다. 브랜덤은 '사용'의 특수 개념, 다시 말해 규범 개념을 펼쳐낸다. 이에 따르면 문장의 사용은 문장의 공적 발언과 연합한 확언과 권한의 조정(the set of commitments and entitlements)이다. 그가 활용한 예는 실제 사회적 행위(an actual social act)라고 여긴 **주장하기**(asserting)다. 어떤 이는 문장을 발언함으로써 주장할 때, 청자의 반론이나 도전이 무엇이든 맞서 자신의 주장을 옹호하겠다고 확언한다. 옹호는 주장을 지지하는 이유를 대는 형식을 띨 텐데, 전형적으로 발언해도 쉽게 이의 제기를 받지 않는 다른 문장들에서 옹호할 문장을 추론한다. 그리고 주장할 때 어떤 이는 해당 주장에서 더 나아가 추론할 권한을 자신에게도 준다. 이유를 대고 요구하는 사회적 놀이는 당연히 규칙의 지배를 받으며, 점수는 기록된다. (점수 기록하기라는 개념은 루이스의 〈언어 놀이에 참여할 때 점수 기록하기〉(1979)에서 그렇듯 브랜덤의 체계에서 대단히 중요한 역할을 한다. 그러나 여기서 말하는 '점수 기록하기'는 적대 의식이나 승패를 함축하지 않는다. 오히려 확언과 권한을 상세히 살펴봄의 문제다.) 문장 S의 의미를 구성하는 것은, 문장 S를 지지하려고 옳게(rightly) 제시한 이유와 추가한 문장을 옹호하기 위해 S가 올바르게 주어질 수 있는 규범(norms)이다.

비트겐슈타인이 마음에 쏙 들어 할 텐데, 이 이론에서 **지칭(reference)**은 중요한 역할을 하지 못한다. 브랜덤에게 지칭은 그저 완전 문장에 근거한 추론 관행/실천이 던진 그림자일 뿐이고, 독립적 이론화에 알맞은 주제가 아니다. 인과 역사 이론은 논점을 완전히 벗어난다. (그렇지만 이것은 반론 2를 강화한다.)

브랜덤의 체계는 매우 복잡해서 여기서 검토할 수 없다. 그러나 브랜덤의 체계는 비트겐슈타인식 견해에 지금까지 제기된 몇 가지 반론을 극복한다. 브랜덤의 체계는 반론 5에 맞서 언어적 발언과 "석판", 체스의 수 따위를 구별한다. 석판이나 체스의 수 따위는 누군가 지지하기 위해 이유를 대고 도전에 반박하는 따위의 일이 아니기 때문이다. (물론 어떤 이는 체스의 수를 두거나 테니스 기술을 사용할 실천적 이유를 댈 수도 있지만, 브랜덤이 의미한 이유는 **증거에 입각한** 이유다. 바로 어떤 사실 진술을 믿는 이유를 우리에게 대는 발언이다. 다시 말해 브랜덤이 활용한 예는 추론을 거친 이유이며, 체스의 수 따위는 확실히 추론이 아니다.) 반론 6은 아무 문제도 아닌데, 셀라스가 '…임을/이라고(that)' 절에 대해 세련된 추론적 설명을 제공했기 때문이다. 브랜덤은 문장보다 작은 표현이 전체 문장 의미의 파생어로만 '의미를 지닌다'고 주장하지만, 약한 종류의 합성성(compositionality)을 인정함으로써 반론 3을 피할 수도 있다. 더구나 감탄스럽게도 꽤 상세한 의미 현상을 본격적으로 다룬다. 고유 이름, 기술, 지표어, 양화, 대용어를 각각 나오는 문장의 확언/권한 잠재력(the commitment/entitlement potentials of sentences)에 공헌/기여한 특성의 면에서 다룬다.[5]

어쨌든 의미 추론 이론의 중심부에 놓인 옹호, 지지, 정당화, 수용 같은 인식론적 개념은 추론주의가 비트겐슈타인의 최초 관념보다 검증론의 정신에 더 가까운 설명임을 시사한다. 이에 대해서는 8장을 보라.

조금 다른 부류의 '사용' 이론은 올스턴(William Payne Alston, 1921~2009)의 〈의미와 사용〉(1963)과 《발화 수반 행위와 문장 의미》(2000), 바커(Stephen Barker)의 《의미 갱신》(2004)에 나오고, 오스틴의 '발화 수반 효력(illocutionary force)' 개념에 근거한다. 그러나 후자의 개념은 12장의 논의 이전까지는 끌어들이지 않을 것이다.

이제 상당히 다른 의미 이론으로 넘어가자. 그라이스(Herbert Paul Grice, 1913~1988)의 이론은 언어가 의사소통의 수단이라는 아주 별난 개념에서 시작한다.

---

5 호위치는 《의미》(1998)에서 짜임새는 조금 치밀하지 않아도 유사한 그림을 제시한다. 브랜덤과 달리 호위치는 개별 표현이 의미를 지닌다고 강조한다. 어떤 주어진 표현의 '의미 속성(meaning property)'은 '이러저러한 규칙의 지배를 받는 낱말의 사용, 구체적으로 낱말의 모든 사용이 낱말을 포함한 어떤 구체적 문장을 우리가 받아들인다는 사실로 설명되는 속성'(호위치, 《의미》, 6쪽. 강조는 원문을 따름)이라는 말이다. 낱말에 대해 제각기 어떤 '기본 사용 규칙(basic use regularity)'이 있다. 다음과 같은 사례를 들 수 있다. 우리는 붉은색 사물이 있을 때 "저것은 붉다"를 (만약 이를 실제로 발언했다면) 받아들이는 경향이 있다. 또 만약 우리가 p를 받아들이고 우리가 q를 받아들이면 그리고 오로지 그런 경우에만 우리는 "p이고 q이다"를 받아들인다. (어떤 문장을 '받아들이기'는 인지할 수 있는 형태의 실제 사회적 행위가 아니라 심리적 개념으로 가정된다《의미》, 94~96쪽). 이는 비트겐슈타인과도 다르고 브랜덤과도 다른 출발이다.) 합성성(Compositionality)은 7장에서 간략히 다룬다. 복합 표현의 의미 속성은 '구성 속성'에 있다. 예를 들어보자. "x는 개와 짖는다를 의미로 지닌 용어들이 순서대로 NS V(불특정 주어+동사)를 의미로 지닌 도식 안에 들어간 결과로 생긴다《의미》, 156쪽)"는 점에서, x는 개들이 짖는다(DOGS BARK)를 의미한다. 그러나 내가 못 보고 지나친 것이 아니라면, 그 '도식'이 어떻게 영어 표현이 아닌데도 '사용 규칙'이 있다고 가정되는지에 대해 아무 말도 하지 않는다.

요약

- '사용' 이론은 '의미'가 명제와 비슷한 추상체가 아니라고 주장한다. 한 언어 표현의 의미는 인간의 사회적 행동 속에서 그 표현 특유의 기능으로 결정된다.
- 비트겐슈타인에 따르면 언어 표현은 규칙을 따르는 관습상 사회 관행/실천에 따라 움직이기 위해 사용하는 놀이용 화폐(game tokens)와 비슷하다.
- 이런 발상을 변형한 셀라스의 견해는 **추론하기**라는 행위를 중심에 두며, '사용' 이론가가 길고 새로운 문장들을 수용하도록 허용하는 것은 추론의 복잡한 양식(complexity of pattern of inferences)이다.
- '사용' 이론은 두 가지 중요한 장애물을 만난다. 하나는 언어 사용이 어떤 의미도 낳지 않는 일상적인 관습상 규칙의 지배를 받는 활동과 어떻게 다른지 설명하는 일이다. 다른 하나는 문장이 어떻게 그러저러함을(that so-and-so)을 의미할 수 있는지 설명하는 일이다.
- 브랜덤의 '사용' 이론은 이런 장애 가운데 일부를 극복한다.

학습 과제

1. 우리가 살펴본 비트겐슈타인의 '사용 이론'은 반론 1~반론 4 가운데 하나 또는 그보다 많은 반론에 맞서 옹호될 수 있는가?
2. 반론 5를 판결해보라. 여러분은 바이스만보다 더 나은 답변을 내놓을 수 있는가?
3. 반론 6에 대한 비트겐슈타인식 답변을 생각해보라.
4. 적록 색맹인 사람은 '붉다'라는 낱말을 이해할 수 있는가? '사용' 이론과 관련해 이 문제를 곰곰이 생각해보라.
5. 브랜덤의 논저를 읽었다면 그의 견해를 논해보라.

더 읽을거리 ────

- 비트겐슈타인 관련 문헌이 방대해서 다른 저작을 배제하고 몇 가지 해설만 거론하려니 내키지 않는다. 그러나 다음 해설서를 추천한다. 리(R. Rhees)의 논문 〈비트겐슈타인의 건축가〉(1959-60); 피처의《비트겐슈타인의 철학》(1964, 11장); 핼럿의《비트겐슈타인의 사용 의미 정의》(1967); 케니의《비트겐슈타인》(1973, 7~9장).
- 기능주의를 표현한 자주 인용되는 고전(locus classicus)은 셀라스의 〈언어 놀이에 대한 몇 가지 반성〉(1963)이다. 셀라스의 〈기능 분류로서 의미〉(1974)도 보라. 중심 주제에 대한 탁월한 해설과 옹호는 로젠버그의《언어 표상》(1974)에 나와 있다.
- 《철학과 현상학적 연구 57》(1997)에 맥도웰, 로슨, 로티, 로젠버그가 쓴 논문과 브랜덤의 응답을 포함한《브랜덤 토론집》(1994)이 초록과 함께 실렸다. 브랜덤의《이유를 분명히 표현하기》(2000)는 브랜덤의《명시하기》(1994)를 이해하기 쉽도록 다시 쓴 입문서다.
- 최근 추론주의자의 저작으로 랜스와 오리어리-호손의《의미의 문법》(1997)과 커클라와 랜스의《'야!'와 '하!': 이유 공간의 화용 지형학》(2008)이 있다.
- 추론주의는 다른 철학 분야에 동원되었다. 예를 들어 크리스먼은《'당위'의 의미: 기술주의와 상위윤리학의 표현주의를 넘어》(2016)에서 도덕 실재론과 약한 도덕 표현주의의 사잇길로 나아가기 위해 상위윤리학(meta-ethics)에 추론주의를 응용한다. 티렐은 〈대량 학살을 부추기는 언어 놀이〉(2012)에서 사회·정치 철학의 끔찍한 쟁점을 진단하기 위해 추론주의를 이용한다.

심리 이론

: 그라이스의 계획

개요

Overview

그라이스(Herbert Paul Grice, 1913~1988)는 언어 표현이 오로지 **표현**이기 때문에 의미를 지닌다고 주장했다. 언어 표현은 명제를 '표현하기' 때문이 **아니라**, 진정으로 그리고 문자 그대로 언어 표현을 사용한 사람의 어떤 구체적인 생각이나 의도를 **표현하기** 때문에 의미를 지닌다. 그라이스는 '화자 의미(speaker-meaning)'라는 생각을 도입했다. 어림잡아 말하면 화자 의미는 화자가 특정한 기회에 주어진 문장을 발언할 때 청자에게 전달하고자 의도한 것이다. 화자들이 만들어낸 문장들은 특정 언어에서 표준적으로 의미한 것을 언제나 의미하지는 않으므로, 그라이스는 화자 의미를 문장 자체의 표준 의미(the sentence's own standard meaning)와 구별했다. 그는 화자 의미를 화자의 의도와 믿음 및 다른 심리 상태로 설명한 정교한 분석을 제의했고, 반론을 고려해 다듬었다. 이런 분석에 대한 몇몇 설명은 옳을 수밖에 없다고 일반적으로 받아들인다.

  우리의 목적을 위해 더 중요한 점은 그라이스가 문장의 (표준) 의미를 화자 의미로 설명한 분석도 제공했다는 것이다. 여기서 그라이스는 심각한 난점에 직면하는데, 문장 의미가 한사코 화자 의미와 협력을 거부하는 몇 가지 방식이 있는 까닭이다. 그라이스는 이런 장애를 극복할 방도가 있으나, 이 방법은 그라이스의 이론과 경쟁하는 문장 의미 이론에 너무 많이 양보하는 것 같다.

그라이스의 기본 발상
Grice's Basic Idea

우리는 의미에 대한 설명에 도달하기를 바란다. 언어 표현, 특히 문장의 주목할 만한 특징이라고 여기는 의미를 설명하는 데 관심이 있다. 그런데 우리가 **문장**은 현실적으로 무엇이냐고 묻는다고 가정해보자. 문장이란 사람들이 특정한 기회에 어떤 목적을 위해 만들어낸 표시들과 소리들, 개별 사례들(individual tokens)의 유형이다. 여러분이 무언가 말할 때, 이는 흔히 의사소통을 위한 것이다. 여러분은 스스로 의견을 전달하거나, 또는 욕구나 의도를 표현한다. 그리고 여러분은 어떤 효과를 내기 위해 의미하고, 무언가 결과를 만들어내기 위해 의미한다.

그래서 어떤 이는 의미 관념 이론가들이 했던 대로 시작하고, 유의미한 발언의 현실적이고 자연스러운 근거는 발언으로 표현되는 어떤 정신 상태에 있는 것이라고 추론할지도 모른다. 우리는 이미 '표현한다'를 문장과 명제의 관계를 지시하는 낱말로 도입했지만, 여기서 '표현한다'는 용어에는 더 구체적이고 문자에 충실한 사용/쓰임이 있다. 문장 사례(sentence tokens)는 화자의 믿음, 욕구 및 다른 명제 태도를 표현하기 위해(expressively) 만들어낸 것으로 보인다.

그라이스는 〈의미〉(1957)와 〈발언자의 의미와 의도〉(1969)에서 이런 사실을 의미 이론의 기초로 삼았다. 그는 문장 의미가 정신/마음의 움직임에 근거한다고 믿었고, 문장 의미를 궁극적으로 개별 인간의 심리 상태로 해명하자고 제안했다. 우리는 이것이 언어적 의미를 심리학으로 환원하는 것과 마찬가지라고 생각할 수 있다.

그라이스가 세운 계획의 골자는 조금 다른 의미 개념이었고, 이는 문장 의미 개념과 일치하지 않는다. (이것은 그라이스가 고전적 의미 관념 이론에서 벗어나는 중요한 출발점이다.) 두 이론의 차이를 보여준 사례가 세 가지 있다. 첫째, 2장에서 예로 들었던 스트로슨의 "이것은 선명한 붉은 것이다(This is a fine red one)"라는 문장을 다시 떠올려보라. 우리가 보았듯 그런 문장 자체의 의미는 충분히 결정되어 있지 않다. 우리는 이를 이해하기 위해 화자가 무엇을 가리키는지 알 필요가 있다. 어떤 맥락에서 어떤 화자는 그 사람의 손에 든 배가 보기 좋게 익은 붉은 배임을 의미할 수도 있지만, 다른 맥락에서 다른 화자는 왼쪽에서 셋째 소방차의 선명한 붉은 모습을 의미할 수도 있다.

둘째, 내가 운이 나쁘게도 '무미건조(jejune)'라는 낱말이 **미숙하다** 또는 **유치하다** 같은 것을 의미한다고 부정확하게 **믿고,**[1] '피콜로미니' 미사곡이 미숙하거나 유치하다는 의미로 "모차르트의 '피콜로미니' 미사곡은 무미건조하고 모차르트의 좋은 작품은 결코 아니야"라고 말한다고 가정하자. 그러나 '무미건조'는 실제로 **빈약하고 만족감을 주지 못한다**는 뜻이다. (만족감을 주지 못한다는 말은 단식을 뜻하는 라틴어에서 유래했다.) 말하자면 내가 발언했던 문장은 그 미사곡이 빈약하고 만족감을 주지 못함을 의미하고, 여기서 나는 그 미사곡이 미숙하고 유치함을 알아내도 틀리게 판단할 것이다.

---

1 킹즐리 에이미스(Kingsley Amis, 1922~1995)가 《영국 표준 영어(The King's English)》(London: HarperCollins, 1998: 118~119쪽)에 소개한 이 낱말의 이야기를 놓치지 마라. 에이미스는 'jejeune'으로 철자를 잘못 쓰고 심지어 사이비 프랑스어 'zherzherne'로 발음되는 낱말을 보았다고 맹세한다. 그것에 대해 생각해보고, 에이미스의 책에 나온 나머지 내용도 놓치지 마라.

셋째, 어떤 이가 "그거 기발한 생각이군(That is a brilliant idea)"이라고 말하면서 어떤 사람의 생각이 아주 멍청하다는 것을 의미할 때처럼 비꼬는 말(sarcasm)을 살펴보자. 여기서도 발언한 문장의 의미와 화자가 문장을 발언할 때 의미한 것 사이에 차이가 생긴다(화자는 정확히 반대를 의미하기 때문이다). 그라이스는 화자가 문장을 발언할 때 의미한 것을 '발언자의 의미(utterer's meaning)'라고 부른다. 그것은 널리 화자 의미(speaker-meaning)라고도 부른다.[2]

이제 그라이스의 환원 계획, 다시 말해 문장 의미를 심리 용어로 해명하려는 시도로 돌아가자. 이는 중요한 점에서 다른 두 단계로 진행한다. 첫 단계에서[3] 그라이스는 문장 의미를 화자 의미로 환원하려고 시도한다. 둘째 단계에서는 화자 의미를 의도의 유형에 집중하면서 복잡한 심리 상태로 환원하려고 시도한다.

표면상 첫 단계는 그럴듯한 발상이다. 비트겐슈타인이 강조했듯, 화자가 의미하기 위해 문장을 사용하기 때문에 문장은 의미를 지닌다고 생각하는 것과 반대로, 문장이 자력으로 그리고 추상적으로 의미를 지닌다고 생각하는 것은 아주 이상하다. 언어 표현은 인간의 의사소통 관행/실천의 효능으로 관습적 의미를 지니며, 의사소통 '관행/실천'은 개별 화자의 의사소통 행위의 집합으로 요약되는 것 같다. 그라이스는 개

---

2 그라이스 관련 문헌에서는 화자 의미가 유일하다고, 다시 말해 주어진 발언이 단 하나의 화자 의미만 가진다고 가정하곤 한다. 그런 가정은 틀렸다. 우리는 복잡한 의사소통 행위자이고, 때때로 우리가 말한 문장을 발언함으로써 한꺼번에 하나 이상의 의미를 뜻하기 때문이다. 어쩌면 나는 문장이 가진 의미뿐 아니라 추가로 전달되는 의미까지 뜻할지도 모른다. 혹은 여러분이 말장난을 잘한다면, 여러분의 문장은 애매함을 지녀서 한 번에 두 가지 의미를 뜻할 수도 있다. 셰익스피어(William Shakespeare, 1564~1616)는 단 하나의 발언으로 다섯 가지 다른 것을 의미할 수 있고, 그 가운데 적어도 하나는 아주 더러운 것이리라.

3 둘째 단계는 연대순으로 보면 첫 단계가 아니었다. 그라이스의 〈발언자의 의미, 문장 의미, 낱말 의미〉(1968)에 제시되어 있다.

별 화자의 의사소통 행위라는 구를 화자가 **의미**하기 위해 문장을 사용함에 집중해 화자 자신이 발언할 때 문장을 발언하면서 의미한 것이라는 뜻으로 수정한다. 그라이스에게 문장의 의미는 개별 화자 의미들의 한 기능이다.

그런데 그라이스는 환원의 둘째 단계에 기력을 쏟았다. 화자 의미가 정신/마음 상태로 해명되어야 한다는 둘째 단계는 첫 단계보다 훨씬 더 그럴듯하다. 만약 내가 "그거 기발한 생각이군"이라고 말할 때, 내가 의미한 것이 스메들리의 생각은 아주 명청하다는 것이라면, 확실히 화자 의미는 심리적인 무엇, 나의 정신/마음 상태에 관한 것이다. 추정컨대 그것은 나의 **의사소통 의도**(my communicative intention)의 문제고, 내가 여러분에게 전달하고자 하는 의도에 관한 문제다. 일반적으로 개별 의사소통 행위는 화자가 청자에게 인지 상태를 포함한 다른 여러 상태를 만들어내려는 복합 의도(complex intention)를 가짐의 문제다.

화자 의미
Speaker-Meaning

그라이스의 둘째 단계 분석을 그럴듯하고 어쩌면 불필요하게 구체적으로 변형한 분석과 더불어 시작해보자. 이 분석은 그라이스의 최초 논문인 〈의미〉(1957)에 포함되었거나 그 논문으로 생겨났던 초기 작업을 건너뛴다. (나는 그라이스의 다소 전문적인 용어와 복잡성을 피하기 위해 직접 인용하기보다 쉬운 다른 말로 바꿔 쓴다.)[4] "'〈피콜로미니〉 미사곡은 무미건조하다'를 발언함으로써, 내가 〈피콜로미니〉 미사곡이 미숙하고 유치함을 의미했다"

---

4 특히 그라이스는 명령문과 다른 문장형도 주의해 다루었지만, 우리는 평서문에 국한해서 논의하기로 하자.

에서 보듯, 우리는 "x를 발언함으로써, S는 P임을 의미했다(By uttering x, S meant that P)"라는 형식의 진술을 해명하고 싶어 한다. 분석은 다음과 같이 이어진다.

(G1) S는 A가 P라는 믿음을 형성하도록 의도하면서 x를 발언했고, [A는 S의 청자이거나 청중인 경우]

(S uttered x intending that A form the belief that P [where A is S's hearer or audience]),

(G2) S는 나아가 A가 S의 원래 의도를 [G1에서 기술한 대로] 인지하도록 의도했고,

(S further intended that A recognize S's original intention [as described in G1]),

(G3) S는 더 나아가 A가 적어도 부분적으로 그런 원래 의도를 인지함에 기초해 P라는 믿음을 형성하도록 의도했다.

(S still further intended that A form the belief that P at least partly on the basis of recognizing that original intention).

따라서 나는 모차르트의 예에서 "〈피콜로미니〉 미사곡은 무미건조하다"라고 발언함으로써, 미사곡이 미숙하고 유치함을 의미했다. 왜냐하면 나는 여러분이 적어도 부분적으로 내가 바로 그런 의도를 가졌음을 여러분이 인지함에 기초해 미사곡이 미숙하고 유치하다는 믿음을 형성하도록 의도하면서 그 문장을 발언했기 때문이다.

널리 알려졌듯 화자 의미의 핵심은 의도인데, 다른 정신 상태도 마찬가지로 분석에 등장한다. 말하자면 여러분이 의도한 미래의 믿음과 의도한 인지 상태도 그라이스는 분석한다.

평범한 화자가 이렇게 복잡한 의도를 가졌을 수 있다는 것이 그럴듯하지 않다고 생각할지도 모른다. 어떻게 매번 주장할 때마다 복합 의도를 가질 수 있겠는가. 그런데 그라이스는 이런 의사소통 의도가 의식되거나 정신 앞에 닥친다고 가정하지 않는다. 실은 일상생활에서 우리의 의도는 대부분 암묵적일 따름이고, 어쩌다 의도를 자각할 뿐이다. 그렇더라도 여러분은 흔히 명시적으로 생각하지 않으면서 의도에 관해 말하고, 여러분이 자각하지 않은 것을 자주 화자로서 의미한다(speaker-mean).

앞에서 말한 둘째 단계 이론은 1969년 이후 몇 가지 반례에 응답해서 면밀하게 꾸준히 수정되었다. 나는 여러분이 이 하부계획(subproject)에 대한 감을 잡을 수 있게 몇 가지 반론과 수정안을 충분히 검토하겠다.

반론 1

화자 의미는 사실상 실제 청중을 요구하지 않는다. 내가 혼잣말하는 버릇이 있다고 가정하자. 실천이나 이론이나 개인 차원에서 어떤 문제가 생길 때 나는 지하실 비밀 공간에서 혼잣말로 문제를 처리한다. 그때 나는 청중에게 미칠 어떤 효과도 의도하지 않을뿐더러 누군가 듣고 있었다면 몹시 당황했을 터다. 혹은 지프(Paul Ziff)가 〈그라이스의 의미 설명에 대하여〉(1967, 3~4쪽)에서 예시로 빈번히 들었던 조지와 그가 발언한 "클로디우스는 내 아버지를 살해했다"라는 문장을 살펴보자. 어느 날 조지는 그 문장을 '아침에 혼잣말로' 처음 발언했고, '오후에 조제프와 대화를 나누면서' 다시 발언했고, '저녁에 열병에 걸려 헛소리로' 한 번 더 발언했으며 청중이 한 사람 있었지만 자각하지 못했을 수도 있다. 그렇더라도 조지는 "클로디우스는 나의 아버지를 살해했다"라는 문장을 발언할 때마다 같은 것을 의미했다. 그런데 그라이스의 분석은 청중을 요구할 뿐만 아니라 화자가 자각하지 못한 청중과 관련해 구체적인 어떤 의도를 가짐도 요구한다. 그리고 이는 적어도 혼잣말과 헛소리의 사례에는 그럴듯하지 않다.

그라이스는 〈발인자의 의미와 의도〉(1969, 5절)에서 청중이 없는 사례를 다룬다. 그는 가설적 또는 반사실적 청중의 측면에서(in terms of hypothetical or counterfactual audiences) 해결책을 강력히 추진한다.[5] 결과적으로 어떤 이가 정상적 지각 및 다른 심리 상태에 놓여 **있다면** 그 사람이 P라는 믿음을 형성할 **것임을** 화자는 의도해야 한다.

나는 화자로서 이것을 의도할 필요가 있는가? 어쩌면 그럴지도 모른다. 왜냐하면 혼잣말을 할 때도 나는 내가 말한 것이 누군가에게 이해되리라고 가정할 수밖에 없기 때문이다. 다른 한편 더 강력한 반례가 생각난다. 내가 무인도에서 자랐고, 어떻게든 홀로 언어를 끼워 맞췄으나, '다른 화자'나 '청중'이라는 개념을 아예 형성하지 않았다고 가정하자. 그러면 나는 반사실적으로도(even counterfactually) 청중에 관해 아무것도 의도할 수 없다. 하지만 이는 논란의 여지가 많은 사례다. 왜냐하면 내가 어렴풋하게라도 화자와 청중이라는 개념을 형성하지 않고서 나만의 언어를 만드는 일이 가능하리라는 점을 부정하는 철학자가 많기 때문이다.

반론 2

실제 청중이 있을 때도, 화자는 의도 인지를 수단으로(by means of intention recognition) 믿음을 만들어내고자 의도하지 않지만 어떤 것을 의미할 수도 있다. 요구 조건 (G3)과 (G2)조차 너무 강할지도 모른다. 혹은 화자는 믿음을 만들어내려는 의도를 전혀 갖지 않을 수도 있다. 화자도 자신의 청중이 문제의 믿음을 **벌써** 가지고 있음을 아는 까닭이다.

---

5 (옮긴이) '가설적 또는 반사실적 청중'은 실제로 없으나 임시로 있다고 가정한 청중, 사실은 없는데도 사실과 반대로 있다고 가정한 청중을 뜻하는 말이다. 반사실적 가정은 가능 세계 이론에서 아주 중요한 개념이고, 10장에서 논의할 '가능 세계와 내포 의미론'에서 자세히 설명될 것이다.

여기 전자의 사례 유형에 속한 예가 하나 있다. **논증의 결론**이다. 어떤 이는 논증을 제시하고, 어쩌면 기하학의 정리를 증명할지도 모른다. 이때 그 사람은 확실히 화자로서 논증의 결론을 의미하지만, 청중이 자신의 원래 의도를 인지함으로써 일부라도 결론에 도달하도록 의도하지 않는다. 화자는 청중이 그러기를 결코 의도하지 않고, 오히려 논증의 장점에만 기초해 믿음을 형성하도록 의도할 수도 있다.

쉬퍼(Stephen Schiffer, 1940~)는《의미》(1972: 79~80쪽)에서 (이른바) 청중 없는 사례와 **논증의 결론** 사례는 똑같이 화자가 바로 청중이라고 규정함으로써 접근한다. (개인적으로 이것을 공상이나 환상으로 치부할 수 없는데, 내가 그냥 혼잣말에 희열을 느끼기 위해 발언을 자주 한다는 말을 들은 적이 있기 때문이다.)[6] 이렇게 두는 수는 둘째 유형의 사례들이 없었다면, 통할지도 모른다. 이것의 한 예는 **수험생(examinee)**이다. 예들 들어 시험 문제에 올바르게 답한 학생은 워털루 전투가 1815년에 벌어졌음을 의미하지만, 시험 위원이나 채점자(examiner)에게 그런 믿음을 **유도**하려고 의도하지 않는다.

그라이스는 이 예를 비롯한 다른 여러 반례에 응답해서 두 논점을 본질적으로(essentially) 수정한다. 첫째, 그라이스는 '활성' 믿음('activated' belief)이라는 개념을 불러내자고 제언한다. 몇몇 청중은 이미 화자가 염두에 둔 것을 믿지만, 그들의 믿음은 충분히 의식에 떠올라 심리적으로 활동하지 않거나 전혀 의식되지 않을 수도 있다. 만약 우리가 (G1)을 보강하면, 청중이 P를 믿도록, 화자 S가 청자 A에게 **활성** 믿음을 형성하도록 의도함을 요구하는 조건은 **수험생** 예를 (그다지 자연스럽다고 할 수는 없지만) 설명할 수도 있다. 다른 예에 비해 더 낫게 설명한다.

둘째, 그라이스는 또한 (G1)을 수정해야 하는데, 이때 오로지 **그 화자가** P임을 믿는다고만 청중이 믿도록 의도한다는 더 약한 조건으로 (G1)을

---

6 그렇다. 여러분은 그것을 믿을 수 있는가?

196

바꾼다. (이런 식으로 (G1)을 약하게 만드는 것은 활성 믿음을 요구하도록 (G1)을 강하게 만드는 것과 양립할 수 있다.)

이 둘째 수정은 합당한 것 같다. 그라이스가 말하듯 둘째 수정은 **수험생** 예를 시원하게 처리한다. 그럴듯하지 않은 것도 아니다. 무엇을 말하고 의미한다는 것은, 언제나 그런 것은 아니지만 흔히 청중이 믿음을 공유하기를 희망하거나 의도하거나 기대하면서 단지 믿음을 표현하는 것일 뿐이다. (우리가 사물에 대해 사람들에게 말함으로써 정보를 줄 때, 우리는 정상적으로 그런 정보 주기가 비형식 논리학자들이 '권위'라고 부른 것에 따라 작동하기를 기대한다. 청자들은 우리의 말을 우리가 이야기한 것으로 받아들이고 우리가 그것을 믿기 때문에 믿는다.)

그렇지만 그라이스가 인정하고 쉬퍼가 《의미》(1972: 43쪽)에서 강조하듯, **논증의 결론** 사례는 첫째 수정이나 둘째 수정으로 완화되지 않는다. 더 일반적으로 의사소통의 모든 사례는 청중이 화자의 말을 받아들이기 **때문에** 성공한다. 기하학의 증명을 다시 떠올려보라. 정곡을 찌른 예에 대해 그라이스는 자신의 의미 이론을 우리에게 전달/소통했지만, 자신이 그렇게 말한 것의 강도/세기(strength)에 근거해 그것을 받아들이도록 의도함의 효능으로 전달한 것이 아니다. 그라이스가 자신의 의미 이론을 믿는다고 우리가 믿게 되었고, 그래서 (G1)을 새롭게 변형한 약한 조건은 만족된다. 하지만 그것은 여기서 도움이 되지 않는다. (우리는 실은 심지어 그라이스가 자신의 의미 이론을 믿는다고도 가정할 수 없다. 나는 철학자들이 언제나 자신이 현실적으로 믿지도 않는 견해를 옹호한 논문을 쓰고 있는 것은 아닌지 우려스럽다.)

화자가 바로 청중인 **논증의 결론**에 쉬퍼가 보인 반응은 어떤가? 나는 같은 유형의 반례가 아직 있다고 생각한다. 내가 첫 증명이 아직 칠판에 그대로 있을 때 나의 정리의 둘째 증명을 한다고 가정하자. 나는 스스로 어떤 믿음을 유도하지 않는다. 혹은 내가 이미 말하지 않은 채(quiescently) 주장했던 믿음을 활동하게 만들지도 않는다. 다른 예를 하나 더

들어보자. 두 철학자가 고유 이름 직접 지칭 이론을 두고 친목회를 한다고 가정하자. 그들은 둥글게 원을 그리며 춤을 추고 기뻐하며 서로에게 "이름은 이름일 뿐!"이라고 거듭거듭 외친다. 제각기 이 의심스러운 주장의 진리에 관해 충분히 활성 믿음 상태에 있고, 다른 사람이 그런 상태에 있음을 안다. 그래서 어느 쪽도 다른 사람에게 믿음을 만들어내거나 활동하게 하려는 의도를 가진다고 말할 수 없다. 그렇더라도 확실히 그들은 자신들의 발언으로 고유 이름은 이름일 뿐임을 의미한다. 그것은 무의미한 구호가 아니다.

추가로 수(moves)를 둘 수 있지만,[7] 반론 2에 대한 논의는 여기까지만 하겠다. 처음 두 반론은 그라이스의 분석이 지나치게 요구한다는 점을 보이려고 의도한 것이었다. 다음 두 반론은 다른 점에서 그라이스의 분석이 충분히 요구하지 않는다는 결과에 이른다.

반론 3

> 징집된 조지는 자신이 제정신임을 밝히기 위해 설계된 시험을 어쩔 수 없이 치른다. 조지는 짜증을 많이 내는 대학생으로 알려져 있다. 그가 보는 시험은 바보들에게 적합할 것이다. 다음과 같은 질문을 하나 받는다. "신분을 밝히라고 요구받으면 뭐라고 하겠습니까?"라고 묻는다. 조지는 질문한 사관에게 "우 블러 블러 우 블러(Ugh blugh blugh ugh blugh)"라는 발언으로 대답한다.
>
> 지프, 〈의미에 대한 그라이스의 설명에 대하여〉(1967), 2쪽

조지는 자신의 경멸감을 보여주려고 의미했고, 경멸감을 보여주려는

---

7 가능한 해결책 하나는 최근 웬디 낸커스(Wendy Nankas)가 나에게 제언했다. 바로 활성(activation)이 아니라 강화(reinforcement)에 대해 말하자는 것이다.

자신의 의도를 인지함에 기초해 자신의 경멸감을 교관이 인지하도록 의미했다. 하지만 그라이스의 조건이 충족되었는데도, 조지는 **언어적** 뜻이라는 점에서 아무것도 의미하지 못했다. (어떤 이는 그라이스의 분석이 여전히 포착한 것처럼 보이는 '의사소통'의 더 넓은 뜻이 있다고 올바르게 지적할 수도 있다.)[8]

반론 4

제2차 세계대전 중에 어떤 미국 군인이 이탈리아군의 포로가 된다. 그는 이탈리아 군인들이 자신을 독일군 장교로 확신하도록 만들어 풀려나기를 원한다. 자신을 붙잡은 이탈리아 군인들도 독일어를 모르기를 바라면서, 그는 자신이 학창 시절에 배워서 아는 유일한 독일어 문장인 시한 줄을 "그대는 레몬 나무가 꽃을 피운 땅을 아는가?(Kennst du das Land wo die Zitronen blühen?)"라고 거만하게 외침으로써 "이를테면 자신이 독일인 장교라고 그들에게 말하는 시늉을 해본다."[9](설, 〈화행이란 무엇인가?〉, 1965: 229~230쪽) 여기서 이 미국 군인은 이탈리아 군인들이 자신을 독일군 장교로 믿게 만들 의도로 자신이 아는 독일어 문장을 발언했다. 미군은 더 나아가 이탈리아 군인들이 원래 의도를 인지하도록 의도했다. 그

---

8 지프의 사례는 그라이스가 〈발언자의 의미와 의도〉(1969: 152~153쪽)에서 논의했던 엄슨(James Opie Urmson, 1915~2012)의 엄지손가락을 죄는 고문 도구에 관한 사례와 아주 유사하다. 그 사례에 응답해서 그라이스는 '재정의 I'을 제의했다. 그러나 나는 정확히 어떻게 그런 재정의가 이런 종류의 반례를 제거한다고 여겨졌는지 알아보지 못했다. 스탬프(Dennis Stampe), 쉬퍼, 스트로슨(Peter Frederick Strawson, 1919~2006)이 대화 중에 시작했던 일련의 예가 있는데, 일정한 종류의 속임과 추측을 포함한다. 스탬프의 변형한 견해(Stamp's version)는 그라이스가 〈발언자의 의미와 의도〉(1969)에서 다룬 첫째 예였다. 반례와 응답은 그런 분석의 특별히 뒤얽힌 복잡한 사례와 수정의 무한 후퇴로 이끈다. 나는 후퇴로 빠져든 둘째 사례도 끌어다 힘들게 하지 않아서 여러분이 고마워하지 않을까 생각한다. (여러분은 이 책을 반환하고 책값 일부를 돌려달라고 할지도 모른다.) 그래서 첫째 반례는 설명하지 않을 작정이다.

9 이 문장은 괴테(Johann Wolfgang von Goethe, 1749~1832)의 소설《빌헬름 마이스터의 수업시대(Wilhelm Meisters Lehrjahre)》(1795~1756), 3권, 1장에 나오는 한 가사의 첫 줄이다.

리고 더 나아가 그들이 원래 의도를 인지함에 기초해 거짓 믿음을 형성하도록 의도했다. 그러나 미군은 독일어 문장("Kennst du das Land wo die Zitronen blühen?")을 말할 때 자신이 독일 장교라고 의미한 것 같지 않다.

그라이스는 청중이 발언의 특징과 의도된 믿음 유형 사이에 '상관 방식(mode of correlation)'이 있다고 믿도록 의도된다고 요구함으로써 응답한다. 쉬퍼는《의미》(1972)에서 '상호 인식(mutual knowledge)'이라는 전문 개념으로 다른 수를 두는데, 지금은 쉬퍼의 패(arcana)를 뒤집지 않는 것이 나을 것 같다.

쉬퍼의《의미》(1972)와 애브러미즈의《의미와 정신》(1989)에서 드러나듯, 단호히 그라이스를 추종하는 사람들은 그라이스의 원래 설명(original account)을 수정하면서 비상한 배짱과 기술을 보여주었고, 앞서 말한 모든 문제 사례와 더 많은 사례를 조정한 결과로 반례가 많음에도 화자 의미 이론을 변형한 복잡한(!) 견해는 옹호할 만한 것으로 남는다. 그리고 화자 의미가 **어떤** 면에서는 화자의 의도 및 다른 정신 상태의 문제일 수밖에 없다는 점은 일반적으로 받아들여진다. 그러나 이제 우리는 그라이스의 계획의 첫 단계로 돌아가, 문장 의미를 화자 의미로 환원하는 작업을 다시 해야 한다.

문장 의미
Sentence Meaning

앞 절을 읽은 여러분이 놀랄지도 모르겠지만, 그라이스가 〈발언자의 의미, 문장 의미, 낱말 의미〉(1968)에서 시도한 문장 의미를 화자 의미로 구성하려는 작업은 정교하고 까다로운 세부 사항(tricky details)으로 가득하다. 나는 거기에 무작정 뛰어들어 허우적대기보다 몇 가지 장애를 미리 들추어낼 것이다. 그때 그라이스가 장애를 극복하려고 시도한 방식만 대충 그려볼 작정이다.

주어진 영어 문장이, 영어 화자가 문상을 발언할 때 언제나, 아니면 적어도 정상적으로 P를 (화자 의미로서) 의미한다는 점에서만 P를 의미한다고 가정하고 시작하는 것이 자연스러울 것이다. 그러나 바로 여기에서 문제가 생긴다.

장애 1

지프는 〈의미에 대한 그라이스의 설명에 대하여〉(1967)에서 다음과 같은 두 가지 예를 들었다.

> 조지는 자기 머리에 손을 댔다. 전극을 삽입하고, 전극 판을 탑재하는 따위의 조작을 했다. 결과는 기묘하고 호기심을 자아냈다. 느낌이 어떠냐는 질문을 받을 때, 조지는 "글리팅 엘리 벨레그(Glyting elly be-leg)"라고 발언함으로써 대답했다. 조지가 나중에 우리에게 알려준 바에 따르면, 그가 [저것]으로 의미했던 것은 자신이 괜찮다는 점이었다. 그때 조지는 왜인지 모르지만 [글리팅 엘리 벨레그]와 "나는 괜찮아"가 동의어라고 믿었으며 모든 사람이 이것을 알고 있다고 말했다.
>
> 지프, 〈의미에 대한 그라이스의 설명에 대하여〉, 4~5쪽. 아마 지금 여러분은 조지의 삶이 여러분이나 나의 삶보다 더 흥미롭다는 점을 간파했을 것이다.

> 한 남자가 갑자기 "글리그 글리그 글리그!(Gleeg gleeg gleeg!)"라고 외쳤고, 그렇게 발언함으로써 청중이 자신의 의도를 인지하여 특정한 결과를 만들어내도록 의도했다. 그는 자신의 청중이 티베트에 눈이 내리고 있었다고 믿게 만들고 싶었다. 물론 그는 자신이 노렸던 결과를 만들어내지 못했다. 아무도 그의 의도가 무엇이었는지 인지하지 못했기 때문이다. 그렇더라도 이런 의도를 그가 가졌던 것은 분명했다. 미쳤다고 여겨진 그는 정신과 의사에게 인계되었다. 그는 정

신과 의사에게 자신이 "글리그 글리그 글리그!"라고 외쳤을 때 이런 의도를 가졌지만, 아무도 자신의 의도를 인지하지 못했고, 사람들이 미치지 않고서야 그러지는 않을 것이라고 불평을 늘어놓았다.

지프, 〈의미에 대한 그라이스의 설명에 대하여〉, 5쪽

원문에서 지프가 이런 예를 그라이스의 화자 의미 분석에 대한 반례로 받아들이는지 분명치 않다. 그러나 나는 지프를 그런 방식으로 이해하지 않고 이런 반례들을 받아들이지도 않는다. 자신의 뇌를 조작한 상태의 조지는 자신이 괜찮음을 의미했을 듯하다. 또 미친 남자는 비정상적인 방식이라도 티베트에 눈이 내리고 있었음을 의미했을 듯하다. 오히려 내 생각에 만약 그라이스의 화자 의미 이론이 올바르다면, 화자 의미는 아주 값싸게 손에 들어온다는 것이 요점이다. 적당히 혼란에 빠진 정신 상태의 어떤 화자든 자신이 우연히 발언한 소리를 엮은 어떤 문자열로 무엇이든 의미할 수 있다고 해도 좋다. 만약 그라이스의 화자 의미 이론이 올바르다면, 이는 그가 세운 계획의 첫 단계에 대해 더 나쁜 결과에 이른다. 화자들이 발언한 어떤 문장으로든 **의미했을 수도 있는** 것에 아무 형식적 제약이 없고 화자들이 얼마나 자주 이것이나 그것/저것을 의미하는지에 관한 통계만 있을 뿐인 까닭이다.

물론 실생활에서 화자 의미는 그렇게 쉽게 손에 넣을 수 없다. 두 가지 이유가 있다. (a) 사람들은 대부분 지프의 예에 나오는 환자처럼 혼란에 빠져 있지 않다. 훨씬 더 중요한 이유로는 (b) 영어 문장은 제각기 의미를 지니며, 어떤 이가 그냥 좋을 대로 아무거나 의미할 수 없다. 내가 낱말 자체의 의미에 관해 이상하게 잘못 판단하거나, 혹은 더욱 정교한 무대가 마련되지 않는 한, 나는 "여기는 추워"라고 말하면서 같은 말로 "여기는 따뜻해"를 의미할 수 없다. (비트겐슈타인이 들었던 예다.) 나는 당연히 비꼬거나 빈정거리며 말할 수 있다. 하지만 "〈원더 우먼(Wonder

Woman))[10] 비디오를 내려받았을 뿐이야" 또는 "돼지는 날개가 있어"를 제대로 잘 의미할 수는 없는 노릇이다. 문장의 선행 의미는 부분적으로 화자가 주어진 맥락에서 문장으로 의미할 수 있는 것을 제어한다.

(b)는 더 나아가 그라이스의 첫 단계를 혼란에 빠뜨린다. 만약 문장 의미가 화자 의미로 완전히 분석되어야 한다면, 우리는 문장 의미가 가능한 화자 의미를 제약한다고 바라봐서는 안 된다. (어쩌면 "해서는 안 된다" 라는 말은 지나치게 강할지도 모른다. 여기에 노골적으로 드러난 순환성은 없다. 또 화자 의미에서 유래한 한 가지 특별한 구성물이 화자 의미를 일반적으로 제약할 수도 있다는 것은 확실히 가능하다. 하지만 그라이스의 추종자는 여전히 이런 일이 왜 그토록 끈질기 게 벌어지는지 설명해야 할 것이다.)

장애 2

언어에 속한 헤아릴 수 없이 많은 유의미한 문장은 대부분 아무도 발언 하지 않았다. 그러므로 아무도 발언하지 않은 유의미한 문장으로 아무것 도 의미하지 않았다. 그러므로 발언한 적 없는 문장의 의미는 도저히 (정 상적으로나 전형적으로, 그리고 다른 어떤 식이든) 화자들이 의미한 것으로 결정 될 수 없다(플래츠,《의미하는 법》, 1979: 89쪽).

화자가 발언한 적 없는 문장으로 의미했을 것에 호소하는 방식은 솔깃 하지만 별로 쓸모가 없다. 우선 방대한 다수의 그런 문장을 화자들은 **발 언했던 적이 없을 것이다**. 화자들이 발언하지 않았지만 발언했을 수도 있 는 어떤 문장에 대해서도, 화자들이 그것을 발언하면서 의미할 것에 관 해 우리가 가진 유일한 실마리는 그런 문장이 무엇을 의미하는지 우리 가 이미 안다는 점이다.

---

10 (옮긴이) 미국의 심리학자인 윌리엄 몰턴 마스턴이 창조한 원더우먼은 1941년 처음 만화 속 주인공으로 등장했고, 이후 원더우먼을 등장시킨 드라마와 영화가 꾸준히 만 들어져 인기를 끌었다.

장애 3

다시 새로운 문장에 대해 살펴보자. 새로운 문장을 실제로 발언할 때조차 청중은 그 문장이 생뚱맞고 새로워도 듣자마자 이해한다. 그러나 만약 어떤 문장이 새로운 것이라면, (앞에서 말했듯 우리가 문장 자체가 무엇을 의미하는지 아는 것에 의존하지 않고) 화자들이 정상적으로 새로운 문장에 의해 의미하거나 의미할 것에 대한 확립된 사실은 없다. 또 최초의 새로운 사용은 (a) 그와 동시에 최후의 사용일 수 있고 (b) **그 자체가 문자에 충실하지 않은**(itself nonliteral) 사용일 수도 있다는 점에 주목하라. (나는 다음 문장이 결단코 전에 아무도 발언한 적이 없지만, 누군가 다시 발언할 수도 있다고 확신한다. "마침내 감옥에서 풀려나 여기 빠른 발로 조류관을 향해 급히 가고 있는 미국 철학 협회 회장은, 내일 오후 3시에 그녀가 누리는 정신의 풍요로움을 우리와 나눌 것이다." 이 사례에서 그 문장은 발언했더라도 아무도 그 문장이 문자 그대로 의미한 것을 실제로 의미하지 못했을 것이다.)

블랙번(Simon Blackburn)은 《낱말 퍼뜨리기》(1984: 4장)에서 올바른 상황에서 실천적으로 어떤 의도를 가지고 확실히 자신의 실제 믿음을 드러낼 의도 **없이** 주어진 문장을 발언할 수도 있다고 지적한다. (블랙번은 주장 효력을 가진 어떤 문장 S를 발언한 어떤 이는 'P를 드러낸다고 여길 수도 있다'는 것이 관습상 규칙이거나 관습상 규칙의 귀결일 때, 문장 S는 P를 의미한다는 생각을 대안으로 끄집어낸다. 이렇게 여겨도 된다는 허가증은 특정한 발언자의 어떤 의도든 그것과 독립적으로 성립한 사회적 사실이다. 이것은 흥미로운 생각이고, '일 수도 있다', '여기다', '드러낸다'처럼 풀어낼 것이 많지만, 그라이스의 생각은 아니다. 블랙번의 생각은 의식적으로 문장 의미를 화자의 의사소통 의도에서 분리하기 때문이다.)

장애 4

문장은 **자주**, 그리고 비정상적이지 않은 방식으로 문장 자체의 문자에 충실한 의미와 다르게 사용된다. (우리가 13장과 14장에서 더 논의할) 비꼬아 말하기와 간접 화행의 다른 형식을 소홀히 여겨 다루지 않더라도, 비유 용법은 널리 퍼져 있다. (우리는 15장에서 **비유 용법**에 대해 더 논의할 것이다.) 만약 그라이스가 문장 자체의 의미는 화자들이 '정상적으로' 문장을 발언하면서 의미한 것이라고 말해야 한다면, 그는 주장의 이유를 댈 뿐만 아니라 '정상적으로' 문장의 표준 의미와 독립적으로 의미한 것을 말해야 할 것이다.

상황은 훨씬 더 나빠진다. 주어진 문장이 문자에 충실한 의미로 **결코** 사용된 적이 **없는** 비밀 암호들이 있다. 1941년 일본군의 진주만 공습 신호는 "동풍, 비"로 번역되는 일본어 표현이었다. 이것은 내가 아는 한 "진주만에 폭탄을 투하할 시간이다" 말고 다른 어떤 의미로도 사용된 적이 없었다. 비밀 암호는 제쳐두고, 일상생활에서 우리가 문자에 충실한 의미와 다른 의미로 발언한 문장은 아주 많다. ("All Right, buddy, where is the fire?" 〔괜찮아 친구, 뭐가 그렇게 바빠?〕, "Can you tell me the time?"〔지금 몇 시죠?〕, "George and Martha buried the hatchet"〔조지와 마사는 화해했다〕, "Business is business"〔사업은 사업. 혹은 따질 것은 따져야 한다〕) 그리고 은유의 문제가 온전히 남아 있다. 13장에서 보겠지만, 그라이스조차 은유를 자신이 '대화상 암시 함축 (conversational implicature)'이라고 부른 것의 한 종류로 생각한다.

이제 문장 의미를 화자 의미로 환원하려는 작업과 반론 1~ 반론 4에 그라이스가 어떻게 접근했는지에 대해 지적할 사항을 충분히 알아차렸을 것이다.[11]

그라이스는 먼저 **특정 개인에 대한** 문장 의미의 좁은 개념, 다시 말해 특정 개인의 독특한 화법이나 **개인 언어**(idiolect)[12]에서 문장이 지닌 의미에 집중한다. (두 영어 화자의 개인 언어는 정확히 같지는 않다.) 그라이스는 **구**

---

11 쉬퍼는《의미》(1972: 5~6장)에서 루이스의 관습 이론을 이용함으로써 다른 방법을 추구했다.

12 (옮긴이) 개인이 독특하게 사용하는 언어로 독특한 어휘, 문법, 발음법을 포함한다. 사람들로 구성된 어떤 단체에서 공유되는 언어적 특징을 가진 방언이나 사투리(dialect)와 다르다. 'idiolect'는 'idio'와 'lect'의 합성어인데, 전자는 '개인의'을 뜻하고, 후자는 'dialect'에서 앞부분을 바꿔서 만든 말이다.

조 발언(structured utterances)과 **비구조** 발언(unstructured utterances)을 구별하면서 자신의 초기 목표를 추가로 제한한다. 구조 발언은 개별 낱말 같은 유의미한 부분들을 가지며, 이 부분들은 발언의 전체 의미에 공헌/기여한다. 어느 영어 평서문이라도 이런 예인데, 영어 평서문은 개별적으로 유의미한 낱말들을 포함하고, 합성성에 따라 그 낱말 의미들의 효능으로 의미한 것을 의미하는 까닭이다. 비구조 발언은 "아야/아이고(Ouch)" 같은 단일/외톨이 표현(single expression)이나 "이리로(This way)"를 의미하는 손짓 동작 같은 비언어적 몸짓이다. 비구조 발언의 의미는 그런 점에서 합성적이지 않다. (그라이스가 '발언'이라는 용어를 비언어적 소통 행위까지 포함해 아주 넓게 사용한다는 점에 주목하라.)

그라이스는 이 논의를 뒷받침하고 채워서 다음과 같은 가설을 세운다. 만약 (어림잡아) 어떤 화자 S가 자신의 어휘 목록으로 다음과 같은 절차를 밟으면 그리고 오로지 그런 경우에만 [비구조 표현] x는 S의 개인 언어에서 P임을 의미한다. 만약 어떤 청중 A에 대해 S는 A에게 S가 P임을 믿는다고 믿도록 의도하면 x를 발언하는 것이다. (S가 P임을 믿는다는 절은 "S는 화자로서 P임을 의미한다"를 단순하게 변형한 절이다. 그라이스는 여기서 단순화가 아무런 해도 입히지 않는다고 주장한다.)

이제 그라이스는 자신의 분석을 화자들로 구성된 단체의 발언 의미(utterance meaning)까지 망라하도록 다음과 같이 확장한다. 만약 다음과 같은 (a)와 (b)가 성립하면 그리고 오로지 그런 경우에만 [비구조 발언] x는 단체 G에 대해 명제 P를 의미한다. (a) 만약 어떤 A에 대해 단체 G의 다수 구성원이 P를 믿는다고 A가 믿기를 원한다면 그들의 어휘 목록으로(in their repertoires) x를 발언하는 절차를 밟고, (b) 그런 절차의 유지는 그들에 대해 적어도 G의 다른 어떤 구성원들이 같은 절차를 그들의 목록으로 밟는다는 가정에 의존한다.

나는 (a)와 (b)가 결합해 장애 1을 극복한 것으로 생각한다. 적합한 절차가 공동체에 널리 퍼져 있고, 공동체의 개별 구성원들이 그런 절차를 마찬가지로 계속 따를 다른 구성원들을 신뢰한다는 것이다. 이는 정확히 옳은 말인 듯하다.

그러나 이제 묘수는 비구조 발언 의미에 대한 분석에서 일상적 문장 의미로 넘어가는 것인데, 일상적 영어 문장들은 모두 구조를 갖추고 있는 까닭이다. 그라이스는 '합성' 절차('resultant' procedure)라는 개념을 들여온다. 이 논점에 이르면 그라이스의 논문은 난해할뿐더러 모호하지만, 내 생각에 요점은 이렇다. 영어 문장들은 낱말과 구 같은 더 작은 유의미한 부분들로 구성되고, 이것들의 효능으로 완전 문장은 의미한 것을 의미한다. 꼭 마찬가지로 개별 화자는 자신의 어휘 목록으로 복잡한 추상적 '합성 절차'를 밟는데, 이 합성 절차는 각각의 합성 부분들에 붙은 구체적 절차들로 구성된다. 따라서 문장의 의미는 직접적으로 화자 의미의 기능이 아니라, 오히려 문장을 구성한 최종 부분들(ultimate parts)에 대한 개별 발언 의미들의 기능일 것이다. 그럴 때만 그라이스의 핵심 사상과 (결정적으로) 그라이스의 어떤 단체에 대한 발언 의미 분석은 부분들의 발언 의미들을 해명한 작업으로 인용될 것이다.

나는 '**추상적** 합성 절차(abstract resultant procedure)'를 강조하는데, 왜냐하면 그런 '추상적' 절차 가운데 극소수만 실제로 일어날 것이기 때문이다. 또 그런 특징이 장애 2와 장애 3에 맞서도록 그라이스를 도울 것이다. 장애의 논지는 발언한 적 없는 새로운 문장이 어떤 실제 화자 의미(actual speaker-meaning)와도 대응하지 않는다는 점이다. 논란의 여지는 있지만 적어도 발언한 적 없는 새로운 문장은 그라이스가 말한 추상적 합성 절차가 낳은 가설적 화자 의미(hypothetical speaker-meaning)에 대응한다. 추상적 절차에 호소함은 장애 4를 극복하게 도울 수도 있다. 일정한 문장의 문자에 충실한 의미(a certain sentence's literal meaning)는 어떤 실제 화자 의미와도 짝짓지 못하지만, 여전히 가설적 합성 화자 의미에 대응할 수도 있다.

그렇더라도 나는 이렇게 절대적으로 필요한 호소가 그라이스의 계획을 대부분 저버린다고 생각한다. 그라이스가 문장 의미와 유사한 공적 의미라는 개념(a notion of public meaning)을 단지 낱말 같은 문장 요소 표현들에만 적용하면서 전달할 수 있다고 가정하자. 그리고 이를 '표현 의미(expression meaning)'라고 부르자. 그러면 일종의 구문론을 언급하면서(9장을 보라), 그라이스는 표현 의미들로부터 추상해 문장 의미들을 구성할 수 있을 것이다. (이는 명제를 대놓고 가정한 것일 필요는 없다.)

2장에서 우리는 단칭 명사의 '화자 지칭(speaker-reference)' 개념을 정의했고, 정확히 그라이스식으로 단칭 명사의 '의미론상 지칭(semantic reference)'과 대조하려고 의도했고, 화자 지칭을 사물에 대한 청자의 주의를 환기하려는 화자의 의도 측면에서 이해했다는 점을 상기하라. 어쩌면 우리는 이름과 술어의 '화자 외연(speaker-extension)'이라는 유사 개념을, 명사/용어의 사용 뒤 어딘가에 있는 화자의 의도로 정의할 수 있을지도 모른다. 그러면 우리는 비구조 발언의 논의에서 비롯한 그라이스의 어휘 목록과 절차 언어를 빌려서, 대응하는 표현 의미의 유형을 새로 만드는 데 사용할 수 있을 것이다. 그 결과로 문장 의미를 화자 의미로 환원하는 둘째 단계는 여전히 문제를 일으킬 테지만, 장애 2~장애 4에 더는 직면하지 않을 것이다.

(또한 현재 생각은 흥미로운 연구 계획을 시사한다. 왜냐하면 그것이 우리를 지칭 이론으로 되돌려 새로운 방향에서 검토하도록 하기 때문이다. 예를 들어 고유 이름의 의미론상 지시는 현실적으로 화자 지칭의 측면에서 분석될 수 있는가? 표면상 그 생각은 이름 기술 이론뿐 아니라 인과 역사 이론과도 경쟁한다.)

하지만 이런 혼성 견해, 다시 말해 기초 표현 의미(the primitive expression meaning)에 그라이스식 개별 기초 표현 의미 이론(a Gracean theory of the individual primitive expression meanings)을 더함으로써 문장 의미를 해명하는 견해는, 지칭에 기반을 둔 다른 어떤 문장 의미 이론이 올바르며, 아주 중요한 점으로 2~4장에서 살펴보았던 이론과 경쟁할 새로운 유형의 지칭 이론을 추가할 뿐이라고 양보할 것이다.

- 그라이스에 따르면 언어 표현은 오로지 언어 표현을 사용한 화자의 생각이나 의도를 표현하기 때문에 의미를 지닌다.
- 어림잡아 '화자 의미'는 화자가 특정한 기회에 주어진 문장을 발언할 때 청자에게 전달하고자 의도한 것이다.
- 그라이스는 화자 의미를 화자의 의도, 믿음 및 다른 심리 상태로 분석하고, 그런 분석을 여러 반론에 비추어 방어할 수 있게 다듬었다.
- 그라이스는 문장 자체의 의미를 화자 의미로 분석하기도 했다.
- 그라이스의 분석은 몇 가지 장애를 극복하지만, 경쟁하는 문장 의미 이론에 너무 많이 양보할 것 같다.

학습 과제 ─────

1. 여러분은 그라이스가 반론 1~반론 4 가운데 하나 이상을 피할 수 있게 도울 수 있는가?
2. 여러분은 그라이스의 화자 의미 이론에 대한 추가 반론을 생각할 수 있는가?
3. 그라이스의 '첫째 단계'를 논해보라. 문장 의미를 화자 의미로 환원하려는 그의 정교한 방법은 효과가 있는가?
4. 내가 제언한 그라이스식 지칭 이론을 기존 이론들과 비교해보라. 그것은 어떤 이점이 있는가?

더 읽을거리 ─────

- 쉬퍼의 《의미》(1972)는 그라이스의 견해에서 비롯한 고전적 작업이다. 하먼의 〈스티븐 쉬퍼의 의미에 대한 서평〉(1974a), 애브러미즈의

《의미와 정신》(1989)도 보라. 그라이스의 관련 작업은 그라이스의《어법 연구》(1989)에 수록되어 있다.

- 베넷은 그라이스를 연구한 내부자는 아니었지만, 그의《언어 행동》(1976)은 그라이스의 계획을 옹호한 중요한 책이다. 매카이의 〈그라이스 교수의 의미 이론〉(1972), 블랙의 〈의미와 의도〉(1973), 로젠버그의《언어 표상》(1974: 2장), 비로의 〈의미 이론에서 의도론〉(1979)은 그라이스를 비판한다.

- 사카는《의미에 관해 생각하는 법》(2007)에서 그라이스의 이론과 중요한 점에서 다른 의미 심리 이론을 선보인다.

검증론

개요
Overview

검증 이론에 따르면, 만약 문장의 참이 우리의 미래 경험의 경로에 어떤 차이를 만들면 오로지 그런 경우에만 문장은 유의미하다(A sentence is meaningful if and only if its being true would make some difference to the course of our future experience). 경험적으로 검증할 수 없는 문장이나 '문장'은 무의미하다.[1] 구체적으로 말해 한 문장의 특수/특정 의미는 **검증 조건**(verification condition), 그 문장이 참이라는 것을 보여줄 어떤 사람의 가능한 경험의 집합이다.

검증 이론은 여러 반론에 직면하는데, 분명히 유의미한 많은 문장을 무의미한 것으로 규정하고 반대로 무의미한 문장을 유의미한 것으로 규정했다. 그리고 유의미한 것으로 여긴 문장에 틀린 의미를 할당했고,

---

1 (옮긴이) 홀따옴표에 넣은 문장이라는 말은 검증 조건과 상관없이 언어 체계에 포함된 문장들을 분류하는 개념어로서 문장, 추상체로서 문장을 나타낸다.

어떤 의심스러운 선제(some dubious presuppositions)를 포함하고 있다. 가장 심각한 반론은 뒤엠(Pierre Duhem, 1861~1916)과 콰인(Willard Van Orman Quine, 1908~2000)이 논증했듯, 개별 문장이 각각 구별되는 검증 기준을 갖지 못한다는 것이다.

콰인은 그 논점을 물고 늘어졌고, 개별 문장이 의미를 따로따로 지니지 않는다고 추론한다. 그에 따르면 문장 의미 같은 것은 없다. 콰인은 또한 어떤 문장들이 정의에 따라 또는 단지 문장을 구성하는 명사/용어가 지닌 의미의 효능만으로 참이 된다는 뜻에서 '분석적'이라는 한때 널리 퍼진 견해를 공격했다.

검증 이론의 동기
The Theory and Its Motivation

의미 검증 이론(Verification Theory of meaning)은 1930~1940년대에 번성했으며, 정치색이 매우 짙은 의미 이론이었다. 철학을 비롯한 다른 학문 분야에서 경험주의와 과학주의의 영향이 커짐에 따라 동기를 얻었고, 또 경험주의와 과학주의에 동기를 주기도 했던 이론이다. 특히 논리 실증주의라는 철학 운동의 동력으로 작용했다. 도덕 철학자, 시인, 신학자, 다른 여러 분야의 종사자들은 논리 실증주의가 자신들이 하는 일의 토대를 직접적으로 공격하는 견해임을 올바르게 인식했다. 대부분의 철학 이론과 달리 논리 실증주의는 좋은 쪽으로든 나쁜 쪽으로든 실제 과학의 관행/실천에 영향을 아주 강하게 미쳤다. 그러나 여기서 검증론은 언어 의미 이론으로만 검토하도록 하겠다.

대중에게 널리 알려진 실증주의의 표어에 드러났듯, 차이는 차이를 만들어야 한다(a difference must make a difference). 다시 말해 만약 언어의 어떤 부분이 어쨌든 유의미하다고 여겨지면, 그것은 사유와 행동에 어떤 종류의 차이를 만들어야 한다. 그리고 실증주의자는 문장이 어떤 종류의 차이를 만들어야 하는지에 대해 아주 구체적인 생각이 있었다. 언어의 부분은 우리의 **미래 경험**의 경로에 구체적으로 중요해야 한다. 만약 어떤 사람이 문장처럼 들리는 소리를 발언하지만, 여러분이 그런 문장의 참이 어떻게 미래에 영향을 줄지 간파할 방법을 전혀 모른다면, 어떤 뜻에서 여러분은 그런데도 그것이 유의미한 문장이라고 말할 수 있는가?

논리 실증주의자들은 이런 수사적 질문을 도전적으로 제기했다. 내가 의미 없는 헛소리처럼 보이는 무엇을 칠판에 쓰고, 휘갈겨 쓴 것이 어떤 사람의 언어에서 유의미한 문장이라고 주장한다고 가정하자. 여러분은 나에게 휘갈겨 쓴 것이 참인지 거짓인지에 따라 어떤 일이 벌어지냐고 묻고 나는 이렇게 대답한다. "아무 일도 벌어지지 않는다. 세상은 이 문장이 참이든 거짓이든 그렇지 않았을 때와 똑같이 돌아갈 것이다." 그러면 여러분은 당연히 겉보기에 의미 없는 헛소리가 실제로 무엇을 의미한다는 나의 주장이 아주 수상해 보일 것이다. 좀 덜 극단적으로 누가 외국어로 무엇을 말하는 소리가 들리면, 여러분은 그것이 무엇을 의미한다고 추정하지만 무엇을 의미하는지는 생각하지 못한다. 여러분은 그것이 참인지 거짓인지 보여줄 방법을 모르기 때문이다.

논리 실증주의자들은 유의미성의 기본 속성에 관심이 있었는데, 위대한 죽은 철학자의 저작에서 유의미한 발언으로 통하는 수많은 문장이 사실상 참이기는커녕 (심지어) 유의미하지도 않았던 것은 아닌지 의심했던 까닭이다. 그래서 논리 실증주의자들의 검증 원리는 무의미성과 대립하는 유의미성의 기준으로 가장 주목받으며 사용되었다. 만약 문장이 참이라는 것을 보여줄 어떤 사람의 가능한 경험의 집합이 있다면 그리고 오로지 그런 경우에만 문장은 유의미한 것으로 여겨질 것이다. 이 집합을 문장의 **검증 조건**이라고 부른다. (문장의 반증 조건, 문장이 거짓임을 보여주는 가능한 경험의 집합도 있다.) 누군가가 앞에 놓인 문장을 검토할 때 이런 경험의 집합을 떠올릴 수 없다면, 문장은 시험에 실패할 것이고 표층 문법에 맞더라도 무의미한 것으로 드러나게 될 것이다. (주장된 실패의 고전적 사례는 다음과 같다. 한 예는 "[길이를 재는 자와 같은 측정 도구를 포함해] 모든 것의 크기가 꼭 두 배로 커졌다"라는 진술이다. 다음 예는 5분 전 창조설이다. "전체 물리적 우주는 바로 5분 전에 표면상의 기억과 기록을 빠짐없이 갖추고 실존하게 되었다." 마지막 예는 악마를 가정한 회의론이다. "우리는 항상 체계적으로 현상/외양만 그럴싸한 경험을 우리에게 공급하는 강력한 악마에게 속고 있다.")[2]

그러나 검증론자들은 유의미성 자체에만 관심을 두지 않았다. 검증 이론은 퍼스가 〈관념 명료화 방법〉(1878/1934)에서 예상한 훨씬 구체적인 형식도 갖추었다. 퍼스는 특수/특정 문장의 개별 의미를 다루었고, 각 문장의 의미는 문장의 검증 조건과 같다고 주장했다.

따라서 검증 이론은 개별 문장이 무엇을 의미하는지 실제로 시험할 방법으로서 실용적으로나 실천적으로 쓸모가 있었다. 어떤 문장의 특수/특정 명제 내용을 예측한다는 것은 중요한 장점이고, 경쟁하는 모든 이론이 그런 장점을 공유하지 않는다. (소박한 명제 이론은 특수/특정 명제가 어떻게 주어진 의미와 연합하는지에 대해 아무것도 말하지 않는다.) 검증 이론은 쓸모가 있다고 여겨졌고, 심지어 완전히 수용하지 않는 사람들조차 명료화를 위한 도구로 사용했다. 여러분이 유의미하다고 추정하지만 이해하지 못하는 문장을 마주하면, 무엇이 문장이 참이거나 거짓임을 보여줄지 스스로 물어라.

---

2 이 예들은 모든 철학 전통에서 진지하게 받아들였던 회의주의 가설들이다. 논리 실증주의자들은 이런 '가설들'이 언뜻 완벽하게 유의미한 문장으로 보이지만 무의미함을 논증하려고 노력해야 했다. 논리 실증주의자들은 19세기 후반 헤겔의 관념론에 나오는 "절대자는 완벽하다(The Absolute is perfect)"라는 문장과 하이데거의 실존 철학에 나오는 "없음은 없다"라는 문장에 대해 덜 참아서 고생도 덜 했다. 나는 언젠가 신간 철학 서적을 광고하는 소책자를 받았다. 소책자에는 책의 특징이 죽 나열되어 있었는데, 한 항목에 이런 말이 쓰여 있었다. "부정이 자신을 부정하는 열한 가지 방식." 맹세컨대 지어낸 이야기가 아니다.

이런 이유로 검증 이론은 의미를 **인식** 관점에서 설명한 견해다. 다시 말해 검증 이론은 우리가 사물을 알게 되거나 알아내는 방식으로 의미를 밝혀낸다. 검증론자에게 어떤 문장의 의미는 *그것의 인식 방법*, 무엇이 문장의 고유한 증거 기반이 될 것이냐는 문제다. (한 해석에 근거하면, 6장에서 언급한 셀라스식 기능 또는 추론 의미 이론은 검증론자의 이론에 속하는데, 셀라스의 추론 규칙이 인식을 위한 장치인 까닭이다.)

검증론자들은 경험 내용을 갖지 않으면서도 어떤 면에서 유의미한 문장들의 특별한 집합(special class)이 있음을 인정한다. 말하자면 정의에 따라 참이고, 단지 문장을 구성하는 명사/용어가 지닌 의미의 효능만으로 참인 문장들이 있다. "어떤 총각도 결혼하지 않았다", "눈이 내린다면, 눈이 내린다", "연필 다섯 자루는 연필 두 자루보다 많다" 같은 문장들이다. 검증론자들에 따르면 이 문장들은 어떤 경험적 예측도 하지 못하는데, 세계에 어떤 일이 벌어지든 참이 되는 까닭이다. 그러나 참이기 때문에 어떤 종류의 의미를 지닌다. 이런 문장들이 참인 것은 아무리 사소하더라도, 문장에 나온 낱말들의 집단 의미들(collective meanings of words)로 보장된다. 이런 문장을 **분석** 문장이라고 부른다.

검증론은 여러 사람이 열렬히 주장했던 매력 넘치는 견해다. 그러나 다른 모든 의미 이론처럼 문제를 안고 있다.

몇 가지 반론
Some Objections

논리 실증주의자들은 심지어 스스로 만족한 검증 원리의 공식을 만들어 낸 적이 한 번도 없었다. 그들은 자신들이 원하는 검증 원리에 딱 들어맞는 문자열을 결코 찾을 수 없었다. 정확한 공식은 모두 이런저런 점에서 지나치게 강하거나 너무 약함이 드러났다(헴펠이 1950년에 발표한 〈경험주의 의미 기준의 문제와 변화〉를 보라). 방법론에 관한 문제도 있다. 논리 실증주의자들은 자신들이 제의한 공식들을 시험하기 위해 두 종류의 명료한 사례, 유의미한 문자열과 무의미한 문자열에 호소해야 했다. 그런데 이는 문자열이 이미 문법 규칙에 맞고 완벽하게 유의미한 낱말들로 구성되어 있더라도 문자 그대로 무의미할 수 **있다**고 가정한다. 그것은 생각해보면 아주 과감한 주장이다.

　이런 문제들은 검증론에 원칙적으로 반론을 제기하지 않지만, 아래 제기되는 두 반론과 이어지는 추가 반론을 시사한다.

반론 1

비트겐슈타인은 검증 이론이 언어의 '본질'에 이르려는 또 다른 **거대한 획일적(monolithic)** 시도며, 이런 모든 시도는 실패로 끝나게 마련이라고 불평했을 테고, 실제로 불만을 제기했다. 그러나 특히 덜 독단적으로 받아들이는 경우, 검증 이론은 논리 실증주의자들이 말한 기술 언어, 곧 사실을 진술하는 언어(descriptive, fact-stating language)에만 적용된다. 우리는 질문하고, 주문하고, 시를 쓰고, 농담하고, 다양한 종류의 예식을 치르는 따위의 행위도 한다. 추정컨대 적절한 의미 이론은 이런 모든 언어 사용에 적용되어야 하는데, 그것들은 모두 그 용어의 일상적 뜻에서 유의미한 언어 사용인 까닭이다. 그러나 검증 이론이 어떻게 그런 언어 사용을 다루도록 확장될 수 있을지 알아보기는 힘들다.

답변

논리 실증주의자들은 자신들이 의미를 제한된 뜻으로 다루고 있었을 뿐이라고 인정했다. 이들은 제한된 의미를 '인지적(cognitive)' 의미라고 불렀다. '인지적으로' 유의미함은 사실을 어림잡아 진술한 것이다. 의문문, 명령문, 시의 구절 따위는 중요한 언어 기능을 하며 무의미한 헛소리와 반대로 일상적인 뜻에서 '유의미'하지만, 인지적 의미라는 뜻에서 사실을 진술하거나 기술하지 않는다.

의미를 '인지적' 의미로 제한하려는 시도는 논리 실증주의자들의 더 넓은 범위의 형이상학과 반(反)형이상학적 목적을 위해서는 괜찮지만, 언어 의미를 일반적으로 해명하려고 시도하는 우리의 관점에서는 해롭다. 우리가 이해하려는 의미 이론은 사실을 진술하는 언어에만 적합한 것이 아니라 모든 의미 사실을 해명할 과제도 떠안는다.

어쨌든 '인지적' 의미로 후퇴하는 것은 다음에 이어질 어떤 반론에도 도움이 되지 않을 것이다.

반론 2

우리가 주목했듯 논리 실증주의자들은 낱말들의 어떤 문자열은 유의미하고 다른 문자열은 유의미하지 않다는 공인된 선입관을 가지고, 직관적으로 무의미한 것을 배제하고 명백하게 유의미한 것을 용인하려고 시도하며 작업했다. 그러나 논리 실증주의자들만 낱말들의 어떤 문자열이 유의미하다는 선입관을 가졌던 것은 아니다. 우리가 어떤 주어진 문자열에 대해 그것이 검증 가능한지, 가능하다면 어떻게 검증할 것인지 묻는다고 가정하자. 이렇게 하려면 우리는 그 문장이 무엇을 말한 것인지 이미 알고 있어야 한다. 문장이 무엇을 말하는지 모르는데, 그것이 검증 가능한지를 어떻게 알겠는가?

바이러스가 지금 퍼져 있는지 검증할 방법을 결정하려면, 우리는 바이러스가 무엇이고 일반적으로 어디에서 발견되는지 반드시 알아야 한다. 따라서 우리는 바이러스에 대한 담화를 이해하기 위해 바이러스에 관한 진술을 검증하는 것이 아니라 바이러스에 관한 진술을 검증하기 위해 바이러스에 대한 담화를 이해해야 하는 것처럼 보인다. 그런데 만약 문장이 무엇을 말하는지 우리가 벌써 안다면, 문장이 말한 무엇은 있다. 우리의 문장은 이미 그런 만큼 유의미하다. 따라서 검증 가능성의 문제와 검증 조건은 문장이 무엇을 의미하는지 아는 것보다 개념적으로 뒤에 온다. 우리는 문장의 검증 방법을 알기 위해 문장의 의미를 알아야 하는 것처럼 보인다.[3] 그런데 이는 검증 이론이 말한 것과 정반대다.[4]

관련된 둘째 논점은 논리 실증주의자들이 무의미한 것으로 여겨 제거하고자 원했던 문장("모든 것은 크기가 꼭 두 배로 커졌다", "전체 물리적 우주가 바로 5분 전 표면상 기억과 기록을 빠짐없이 갖추고 실존하게 되었다")은 표시나 소리를 엮은 문자열, 무의미한 헛소리, 1장에서 예로 들었던 종류의 뒤죽박죽 나열한 말("더블유 지에프제이에스디케이에이치제이 제이아이오비에프지엘지엘에프 유디", "좋다 의 떨어져 새침하게 그 어느 그 그 길 왜.") 같은 전형적 사례와 확연한 차이를 보인다는 것이다. 확실히 전자는 후자처럼 극단적이고 명백하게 무의미하지 않다. 인식론의 관점에서 전자의 사례에 어떤 잘못된 점이 있든, 전자의 문장은 그냥 무의미한 헛소리가 아니다.

---

3 물론 이해에도 정도의 차이가 있다. 우리는 어떤 명사나 용어를 완전히 이해하지 못할 수도 있다. (캠축이 무엇인지 정확히 아는가? 선형 가속 장치는 어떤가?) 그런데 문장을 일부라도 이해하려면, 우리는 문장이 말하는 것을 조금은 알아야 한다. (다시 말해 이는 문장의 검증 조건에 관해 결정되는 어떤 것이든 그것에 앞서 이미 문장이 말하는 무엇이 있음을 함축한다.)

4 내가 이 반론을 이 책의 초판에 함께 넣었을 때, 나 말고 아무도 이 논점을 파악하지 못했으리라고 여긴 것은 아니지만, 나의 독창적 반론이라고 생각했다. 최근 제프 펠레티어(Jeff Pelletier)가 그 문제를 살폈고, 이사야 벌린(Isaiah Berlin, 1909~1997)의 〈검증론〉(1939)에서 나의 반론을 표현한 명료한 진술을 찾아냈다. 그는 해당 반론을 '비평가들이 즉각 제기해야 했던 가장 명백한 반론'이라고 불렀다(벌린, 〈검증론〉, 228쪽). 린스키와 펠레티어의 〈검증: 히스테론 프로테론 논증〉(2018)도 보라. ('히스테론 프로테론'($\upsilon\sigma\tau\epsilon\rho$ $o\nu$ $\pi\rho\acute{o}\tau\epsilon\rho o\nu$, hýsteron próteron)은 '나중에 더 먼저(later earlier)'로 번역되는 그리스어이고, 수사학적 장치로 사용된다. 어떤 생각을 표현할 때 첫째 핵심어를 둘째 핵심어보다 시간상 나중에 놓는 것을 가리킨다. 둘째 핵심어를 먼저 놓음으로써 더 중요한 생각에 주의를 환기하려는 목적으로 쓰인다. 자연적 순서나 합리적 순서를 뒤바꾸어 표현하는 비유 화법으로 정의하기도 한다.)

둘째 논점에 대한 답변
Reply to the Second Point

검증론자는 낱말들을 엮은 두 유형의 문자열이 어떤 점에서 다른지를, 첫째 유형의 문자열이 예상과 달리 유의미함을 허용하지 않으면서 밝혀내야 한다. 여기서 둘 가능한 수(a possible move)는 다음과 같다. 첫째 유형의 문자열은 표준 영어 낱말로 만들어졌고, 피상적 구문론의 관점에서 문법 규칙에 맞아서 이해한다고 여기는 일종의 착각이 발생한다. 이런 문장들은 자주 무엇을 의미한다고 말하는 문자열들이므로, 우리에게 익숙한 느낌을 만들어낸다. 우리는 그런 문장들이 무엇을 말하는지 안다는 느낌을 받는다. 그리고 우리는 약한 뜻에서 그런 문장들을 문법에 따라(grammatically) 분석할 수 있고, 각 문장에 나오는 낱말들을 이해한다. 그러나 여기서 낱말들을 엮은 첫째 유형의 문자열이 사실상 완전한 문장으로서 어떤 것이든 의미한다는 결론은 따라 나오지 않는다.

반론 3

검증 이론은 나쁜 형이상학 또는 적어도 논란의 여지가 아주 많은 형이상학으로 이어진다. 검증 조건이 **경험**의 집합(a set of experiences)임을 떠올려보라. 논리 실증주의자들은 이런 검증 경험을 '관찰 언어(observation language)'라는 균일한 언어로 기술하려고 했다. 우리의 '관찰 언어'를 "나는 지금 내 앞에 있는 분홍색 토끼 모양의 사물을 보는 듯하다(I now seem to see a pink-shaped thing in front of me)"처럼 주관적 감각 인상을 나타낸 어휘로 제한한다고 가정하자. 그러면 내가 만들어낸 진술은 무엇이든 궁극적으로 나 자신의 감각 인상에 관한 것일 뿐이라는 결론이 검증론에서 따라 나온다. 유아론이 거짓이라도, 나는 그것이 거짓임을 유의미하게 말할 수는 없는 셈이다. 그리고 다른 누구도 그렇게 말할 수 없다.

설령 우리가 '관찰' 개념을 느슨하게 만들어 헴펠(Carl Gustav Hempel,

1905~1997)이 〈경험주의 의미 기준의 문제와 변화〉(1950)에서 말한 일상
물체의 '직접적으로 관찰할 수 있는 특징'까지 포함하더라도, 검증론이
한 문장의 의미를 우리가 그 문장에 대해 가질 수 있는 관찰 증거의 유
형으로 **남김없이**(without remainder) 무너뜨린다 것은 여전히 참이다. 예를
들어 우리는 과학적 대상에 대한 다음과 같은 괴상한 수정주의자의 견
해로 내몰린다. 전자, 기억 흔적, 다른 은하 따위에 관한 과학적 진술이
우리가 실험실에서 얻은 자료로 이루어진 복잡한 집합의 약어/줄임말
(abbreviation)일 따름이라는 도구주의자의 견해다. 전자에 관한 문장의
검증 조건은 무엇인가? 물론 검증 조건은 눈으로 확인할 수 있는 거시적
인 것, 예컨대 계량기 검침이나 안개상자 속 증기 자취나 음극선관 위에
흩어진 무늬와 비슷한 것이다. 우리가 원자를 구성하는 입자에 관해 말
할 때, 우리는 현실적으로 미립자가 아니라 계량기 검침, 증기 자취 따위
에 관해 말하고 있다고 정말로 믿어야 하는가? (논리 실증주의자들은 이런 도
구주의가 기괴하다고 여기지 않고 중요한 점에서 참이라고 생각했다. 나는 도구주의가 기
괴하다고 생각한다.)

그리고 인간의 정신/마음에 관한 문제로 주의를 돌릴 때, 우리는 행동
주의를 아주 강하게 변형한 견해가 곧바로 생겨난다는 점을 알아차린
다. 사람들의 정신/마음에 관한 진술들은 그저 사람들의 드러난 행동들
에 관한 진술들의 약어/줄임말들일 따름이다. 내가 여러분의 가장 안쪽
에서 일어난 사유와 느낌에 관해 가진 유일한 관찰 증거는 항상 내가 여
러분과 관계를 맺으면서 보고 들은 행동이다. 만약 어떤 이가 검증론자
라면, 그 사람에게 심리철학/정신철학은 완전히 끝난 분야다.

가능적으로(possibly) 앞에서 말한 나의 입맛을 전혀 돋우지 않는 이론
가운데 하나 이상은 참일 수도 있다. 어쩌면 **모두** 참일지도 모른다. 여기
서 나의 논점은 언어 의미에 대한 우리의 이론이 그 이론들이 밟은 **단계
의 하나로** 보여서는 안 된다는 것이다. 형이상학은 언어 이론에 따라서
자리를 잡아서는 안 되는데, 언어가 영장류에 속한 하나의 종에서 뒤늦

게 발견되는 적응 형태이기 때문이다. (어쩌면 적응 형태도 아니고, 그냥 다형질 발현,[5] 스스로 적응한 다른 특징들에 따른 부산물에 지나지 않을지도 모른다.)

반론 4

검증 원리는 어떻게 그것 자체에 적용되는가? **그것**은 경험적으로 검증할 수 있거나, 경험적으로 검증할 수 없다.

검증 원리를 검증할 수 없다고 가정하자. 그러면 검증 원리는 **그냥** 무의미하거나, 공허한 '분석적'이거나 정의에 따른 진리다. 적어도 한 논리 실증주의자는 (누구인지 기억나지 않지만) 검증 원리가 그냥 무의미하며, 누구나 타고 올라가서 차버려야 할 사다리라는 생각을 굳세게 포용했다. 몇몇 논리 실증주의자는 검증 원리가 전문적 목적을 위해 '의미'라는 낱말의 뜻을 한정하는 유용한 약정 정의(stipulative definition)라는 노선을 따랐다. 헴펠은 〈경험주의 의미 기준의 문제와 변화〉(1950)에서 검증 원리를 '제안(proposal)'이라고 불렀고, 따라서 제안으로서 검증 원리는 참도 거짓도 아니지만, 몇 가지 합리적 요구와 제약에 각각 지배를 받기 때문에 단순히 **제멋대로인/자의적인** 것이 아니다. 물론 어떤 철학자든, 아무거나 언제든 약정할 수 있다. 하지만 그 원리는 어떻게 신뢰할 만한, 정말로 (있는 그대로 드러난) 의미에 대한 올바른 **이론**을 찾는 사람들을 돕는가? 약정은 쓸모가 있지만, 우리가 기존 현상에 대한 적절한 철학적 이론에 이르려고 할 때 별로 도움이 되지 않는다.

---

5 (옮긴이) 다형질발현(pleiotropism)은 하나의 유전자가 하나보다 많은 표현형의 특징을 나타낼 때 일어난다. 다수 표현형의 특징을 드러내는 유전자를 다형질발현 유전자라고 부른다. 유전자형(genotype)은 세포, 생물, 개체에 발현된 유전적 특성을 나타낸다. 일반적으로 종의 특성을 나타내는 형질을 뜻하고, 유전형질이라고도 한다. 유전자형과 대비되는 표현형(phenotype)은 생물체의 발생과 성장 과정에서 자연환경과 상호작용하면서 나타나는 특징으로, 유전되지 않는다. 그러나 부모 세대에서 유전되지 않은 새로운 유전형질이 돌연변이에 의해 생길 수 있다.

나는 몇몇 논리 실증주의자들이 검증 원리를 '의미'의 선행 의미를 포착한 믿을 만한 올바른 정의로 생각했다고 가정한다. 이런 생각의 난점은 구체적으로 어떤 의미론상 증거가 그런 정의의 올바름을 지탱하는지 우리가 모른다는 것이다. 확실히 논리 실증주의자들은 러셀이 정관사 '그(the)'의 분석에 애썼던 만큼 '의미'라는 용어를 분석하지 않았다. 그리고 평범한 사람들도 논리 실증주의자가 아닌 철학자들도 검증 원리와 연관된 여러 **직관적** 판단을 공유하지 않았다. 검증 원리는 "어떤 총각도 결혼하지 않았다"처럼 분석적인 것처럼 보이지 않는다. '의미'라는 말과 '검증한다'라는 말이 무엇을 의미하는지 아는 사람이라면 누구든지 유의미하다는 것은 단지 검증 가능한 것이고 한 문장의 의미가 그것의 검증 조건임을 안다는 점이 나는 의심스럽다.

검증 원리를 경험적으로 검증할 수 **있다**고 가정해보자. 다시 말해 검증 원리가 문장에 대한 경험, 문장의 의미, 문장의 검증 조건으로 확증되고, 의미는 검증 조건을 추적해 **찾아낸 것이라고** 가정하자. 그러나 (반론 1에서 보았듯) 이는 검증 조건을 문장에 할당하는 것과 독립적으로 문장 의미를 인지할 수 있음을 선제한다. 그리고 우리가 무엇을 검증 원리의 바탕인 '경험적' 자료로 여겨야 할 것인지 명료하지 않다. 길거리에서 이루어진 설문조사인가? 사전에 적힌 정의인가? (결단코 이건 아니다) 어떤 사람 자신의 언어적 '직관'인가? (또한 이때 검증 원리 자체의 의미는 바로 그 원리에 의해 검증 조건과 일치하고, 의미에 속한 것으로서 경험의 집합은 검증 조건과 일치한다. 이것이 궁극적으로 악순환에 빠지는지 확실치 않지만, 더럽게 꼬여 있다.)

어쨌든 검증 원리의 자기적용 문제(self-application problem)는 피상적 속임수가 아니라 현실적인 문제다.[6]

---

6 검증론은 고인이 된 스토브(David Charles Stove, 1927~1994)가 《플라톤 숭배와 철학의 다른 바보짓들》(1991)에서 '이시마엘 효과(Ishmael Effect)'라고 불렀던, 철학 이론이 자기 자신을 유일한 예외로 만드는 현상을 비웃는다. (《모비 딕》에 등장하는 다음 문

반론 5

어윈(Edward Erwin)은 《무의미성 개념》(1970)에서 모든 진술을 사소하게 대체로 같은 방식으로 검증할 수 있다고 보여주는 논증을 제의한다. 우리가 놀라운 예측력을 보이는 재미나게 생긴 기계를 하나 받는다고 가정하자. 말하자면 어떤 평서문을 천공 카드에 부호로 나타내고 기계의 투입구로 집어넣으면, 기계는 윙윙 소리를 내고 덜컹덜컹 돌아가면서 '참'이나 '거짓'이라고 불을 켠다. 더욱이 우리가 점검하거나 확인할 수 있는 한, 기계는 기적에 가까울 만큼 **언제나 옳다**(always right).

이제 임의의 문자열, 문장 S를 살펴보자. 다음과 같은 경험의 집합은 S의 개연성을 획기적으로 높이기에 **충분할 것이다**.

> 1. 우리는 문장 S를 천공 카드에 부호로 나타낸다.
> 2. 우리는 카드를 기계에 먹인다.
> 3. 기계는 '참'이라고 불을 켠다.

(그리고 기계는 한 번도 틀린 적이 없음을 기억하라.) 따라서 S가 직관적으로 무의미한 헛소리라**도**, S를 확증할 어떤 가능한 경험의 집합이 실제로 있다. 또 문장 S 자체의 특정 검증 조건은, S가 부호로 표시되어 기계에 들어갈 때 기계는 '참'이라고 불을 켬이 될 것이다. 따라서 검증 이론은 사소한 견해로 바뀐다. 왜냐하면 문자열은 모두 검증할 수 있고, (아마 같은 기계에 먹인 천공 카드에 관해 뭔가 의미하는 문장은 거의 없으므로) 검증 이론이 특정 문장

장 참조.)(이시마엘은 멜빌의 소설 《모비 딕》에 일인칭 서술자로 등장하는 인물이다.) "그리고 나만 홀로 빠져나와 그대에게 말합니다(And I only am escaped alone to tell thee)." 사실 이 문장은 욥기 1장 15절에서 인용한 것이다) 예를 들면 다음과 같은 문장이다. "우리가 알 수 있는 것은 우리가 아무것도 알 수 없다는 것뿐이다(All we can know is that we can know nothing)." "유일한 도덕적 죄는 불관용이다(The only moral sin is intolerance)." "절대적으로 모든 것은 상대적이다(Absolutely everything is relative)."

에 잘못된 의미를 지정하기 때문이다.

위에서 말한 논증은 뭔가 잘못이 있다. 하지만 정확히 무엇이 잘못된 것인지 말하기는 무척 어렵다.

반론 6

검증 원리를 변형한 어느 원리든 어떤 '관찰 언어(observation language)'를 선제할 수밖에 없고, 관찰 언어로 경험을 기술한다. 그러므로 '관찰' 용어와 (상관관계가 있는) '이론' 용어의 확고한 구별을 묵인할 수밖에 없다. 내가 언급했듯 일부 논리 실증주의자는 관찰 언어를 사람들의 사적이고, 주관적인 감각 인상을 기술한 진술로 제한했다. 하지만 이는 상호주관적으로 점검하거나 확인할 수 있는 과학의 목적에 맞지 않았다. 그래서 논리 실증주의자는 대부분 헴펠이 〈경험주의 의미 기준의 문제와 변화〉(1950)에서 내놓은 견해에 합류하고 일상 물체의 '직접적으로 관찰할 수 있는 특성'에 호소했다. 여기에 두 가지 문제가 있다.

첫째, '직접적 관찰'이라는 개념은 결말이 나지 않은 골치 아픈 개념이고, 전체적으로 기술 상대적(technology-relative)이다. **그리고** 관심이나 계획에도 상대적이다. 시각을 통한 관찰은 여러분이 안경을 쓰고 있을 때 '직접적'인가? 여러분이 돋보기를 이용하고 있다면 어떻다고 말하겠는가? 이 배율이나 저 배율의 현미경으로 보면 어떻겠는가? 전자 현미경으로 보면 어떨까?

둘째, '관찰'과 '관찰 언어'로 표현한 진술은 조금이라도 **이론이 실려**(theory-laden) 있다. 무엇을 관찰로 치고 무엇을 관찰된 것으로 치며 어떻게 '자료(datum)'가 기술되는지는 모두 문제의 이론이 부분적으로 결정한다.

위에서 말한 두 문제는 과학철학의 해결하기 어려운 복잡한 쟁점이다. 나는 여기서 언급만 할 따름이다.[7] 그런데 두 문제는 검증론에 더 심각한 반론을 제기하도록 돕는다.

큰 반론
Big One

반론 7

뒤엠의 《물리 이론의 목표와 구조》(1906/1954)를 따라서, 콰인은 《논리적 관점에서》(1953)와 《말과 대상》(1960)에서 어떤 개별 문장도 '관찰' 시험이 일어난 한 묶음의 배경 이론에 상대적인 경우를 제외하면 독특한 검증 조건을 **갖지** 못한다고 주장한다. 이에 대해 조금 설명이 필요하겠다.

많은 사람이 과학에 대해 품은 소박한 관념이 있다. 어떤 이가 과학 가설을 하나 세우고, 그런 다음 어떤 실험으로 가설을 시험하고, 실험이 단독으로 가설이 올바른지 보여준다는 생각이다. 뒤엠은 우주 역사상 어떤 가설을 단독으로 검증하거나 반증할 수 있는 실험은 단 한 번도 없었다고 지적했다. 이유는 가설을 실험 기구에 닿도록 하기 위한 보조 가정이 언제나 너무 많이 있다는 것이다. 가설들은 때때로 반증되고, 여러분이 원하면 철저히 논박된다. 그러나 이는 관련된 과학자들이 어떤 다른 고정된 가정, 진위를 다툴 여지가 있고 아예 틀릴 수도 있는 가정을 주장하고 있어야만 그럴 수 있다. 우리가 천문학을 연구하고 복잡한 천체 망원경으로 관찰함으로써 사태를 검증하고 논박한다고 가정하자. 이 망원경을 사용할 때, 천문학자들은 광학 이론의 거의 모든 내용과 그 밖에 셀 수 없이 많은 것을 가정하고 있다.

놀랍게도 뒤엠의 논점은 일상생활에도 유효하다. 일상에서 어떤 물건을 기술한 어떤 좋은 문장이든 예로 들어보자. "탁자 앞에 의자가 하나

---

7 애친스타인(P. Achinstein)의 〈이론 용어의 문제〉(1965)와 처치랜드(P. M. Churchland) 의 〈지각 유연성과 이론 중립성〉(1988)을 보라. 한편 둘째 논점에 관해 포더(J. A. Fodor)의 〈처치랜드의 '지각 유연성과 이론 중립성'에 보내는 답변〉(1988) 같은 반대 의견도 있다.

있다(There is a chair at the head of the table)"라는 문장을 예로 들어보자. 그것의 검증 조건은 무엇인가? 가장 먼저 주목할 사항은 그 문장을 확증할 경험의 '그' 집합이 어떤 점에서 누군가의 가설적 시점에 달렸다는 것이다. 우리는 이렇게 시도해도 좋다. 여기 이 문 쪽 방 안으로 걸어 들어가면, 여러분은 탁자 앞에 있는 의자 하나에 대해 경험할 것이다. 그러나 이것도 다른 무엇에 의존한다. 그것은 여러분이 눈을 뜨고 있는지에 의존하고, 여러분의 감각 기관이 제대로 기능하고 있는지에 의존하고, 불이 켜져 있는지에 의존하고, 이렇게 죽 이어질 것이다. 이런 자격들(qualifications)은 예견할 수 있듯 끝이 없다. 적당한 울타리를 치려고 애쓰더라도 ("만약 여러분이 방안으로 걸어 들어가면, 그리고 여러분이 눈을 뜨면, 그리고 여러분의 감각 기관이 기능하면…") 더 많은 자격이 불쑥불쑥 등장한다. 여러분은 뒤로 걷기가 아니라 앞으로 걸어서 방으로 들어가는가? 여러분과 의자 사이에 어떤 것이 놓여 있었는가? 의자는 위장술로 감춰졌는가? 화성인들이 의자를 보이지 않게 만들었는가? 하늘에서 일어난 Q-방사선의 폭발로 여러분의 뇌가 바뀌었는가? 우리는 얼마든지 이렇게 이어갈 수 있다.

교훈은 우리가 주어진 경험 진술의 '그' 검증 조건이라고 받아들인 것이 아주 큰 배경으로서 기본 보조 가정들을 선제한다는 점이다. 그런 가정들은 흔히 완벽하게 합당하고, 우리가 그것들을 가정하는 것은 우연이 아니다. 그런데 특정 '검증 조건'은 우리가 이런 가정들에 기대기로 선택한 경우에만 주어진 문장과 연합하고, 선택되지 않는 거의 모든 가정은 연합하는 데 실패할지도 모른다. 문장은 본래 어떤 결정된 검증 조건(determinate verification condition)도 갖지 못한다.

이는 (최소한) 한 문장의 의미를 그것의 검증 조건과 같다고 보는 이론에는 당혹스러운 문제다. 그러나 지금부터 살펴보겠지만 문제는 여기서 완전히 끝나지 않는다.

콰인의 두 쟁점
Two Quinean Issues

1950~1960년대에 콰인은 논리 실증주의자들의 언어철학에 두 가지 문제를 제기하면서 도전했다. 첫째, 콰인은《논리적 관점에서》(1953)와《말과 대상》(1960)에서 분석성(analyticity) 개념을 공격했다. 다시 말해 그는 일부 문장들이 언어 바깥 세계의 공헌/기여 때문이 아니라 전적으로 그 문장들이 의미한 것의 효능으로 참이 된다는 주장을 공격했다. 콰인은 분석성에 반대하는 논증을 많이 내놓는다. 그 가운데 일부는 설득력이 없다. 다른 논증들은 더 낫고, 이후로 또는 적어도 최근 '분석적'이라는 용어가 부활하기 전까지,[8] 이 용어를 아주 더러운 말로 여기도록 만들었다. 나는 콰인의 논증을 항목별로 나눠 정리하지 않을 테지만, 콰인이 분석성과 인연을 끊은 바탕이 무엇인지에 대해 일반적으로 설명할 것이다.

콰인은 논리 실증주의자들의 인식론적 취향을 공유하고 유지하며, 언어의 의미는 어떤 것이든 증거적 지지의 기능이나 함수(function of evidential support)라고 믿는다. 그러나 콰인 자신의 인식론은 전체론(holism)이라는 점에서 논리 실증주의자들의 인식론과 다르다. 여러분이 참이라고 주장한 개별 문장들과 거짓이라고 거부한 문장들이 있는데, 각 경우에 여러분의 믿음을 지지하는 일은 여러분의 문장이 다른 여러 문장과 증거적으로 관계를 맺는 복잡한 문제다. 믿음 수정이 필요한 듯할 때마다, 여러분은 어떤 믿음에 대해 정합하는 체계(뒤엠의 논점을 떠올려 보라)를 유지하려고 믿음을 포기해야 할지 폭넓게 선택할 수 있다. 그리고 수정에 완전히 면역된 어떤 믿음도 없고, 경험적 증거와 전반적 정합성을 유지하려는 관심의 압력을 받을 때 거부되지 **않을 수도 있는** 문장은

---

8 예컨대 질리언 러셀(Gillian Russell)의《의미의 효능으로 참: 분석과 종합 구별 옹호》(2008)를 보라.

없다. 분명해 보이는 논리학의 진리, 예컨대 "P이거나 P가 아니다" 같은 진리조차 양자 역학의 아주 기이한 현상에 비추어 포기될 수도 있다.[9] 그런데 분석 문장은 정의에 따라 세계의 입력(input)에 전혀 반응하지 않을 테고, 그래서 수정에 면역되어 있을 터다. 그러므로 어떤 분석 문장도 없다.[10]

예스러운 멋이 담긴 철학자들의 '분석적(analytic)'이라는 범주에 들어가는 문장들이 있냐는 문제는 실천적/실용적 귀결(practical consequences)이 거의 없는 것처럼 보일지도 모른다. 그러나 콰인이 분석성을 거부한 것은 작지만 흥미로운 한 가지 반향을 불러일으킨다. 두 영어 문장, S1과 S2가 정확한 동의어라고 가정하자. 그러면 "만약 S1이면, S2이다"라는 조건문은 분석적이어야 한다. 조건문의 내용은 "만약 [이런 사태]가 성립하면, [이와 똑같은 사태]가 성립한다"이고, 그것은 경험이 어떻든 결코 반증할 수 없다. 그래서 만약 분석 문장이 전혀 없다면, 어떤 두 영어 문장, 예컨대 "밤비의 어미는 암사슴이었다(Bambi's mother was a doe)"와 "밤비의 어미는 암컷 사슴이었다(Bambi's mother was a female deer)"도 정확한 동의어가 아니다.[11]

상황은 더 나빠진다. 콰인이 논리 실증주의자들에게 도전한, 그리고

---

9 (옮긴이) 양자 역학의 기이한 현상이란 미립자의 위치와 운동량을 동시에 측정할 수 없어 생기는 현상을 가리킨다. 양자 역학에 따르면 모든 물질과 복사는 파동-입자 이중성을 가진다. 예컨대 빛은 파동으로 대개 생각되지만, 물질과 특정하게 반응(방출, 산란, 흡수)할 때 입자처럼 행동하는 면이 있다. 그러니까 "빛은 파동이다"를 명제 P라고 했을 때, P는 참이거나 거짓이고, 둘 다 참인 것은 아니라는 것이 논리학의 배중률이다. 그러나 빛이 입자일 때 P는 거짓이고, "빛은 파동이다"라는 명제 P는 참이면서 거짓이다. 따라서 배중률을 포기할 수도 있다는 것이다.

10 (옮긴이) 철학자들이 자주 사용하는 타당한 연역 논증 형식인 후건 부정 논증 형식에 따라 도출된 결론이다. "p이면 q다. ~q다. 그러므로 ~p다"라는 형식의 p에 "분석 문장이 있다"를 넣고, q에 "수정에 면역된 문장이 있다"를 넣어보라.

11 실제로 아주 철저한 콰인 전문가는 이런 논증을 받아들여서는 안 된다. 왜 안 되는가? (귀띔: 앞 절을 보라.)

정말로 실천적으로(practically) 모든 사람에게 도전한 둘째 문제가 여기에 있다. 그냥 분석 문장이 없다는 것과 어떤 두 문장도 동의어가 아니라는 것만이 아니다. 콰인은 **의미 같은 것은 없다**(there is no such thing as meaning)고 문제를 제기한다. 콰인은 먼저 우리의 '의미 사실'을 부정하고, 자신의 '번역 불확정성(indeterminacy of translation)' 학설의 형태로 의미에 관한 제거주의(eliminativism)나 허무주의(nihilism)를 받아들이라고 힘껏 설득한다.

여기서도 콰인은 여러 논증을 내놓았고, 일부는 다른 것보다 설득력이 있다. (콰인이 1969년에 펴낸《존재론적 상대성 및 다른 논문들》에서 제시한) 논증은 아주 간단히 이렇게 진술할 수 있다. 개별 문장은 검증 조건을 갖지 않는다. 그러나 만약 한 문장이 어떤 의미든 지닌다면, 그것은 검증 조건이 될 것이다. 그러므로 개별 문장은 의미를 전혀 지니지 않는다. 따라서 콰인은 검증론을 반론 5에서 구해낸다. 하지만 이는 단순히 의미와 의미 사실 자체를 제거한 것일 뿐이며, 마을을 파괴해서 마을을 구하는 꼴이다. 물론 콰인이 제시한 논증의 문제는 둘째 전제의 정당성을 보여주는 데 있다. 만약 문장이 검증 조건을 갖지 않는다면, 제공된 다른 의미 이론이 그렇게 많을 때 왜 검증론을 계속 받아들이는가?

더 유명한 논증은 아무 사전 지식 없이 외국의 원주민/토박이 언어를 탐구하면서 '번역 편람(translation manual)' 또는 원주민 언어-영어 사전을 만들려고 시도하는 현장 언어학자의 가설로 시작한다. 콰인은 현장 언어학자가 이용할 수 있는 모든 증거가 어떤 하나의 번역 편람을 결정하는 데 실패한다는 논증을 펼친다. 서로 양립할 수 없는 여러 번역 편람이 증거와 완전히 일관된다. 더욱이 여기서 과소 결정(underdetermi-nation)은 과학 이론이 근거로 찾은 증거에 따라 불충분하게 결정된다는 표준적 과소 결정만이 아니다. 과소 결정은 근본적이다. 세계를 이루는 물리 사실의 총체도 경쟁하는 번역 편람 가운데 하나의 정당성을 다른 것에 맞서 충분히 증명하지 못한다. 그러므로 어떤 번역도 경쟁하는 번역을 배제할 만큼 올바르지 않다. 그런데 만약 문장이 의미를 지닌다면 올바른 번역, 문장의 실제 의미를 담은 번역이 있었을 것이다. 그러므로 문장은 의미를 지니지 않는다.

여기서 문제는 세계를 이루는 물리 사실의 총체도 경쟁하는 번역 편람 가운데 하나를 올바르다고 판가름하지 못한다는 전제의 정당성을 밝히는 것이다. 그 전제를 어떻게 옹호하냐는 문제는 아직 모호하고 이해하기도 어렵다.

요약

- 검증 이론에 따르면, 만약 문장의 참이 우리의 미래 경험의 경로에 어떤 차이를 만들면 오로지 그런 경우에만 어떤 문장은 유의미하다. 그리고 한 문장의 특정 의미는 그것의 **검증 조건**, 그 문장이 참이었음을 보여줄 가능한 경험의 집합이다.
- 검증 이론은 아주 강력하지도 약하지도 않은 여러 반론에 직면한다.
- 그러나 가장 심각한 반론은 뒤엠과 콰인이 논증했듯 개별 문장이 각각 구별되는 검증 조건을 갖지 못한다는 것이다.
- 콰인은 '분석' 문장, 오로지 문장을 이루는 요소가 지닌 의미의 효능으로 참이 되는 문장이 있다는 견해를 공격했다.
- 뒤엠의 논점에서, 콰인은 개별 문장이 의미를 지니지 않는다는 극단적 주장을 추론한다. 문장 의미 같은 것은 없다.

학습 과제

1. 검증론의 편에 서서 반론 1~반론 6 가운데 하나를 골라 응답해보라.
2. 반론 7과 맞붙어 논쟁을 시도해보라.
3. 검증 이론에 추가할 비판이 있는지 검토해보라.
4. 콰인이 분석성을 공격한 견해나 의미 불확정성 옹호 논제를 논해보라. (어느 쪽이든 과외 독서가 조금 필요할 것이다.)

더 읽을거리

- 에이어의 《언어, 진리와 논리》는 검증론을 아주 쉽게 해설하며 옹호한 고전이다.
- 콰인 말고도 반(反)검증론의 관점에서 쓴 영향력 있는 몇몇 논문으

로 바이스만의 〈검증 가능성〉(1965b)과 퍼트넘의 《정신, 언어, 현실》 (1975b)에 실린 여러 논문, 특히 〈꿈꾸기와 심층 문법〉이 있다.

- 콰인의 번역 불확정성 학설은, 읽고 싶은 마음이 절로 드는 굉장한 문헌을 낳았다. 초기 콰인의 견해와 번역 불확정성 학설이 궁금하다면 내가 쓴 《자연 언어에서 논리적 형식》(1984: 9장)을 보라. (내가 다른 누구의 견해를 추천할 것이라 기대했는가?) 바온의 〈의미 검증론, 언어, 번역〉 (1992)도 보라.

- 1970년대와 1980년대에 신검증론(neoverificationism)이 갑자기 생겨났는데, 주로 더밋의 《진리와 나머지 수수께끼》(1978)에 실린 글 때문이었다. 더밋을 가장 명료하게 공격한 견해는 지나치게 단순한 면이 있으나 데빗의 〈더밋의 반(反)실재론〉(1983)을 보라.

진리 조건 이론

: 데이비드슨의 계획

개요
Overview

데이비드슨(Donald Herbert Davidson, 1917~2003)에 따르면, 우리는 문장의 검증 조건 개념을 문장의 진리 조건 개념으로 바꾸면 더 나은 의미이론을 얻을 것이다. 문장의 진리 조건은 진리의 증거로 쓸모가 있을 뿐인 사태가 아니라 문장이 실제로 참이 되는 조건이거나 참이 될 조건이다. 데이비드슨은 몇 가지 논증을 제의하는데 주요 논증은 다음과 같다. 길고 새로운 문장을 우리가 어떻게 이해하는지 설명하기 위해 합성성(compositionality)이 필요하고, 문장의 진리 조건이 문장의 합성적 특징을 가장 분명하게 드러낸다는 것이다. 데이비드슨은 영어를 비롯한 자연언어의 문장에 진리 조건을 주는 방식의 모형으로, 진리를 인공적인 형식 논리 체계에 맞춰 정의할 방안을 마련한다. 그런데 영어 문장들의 표층 문법이 그것들의 논리적 형식들에서 벗어나므로, 문법 이론이 논리학과 맺는 관계를 밝히는 일에 힘을 쏟아야 한다. 이런 이론이 실제로 있으며 독자적으로 뒷받침된다.

데이비드슨의 이론은 여러 반론에 직면한다. 한 반론은 참값(truth-values)을 갖지 않는 완벽하게 유의미한 문장이 여럿 있다는 것이다. 다른 몇 가지 반론은 데이비드슨의 계획이 맥락에 의존해 지칭체를 고정하는 (대명사 같은) 표현, 동의어가 아니지만 똑같은 사물에 우연히 적용되는 술어, 문장을 구성하는 절의 참값에 따라 참값이 결정되는 복합 문장을 다룰 수 없다는 것이다. 또 다른 반론은 데이비드슨의 이론이 현재 한창 논란의 대상인 진리 개념 자체에 볼모로 잡혀 있다는 것이다.

진리 조건
Truth Conditions

지금까지 우리가 다루었던 이론 가운데 오직 하나만이, 무엇이 실제로 특정 문장의 의미를 결정하냐는 문제를 그럭저럭 밝혀냈다. 명제 이론은 문장 의미를 받아들였고, 단지 문장을 (어떤 종류의 대상으로 만들어) 구체적이거나 현실적인 것처럼 다루었다. 다른 논평을 더는 하지 않았고, 이렇게 만들어진 문장 의미(sentence-meaning)라는 대상을 누군가의 언어 관행/실천, 행동과 연결하지도 않았다. 그라이스는 의미 문제에서 떨어져나와 문장을 사람들의 실제 의도 및 믿음의 내용과 연결해 얼렁뚱땅 심리철학/정신철학으로 넘어가려고 했다. 이런 시도는 그다지 성공적이지 못했고, 더 중요한 논점은 단순히 의도 및 믿음의 내용 자체를 당연하게 받아들였다는 것이다. 우리가 이미 보았듯 이 점에서는 검증론자들이 더 나았다. 검증론자들은 주어진 문장의 명제 내용, 다시 말해 문장의 검증 조건이 되는 명제 내용을 시험할 방법을 우리에게 제의했다. 곤란한 문제는 우리가 (8장 반론 7에서 다룬) 뒤엠과 콰인의 문제를 무시하더라도, 검증을 위한 시험 방법이(반론 3처럼) **잘못된** 내용을 자주 예측할 수 있다는 점이다. 데이비드슨은 〈진리와 의미〉(1967a)와 〈자연 언어에 대한 의미론〉(1970/1975)에서 논리 실증주의자들이 생각한 문장의 검증 조건을 문장의 **진리 조건**으로 바꾸면 우리가 원하는 곳에 도달할 것이라고 논증했다. 이 견해에 근거하면 문장의 의미를 아는 것은 문장이 참이 될 조건을 아는 것이지, 문장이 실제로 참인지 **말할** 방법을 아는 것이 아니다. (여기서 인식론은 신경 쓰지 말기로 하자.) 두 문장이 동의어라고 함은 두 문장이 똑같은 조건에서 참이라는 말이다. 한 문장이 애매하다고 함은 그 문장이 같은 상황에서 자기모순에 빠지지 않으면서 참이 되기도 하고 거짓이 되기도 한다는 말이다. 한 문장이 다른 문장을 함의한다고 함은 후자가 또한 참이 되지 않으면서 전자가 참이 되는 일이 불가능하다는 말이다.

이름(name)을 언급하지 않았지만, 러셀의 기술 이론에 대해 논의했기 때문에 우리는 이미 의미 진리 조건 접근법에 익숙하다. 러셀은 기술을 포함한 문장의 진리 조건을 개략적으로 묘사하고 다양한 근거를 들어 그것이 올바른 진리 조건이라고 논증함으로써 정확하게 나아간다. 러셀의 견해는 다음 절에서 더 논의하겠다.

데이비드슨은 관계가 있다고 밝혀진 두 발상에서 시작한다. 하나는 무엇이 특수/특정 문장의 의미를 결정하냐는 질문에 의미 이론이 지침을 제공해야 한다는 생각이다. 다른 하나는 이 책을 시작하면서 소개한 놀라운 현상, 길고 새로운 문장을 쏜살같이 이해하는 능력이 대단히 중요하다는 생각이다. 데이비드슨은 첫째 발상에 초점을 맞추면서 이렇게 묻는다. 철학적인 뜻에서 일반적인 의미 이론이 아니라 영어나 표준 중국어, 콰키우틀어의 이론에서, 그 언어에 속한 문장이 각각 지닌 특정 의미를 명기하는 특정 언어를 위한 이론을 어떻게 제시할 수 있는가?

이런 이론은 어떤 형식을 갖추고 있을까? 데이비드슨은 몇 가지 지침과 제약(guidelines and constraints)을 제의하고 이유를 말한다. 첫째 지침과 제약은 이렇다.

유의미한 표현의 수에는 명확한 한계가 없을 듯하므로, 작동 가능한 이론은 유한한 수의 특징들이 일정한 형태로 반복해 나옴에 기초해서 각 표현의 의미를 설명해야 한다. 그러나 어떤 사람이 이해하면서 보내고 받을 수 있는 문장의 길이에는 실천적으로 제약이 있을지라도, 만족스러운 의미론은 문장 속에 반복적으로 나올 수 있는 특징들이 문장의 의미에 공헌/기여한다는 점을 설명할 필요가 있을 것이다.[1]

데이비드슨, 〈자연 언어에 대한 의미론〉(1970/1975) 18쪽

여기서 데이비드슨은 길고 새로운 문장을 이해할 우리의 능력(ability)에 호소하고, 그런 능력에 대한 설명을 제언한다. 우리는 어떻게 잠재력이 무한한 영어 문장을, 우리의 유한한 어휘와 한계가 있는 언어 경험에 기초해 이해하는가? 다음과 같이 답할 수밖에 없다. 우리는 '유한한 수의 특징들', 곧 의미 '원자들'의 역할을 하는 상대적으로 수가 적으며 다루기 쉬운 유의미한 표현들의 집합을 완전히 익혀야 한다. 그리고 우리는 몇몇 합성 규칙들, 다시 말해 더 복잡한 표현의 의미를 생성하는 의미 원자들이나 의미론상 기초 요소들이 '일정한 형태로 반복되는' 방식들("patterned" ways)도 숙달해야 한다.[2]

투박하게 말하면 의미 원자는 개별 낱말이고, 합성 규칙은 낱말들의 의미가 더 복잡한 의미 속으로 투영되도록 낱말들을 하나로 묶는 방법을 명기한 문법이나 구문론의 규칙이다. 데이비드슨은 문장의 의미가

---

1 (옮긴이) 자주 인용되는 중요한 내용이고 번역에 논란의 여지가 있을 듯하여 원문을 실었다. "Since there seems to be no clear limit to the number of meaningful expressions, a workable theory must account for meaning of each expression on the basis of the patterned exhibition of a finite number of features. But even if there were a practical constraint on the length of the sentences a person can send and receive with understanding, a satisfactory semantics would need to explain the contribution of repeatable features to the meanings of sentences in which they occur."

2 여기서 데이비드슨은 지프가 《의미론적 분석》(1960)에서 제시한 견해를 따른다.

문장을 구성한 낱말들이 지닌 의미의 기능이나 함수라고 주장한다.[3] 이 것이 2장과 6장에서 언급한 **합성성** 논제(thesis of compositionality)다. 합성 성은 길고 새로운 문장을 우리가 이해하는 현상을 설명하려는 뻔한 가설 이다. 우리는 복합 의미를 구문론에 따라(syntactically) 더 작은 유의미한 요소들로 분해하고, 문장의 최소 의미 부분들의 구문론적 기능으로 계산 함으로써 이해한다.

그래서 철학과 관련된 일반적인 뜻에서 적절한 의미 이론은 주어진 어느 언어라도 언어에 '대한' 체계적 '의미 이론'을 구성할 때 우리를 인 도해야 하며, 언어에 속한 문법에 맞는 각 문장의 의미를, 문장이 구성 요소인 낱말들로 합성되는 절차를 차례차례 기록함으로써 명기할 것이 다. 따라서 적절한 의미 이론은 다음과 같은 목록을 생성할 수단이다.

"눈은 희다"는 눈이 흼을 의미한다.

("Snow is white" means that snow is white.)

"풀은 푸르다"는 풀이 푸름을 의미한다.

("Grass is green" means that grass is green.)

"소리 요정은 물질 징후를 보이는 전형적 소리를 낸다"는 소리 요정 이 물질 징후를 보이는 전형적 소리를 냄을 의미한다.

("Poltergeists make up the principal type of material manifesta-tion" means that poltergeists make up the principal type of material manifestation.)

"1931년에 히틀러는 미국을 방문했고, 방문한 동안 …" [여러분이

---

3 '낱말'은 아주 올바른 표현이 아니다. 어떤 의미 원자는 낱말보다 더 작은 표현이다. 예 컨대 '아님-(un-)' 같은 접두사와 '-할 수 있음(-able)' 같은 접미사가 있다. 어떤 낱 말은 의미 원자에 쓸데없이 중복된 일부일 따름이다. 프랑스어 'ne … pas'를 예로 들 수 있다. 언어학자들은 참된 의미 원자를 형태소(morpheme)라고 부른다. 나는 편리하 기도 하고 익숙하기도 하여 '낱말'이라는 말을 계속 사용할 것이다.

아는 내용이다.]

("In 1931, Adolf Hitler made a visit to the United States, in the course of which … " [You get the idea.])

그리고 이 목록은 **무한**하거나 잠재적으로 무한하다. 물론 이 예는 영어 문장의 의미를 영어로 명기하지만 (그래서 썩 흥미롭지 않은 소리로 들리지만), 우리는 다음과 같이 나머지 다른 언어에 대해 똑같이 할 수 있어야 한다.

"Der Schnee ist weiss"는 [독일어에서] 눈이 흼을 의미한다.

"Das Gras ist grün"은 풀이 푸름을 의미한다.

"Die Poltergeisten representieren…." [등등.]

  영어의 이론이나 독일어의 이론은 어떻게 이런 목록을 만들 수 있을까? 먼저 길고 새로운 문장을 이해하는 우리의 능력에 대응해서, 만약 우리가 사실을 충분히 안다면, 우리는 그 문장의 참값을 결정할 능력이 있음에 주목하라. 예를 들어보자. 만약 내가 캐서린 딘스(Katherine Dienes, 1970~)의 〈아베 마리아(Ave Maria)〉라는 곡이 중세 수녀원 음악의 울려 퍼지는 독특한 소리를 연상시키기 위해 성가 마디와 오르간의 웅웅거리며 이어지는 저음, "저희를 위하여 빌어주소서(ora pro nobis)" 겹쳐 부르기를 비롯한 여러 장치를 사용함을 우연히 알게 되고, 내가 다음 문장 (1)과 우연히 마주한다고 치자.

  (1) 캐서린 딘스의 〈아베 마리아〉 곡은 중세 수녀원 음악의 울려 퍼지는 독특한 소리를 연상시키려고 성가 마디와 오르간의 웅웅거리며 이어지는 저음, "저희를 위하여 빌어주소서" 겹쳐 부르기를 비롯한 다른 장치를 사용한다.

  (Katherine Dienes' "Ave Maria" setting employs chant segments,

drones, overlapping "ora pro nobis" figures, and other devices
to suggest the sonority of medieval convent music.)

(이 문장은 처음 내게 그랬듯 여러분에게 새로울 것이라고 꽤 확신한다.) 이때 나는 저 문장이 사실상 참이라는 것도 안다. 그리고 '중세 수녀원 음악'을 '아이스티의 랩음악'으로 바꾸고 '딘스가 최근 뉴저지주 뉴욕시로 이사했다'라는 절이 추가된 비슷한 문장을 마주했더라면, 나는 곧바로 문장이 거짓임을 알았을 것이다.

따라서 우리는 길고 새로운 문장을 이해할 뿐만 아니라 문장의 진리 조건도 한눈에 파악하는 것 같다. 이는 어떻게 가능한가? 데이비드슨은 문장을 이해하는 일과 문장의 진리 조건을 파악하는 일의 동시 발생(coincidence)이 우연의 일치가 아니라고 생각한다. 질문에 대한 대답은 같다. 바로 합성성이다. 긴 문장의 진리 조건은 합성된 더 짧은 문장의 진리 조건으로 결정되고, 더 긴 문장을 생성하는 구문론적 절차는 문장에 대한 진리 의미론적 속성을 지녀서 단순 진리 속성을 합성해 복합 진리 속성으로 만든다.[4]

우리는 이렇게 진리 조건이 합성되는 성질에 대한 우아한 모형을 가지고 있으며, 그것은 의미가 합성되는 성질에 대해 우리가 가진 유일한 모형으로도 쓸모가 있다. 바로 논리학자들이 공식으로 표현한 술어 계산 같은 형식 언어의 의미론이다. 만약 여러분이 기호 논리학 강의를 이미 들었다면, 여러분은 벌써 이럴 줄 알았을 테고 나보다 앞서 나간 셈이다. 여기서는 그렇지 않은 독자를 위해 전문적 기호 표기법에 기대지 않고 비형식적으로 요점을 설명할 것이다.

---

4 합성성 논제는 여러 이론에서 단순히 가정되지만, 공식으로 정확히 표현하기 어렵고, 펠레티어(Francis Jeffry Pelletier)는 〈의미론적 합성성의 원리〉(1994)에서 진지하게 의문을 제기했다. 서보(Zoltán Szabó)의 〈합성성〉(2007)도 보라.

나는 아주 단순한 소규모 언어, 거의 비트겐슈타인식 건축가의 언어만큼 단순하지만 아주 중요한 특징을 하나 가진 점에서 구별되는 언어를 기술하겠다. 명사나 용어, 술어를 나타내는 기호인 F와 G가 있고, 두 기호는 영어 낱말 '뚱뚱하다(fat)'와 '게걸스럽다(greedy)'에 대응한다. F는 세계 속 모든 그리고 오로지 뚱뚱한 사물을 지시하거나 그 사물에 적용되고, G는 모든 그리고 오로지 게걸스러운 사물에 적용된다. (내가 '기형 언어(Oafish)'라고 부를)[5] 이 소규모 언어에는 고유 이름도 두 개 있다. 앨버트(Albert)를 지시하는 기호 a와 베티(Betty)를 지시하는 기호 b다. 그리고 주어와 술어 형식의 문장 형성에 적합한 의미론적 규칙이 있다. 만약 n이 지시한 것이 P가 적용되는 사물 가운데 포함되면 오로지 그런 경우에만 술어 P를 고유 이름 n 앞에 붙여 만든 문장은 참이다. 끝으로 기형 언어(Oafish)는 '문장 연결사' 표현을 두 개 더 포함한다. '아니다(not)'는 주어진 어떤 문장에나 붙일 수 있고, '그리고(and)'는 길게 이은 문장을 만들기 위해 두 완전 문장 사이에 넣을 수 있다. 각 문장 연결사는 다른 것과 구별되는 각각의 의미론적 규칙의 지배를 받는다. '아니다'의 규칙은 다음과 같다. 만약 A 자체가 참이 아니라면 그리고 오로지 그런 경우에만 다른 문장 A에 '아니다'를 붙여 만든 문장은 참일 것이다. '그리고'의 의미론적 규칙은 다음과 같다. 만약 A는 참이고 B도 참이라면 그리고 오로지 그런 경우에만 'A 그리고 B'라는 합성된 형식의 문장은 참일 것이다. (이후로 수학의 용법을 따라서 ' … 라면 그리고 오로지 그런 경우에만 … '을 'iff'로 줄여 쓴다.)[6] 이제 다음과 같이 정리할 수 있다.

---

5 (옮긴이) 'oaf'는 '바꿔친 아이'를 가리키는 옛말이다. 옛날에 못생기거나 불구인 아이를 낳으면 요마(妖魔)가 바꿔치기한 아이라고 했던 관습에서 유래한 말이다. 기형〔저능〕아, 백치, 바보, 멍청이라는 뜻으로 현재 사용한다. 자연 언어를 정상 언어라고 치면, 'Oafish'는 비정상적으로 단순하게 조작한 언어이므로 '기형 언어'로 옮겼다.

6 (옮긴이) 'iff'의 수학 기호는 '≡'이다. 두 표현은 왼쪽 항과 오른쪽 항의 참값이 같을 때 전체 복합 문장이 참이 되고, 양항의 참값이 다를 때 전체 복합 문장이 거짓이 됨을

이는 완전 언어로서 어떤 종류든 어휘와 의미 규칙을 전부 갖추고 있다. 이 단순 언어는 딱히 흥미롭지 않고, 지루하게 반복되는 것만을 만든다. 그러나 볼품없는 단순성(brute simplicity)에도, 이 언어의 진리 정의는 우리에게 필요한 쌍둥이 특징을 지닌다. 기형 언어의 진리 정의는 기형 언어에 속한 무한정 길고 문법 규칙에 맞는 무한정 많은 문장을 허용하고, (그렇기는 해도) 모든 문장의 진리 조건을 빠짐없이 전부 구체적으로 명확하게 기술해낸다. 예를 들어보자. 만약 기형 언어를 사용하는 화자가 "Fa"라고 발언한다면, 우리는 그 주어와 술어 형식의 절로부터 다음과 같은 점을 배운다. 만약 a가 지시체, 곧 앨버트는 F가 적용되는 사물의 집합, 곧 뚱뚱하다고 말하는 사물의 집합에 포함되면 오로지 그런

뜻한다. 논리학과 수학의 용어를 비롯해 전문 학술 용어를 정의할 때 자주 사용한다.

경우에만 "Fa"라는 문장은 참이다. 이 문장은 앨버트가 뚱뚱하다고 말한다. (어떤 명사/용어가 적용되는 사물의 집합을 명사/용어의 **외연**이라고 부른다.) 혹은 어떤 이는 앨버트가 게걸스럽다고 말할 수 있다. 혹은 어떤 이는 그가 뚱뚱하고 게걸스럽다고 말할 수 있는데, '그리고'에 대한 진리 규칙이 우리에게 앨버트가 뚱뚱하고 앨버트가 게걸스러울 때만 "Fa 그리고 Ga"가 참일 것이라고 말해주기 때문이다. (여러분 스스로 점검해보라.) '그리고'라는 말은 끊임없이 긴 문장을 만들기 위해 반복할 수 있다. 다시 말해 몇 번이고 거듭거듭 다시 적용할 수 있다. "Fa이고 Fb는 아니다." "Fa이고 Ga는 아니고 Fb이고 Gb는 아니다." "Fa이고 Ga이고 Fb는 아니고 Gb이고 Fa이고 Fb는 아니다." 이렇게 끝없이 긴 문장을 만들수 있다. (물론 소규모 기형 언어는 어휘 목록의 수가 적어서 나중에 만들어진 문장들이 자꾸 반복될 테지만, 반복이 가장 많이 일어난 문장조차 여전히 문법에 맞고 완벽하게 명료한 진리 조건을 가진다.)

자, 이 사소하고 작은 진리 정의만으로 우리는 이미 문법에 맞는 무한히 많은 문장을 얻었고, 문장의 길이와 무관하게 문장이 참이 되는 조건을 알려주는 투영 규칙(projection rules)도 얻었다. 이렇게 무장한 우리는 기형 언어의 어떤 새로운 문장이든 마주했을 때 그것의 진리 조건을 계산할 수 있다. 설령 8킬로미터쯤 된다고 해도 말이다. 우리는 유한한, 정말로 작디작은 수단으로 잠재적으로 무한한 역량(a potentially infinite capacity)을 설명했다.

우리가 어떤 진리 조건을 단순 진리 정의에서 단계를 밟아 서서히 도출했고 다음과 같이 명시했다고 가정하자.

> "Fa이고 Ga는 아니고 Fb이고 Gb는 아니다"는 참이다 iff 만일 앨버트는 뚱뚱하고 앨버트는 게걸스럽지 않고 베티는 뚱뚱하고 베티는 게걸스럽지 않다.
>
> ("Fa and not Ga and Fb and not Gb" is true iff Albert is fat and Al-

bert is not greedy and Betty is fat and Betty is not greedy.)

우리는 기형 언어의 문장을 골라잡아서 문장의 진리 조건을 명기했다. 그러나 우리는 문장의 의미도 명기했는가? 선택한 문장의 의미가 바로 앨버트가 뚱뚱하고 앨버트는 게걸스럽지 않고 베티가 뚱뚱하고 베티는 게걸스럽지 않다는 것임은 확실하다. 문장은 합성성의 원리에 따라, 다시 말해 a, b, F, G가 지시한 것과 복합 진리 조건을 단순 진리 조건으로 결정하는 의미론적 규칙에 따라 의미를 지닌다.

우리가 영어에 대해서 똑같이 할 수 있다고, 다시 말해 각 영어 문장에 대해 "' ' 라면 그리고 오로지 그런 경우에만 ' ' 는 참이다"라는 형식에 속한 진리 정의를 구성할 수 있다고 가정하자. (이 가정의 산물을 '타르스키의 쌍조건문'이나 'T-문장'이라고 부른다. 타르스키가 1956년에 발표한 〈형식 언어의 진리 개념〉의 진리 이론에서 영감을 받았기 때문이다.) 덧붙여 T-문장이 표적 문장(target sentence)의 진리 조건을 옳게 이해한다고 가정하자. 그러면 데이비드슨은 이렇게 묻는다. 영어의 의미 이론에 대해 무엇을 더 합당하게 요구할 수 있는가?

데이비드슨은 이따금 마치 T-문장의 오른쪽 항이 영어로, 혹은 어떤 언어든 의미 이론가 자신의 자연 언어로 쓰여질 것이고, 그래서 오른쪽 항이 맞는지 틀리는지 간단히 이해될 수 있는 것처럼 말한다. 그러나 어떤 실제 데이비드슨식 진리 정의도 이런 T-문장을 전달할 수 없었다. (스티치가 1976년에 발표한 〈데이비드슨의 의미론적 계획〉과 블랙번이 1984년에 출간한 《낱말 퍼뜨리기》를 참고하라.) 이런 이론이 T-문장이든 다른 어떤 문장이든 정리로 산출하려면, 꽤 형식적이고 엄격하게 통제되는 언어인 논리학과 비슷한 언어로 명확하게 표현되어야 한다. 기형 언어(Oafish)에 대한 진리 정의를 다시 보라. 더욱이 일단 의미 이론가가 표준 기호 논리학에 나타나지 않는 자연 언어 구문, 예컨대 부사와 믿음 연산자 따위까지 관심을 두고 다루게 되면, 그것들을 포함한 T-문장은 지극히 낯선 표기법을 포함할 수도 있다. 데이비드슨 자신의 행위 문장 이론(《행위 문장의 논리적 형식》(1967b))을 변형한 견해는 다음과 같이 나타난 행위 문장 이론에 대한 설명은 다음과 같은 T-문장을 생성한다.

"존스는 한밤중에 구운 빵에 버터를 발라 먹었다"는 참이다 iff (∃e) (버터바름(e) & 주인공(존스, e) & 희생물(구운 빵, e) & 발생-때(e, 한밤중))

("Jones buttered the toast at midnight" is true iff (∃e) (BUTTERING(e) & PROTAG (Jones, e) & VICTIM (the toast, e) & OCCURRED-AT(e, midnight)))

이 T-문장의 오른쪽 항은 흔히 다음과 같이 읽는다. "한 사건이 발생했고, 이 사건은 구운 빵에 버터를 바름이었고, 존스가 한밤중에 수행한 것이었다(There occurred an event, which was a buttering of the toast, performed by Jones at midnight)." 데이비드슨은 행위자인 존스가 아니라 전체 사건을 바탕에 놓인 주어로 만듦으로써, 왜 표적 문장이 "존스는 버터를 발랐다", "구운 빵에 어떤 일이 벌어졌다", "한밤중에 어떤 일이 생겼다" 같은 단순 문장을 함의하고, 이 함의들을 달리 포착하기 어려운지 설명할 수 있다.

요컨대 한 문장에 의미를 올바르게 할당함은 그 문장의 진리 조건을 결정해야 한다. 그렇게 우리는 한 언어에 대한 적절한 의미 이론이 최소한 그 언어에 대한 진리 정의를 내놓아야 함을 안다. (검증 이론가는 반드시 동의해야 한다는 점을 주목하라.) 그래서 만약 진리 정의가 또한 우리가 진리 이론에 기대할 모든 일을 한다면, 단순하게 한 문장의 의미를 그것의 진리 조건과 동일시하는 것이 합당할 터다.

그러면 의미 사실에 관해서는 어떤가? 나는 진리 조건 이론이 동의성과 애매함을 설명한 방식에 대해 이미 언급했다. 진리 조건 이론은 의미 포함에 대해, 특히 함의도 설명한다. "Fa이고 Fb는 아니다"는 "Fa"를 함의한다. 왜냐하면 우리의 진리 정의에 따라 "Fa이고 Fb는 아니다"는 "Fa"가 참이 아닌 한, 참일 수 없기 때문이다. 어떤 언어에 대한 진리 정의는 체계적으로 정리된 의미론적 합성 규칙을 참조해, 동의어라는 느낌이 드는 낱말들과 함의들을 비롯해 다른 의미 관계들을 예측한다.

그리고 부분적으로 현대 진리 이론가는 언어의 구문을 러셀이 기술에 대해 작업했던 것과 똑같은 방식으로 연구한다. 그런 이론가는 흥미를 느낀 특수한 종류나 묶음의 문장들에 관한 아주 많은 의미 사실, 예컨대 동의성 관계와 애매함, 함의 관계 따위에 관한 사실들을 배열하고, 진리 조건의 측면에서 그 사실들을 설명하려고 시도한다. 러셀은 이런저런 종류에 속한 문장들의 의미론적 속성, 특히 논리적 수수께끼를 만들어내는 속성에 주목했고, 그때 이런 문장들이 그런 수수께끼가 생기는 의미론적 특징을 드러내는 이유를 설명하는 이론을 우리가 어떻게 끼워 맞출 수 있냐고 물었다. 러셀의 대답은 기술 이론에 그대로 나타난 진리 조건이라고 추정되는 것이다.

진리 조건 이론은 의미를 **표상**(representation)으로 여긴다. 결과적으로 진리 조건 이론은 의미를 문장과 실제 사태 또는 가능 사태 사이에 성립하는 비추기(mirroring)나 대응(correspondence)이라고 생각한 의미 지칭 이론으로 되돌아간다. 러셀은 이 생각을 강조했다. (그리고 실제로 자신이 세운 형이상학의 초석으로 삼았다.) 진리 정의는 명사/용어와 세계 속 지시체(denota) 또는 외연(extensions)의 지칭 관계에 기초한다. 우리는 1장에서 투박한 지칭 이론이 낱말과 세계의 대응을 너무 단순하게 생각했음을 보았다. 진리 조건 이론가는 대응을 그렇게 강하고 단순하게 상정하지 않는데, 모든 낱말이 이름이라고 강력히 주장하지 않는 까닭이다. 그러나 진리 조건 이론가는 자연을 비추는 일로 돌아가서 주어진 표적 문장이 어떤 실제 사태 또는 가능 사태를 그리거나 표상하는지 묻는다.

진리 정의 자연 언어
Truth-Defining Natural Languages

기형 언어는 명시적으로 진리를 정의한다. 문장의 표층 문법 형식과 러셀이 말한 문장의 논리적 형식(2장 참고) 사이에 어떤 불균형(disparity)도 없다는 점에서, 기형 언어의 문장들은 진리 조건들을 숨김없이 드러낸다. 그리고 누구나 기형 언어의 한 문장을 바로 알아보고 진리 정의를 손에 넣고 문장의 합성된 구조 속으로 뚫고 들어가 진리 조건을 계산할 수 있다. 그것이 데이비드슨이 문장의 진리 조건을 파악한 설명 모형(paradigm)이다.

여러분은 이미 아주 큰 '그러나'(정말로 "그러나 … !!")를 떠올렸을 것이다. 기형 언어보다 훨씬 풍부한 언어일지라도, 만들어낸 형식 언어에 대해 진리 정의를 제공하는 것과 영어처럼 살아 움직이는 자연 언어의 진리 규칙을 보여주는 것은 별개의 문제다. 자연 언어가 먼저 있었다. 그리고 훨씬 중요한 논점은 영어의 문장이 진리 조건을 숨김없이 드러내지 않는다는 것이다. 2장에서 이미 보았듯, 자연 언어의 문장은 표층 문법 형식과 논리적 형식이 종잡을 수 없을 만큼 다르기로 악명이 높다.

그런데 진리 조건 이론가는 그처럼 종잡을 수 없게 말하지 않는다. 자연 언어가 진리 조건을 숨김없이 드러내지 않음이 구문론을 진리 조건 이론에 끌어들이는 지점이다. (그야말로 진리 조건 이론가는 구문론이 필요한 이유가 그런 점이라고 말할지도 모른다.)

나는 구문론의 전체 과정을 소개하고 싶었다. 그렇지 않으면 구문론의 기초만이라도 여러분에게 전달하기를 바랐다. 그러나 지면의 한계는 어느 쪽도 허락하지 않는다. 나는 구문론의 기본 발상을 형식적으로 보여주고 나머지는 여러분이 다른 곳에서 익히기를 바랄 뿐이다. 간단히 설명하기 위해, 이론상 가능한 구문론이 등장한 (어림잡아 1960년대) 초창기의 전문 용어를 사용할 것이다. 당시 해리스(Zellig Sabbettai Harris, 1909~1992)와 촘스키(Avram Noam Chomsky, 1928~)가 이론상 가능한 구문론의 기초를 놓았다.

자연 언어든 인공 언어든, 한 언어에 대한 구문론/통사론(syntax) 또는 **문법**(grammar)은 그 언어의 낱말들로 구성된 모든 문자열 가운데서 잘 형성된/적형 문장 또는 문법 규칙에 맞는 문장을 분류하는 장치다. 그리 고 다시 한번 (의미론에서 그렇듯) 그 모형은 한 논리 체계에 대한 형성 규 칙 모형이다. 기형 언어를 떠올려보라. 기형 언어의 문장들은 '구의 구조 표시(phrase marker)'로 분석되고 도표로 표시될 수 있다. 문장들이 어떻 게 개별 명사/용어들로 구문에 맞게 구성되는지 직접적으로 그려서 보 여주는 방식으로 표시한다. "Fa 그리고 Fb"에 대한 구의 구조 표시는 '그림 9.1'과 같다.

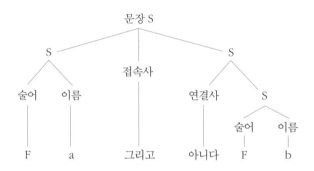

그림 9.1 "Fa이고 Fb가 아니다"의 구문 구조

한 문장은 술어 다음에 이름을 놓음으로써 형성할 수 있고, 따라서 "Fa"와 "Fb"는 문장들이다. 문장은 문장 앞에 '아니다'를 놓음으로써 〔한국어 문장에서는 문장 뒤에 놓임〕 형성할 수 있고, 따라서 "Fb가 아니다 (not Fb)"는 문장이다. 끝으로 어떤 문장은 두 문장 사이에 '그리고'를 놓음으로써 형성할 수 있고, 따라서 두 문장을 합친 전체는 문장이다.

단순한 영어 문장을 비슷한 그림으로 설명할 수 있다. 전형적인 사례 로 "그 소년은 화려한 빛깔의 공을 쳤다(The boy hit the colorful ball)"라는 문장은 '그림 9.2'와 같이 구조를 분석할 수 있다.

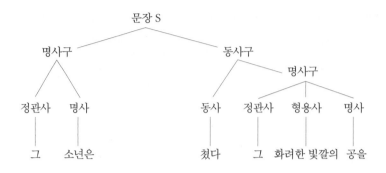

그림 9.2 "그 소년은 그 화려한 빛깔의 공을 쳤다"의 구문 구조

이런 구의 구조 표시에서 마디는 문법의 범주에 따라 이름이 붙는다. 제일 아래 마디는 영어 '품사(parts of speech)'처럼 보이기 시작한다. 명사, 형용사, 동사 따위가 나타나기 때문이다. 위쪽 마디는 명사구 같은 더 복잡한 문법 구조에 대응한다.

그러나 이렇게 단순한 영어 문장은 거의 없다. 대다수 영어 문장은 곧바로 분석되는 ('맥락에 구애받지 않는' 표시로 불리는) 구의 구조 표시로 완전히 나타낼 수 없다. 왜냐하면 이런 형식으로 표상되지 않는, 강건하고 틀릴 여지가 없는 문법적 관계가 있기 때문이다. 촘스키는 《구문 구조》(1957)와 《구문 이론의 양상》(1965)에서 구의 구조 표시 문법이 언어 장치, 구체적으로 말해 한 가지 구의 구조 표시를 배우고 나서 의존 관계를 맺는 다른 구의 구조 표시로 바꿀 수 있는 규칙의 집합으로 확대할 필요가 있다고 주장했다. 촘스키는 이런 규칙을 '변형(transformation)'이라고 불렀다. 예를 들어 **수동** 변형(passive transformation)은 앞에서 말한 구의 구조 표시에 따라 "그 화려한 빛깔의 공은 그 소년에게 받혔다(The colorful ball was hit by the boy)"라는 문장의 부분을 구의 구조 표시로 재배열할 수도 있다. 변형은 역동적이며, 구의 구조 표시를 잘게 나누고 부분을 더 복합적인 수형도(tree diagrams)로 다시 구성하면서 작용하는 것으로 생각된다.

운이 좋으면 영어의 문법에 맞는 모든 문자열은 맥락에서 자유로운 구의 구조 표시(a context-free phrase marker) 또는 하나 이상의 변형(transformations)으로 맥락에서 자유로운 구의 구조 표시에서 파생한 구의 구조 표시로 분석된다. 다른 어떤 문자열도 문법 규칙에 맞지 않는다. (문법은 이렇게 단순한 구조로 짜여 있지도 않고, 현재 언어학자들은 내가 끌어들인 낡은 전문 용어를 사용하지도 않는다. 더 많이 배우려면, 여러분은 스스로 찾아 읽어야 할 것이다.)

내가 말했듯 언어학자들은 원래 문법을 단순하게 무의미한 헛소리에서 적형 문자열(well-formed strings)을 분리하는 기계적 장치(machine)로 생각했다. 몇몇 언어학자는 문법을 그 이상으로 여기지 않고, 이런 중요한 기획이 엄격한 의미론이나 의미 이론과 밀접한 관계가 있다고 보지 않는다. 그러나 데이비드슨이 말하듯, 어떤 것이 개별 낱말의 의미를 받아들여 완전한 문장 의미를 구성하거나 투영한다. 무엇이 그렇게 하는가? 추정컨대 어떤 합리적 순서, 다시 말해 합성된 전체에 의미를 주는 순서로 낱말을 모아 붙이는 규칙이 그렇게 한다. 그러나 같은 낱말들로 이루어진 집합 안의 낱말들은 다른 순서로 배열될 수 있고, 결과로 생긴 두 문자열이 각각 알맞게 형성되었더라도 다른 의미를 지닐 수 있음에 주목하라. 같은 세 낱말을 합성해 두 문장을 만들지만, 슬프게도 "존이 마사를 사랑한다"라는 문자열은 "마사가 존을 사랑한다"라는 문자열과 같은 것을 의미하지 않는다. 그래서 그 문장들에 대해 다른 의미를 생성하려면, 투영 규칙도 좀 더 미세하게 조율해야 한다. 투영 규칙은 낱말 자체가 아니라 좀 더 미세한 구별을 비추어야 하기 때문이다. 그런데 개별 낱말들을 합성해 문법적으로 용인할 수 있는 문자열을 만드는 구문 규칙이 이상적으로는 의미 투영 규칙으로 쓰기에도 알맞은 것 같다. 1960년대 말 많은 언어학자가 이런 견해를 받아들였고, 변형이 의미를 온전히 보존한다고 주장했다. (후자의 논제는 1970년대 확장 표준 이론에 의해 자격을 갖추었고 부분적으로 포기되었지만, 우리는 1980년대의 지배와 결속 이론과 1990년대의 최소주의를 좀 더 면밀하게 살펴야 할 것이다.)

우리가 명시적으로 진리를 정의한 형식 언어에 대한 구-구조 문법 (phrase-structure grammar)을 가진다고 가정하자. 그리고 독립적으로 그런 언어의 형식들을 영어의 적형 문자열들로 바꿀 수 있는 (일차적으로 의미론이 아니라 구문론과 관련된 자료로 동기를 부여받은) 변형 문법도 유도했다고 가정하자. 그러면 구-구조 요소가 기본 구조(논리학과 비슷한 형식)를 내놓고, 변형 요소는 기본 구조에 근거해 영어 변이 문장을 만들어내는 문법을 가진다. 변형이 의미를 보존하거나, 혹은 좁게 말해 변형이 **진리** 속성 (truth property)을 보존하면, 우리는 영어 문장들이 어떻게 의미를 지니는지 알아볼 수 있다. 다시 말해 영어 문장들은 진리 조건을 가지기 때문에 의미를 지니며, 논리학과 비슷한 기호 체계의 명시적 진리 정의 공식(truth-defined formula)에서 변형을 통해(transformationally) 도출되기 때문에 진리 조건을 가진다. 동의어 문장들은 서로에 대해 변형 변이 문장들(transformational variants)이다. 애매함이 있는 문장은 가능한 변형 절차가 하나 이상 있음 따위의 산물이다.

이상적으로 말하면 진리 조건 이론가는 러셀보다 경험적으로 더 많은 책임을 떠맡고자 원한다. 러셀은 선험적으로(a priori) 진리 조건에 접근했다. 그는 영어 문장을 칠판에 쓴 다음 논리적 형식을 쓰고, 둘을 뚫어지게 쳐다보다가 후자가 전자의 진리 조건이라고 올바르게 이해한 것 같다고 판단했을 것이다. 더 나은 방식으로 러셀은 자신의 가설이 보여준 수수께끼 풀이 능력에도 호소했다. 그러나 현대 진리 조건 이론가는 추가로 의미론적 가설이 그럴듯한 구문 이론에 대해 조금이라도 책임지기를 바라야 한다.

데이비드슨식 견해에 제기된 반론
Objections to the Davidsonian Version

반론 1

검증 이론과 비슷하게 진리 조건 이론은 사실을 진술하는 언어에만 적용되는 것처럼 보인다. 의문문과 명령문 따위는 참이거나 거짓이 전혀 아니다.

답변

일상적으로 의문문이나 명령문은 '참'과 '거짓'이라고 말하지 않지만, 양극성(bipolarity)[7]을 가진 참과 비슷한 의미론적 값(semantic values)을 가진다. 의문문은 '예'나 '아니오'라고 바르게 답변되고, 명령문은 복종을 받거나 불복종을 받는다. 직관적으로 비(非)평서문(nondeclarative sentence)은 일어날 수도 있고 일어나지 않을 수도 있는 사태를 기술하거나 보고하지 않더라도 그런 사태와 대응한다. 그리고 우리는 의미론상 목적을 위해, 의미론적 값도 참값으로 다루기도 한다. 예를 들어 명령문은 사실상 계속 복종하면 '참'이고, 그렇지 않으면 '거짓'이다. 물론 이것은 '참'과 '거짓'의 표준적 사용은 아니다. 우리는 의미론적으로 양극성을 가진 모든 경우에 '참'과 '거짓'을 넓게 적용하고 있다. (아마도 우리는 의미론적으로 쌍을 이룬 훨씬 일반적인 용어로 '긍정'과 '부정' 같은 말을 만들어내야 할 것이다.)

---

7 (옮긴이) 양극성(兩極性)은 자석의 두 극이 서로 의존하고 있어서 뗄 수 없는 관계를 맺듯이 두 항목이 서로 의존하는 성질을 뜻한다. 참은 거짓이 없이 존재할 수 없고, 거짓은 참 없이 존재하지 못한다. 참이 있다면 거짓도 있게 마련이다. 좋음과 나쁨, 옳음과 그름, 미와 추(아름다움과 미움) 등도 양극성을 가진다.

응답

모든 비평서문이 양극성을 가진 것은 아니다. '설명' 의문문[8]을 살펴보자. "누가 기저귀 대여점을 털었습니까?", "몇 시입니까?", "너 왜 내 배를 날려버렸냐?" 우리는 이 질문들에 '예'나 '아니오' 또는 '그렇다'나 '아니다'로 대답하지 않는다. 사실 앞에서 말한 각 질문에 대해 올바른 답의 가능한 범위는 아주 넓다.

반론 2

그런 점에 대해 난점은 비평서문에 국한되지 않는다. 문법적으로 확실한 평서문이 진리 조건은 없고 인식적 '주장 가능성(assertibility)' 조건만 있다는 논증이 있었다. 가장 주목할 만한 예를 들자면 〈조건문의 논리〉(1965)의 저자인 애덤스(Ernest Adams)를 비롯한 다른 학자들은 직설법 조건문(indicative conditional)이 진리 조건과 참값을 갖지 않는다는 견해를 옹호했다.

더욱이 일부 철학자는 (논리 실증주의자들을 따라) 몇몇 문법상 평서문이 사실을 진술하지 않는다고 주장한다. 도덕 철학에서 정서주의에 따르면[9] 도덕 판단은 표현할 뿐이다. 탄식, 항의 섞인 푸념, 환호 따위의 감정 표출이거나 감정 발산이라는 것이다. 그렇다면 '사실의 측면에서 결함이 있는' 이런 문장들은 참값(truth-values)을 갖지 않는다. 그래서 어떤 사람을 향한 T-문장("살인이 그르다면 오로지 그런 경우에만 '살인은 그르다'는 참이

---

8 (옮긴이) 'wh-question'을 '설명 의문문'으로 옮겼다. 누가(who), 언제(when), 무엇(what), 왜(why), 어디(where) 로 시작하는 의문문을 말한다.

9 (옮긴이) 윤리학에서 정서주의(emotivism)는 윤리에 관한 문장이나 도덕 진술이 명제가 아니라 정서 태도를 표현한다는 견해다. 20세기 논리 실증주의와 분석철학이 성장했으며, 에이어(Alfred Jules Ayer, 1910~1989)가 《언어, 진리와 논리》(1936)에 생생하게 표현했다. 그러나 스티븐슨(Charles Leslie Stevenson, 1908~1979)이 더 세련된 형태로 발전시켰다.

다")은 거짓이거나 변칙으로 드러날 것이다.[10]

끝으로 사람들이 사용하는, 거의 논란의 여지 없이 단지 느낌이나 태도를 표현하는 완벽하게 일상적인 낱말과 구문이 있고, 문법에 맞는 완전한 문장도 있다. 이 내용은 14장에서 다룰 것이다.

반론 3

(데이비드슨이 1967년에 발표한 〈진리와 의미〉에서 내다보았던) 문장에 나오는 화용 지시적 요소(deictic elements)로 문장을 검토하기 시작하면 기술적 문제가 엄청나게 쏟아진다. ('화용 지시적' 또는 '지표적' 요소는 시제 표시어나 지시 대명사처럼 의미론적 해석이 발언의 맥락에 따라 바뀐다.)[11] 예를 들어 "나는 지금 아프다"라는 문장의 진리 조건을 진술할 수 있겠는가? "만약 내가 지금 아프다면 그리고 오로지 그런 경우에만 '나는 지금 아프다'라는 문장은 참이다"라는 T-문장을 결코 만들어내지 못할 것이다. 왜냐하면 "나는 지금 아프다"라는 문장의 참값은 누가 언제 발언하는지에 의존하며, 일반적으로 (여러분의 겸손한 해설자인) **나의** 건강 상태로 결정되지 않기 때문이다. 화

---

10 현재 정서주의를 물려받아 정교한 형태로 발전시킨 철학자들에 블랙번(Simon Blackburn)과 지바드(Allan Gibbard)가 포함된다. 블랙번은 《낱말 퍼뜨리기》(1984)와 《유사 실재론 소론》(1993)에서, 지바드는 《현명한 선택, 적합한 느낌》(1990)에서 각각 정서주의를 정교하게 다듬었다. 그런데 이들은 도덕 판단을 '참'이거나 '거짓'이라고 말할 수 있고 도덕 판단이 세계에 관한 사실을 진술함을 당연시하지 않으면서 T-문장에 나타날 수 있는 방도를 찾아보려 한다.

11 (옮긴이) '화용 지시적'은 'deictic'을 옮긴 말이고, '지표적'은 'indexical'을 옮긴 말이다. 언어학에서 화용 지시(deixis)는 맥락 안에서 특정 시간, 장소, 사람을 지칭하기 위해 일반적인 어구를 사용하는 것이다. 내일, 거기, 그들(그것들) 같은 어구를 예로 들 수 있다. 만약 낱말의 의미론상 의미가 고정되어 있으나 낱말의 지시된 의미가 시간 및/또는 장소에 따라 바뀐다면, 낱말은 확실히 화용 지시적이다. 충분히 이해하기 위해 맥락 정보가 필요한 어구, 예컨대 대명사는 화용 지시적이다. 화용 지시는 대용과 밀접한 관계가 있다. 언어학 분야에서 화용 지시는 더 일반적인 기호 현상인 지표성(indexicality)의 특수한 하위 집합으로 다룬다. 지표성은 기호가 발생하는/나오는 맥락의 어떤 측면을 지적하는 특성이다.

용 지시적 문장(deictic sentence)은 실제로 또는 가설적으로 사용하는 경우(스트로슨을 만족시킬 만한 논점)를 제외하면 참값을 갖지도 못한다.

데이비드슨은 진리를 화자와 시간에 따라 상대적으로 만들어 응답한다. 적합한 T-문장은 다음과 같은 공식으로 표현될 법하다. "만약 화자 p가 시간 t에 아프면 오로지 그런 경우에만 '나는 아프다'라는 문장은 p가 잠재적으로 시간 t에 말한 것으로서 참이다."("I am sick now' is true as potentially spoken by p at t if and only if p is sick at t.") 그러나 이는 여러 면에서 만족스럽지 않은데,[12] 특히 발언하는 화자와 시간이 참값에 영향을 미친 유일한 맥락 요소가 아니라는 점에서 그렇다. (2장 '러셀의 이론에 제기된 반론'에서 언급한 "이것은 선명한 붉은 것이다"를 떠올려보라.) 우리는 11장에서 이 쟁점을 다시 다룰 것이다.[13]

반론 4

데이비드슨의 진리 정의는 우연히 외연이 같지만(coextend) (같은 범위에 속한 지칭체에 정확히 적용되지만) 서로 동의어가 아닌 표현을 구별하기 힘들다(리브스가 1974년에 발표한 〈진리와 의미에 대하여〉와 블랙번이 1984년에 출간한 《낱말 퍼뜨리기》를 보라). 의미는 달라도 외연을 공동으로 가진 두 개의 단일 어휘 항목을 살펴보자. 이것의 표준 사례는 '신장형 동물(renate)'과 '심장형 동물(cordate)'이라는 낱말인데, 각각 '신장을 가진 동물'과 '심장을 가진 동물'을 의미한다.[14] 데이비드슨식 진리 이론은 '신장형 동물'을 포함

---

12 내가 쓴 《자연 언어에서 논리적 형식》(1984)의 3장을 보라. 이 책은 진리 조건 이론을 전면적으로 옹호한 작업이라고 고백해야 하겠다. 나는 진리 조건 이론이 올바른 견해여서, 비싼 값을 치르고 공연장에서 생음악을 들을 가치가 있듯 직접 공부해야 한다고 생각한다.

13 애매한 데가 있는 문장에 관한 성가신 문제도 있다. 파슨스(Kathryn Pyne Parsons)의 〈애매함과 진리 정의〉(1973), 내가 쓴 《자연 언어에서 논리적 형식》(1984) 3장을 보라.

14 나는 두 용어가 같은 사물에 적용되지 않는다고 말한 적어도 한 생물학자에 대해 들었다. 심장을 갖지만 신장이 없는 동물이나, 아니면 반대인 동물이 있다는 말이다. 그러

한 문장의 의미를 '심장형 동물'을 포함한 문장의 의미와 구별할 수 없을 것인데, 각 명사/용어가 그것의 외연으로 똑같은 대상들의 집합을 할당받는 까닭이다.

답변

'신장형 동물'과 '심장형 동물'은 일정한 부류의 구문을 포함한 문장에서, 특히 양상 문장과 믿음 문장에서는 확연히 구별될 것이다. 데이비드슨이 "심장형 동물이 아니었던 신장형 동물이 있었을 수 있다(There could be a renate that was not cordate)"와 "제프는 자신의 반려 거북이가 신장형 동물이라고 믿는다(Geoff believes that his pet turtle is a renate)" 같은 문장들에 대해 어떤 의미론을 제공하든, 그런 문장들 안에서 '심장형 동물'과 '신장형 동물'의 교체 가능성이 없음(noninterchangeabiliy)을 수용해야 (실은 예측해야) 할 것이다.

응답

이렇게 외연이 같은 명사/용어들을 문장 자체의 참값을 바꾸지 않고서 대체할 수 없는 문장들은 당연히 풀기 어려운 수수께끼다. (이런 문장들은 내포 문장들로 불리며, 이는 2장에서 '지칭 불투명성'이라고 부른 현상의 일반화다.) 어떤 이는 대체가 어떤 차이도 만들지 않으리라고 기대할 것이다. 결국 비록 우리가 다른 낱말을 사용하더라도, 우리는 정확히 같은 사물이나 사물들의 같은 집합에 관해 계속 말하고 있다. 우리는 이미 2장과 3장에서 이 문제의 특수한 경우로서 확정 기술과 고유 이름의 대체성 문제를 마주하고 논의했다. 어떤 의미 이론이든 대체 실패에 대한 설명을 얼마쯤은 해야 한다. 그래서 '데이비드슨이 … 같은 문장에 대해 어떤 의미론을 제공

나 이런 구질구질한 사실은 무시하고 '신장형'과 '심장형'이 정확히 같은 동물에 적용되는 척하기로 하자.

하든'이라는 구는 흠이 없지 않다. 의미 이론을 구성한 방식을 고려할 때 그런 대체 실패의 문제를 해결하는 일은 데이비드슨에게 **힘든 작업**일 것이다. (데이비드슨은 여기저기에서, 주로 1968년에 발표한 〈…임을/이라고 말하기에 대하여〉에서 내포성의 문제를 다룬다. 데이비드슨의 해결책은 어림잡아 내포 문장들이 그 문장들에 나오는 낱말들을 암묵적으로 지칭/언급한다고 여기는 것이다. 이 문제는 다음 장에서 전혀 다른 접근법으로 살펴보겠다.)

반론 5

'그리고' 같은 문장 합성어(sentence-compounding word)의 진리 규칙을 적는 일은 아주 간단하다. 따지고 보면 '그리고'는 논리학자들이 **진리 함수적 연결사**라고 부른 것이다. "A 그리고 B"의 참값은 요소 문장인 A와 B의 참값으로 엄밀하게 결정된다. 하지만 많은 문장 합성 표현들은 이런 식으로 단순하게 참을 전달하지 않는다. '때문에'라는 문장 합성어를 예로 들어보자. "B 때문에 A"의 참은 요소 문장인 A와 B의 참값으로 결정되지 않는다. A와 B가 둘 다 참이라도, "B 때문에 A"라는 문장은 세계의 다른 특징에 의존해서 거짓일 수도 있는 까닭이다. 어떻게 하면 '그리고'에 대한 기형 언어의 규칙과 평행해 '때문에'의 진리 규칙을 적을 수 있을까? 혹은 부사를 예로 들어보자. 어떻게 하면 '느리게' 또는 '매우'의 진리 규칙을 적을 수 있을까?

상황이 더 나빠지는 예로 "어마가 집이 불타고 있다고 믿는다고 메리가 믿는다고 조는 믿는다(Joe believes that Mary believes that Irma believes that the house is burning down)"에 나타난 '…임을/이라고 믿는다(believes that)'라는 어구를 다시 살펴보자. 우리는 그것의 진리 규칙을 어떻게 적을 수 있을까? "만약 … 라면 그리고 오로지 그런 경우에만 'n은 A임을 믿는다'라는 문장은 참이다"라는 T-문장은 어떤가?

한 가지 분명한 전략은 명제들(!) 같은 도움이 될 만한 어떤 독립체들의 영역(a domain of helpful entities)을 끌어들여 그런 영역을 포괄한 양화로 비(非)진리 함수적 표현의 규칙을 적는 것이다. (우리가 보았듯 데이비드슨은 몇몇 부사를 다루기 위해 '사건들'의 영역을 도입해 부사를 사건에 대한 부사적 술어로 만들었다.) 방금 말한 전략의 중요한 문제는 구문을 곡해한다는 점이다. 새롭고 괴상한 논리적 형식을 익숙한 영어로 변형하는 작업이 더 많이 수행되어야 하는 까닭이다. 블랙번이 지적했듯(《낱말 퍼뜨리기》, 289쪽), 데이비드슨이 '때문에'나 '…임을/이라고 믿는다' 같은 비진리적 (및 내포적) 구문을 다루는 방식은 적어도 '숨겨진 논리적 형식에 대해 강하게 확언할' 필요가 있다. (그러나 이전과 마찬가지로 특히 믿음 문장은 이미 어떤 의미 이론에서든 귀찮은 문제다).

반론 6

진리 조건 견해는 특별한 진리 개념에 좌우되거나, 적어도 진리 이론 자체라는 제한된 범위에 볼모로 붙잡힌다. 그런데 경쟁하는 어떤 진리 분석은 돌고 돌아서 진리 조건 의미 이론의 밑동을 잘라낼 수도 있다. 예를 들어 스트로슨은 《의미와 진리》(1970)에서 진리를 사물에 대해 진술하기나 주장하기의 측면에서 이해해야 한다고 역설한다. 이는 진리 분석이 의사소통의 측면에서 이루어져야 한다는 말이고, 그라이스와 같은 식으로 바뀔 수밖에 없다. 따라서 진리 조건 의미론이라는 자구는 반박할 수 없을지도 모르지만 참뜻은 사라지는데, 뛰어난 대안으로 우뚝 서지 못하고 그라이스의 견해로 바뀌어 무너지기 때문이다.

훨씬 심각한 위협은 (더밋이 1959년에 발표한 〈진리〉의 선례를 따른) 호위치(Paul Horwich)의 《진리》(1990)와 브랜덤(Robert Brandom)의 《명시하기》(1994)에서 분명히 드러난다. 다양한 **축소(deflationary)** 또는 '최소주의자의(minimalist)' 진리 이론에 따르면 '참'이라는 말은 콰인이 말한 의미론적 상승(semantic ascent)을 위한 편리한 장치일 뿐이고, 그래서 문장 S에 대해 진리라고 말함은 단지 세계에 관해 무엇을 말하는 방식일 따름이다. 예를 들어 "'눈은 희다'는 참이다"라는 문장은 이보다 단순한 "눈은 희다"라는 문장에 아무것도 보태지 않는다. 그렇다면, "S는 참이다"의 의미는 S의 의미에 기생한다. (정말로 몇몇 축소론자는 "S는 참이다"라는 문장은 바로 S를 의미할 따름이라고 주장한다.) 그런데 이때 S의 '진리 조건'이 S의 의미에 대한 설명의 일부로 제공되어 순환에 빠질 것이다. 호위치가 말했듯 어떤 T-문장은 의미와 진리를 둘 다 해결하기 위해 사용할 수 없다. 말하자면 T-문장은 두 미지수를 가진 하나의 방정식과 비슷한 처지에 놓인다.

답변

어떤 특별한 진리 이론에 구체적 반론이 나올 경우, 우리는 단지 양립 불가능하다는 인상이 아니라 현실적으로 양립 불가능성이 있는지 알아보기 위해 논증을 검토해야 할 터다. 다시 말해 그 진리 이론에서 의미 진리 조건 이론의 허위를 도출한, 연역적으로 타당하면서 선결문제를 요구하지 않는 전제들을 가진 논증이 있어야 할 것이다. (설득력 있는 논증을 한번도 본 적이 없지만) 만약 이런 논증이 만들어지고 받아들여지면,[15] 그때 우리는 물론 장점과 골칫거리를 가진 진리 이론과 앞에서 말한 진리 조건 이론 사이에서 선택해야 할 것이다.

---

15 호리스크, 바온, 라이컨은 〈축소론, 의미와 진리 조건〉(2000)에서 축소론은 거짓이거나 결국 진리 조건 이론과 양립할 수 있다고 주장한다. 호리스크는 〈러셀이 프레게-처치가 되는 방법〉(2008)에서 순환성 부담을 변형한 견해들을 개관하고 조사한다. 그러나 호리스크는 〈진리 조건 의미론의 표현적 역할〉(2007)에서 축소론을 변형한 한 특정 견해(one specific version of deflationism)에서 데이비드슨의 의미론이 거짓임을 도출한 기막힌 연역 논증을 제의한다. 헨더슨(Robert Jared Henderson)은 〈결정 논증 축소하기〉(2017)에서 데이비드슨의 견해를 자비의 원리에 따라 읽으면 일반적 축소론이 데이비드슨의 진리 조건 이론과 양립할 수 있다는 견해를 옹호한다.

요약 ───

- 데이비드슨은 진리 조건 이론을 옹호한 몇 가지 논증을 제의한다. 주요 논증은 길고 새로운 문장을 어떻게 이해하는지 설명하려면 합성성이 필요하고, 한 문장의 진리 조건이 그것의 가장 명백하게 합성적인 특징이라는 것이다.
- 타르스키가 형식 논리 체계에 대한 진리를 정의하는 방식은 자연 언어의 문장들에 진리 조건들을 할당하는 방식에 대한 모형이다.
- 그러나 영어 문장들의 표층 문법은 문장들의 논리적 형식에서 갈라져 나오므로, 문법 이론과 구문 변형이 필요하다.
- 이런 이론은 실제로 있고, 독자적으로 뒷받침된다.
- 진리 조건 계획은 많은 반론에 직면한다. 어쩌면 가장 강력한 반론은 완벽하게 유의미한 많은 문장이 단순히 사실을 진술하는 일을 하지 않아서 참값을 갖지 못한다는 것이다.
- 몇몇 다른 반론은 데이비드슨의 타르스키식 설명 모형(paradigm)이 맥락에 의존해서 지칭체가 결정되는 (대명사 같은) 표현, 동의어가 아니지만 똑같은 사물에 우연히 적용되는 술어, 참값이 요소 절의 참값으로 결정되지 않는 문장을 다룰 수 없다는 것이다.
- 끝으로 몇몇 철학자는 데이비드슨의 이론이 거부되어야 할 진리 이론 자체를 선제한다고 주장한다.

학습 과제 ───

1. 데이비드슨이 자신의 진리 조건 이론을 지지하려고 펼친 주요 논증, 다시 말해 합성성에 호소한 논증과 타르스키식 진리 정의에 대해 평가해보라.
2. 아주 간단히 말해 (a) 한 문장의 의미는 그 문장의 진리 조건을 결정

해야 하고, (b) 한 언어에 대한 어떤 진리 정의는 또한 어떤 의미 이론에 우리가 기대할 모든 일을 한다는 전제를 포함한 논증을 추가로 논해보라.

3. 만약 여러분이 이론으로 세워진 구문론/통사론에 대해 이미 아는 것이 있다면, 그것이 영어 문장을 데이비드슨의 T-문장의 오른쪽 항(한국어 T-문장에서는 왼쪽 항)과 연결하기 위한 매개체로 쓰일 전망이 있을지 평가해보라.

4. 우리가 진리 조건 이론에 제기했던 반론 가운데 하나 이상을 골라 판결해보라.

5. 만약 여러분이 특정 진리 축소 이론에 공감한다면, 그것이 진리 조건 이론의 기반을 위태롭게 하는지 그렇지 않은지 논증해보라.

6. 만약 여러분이 거짓말쟁이 역설을 잘 안다면, 그것이 진리 조건 이론에 제기할 문제를 탐구해보라. (데이비드슨은 〈진리와 의미〉(1967a)에서 이 문제를 간략히 다룬다.)

7. 진리 조건 이론에 새로운 반론을 추가해보라.

더 읽을거리 ───

- 내가 쓴 《자연 언어에서 논리적 형식》(1984)이 아닌 다른 읽을거리로, 데이비드슨의 계획을 일반적으로 소개한 가장 좋은 문헌은 하먼의 〈논리적 형식〉(1972)이다. 이 논문과 진리 이론적 의미론에 관한 여러 다른 좋은 논문은 데이비드슨과 하먼이 편집한 《자연 언어에 대한 의미론》(1975)에 재수록되어 있다. 에반스와 맥도웰의 《진리와 의미》(1975)와 플래츠의 《지칭, 진리, 현실》(1980) 같은 선집들도 보라. 플래츠의 《의미 방식》(1979)은 데이비드슨의 계획에 대해 비판적으로 논의한 좋은 책이다.

- 하먼은 〈의미와 의미론〉(1974b)과 〈개념 역할 의미론〉(1982)에서 '개

넘 역할' 의미론을 세우기 위해 데이비드슨과 단절한다. 잇따라 나온 문헌의 개요는 내가 쓴《자연 언어에서 논리적 형식》(1984)의 10장을 보라.

- 데이비드슨의 〈묘비명의 멋진 교란〉(1986)은 데이비드슨이 자기 입장을 말의 우스꽝스러운 오용(malapropism)에 근거해 비판한 중요한 논문이다.

- 진리 조건 의미론의 중요한 부산물이자 경쟁 이론은 〈논리학의 양화사와 자연 언어의 양화사〉(1976)와 〈자연 언어의 양화사: 몇 가지 논리적 문제〉(1979)에서 힌티카가 발전시킨 '놀이 이론적' 의미론이다. 나는 힌티카의 계획이 진리 조건 의미론을 변형한 견해에 머물지 않고 그것과 어디까지 경쟁할 수 있을지에 대해 확신은 없다. 놀이 이론 의미론에 대한 기초 논문은 사리넨의《놀이 이론 의미론》(1979)에 실려 있다.

- 카니의《구문: 생성 입문》(2002), 에드거의《핵심 구문: 최소주의 접근》(2003), 색과 와소, 벤더의《구문 이론: 형식적 입문》(2003), 래드포드의《최소주의 구문: 영어 구조 탐구》(2004), 라스닉과 유리아저레카의《최소주의 구문 강좌》(2005), 쿨리커버의《자연 언어 구문론》(2009)은 현대 구문 이론을 소개한 좋은 입문서다. 혼스타인의《논리적 형식: GB에서 최소주의로》(1995)도 보라. 라슨과 시걸의《의미 지식》(1995)은 이론 언어학의 관점에서 의미론을 현대 구문론과 수렴해서 해설한다.

- 각종 진리 이론에 관한 논의는 쿼네의《진리 개념》(2003)을 보라. 그로버의《진리 대문장 이론》(1992)은 세련된 축소 이론을 발전시킨다. 아무르-가브와 빌이 편집한《축소 진리》(2005)는 축소론(deflationism)에 관한 논문 선집이다.

진리 조건 이론
: 가능 세계와 내포 의미론

개요
Overview

(4장에서 제시한) 크립키의 가능 세계는 진리 조건의 대안 개념을 내놓는다. 우연 문장은 어떤 세계에서는 참이지만 다른 세계에서는 참이 아니다. 그래서 문장의 진리 조건을 문장이 참이 되는 가능 세계들의 집합으로 여길 수 있다. 더욱이 가능 세계는 문장 요소 구/이은말(subsentential phrases)의 '내포'나 '의미'를 구성하고, 특히 개별 낱말이나 의미 원자의 내포나 의미를 구성하기 위해 사용할 수 있다. 내포와 의미는 실제 지칭체(actual referent)와 독립적으로 존재한다는 점에서 프레게의 '뜻'과 비슷하다. 예를 들어 술어는 세계에 따라 다른 외연을 가지며, 술어의 내포는 주어진 어떤 세계든지 그런 세계 속 술어의 특정 외연과 연합하는 기능이나 함수로 여길 수 있다.[1] 이때 문법은 이런 문장 요소의 내포들(sub-sentential

---

1 (옮긴이) 내포 의미론은 수학과 대수학, 논리학의 집합 개념을 차용하고 있으므로 10장에 국한해서 'function'을 '기능이나 함수'로 옮겼다. 나머지 장에서는 그냥 '기능'

intensions)이 어떻게 완전한 문장의 진리 조건, 곧 의미를 만들기 위해 결합하는지 보여줄 수 있다.

결과로 나온 견해는 9장의 논의에서 데이비드슨의 이론을 괴롭힌 가장 주목할 만한 반론 4, 곧 외연이 같지만 동의어가 아닌 명사/용어들의 문제와 반론 5, 곧 비진리 함수적 연결사들의 문제를 깔끔하게 피한다. 이 견해는 데이비드슨의 모형을 적용하기 곤란한 구문, 예를 들어 다른 유형의 필연성과 가능성, 반사실 조건문, 믿음 문장을 처리할 수 있는 매력적인 의미론도 내놓는다. 또한 대체성의 문제를 해결하도록 돕는다. 그러나 가능 세계 견해는 데이비드슨의 진리 조건 의미론의 나머지 난점을 물려받고 한두 가지 난점을 더 초래한다.

진리 조건 다시 생각하기
Truth Conditions Reconceived

9장에서 보았듯 진리 조건 이론은 의미를 표상, 다시 말해 문장과 실제 또는 가능 사태(actual or possible states of affairs)의 비춤이나 대응으로 이해한다. 그러나 우리는 데이비드슨이 의도한 것보다 가설 사태라는 개념을 더 진지하게 받아들일 수 있으며, '가능 사태/상황/조건'을 크립키식 **가능 세계**로 받아들일 수 있다. (우리의 실제 세계와 다른) 가능 세계는 일이 여기와 다르게 돌아가는 대안 우주(alternative universe)라는 점을 떠올려보라. 덧붙이자면 세계를 이루는 요소 사실들의 측면에서 서로 다르므로, 당연히 주어진 문장의 참은 우리가 어떤 세계를 살펴보는지에 달렸다.

으로 옮겨도 뜻이 통한다.

이는 문장의 진리 조건이라는 생각을 변형한 새로운 해석을 제공한다. 문장은 어떤 가능 상황에서는 참이 되고, 다른 가능 상황에서는 참이 아니게 된다. 가능 세계의 언어로 말하면 문장은 어떤 세계에서는 참이 되고 다른 세계에서는 참이 아니게 된다. 두 문장은 같은 진리 조건을 가질 때, 단지 같은 상황에서, 다시 말해 같은 세계에서 참이 될 것이다. 두 문장은 진리 조건이 다를 때, 한 문장이 참이 되지만 다른 문장은 거짓이 되는 어떤 세계가 있을 것이다. 그래서 두 문장이 단지 같은 세계에서 참은 아니게 된다. 우선 어림잡아 문장의 진리 조건을 문장이 참이 되는 세계들의 집합이라고 단순하게 생각해보자.

진리 조건 이론가에게는 물론 그런 세계들의 집합이 문장의 의미이기도 할 것이다. 의미가 같은 문장은 단지 같은 세계에서 참이 되지만, 의미가 같지 않은 두 문장에 대해 한 문장은 참이 되지만 다른 문장은 거짓이 되는 세계가 적어도 하나 있을 것이다. 이런 생각은 문장 요소 표현(subsentential expressions)의 의미에도 일반적으로 적용된다. 하지만 이것이 어떻게 작동하는지 보여주려면, 한두 구절을 되짚어 보아야 한다.

러셀과 달리 프레게는 〈뜻과 지칭에 대하여〉(1892/1952b)에서 2장의 논제 J3/K3, 정확히 말해 "유의미한 주어와 술어 형식의 문장은 (오로지) 어떤 개별 사물을 골라내서 그 사물에 어떤 속성이 있다고 여김의 효능으로 의미를 지닌다"라는 논제를 거부했다. 프레게는 '뜻'이라는 추상체를 상정하고 단칭 명사가 추정 지칭체(putative referent)에 더해 뜻을 지닌다고 주장함으로써 J3/K3을 거부했다. 그리고 프레게는 합성성(com-positionality)을 옹호했다. 프레게의 견해에 따르면 주어와 술어 형식의 문장은 문장의 주어가 가리키는 지칭체가 있든 없든, 문장 요소의 개별 뜻으로 구성된 복합 뜻(a composite sense)을 지니며, 그런 복합 뜻을 지님의 효능으로 유의미하다. (이렇게 프레게는 실존하지 않는 대상을 지칭하는 것처럼 보이는 문제를 공격했다.)

지금까지 개략적으로 진술했듯, 프레게의 견해는 명제 이론을 변형한 견해인 것처럼 보인다. 그래서 프레게의 견해는 5장에서 명제 이론에 제기된 다양한 반론에 취약하다. 그러나 카르나프(Rudolf Carnap, 1891~1970)는 《의미와 필연성》(1947/1956)에서, 몬테규(Richard Merritt Montague, 1930~1971)는 〈논리적 필연성, 물리적 필연성, 윤리학과 양화사〉(1960)와 〈형식 언어로서 영어〉(1970)에서, 힌티카(Jaakko Hintikka, 1929~2015)는 〈양상과 양화〉(1961)에서 프레게의 뜻을 가능 세계로 해석하고 해명하면서 **내포 논리**(intensional logic)를 발전시켰다.

단칭 명사나 술어는 (9장에서 말한 뜻에서) 외연과, 프레게의 뜻이나 '내포'를 둘 다 가진다. 여기서 묘수는 명사의 내포가 가능 세계에 따라 외연을 골라내는 기능이거나 함수라고 해석하는 것이다. 따라서 술어의 내포는 세계에 따라 술어의 외연에 속한 사물 집합을 골라내는 기능이거나 함수다. 예를 들어 '뚱뚱하다'라는 술어의 내포는 세계에 따라 달리 보이고, 각 세계에서 뚱뚱한 사물의 집합을 골라내게 한다. '뚱뚱하다'라는 술어는 단지 실제 뚱뚱한 사물뿐 아니라 다른 가능 상황에서 뚱뚱한 뭐든지 의미한다. (이를 더 인간적인 용어로 표현하자면, 만약 여러분이 '뚱뚱하다'라는 술어의 의미를 알면, 여러분은 실제로 뚱뚱한 것의 목록뿐만 아니라 다양한 가설적 사물도 뚱뚱하다고 여겨질 것임을 안다.)

'개별 뜻(individual senses)', 곧 단칭 명사의 내포는 세계에 따라 세계에 거주하는 사물을 골라내는 기능이거나 함수다. 4장의 논의를 떠올리면 좀 익숙할 텐데, 고정 지시어는 모든 세계에서 같은 개체를 골라내는 불변 기능이거나 함수(constant function)다. 그러나 느슨한 지시어는 세계에 따라 지칭체가 바뀐다. 우리가 이미 보았듯 '2017년에 영국 총리(the British Prime Minister in 2017)'는 실제 세계에서 테리사 메이를 지시하지만, 다른 세계에서 다양한 다른 사람을 (혹은 다른 피조물을) 지시하고, 또 다른 세계에서는 아무도 지시하지 않는다. '영국 총리'의 뜻이나 내포는 세계에 따라 달리 보이고, (혹은 이리 뛰고 저리 뛰어서) 거기에서 현재 총리인 누구든지 골라내게 한다. 술어와 마찬가지로 여러분이 '영국 총리'라는 구/이은말(phrase)의 의미를 알면, 여러분은 지금 실제로 누가 총리인지 몰라도 다양한 가설적 조건에서 누가 총리인지를 안다.

이런 종류의 기능이나 함수들이 전체 문장의 뜻이나 내포를 만들기 위해 결합한다. 예를 들어 살펴보자.

(1) 현재 영국 총리는 뚱뚱하다.
(The present British Prime Minister is fat.)

다른 가능 세계에서 (1)의 주어는 거기에서 총리인 누구든지 지시하고, 거기에서 '뚱뚱하다'라는 술어의 내포는 개연적으로 뚱뚱한 사물의 실제 집합(actual set)과 다른 외연을 갖는다. 그래서 우리는 합성성에 따라 (1)이 가능 세계에서 참이 되는지 말할 방법을 안다. 만약 가능 세계에서 총리가 뚱뚱한 사물의 외연에 속하면 그리고 오로지 그런 경우에만 (1)은 가능 세계에서 참이 된다. 따라서 '현재 영국 총리'의 내포와 '뚱뚱하다'의 내포를 알면, 우리는 주어진 어떤 세계가 (1)을 참인 문장으로 만드는지 안다. 이는 우리가 (1)이 어떤 세계에서 참이 되는지 말할 방법을 안다는 것이다. 왜냐하면 우리는 결과적으로 세계에 따라 참값을 결정하는 복합 기능이나 합성 함수(composite function)를 얻기 때문이다. 그러므로 우리는 어떤 세계들의 집합이 (1)을 참으로 만드는 진리 집합인지 안다. (엄밀히 말해 문장의 내포는 결과로 나온 문장을 참으로 만드는 진리 집합 자체가 아니라 기능이거나 함수지만, 이후 전문 지식이 필요한 이런 기술적 구별은 무시하겠다.) 그리고 이는 우리가 (1)로 표현된 명제를, 곧 (1)의 의미를 안다고 말하는 셈이다. (여기서 잘못된 길로 들어서지 않도록 주의해야 한다. 우리가 사물에 대해 '앎'을 이렇게 다루는 모든 논의가 검증론에 빠진다는 것을 의미하지 않는다. 나는 단순한 기본 내포와 주어와 술어 형식의 문법이 주어질 때 어떻게 누구든지 복합 내포를 계산하는지 은유적으로 말하고 있다.)

만약 명제를 이렇게 가능 세계들의 집합으로 해석하면, 우리는 결국 의미 사실에 대해 사소하지 않은 설명(non-trivial explanations of meaning facts)을 얻는다. 만약 두 문장이 단지 같은 세계에서 참이라면 그리고 오로지 그런 경우에만 두 문장은 동의어다. 만약 한 문장이 참이기도 하고 거짓이기도 하지만 모순이 아닌 어떤 세계가 있다면, 그 문장은 애매할 것이다. 그리고 가능 세계 해석은 집합론을 거쳐 우아한 의미의 대수학²을 제공한다. 예를 들어 문장들 사이에 성립하는 관계인 함의(entailment)는 단지 부분집합의 관계일 뿐이다. 만약 S2가 S1이 참이 되는 어떤 세계든지 거기에서 참이라면 그리고 오로지 그런 경우에만 S1은 S2를 함의한다. 말하자면 S2의 의미가 되는 세계들의 집합은 S1의 의미가 되는 세계들의 부분집합이다.

따라서 진리 조건을 가능 세계의 측면에서 완성하는 작업은 명제 이론을 변형한 세련된 견해를 하면의 (5장에서 제기된) 반론 3에서 구해내는데, 이 견해는 우리가 독립적으로 알아내거나 계산할 수 있다는 측면에서 '명제'가 무엇인지를 우리에게 말해주는 까닭이다. 명제는 세계들의 집합이다. (어떤 이는 '비실제 가능 세계'라는 관념을 형이상학적으로 꺼림직하다고 느낄 수도 있으나, 적어도 한 세계가 존재하는 것으로 여겨진다는 것을 이미 알고 있다.) 지금 다루는 견해는 관념 이론에 제기되어 명제 이론으로 넘어간 둘째 반론도 피하는데, 그 견해가 우리에게 추상적 '개념'이 무엇인지를 말해주는 까닭이다. 개념은 세계에 따라 외연을 골라내는 기능이거나 함수다.

---

2 (옮긴이) 대수학(algebra)은 방정식의 다양한 부분을 나타내기 위해 기호와 문자와 수를 사용하는 수학의 한 분야다. 방정식에서 문자나 기호 뒤에 숨은 값을 찾아내는 방법을 다룬다. 대수 표현에는 일반적으로 고정값을 갖는 상수와 변수를 포함하고 있다. 예를 들어 원의 둘레에 관한 대수 표현은 "c=2πr"이다. 이 방정식에서 c(둘레)와 r(반지름)은 변수이고, 2π는 상수다. 정의에 따라 방정식은 같은 값을 갖는, 등호(=)로 연결된 두 부분을 가진다. 대수학은 이론 물리를 비롯해 컴퓨터 계산 체계 설계에 응용되었고, 심리학·경제학의 선형계획법이라는 분야에서 행렬과 선형대수를 사용한다. 여기서 라이컨은 문장 기호와 문장 기호의 동치 관계를 일종의 대수학으로 해석하고 있다.

(잠시후 복잡한 문제를 소개하겠다.)

끝으로 진리 조건 이론을 변형한 가능 세계 견해를 직접적으로 지지하는 논증이 있는데, 루이스가 〈일반 의미론〉(1970)에서 아주 간단히 다음과 같이 제시했다.

> 의미가 무엇인지 말하기 위해, 우리는 먼저 의미가 무엇을 하는지 묻고, 다음에 그렇게 하는 것이 무엇인지 찾아낼 수도 있다. 문장의 의미는 문장이 참이거나 거짓이 되는 조건을 결정하는 어떤 것이다. 문장의 의미는 다양한 가능 사태, 다양한 시간과 장소에서 다양한 화자에 대해 문장의 참값을 결정한다.
>
> (In order to say what a meaning is, we may first ask what a meaning does, and then find something that does that. A meaning for a sentence is something that determine the conditions under which the sentence is true or false. It determines the truth-value of the sentence in various possible states of affairs, at various times, at various places, for various speakers, and so on.)

〈일반 의미론〉(1970), 22쪽

나는 루이스의 생각이 다음과 같다고 믿는다. 만약 여러분이 어떤 문장 S를 이해하고, 여러분에게 가능 세계가 무작위로 드러난다고 가정하자. 우리가 여러분을 가능 세계로 날려 보내고, 가능 세계를 이루는 사실들을 여러분이 모두 알게 되는 기적이 일어났다고 가정하자는 것이다. 그러면 여러분은 S가 참인지 거짓인지 바로 안다. (만약 여러분이 가능 세계의 모든 사실을 알면서 S가 거기서 참인지 아직 말할 수 없다면, 여러분은 S를 이해하지 못한 것이다.) 그래서 의미가 하는 한 가지 일은 의미가 주어진 어떤 세계든지 그 세계에 대해 참값을 내놓는 것이다. 이는 의미가 **적어도** 특정 세계들의 집합이라는 뜻에서 진리 조건이라는 말이다. (이것은 의미가 단지 진리 조건 이상을 포함할 수도 있다는 점을 미해결 상태로 남겨둔다.)

데이비드슨의 견해보다 나은 점
Advantages Over Davidson's View

가능 세계 견해는 데이비드슨의 진리 조건 이론보다 더 나은 점이 몇 가지 있다. 구체적으로 말해 가능 세계 견해는 데이비드슨의 진리 조건 이론에 제기된 반론 4와 반론 5를 피한다.

9장에서 제기한 반론 4는 외연이 같으나 동의어가 아닌 명사/용어들의 문제였다. 가능 세계 견해에 근거하면 반론 4는 전혀 문제가 되지 않는다. '신장형 동물'과 '심장형 동물'은 의미가 다르다. 두 용어는 실제 세계에서 똑같은 사물에 적용되지만, 두 용어의 외연은 가능 세계에 따라 달라진다. 셀 수 없이 많은 세계에 심장형 동물이 아닌 신장형 동물이 있고, 신장형 동물이 아닌 심장형 동물도 있다. 여기서 이야기는 끝났고 더는 할 말이 없다(그러나 곧 프레게가 대체성 문제에 맞서 내놓은 해결책을 되살릴 것이다).

반론 5는 비(非)진리 함수적 문장 연결사의 문제였다. 여기서 가능 세계 견해는 독특한 강점을 드러낸다. 어떤 연결사의 진리 조건을 세계의 측면에서 직접 진술할 수 있기 때문이다. "현재 미국 대통령이 뚱뚱함은 가능하다(It is possible that the present U.S. President is fat)"에 나타난 "…임(함)은 가능하다(It is possible that)"라는 단순 양상 연산자의 예를 들어보자. 만약 현재 미국 대통령이 뚱뚱한 **어떤 세계가 있다면** 그리고 오로지 그런 경우에만 "현재 미국 대통령이 뚱뚱함은 가능하다"라는 문장을 참이라고 여길 것이다. 그리고 만약 우리가 "필연적으로, 미국 대통령이 있다면 미국은 실제로 있다"라고 말하기를 원했다고 하자. 그때 만약 **모든 가능 세계에서** 미국 대통령이 있고 미국이 실제로 있다면 그리고 오로지 그런 경우에만 내포 의미론은 그 문장을 참이라고 여길 것이다.

이로부터 우리는 원래 공식에 단서가 필요하다는 점을 알 수 있다. 모든 단순 표현의 뜻이나 내포를, 세계에 따라 외연 또는 지칭체를 골라내는 기능이거나 함수라고 말할 수 없다. 어떤 단순 표현의 뜻은 내포에 따라 내포를 골라내는 기능이거나 함수다. "…임은 가능하다(It is possible that)"라는 표현은 적용 문장의 내포를 다른 내포로 바꾼다. 다른 문장 요소의 예로 '느리게' 같은 부사를 들어보자. 만약 어떤 가능 세계에서 '제인'의 지칭체가 헤엄치는 사물 가운데 하나라면 그리고 오로지 그런 경우에만 "제인이 헤엄친다"라는 문장은 참이 된다. 왜냐하면 '헤엄친다'라는 말의 외연은 정확히 그 세계에 거주하는 헤엄치는 생명체의 집합이기 때문이다. 그런데 "제인이 느리게 헤엄친다(Jane swims slowly)"라는 문장은 어떤가? 문법상 '느리게'는 '헤엄친다'라는 술어를 수식함으로써 '느리게 헤엄친다'라는 복합 술어를 만든다. 그리고 내포 의미론자는 똑같은 방식으로 다음과 같이 이어진다고 주장한다. '느리게'라는 부사의 내포는 내포에 따라 내포를 골라내는 기능이거나 함수다. 그것은 '헤엄친다'의 내포를 골라내서 수식된 내포로 바꾼다. 다시 말해 '느리게'의 내포는 어떤 세계를 살피고 그 세계에서 느리게 헤엄치는 사물의 집합을 골라내는 기능이거나 함수다.[3]

반론 5에 응답할 때 주목했듯, 가능 세계 이론은 양상 문장, 다시 말해

---

3 몬테규(Richard Montague, 1930~1971)는 〈논리적 필연성, 물리적 필연성, 윤리와 양화사〉(1960)에서 언어에서 추상성이 점점 높아지는 요소에 대응하는 고차 내포 구조를 세웠다. 사실상 콰인보다 한발 앞서 나가려는 욕망 탓에 몬테규는 '목적·이유·동기(sake)', '이익·원조·지지(behalf)', '힘·타격(dint)'에 아주 희귀한 개별 내포를 명시적으로 할당했다. 1장에서 언급했듯, 몬테규는 이런 방식으로 지칭 이론을 지지하기 위한 한 방을 의도했다. (하지만 그것은 기껏해야 빗나간 한 방이다. 그런 낱말은 마치 고유 이름이 지칭체를 지시하듯 내포를 지시한 것으로 여겨지지 않는다.)

다양한 필연성과 가능성을 포함한 구문을 다룰 때 빛을 발한다. 특히 가능성이 끼어든 담화는 언어에 두루 퍼져 있으며, 가능성의 종류는 많다. 물리적 가능성, 생물학적 가능성, 도덕적 가능성, 사회 및 관습적 가능성 따위로 끝없이 이어진다. 만약 우리가 '가능하다'를 '적어도 한 세계에서 참이다'로 계속 이해한다면, 실제로 있는 것은 가능하다는 것과 같은 명백한 느낌의 함축을 포착한다. 더 흥미로운 점은, 우리가 말하는 세계들의 집합을 제한함으로써 가능성의 다른 종류를 구별할 수 있다는 것이다. 물리적으로 가능하다는 것은 **우리의 자연법칙을 따르는** 어떤 세계에서 성립한다는 것이고, 여기서 자연법칙은 실제 세계에 적용되는 법칙이다. 도덕적 가능성(Moral possibilities)은 모든 도덕 기준 M이 지켜지는 어떤 세계에 발생하는 일이다. (그렇다. 여러분은 우리의 실제 세계가 그런 뜻에서 도덕적으로 가능하지 않음을 알아챘을 것이다. 그래서 내가 방금 언급한 함축은 실제로 있든 가능한 것이든 우리가 어떤 종류의 가능성을 논의하는지에 달렸다.) 인식적 가능성(epistemic possibility), 다시 말해 우리가 아는 모든 것에 대한 가능성은 우리가 아는 것과 양립할 수 있는 적어도 하나의 세계에서 일어나는 무엇이다. 이렇게 계속된다.

양상 구문을 다루는 가능 세계 접근법은 이전에 여러 해에 걸쳐 철학자들을 괴롭혔던 **반사실 조건문**(counterfactual conditionals)의 문제에 대해 매력적인 해결책을 제의한다. 다음과 같은 문장을 어떻게 이해할지 말하기는 어렵다.

(2) 제리가 버밍햄에서 어떤 일이 자신을 기다리고 있을지 알았더라면, 그는 결코 그곳에 가지 않았을 텐데.
(Had Jerry known what was waiting for him in Birmingham, he would never have gone near the place).

또는

(3) 만약 내가 왕이라면, 이상한 맛이 나는 아이스크림을 법적으로
금지할 텐데.

(If I were king, I would outlaw weird ice cream flavors.)

조건 가정문(conditional suppositions)이 거짓으로 추정된다고 가정하면,
특히 완전히 공상에 빠진 (3)의 경우, 우리는 이런 조건 문장 전체가 어
떤 조건에서 참이 되는지를 도대체 어떻게 말할 수 있는가?[4]

논리학 서적의 전문 용어로, (내가 방금 '조건 가정문'이라고 부른) 조건 문
장(conditional sentence)은 전형적으로 언제나 '만약/만일(if)'[5]로 시작하
는 것은 아니지만, '전건(antecedent)'과 '후건(consequent)'이 있다. 후
건은 전건이 조건으로 주어지면 참이 된다. 요컨대 우리는 이 조건문을
"A→C"로 표시할 수 있다. 스톨네이커(Robert Stalnaker)는 〈조건문 이
론〉(1968)에서 애덤스(Ernest Adams)가 발표한 〈조건문의 논리〉(1965)에
포함된 중요한 추론주의(inferentialism)를 수정함으로써 다음과 같은 견
해를 제안한다. 만약 전건 A가 참이고 다른 모든 점에서 우리의 (현실) 세
계와 전반적으로 가장 유사한 가능 세계에서 후건 C도 참이라면 그리고
오로지 그런 경우에만 조건문은 참이 된다. 요점은 A가 가정이나 가설
이고, 우리가 A가 적용되는 세계들의 집합을 살펴보게 되어 있다는 것

---

4 어느 날 어떤 친구에 대해 떠올린 반사실 조건문이 하나 있다. "만약 내게 여자 친구가
있다면, 그녀는 부자일 테지, 만약 그녀가 부자라면 말이지(If I had a girlfriend, she'd
be rich, if she were rich)." 철학에 오명을 씌우는 것과 비슷한 생각이다. (철학이 쉬운
말을 어렵게 하는 지적 유희가 아닌지, 또는 거의 동어반복에 가까운 주장만 되풀이해
말하는 것은 아닌지 의구심을 가질 때가 가끔 있다. 그런 측면을 드러내려고 말한 듯하
다. 물론 이는 철학의 본질에 벗어난 지엽적인 의구심이다. 철학에는 의미 명료화라는
대단히 생산적인 측면이 확실히 있다.)
5 2장에서 도입한 대용어의 선행사(antecedent)와 혼동해서는 안 된다. 반사실 조건문은
논리학 교과서의 명제 논리 체계에 나오는 명시적 진리 정의 조건문과 같은 종류에 속
하지 않는다.

이다. 그런데 이렇게 가정할 때, 우리는 A를 허용하면서 우리의 현실 세계(our real-world)에 대한 나머지 믿음들을 가능한 한, 참이라고 여긴다. 그래서 A가 성립한 세계들의 집합 가운데 우리는 다른 모든 점에서 우리의 실제 세계(our own actual world)와 가장 비슷한 세계를 하나 선택한다. 그러면 우리는 그 세계에서 C가 참인지 알 수 있다.

이것이 어떻게 작동하는지 보기 위해, 먼저 우연적이지만 명백히 참이 되는 반사실 조건문을 시험해보자.

> (4) 만약 내가 탁자용 등을 4층 창에서 밖으로 던졌더라면, 그것은 포장도로 아래 떨어져 박살이 났을 텐데.
>
> (If I had thrown this table lamp out this fourth-story window, it would have smashed on the pavement below.)

우리는 내가 탁자용 등을 던졌던 세계들을 살펴본다. 그 가운데 한 세계에서 탁자용 등은 포장도로에 떨어져 박살이 난다. 다른 세계에서 탁자용 등은 깨지지 않고 튀어 오른다. 또 다른 세계에서 탁자용 등은 떨어지지 않고, (보스턴 레드삭스 야구단의 응원가) 〈더러운 물(Dirty Water)〉을 부르며 보스턴으로 날아간다. 그런데 우리는 전반적으로 우리가 사는 이 세계와 가장 비슷한 세계를 선택한다. 탁자용 등이 떨어져 깨지는 것만 빼고 무슨 일이든지 행하는 세계는 자연법칙과 물리 구조가 우리의 세계와 전혀 다를 것이다. 그래서 우리의 세계와 가장 유사한 세계에서 탁자용 등은 떨어져 깨진다.

그래서 (2)에 대해 다음과 같이 말할 수 있다. 제리가 자신에게 어떤 일이 생길지 아는 세계들을 살펴보라. 그 가운데 어떤 세계에서 제리는 버밍햄에서 멀리 떨어진 곳에 머문다. 다른 세계에서 제리는 어쨌든 거기로 간다. 그런데 어떤 세계가 전반적으로 이런 세계와 가장 비슷한가? 그가 멀리 떨어진 곳에 머문 세계인가, 혹은 그가 거기로 간 세계인가? 그리고

(3)에 대해서도 마찬가지로 내가 왕이 되는 세계를 모두 살펴보라.

루이스는《반사실 조건문》(1973)에서 스톨네이커의 제안을 비틀어 바꾸고 두루 다듬었고, 이어서 수많은 문헌이 쏟아져 나왔다.

가능 세계 이론은 믿음 문장도 능숙하게 다룬다. 잠시 프레게로 돌아가자. 프레게는 대체성 문제의 해결책을 이렇게 제안했다. 믿음 문장은 공동지칭 명사/용어(coreferring terms)를 대체한 결과로 참값이 바뀔 수 있다. 왜냐하면 여기서 두 명사/용어는 지칭체가 같더라도 뜻이 달라서 다른 복합 뜻을 대체한 결과일 수도 있기 때문이다. (그리고 믿음이라는 인지 상태는 지칭체가 아니라 '사유'나 복합 뜻을 대상으로 갖는다.) 명제 이론을 변형한 해명되지 않은 견해들에서 언제나 그렇듯, 프레게의 제안은 옳은 소리처럼 들리지만 '뜻'을 당연한 것으로 받아들이는 한, 현실적으로 아무것도 설명하지 못한다. 그러나 가능 세계 이론가는 더 만족스럽게 설명할 수 있다. 두 명사/용어는 실제 세계에서 같은 대상을 지칭하지만, 다른 세계들에서는 갈려서 두 명사의 내포는 달라진다. 그러므로 두 명사가 나오고 다른 모든 점에서 유사한 문장들의 복합 내포들도 다를 것이다. 만약 믿음이 믿는 사람과 명제, 곧 문장의 내포 사이에 성립하는 관계라면, 당연히 믿는 사람은 한 문장의 내포를 믿지만 다른 문장의 내포를 믿지 않을 수도 있다. (하지만 이런 해결책은 지칭하는 명사들 가운데 적어도 하나가 느슨한 명사라고 가정한다는 점에 주목하라.)

이 시점에서 조정이 필요하다. 내가 앞에서 지적했듯, 가능 세계 이론을 변형한 현재 다루고 있는 견해는 두 문장이 단지 같은 세계에서 참일 때 그리고 오로지 그런 때만 두 문장을 동의어로 여긴다. 그러나 모든 세계에 적용되는 필연적 진리에 대해서는 어떤가? 모든 필연적 진리는 다른 모든 필연적 진리와 동의어라는 결론이 따라 나올 것이다. 이런 견해에 따르면, 예컨대 "돼지는 날개가 있거나 날개가 없다"라는 문장과 "만약 먹어도 되는 생쥐들이 있다면, 어떤 생쥐는 먹어도 된다"라는 문장은 정확히 같은 것을 의미할 테지만, 두 문장의 의미가 같지 않

274

은 것은 명백하다. 더욱이 어떤 문장이든지 그것과 필연적으로 동치인 다른 어떤 문장과 동의어로 여겨질 것이다. "눈은 희다"라는 문장은 단지 "눈이 희거나 돼지는 날개가 있고 돼지는 포유동물이고 어떤 포유동물도 날개가 없다"라는 문장과 같은 것을 의미한다고 말할 터다. 그리고 전자를 믿는 사람이라면 누구든지 저절로 후자도 믿는다고 여겨지리라. 이때 어떤 해결책이 필요하다.

문제의 원천은 복합 내포가 전혀 다른 개념들로 만들어질 때도 필연적으로 외연이 같을(coextensive) 수 있다는 점인 것처럼 보인다. 그렇다면 카르나프가 《의미와 필연성》(1947/1956)에서 알아보았듯, 해결책은 동의성에 대해 문장들이 같은 내포를 가질 뿐만 아니라 같은 방식으로 (또는 거의 같은 방식으로) 같은 원자 내포들로 구성된 복합 내포를 가져야 한다고 요구하는 것이다. 카르나프는 이것을 내포 구조 동일성(intensional isomorphism)이라고 불렀고, 이는 앞에서 문제가 되었던 사례를 모두 배제한다. 예를 들어 "돼지는 날개가 있거나 날개가 없다"라는 문장과 "만약 먹어도 되는 생쥐들이 있다면, 어떤 생쥐는 먹어도 된다"라는 문장은 전혀 다른 내포들로 구성되어 있다(첫째 사례에서 '돼지'와 '날개'의 내포와 둘째 사례에서 '생쥐'와 '먹어도 되는' 혹은 '먹다'의 내포는 전혀 다르다).

남은 반론
Remaining Objections

가능 세계 이론은 데이비드슨의 견해에 제기된 몇 가지 반론을 물려받는다. 반론 1(비(非)평서문 관련 반론), 반론 2(비(非)사실 진술 문장 관련 반론), 반론 6(진리를 당연하게 받아들이는 것과 관련된 반론)이다. 어떤 내포 이론가는 우리가 데이비드슨의 견해를 지지하려던 것과 거의 같은 답변을 내놓을 터다. (화용 지시에 대한) 반론 3은 다른 방식으로 제기되는데, 가능 세계 접근법은 T-문장을 포함하지 않기 때문이다. 그러나 반론 3은 아직 화용 지시(deixis)에 대해 내포 장치로서 어떤 규정도 하지 않아서 제기된다. 반론 3은 다음 장에서 중요하게 다룰 것이다.

가능 세계 견해는 5장에서 명제 이론에 제기된 첫째와 둘째 반론도 물려받는다. 기이하다는 반론과 낯설다는 반론이다. 4장에서 주목했고, 내가 고유 이름에 대한 크립키의 견해를 설명할 때 그랬듯, 가능 세계 견해는 '가능 세계'를 사물이 어떠한지 살펴보는 방식을 설명하기 위한 은유 또는 발견법으로 받아들인다. **현실적으로 실존하지 않는** 대안 세계들이 어떤 뜻에서 현실적으로 있는가?(In what sense are there really alternative worlds that **do not really exist**?) 그런데 이는 너무 큰 주제여서 지금 깊이 논의할 수 없다.[6]

가능 세계 견해는 명제 이론에 제기된 (의미의 '역동적 특징'을 소홀히 다룬다는) 반론 4에도 걸려든다. 5장에서 반론 4를 다룰 때, 우리는 명제가 인간의 행동을 설명하는 데 도움이 되지 않더라도, 설명해야 하는 일차 대상은 행동이 아니라 의미 사실이라고 단순하게 응답했다. 그런데 반론 4는 진리 조건 이론을 변형한 두 견해에 불리한 쪽으로 더 멀리 나아갔다.

반론 7

아직 대체성 문제가 남아 있다. (외연이 같을 뿐만 아니라) **동의어인** 명사/용어들(synonymous terms)이 참값의 가능한 변화 없이 대체될 수 없는 문맥/맥락이 있는 것 같기 때문이다. '안과 전문의(ophthalmologist)'와 '안과 의사(eye doctor)'는 동의어다. (혹은 우리가 편의를 위해 동의어라고 가정할 수도 있다.) 그런데 실라로 불리는 어떤 사람은 두 명사가 동의어라는 사실

---

6 루이스의 《세계의 다수성에 대하여》(1986)와 내가 쓴 《양상과 의미》(1994)를 다시 보라.

을 모른다고 치자. 그러면 "실라는 모든 안과 의사가 눈을 진료한다고 믿는다"라는 문장은 참일 수도 있지만, "실라는 모든 안과 전문의가 눈을 진료한다고 믿는다"라는 문장은 거짓일 수도 있다. 비슷하게 "어빙은 안과 전문의가 안과 의사이기 때문에 안과 전문의에게 갔다"라는 문장은 참이지만, "어빙은 안과 의사가 안과 의사이기 때문에 안과 전문의에게 갔다"라는 문장은 거짓이다.

반론 8

(예를 들어 1984년에 《자연 언어에서 논리적 형식》을 펴낸 나를 비롯해) 몇몇 데이비드슨 연구자와 내포 이론가는, 내가 작은 의미들로 큰 의미를 계산하기 위한 기계 명령어의 집합(a machine program)이라고 기술했던 종류의 의미론으로 채워진 구문론에 대해 생각한다. 기계 명령어의 집합은 어떤 뜻에서는 화자와 청자의 뇌 안에서 처리되고 있다. 그러나 이런 생각에는 문제가 있다. 더밋이 〈의미 이론이란 무엇인가?〉(1975)에서 지적하고 퍼트넘이 《의미와 도덕 과학》(1978)에서 지적했던, '역동적 특징(dynamic feature)'에 관한 훨씬 구체적이고 특수한 걱정거리가 여기에 있다. 더밋과 퍼트넘의 글은 난해하고 다소 모호하지만, 두 사람의 관심사가운데 하나를 다음과 같이 단순하게 진술할 수 있다. 문장 의미는 문장의 의미를 알면 알 수 있는 것이다(A sentence meaning is what one knows when one knows what a sentence means). 그런데 문장의 의미를 안다고 함은 단지 문장을 이해한다는 말이다. 그리고 이해는 심리 상태며, 살과 피로 이루어진 인간 유기체 안에서 행동에 영향을 미친다. 이제 문장이 의미하는 것이 단지 문장의 진리 조건이라면, (쌍둥이 지구 사례로 쉽게 드러나듯) 진리 조건이 때때로 "머릿속에 있지 않다"는 뜻에서 문장의 '넓은' 속성이고 진리 조건을 앎이 사람들의 두드러지게 넓은 속성일 때, 어떻게 진리 조건을 앎 자체가 누군가의 행동에 영향을 미칠 수 있는가? 여기서 "개가 물을 마신다"라는 문장의 진리 조건은 쌍둥이 지구에서 "개

가 물을 마신다"라는 문장의 진리 조건과 다르지만, 둘의 차이는 행동과 무관하고 행동에 영향을 줄 수도 없다. 그러나 (의미를 앎과 같은 말인) 이해 는 행동에 영향을 줄 수밖에 없고 영향을 준다. 그러므로 이해는 진리 조건을 앎이 아니거나 다만 진리 조건일 뿐이 아니고, 그래서 의미는 진리 조건이 아니거나 단순히 진리 조건만은 아니다.

첫째 답변

이렇게 말해보자. 반론 8의 논증은 '이해'가 자체로 '좁은' 개념 혹은 '머릿속' 개념일 수밖에 없다고 가정한다. 이는 적어도 명백하지 않다. (쌍둥이 지구 반례를 구성하는 연습은 여러분에게 맡긴다.) 반론 8의 논증에 이해의 좁은 개념이 필요하다는 깨달음은 이해와 '의미를 앎'이 같고 '의미를 앎'이 이해와 같음을 마땅히 다시 생각해야 한다. 처음에 그런 같음이 자명하다고 여겼을지도 모르지만 말이다.

둘째 답변

추가로 반론 8의 논증은 넓은 개념이 행동의 인과관계 속에 자체로 등장할 수 없다고 가정한다. 몇 년 전 '지향적 인과성(intentional causation)'을 다룬 문헌으로 분명해졌듯,[7] '등장하기(figuring in)'는 여러 방식으로 일어날 수 있다. 의심할 여지 없이 행동은 사실과 반대로(counterfactually) 사람들의 넓은 상태에 의존한다. 내가 물을 마시고 싶었다면, 나는 물(H_2O)을 마시러 부엌으로 갔을 터다. 그리고 내 생각에는 이것이 상식으로 보장된 가장 강한 인과 개념이다. 만약 누구든지 단지 행동이 사실과 반대로 이해에 의존한다는 것보다 '영향을 미친다'라는 더 강한 뜻에서 이해가 행동에 영향을 미친다고 생각한다면, 우리는 방어 논증에 귀를 기울

---

7   예를 들어 헤일과 멜리의《정신 인과관계》(1993)를 보라.

여야 할 것이다.

'사용' 이론가는 진리 조건 견해로 아직 마무리되지 않는다. 12장에서 추가 반론을 살펴보면서 시작하겠다.

요약 ───

- 문장의 진리 조건은 문장이 참이 되는 가능 세계들의 집합으로 여길 수 있다.
- 일반적으로 말하면 가능 세계는 문장 요소 표현의 '내포'를 구성하기 위해 사용될 수 있고, 요소 표현들은 합성성에 따라 그것들을 포함한 문장의 진리 조건을 결정하기 위해 결합할 것이다.
- 가능 세계 이론의 결과로 나온 견해는 외연이 같으나 동의어가 아닌 명사/용어들의 문제와 비진리 함수적 연결사의 문제를 둘 다 해결한다.
- 가능 세계 이론은 필연성과 가능성의 유형 구별, 반사실 조건문의 진리 조건, 그리고 믿음 문장에 대한 우리의 이해 문제 등 몇 가지 어려운 의미론적 문제에 해결책을 제공한다.
- 가능 세계 이론도 프레게의 대체성 문제 해결책에 의존한다.
- 그러나 가능 세계 이론은 데이비드슨의 원래 난점을 물려받고 한두 가지 난점을 더 초래한다.

학습 과제 ───

1. 진리 조건 이론을 가능 세계로 변형한 견해를 직접적으로 지지한 루이스의 논증을 평가해보라.
2. 한발 더 나아가 가능 세계 이론에 찬성론이나 반대론을 펼치거나 혹은 양측으로 나눠 토론해보라. (여러분이 가능 세계 의미론을 아직 알지 못한다면, 여러분은 적어도 과외 독서로 조금이나마 알고 싶을 것이다. 루이스가 1970년에 발표한 〈일반 의미론〉을 추천한다.)
3. 루이스와 스톨네이커가 제의한 반사실 조건문의 진리 조건이란 무엇인지 살펴보고, 반례를 찾아내보라.
4. 반론 7 또는 반론 8에 대해 옳고 그름을 따져 판결해보라.

더 읽을거리 ──────

- 내가 아는 한, 진리 함수적 의미론을 변형한 가능 세계 견해를 가장 간단하고 자연스럽게 소개한 글은 루이스의 〈일반 의미론〉(1970)이 다. 이어서 크레스웰의 《논리와 언어》(1973)를 참고하라. (대단히 어려운 책이고 형식 논리학과 집합론을 알아야 이해할 수 있다. 몬테규의 사후에 출간된 《형 식 철학》(1974)은 이보다 더 어렵지만 잘 정리되어 있다.)
- 몬테규의 문법을 소개한 좋은 두 교재는 치에르치아와 매코널지넷이 함께 쓴 《의미와 문법: 의미론 입문》(1990)과 와이슬러의 〈몬테규 의 미론 개관〉(1991)이다.

3부

화용론과 화행

Pragmatics and Speech Acts

의미 화용론

개요
Overview

언어 **화용론**은 언어 표현의 사용을 사회적 맥락 속에서 연구하는 분야다. 그런데 표현의 사용은 중요한 점에서 다른 두 방식으로 맥락에 의존한다. 첫째, 인칭 대명사와 시제 같은 **화용 지시적** 요소(deictic elements)가 있어서 한 문장의 명제 내용은 맥락에 따라 바뀐다("나는 지금 아파"라는 문장은 언제 누가 발언하는지에 따라 다른 것을 말함을 떠올려보라). 둘째, 일단 문장의 명제 내용이 고정되더라도, 여전히 맥락에 따라 바뀌는 문장 사용의 다른 중요한 양태가 몇 가지 있다. **의미 화용론**(semantic pragmatics)은 문장의 명제 내용이 맥락에 따라 결정되는 현상을 연구한다. **실용 화용론**(pragmatic pramatics)은 문장 사용의 양태가 맥락에 따라 바뀌는 현상을 연구한다.

데이비드슨은 T-문장의 표준 형식을 복잡하게 만들어 화용 지시적 요소의 문제를 다룬다. 가능 세계 이론가들은 화자와 시간처럼 내용에 영향을 주는 맥락 요인의 집합에 따라 진리를 상대화함으로써 화용 지시적 요소의 문제를 다룬다. 그러나 두 접근법은 맥락적 특징을 포함한 고정된 집합의 목록으로부터 자유로울 필요가 있다.

카펠렌(Herman Cappelen)과 르포(Ernie Lepore)는 《둔감한 의미론》(2005)에서 참된 화용 지시(true deixis)를 제어하는 특징의 고정된 (그리고 작은) 집합이 **있고**, 아주 별난 맥락 의존은 현실적이지 않으며 설명해낼 수 있다는 논증을 펼친다. 하지만 그들의 설명은 만족스럽지 않다.

의미 화용론은 다룰 자료의 범위가 복합적이다. 대명사, 시제 따위의 복잡한 사용을 도표로 작성해야 할 뿐만 아니라 애매함의 해소(disambiguation)라는 일반적 문제를 해결해야 한다. 거의 모든 영어 문장이 의미를 하나 이상 갖는다면, 어떻게 청자는 발언 문장을 들으면서 올바른 한 가지 의미를 확인하는가?

모리스(Charles Morris, 1901~1979)는 《기호 이론의 토대》(1938)에서 언어에 관한 연구를 **구문론/통사론(syntax), 의미론(semantics), 화용론(pragmatics)**으로 나눴다. 세 연구의 구별을 인상 깊게 다음과 같이 말한다. 구문론은 문법을 연구하며 낱말들로 엮은 문자열들이 주어진 언어에서 잘 형성된/적형 문장들(well-formed sentences)인지, 왜 그런지 다룬다. 의미론은 의미를 연구하며, (논란의 여지가 없지는 않으나) 일차로 언어 표현들이 세계와 관계를 맺음의 효능으로 유의미해진다고 해석한다. 이와 대조적으로 화용론은 언어 표현이 다양한 사회 관행/실천 속에서 어떻게 사용되는지 다룬다. 여기에 물론 일상 대화와 의사소통에 대한 연구가 포함되지만, 단지 그것들만 다루지는 않는다. 이런 용법에 근거하면 (6장에서 보았듯) 비트겐슈타인의 견해는 '의미론'이 완전히 잘못 이해된 것이거나 화용론으로 흡수되어 사라진다고 말한 것으로 여길 수 있다.

의미 화용론 대 실용 화용론
Semantic Pragmatics vs. Pragmatic Pragmatics

우리가 화용론을 연구하고 실천할 때 '맥락'이라는 말을 흔히 듣게 되는데, 이는 **발언의 맥락**(context of utterance)을 의미한다. 화용론은 사회적 맥락 속에서 언어의 기능을 구체적으로 다룬다. 이것은 중요한 대조를 보여준다. 왜냐하면 구문론과 의미론이 일반적으로 맥락과 무관해지기를 열망했기 때문이다. 구문론은 한 문장이 문법에 맞는지, 또는 낱말들의 한 문자열이 문법에 맞는 문장을 구성하는지에 관한 것이고, 그 이상을 말하지 않는다. 의미론은 언제나 문장 의미, 다시 말해 문장의 모든 특수/특정 사용에서 떼어낸 문장 유형의 의미에 집중했다. 하지만 비트겐슈타인, 스트로슨, 오스틴처럼 딴지를 거는 철학자들은 언제나 우리에게 '문장 유형(sentence type)'이라는 관념이 언어 현실(linguistic reality)에서 난폭하게 떼어낸 추상물이라는 점을 상기시킨다. 문장을 발언할 때, 문장은 특정 맥락에서 특정 목적을 위해 특정 화자에 의해 끊임없이 사용된다. 나는 이를 무시할 수 없는 확실한 이유가 무엇인지 이 책의 남은 장에서 명료하게 설명하려고 시도할 것이다.

의미론과 화용론의 구별은 전자가 문장 유형의 무맥락 의미(acontextual meaning)를 다루고, 후자가 언어 표현의 사회적 사용을 맥락 속에서 다룬다고 가정한다고 나는 말했다. 하지만 그렇게 구별한 특성이 지나치게 단순하다고 말하는 이유는 두 가지다. 첫째로 문장 유형에는 대부분 중요한 뜻이 있으며 단순히 무맥락 의미를 지니지 않기 때문이다. 둘째로 뒤에서 살펴보겠지만, 사회적 사용 요인은 우리가 다른 점에서 명제 내용으로 생각하게 될 것과 어떤 특별한 방식(in certain special ways)으로 상호 침투하기 때문이다.

(이 결과로 의미론과 화용론의 구별을 둘러싼 논쟁이 벌어졌다. 그런 논쟁이 좀 이상한 까닭은 '의미론'과 '화용론'이 출발점으로 삼아야 할 전문 용어고, 완벽하게 현실적인 몇

몇 구별은 긴밀히 연결되지만, 완전히 일치하지 않는 역할을 하기 때문이다. 차라리 어떤 구별이 가장 명확하거나 중요한지를 토론의 쟁점으로 이해하는 편이 나을 듯싶다. 나는 그런 논쟁에 끼어들지 않을 테고, 그래서 여러분은 지금부터 나의 전문 용어를 약정, 다시 말해 단순한 설명을 위해 사용하려고 선택한 방식으로 여겨 주기를 바란다.)[1]

대부분의 문장 유형이 무맥락 의미를 지니지 못하는 이유가 하나 있다. 진리 조건 이론에 제기한 반론 3에 나오는 화용 지시라는 현상을 떠올리고, 화용 지시적 요소가 많은 문장을 살펴보라. 여러분과 내가 빈 교실로 들어가 칠판에 적힌 다음과 같은 말을 보았다고 가정해보자.

> (1) 나는 아파서 오늘 수업을 하지 못할 것입니다.
>
> (I am ill and will not hold class today.)

우리는 이런 말을 언제 누가 썼는지 알아낼 수 없는 한, (무슨 말을 했는지에 관해 우리가 **무언가를** 안다고 하더라도) 문장 (1)이 정확히 무엇을 말하는지 알지 못한다. 달리 말해 어떤 명제를 표현했는지 우리는 모른다. 가능 세계 이론의 측면에서 우리는 문장의 내포를 알지 못한다. 사실상 만약 문장 (1)이 단지 언어와 관련된 예로 칠판에 필사되었고, 그것의 화용 지시적 요소들에 지칭체들/가리킨 것들(referents)이 암묵적이라도 할당되지 않으

---

1 나는 문자 그대로 엄밀하게 받아들인 문장의 논리적 형식과 맥락 속에서 문장을 사용하는 화자가 전달한 내용을 이해할 필요가 있는 다른 모든 것을 어림잡아 구별한다. 다른 구별 가운데 하나는 문장을 사용했던 화자가 문자 그대로 엄밀하게 맥락 속에서 **말했을** 것과 화자가 다만 맥락 속에서 전달했을 뿐인 것을 구별하는 것이다. (이제 보겠지만, 어떤 이론가는 화자가 문장 자체가 의미한 것과 다른 어떤 것을 단순히 함축하지 않고 실제로 말할 수 있다고 주장한다. 다른 예를 들면, 《사유와 발언: 명시적 소통의 화용론》(2002)을 펴낸 카스톤(Robyn Anne Carston, 1950~) 같은 적합성/유관성 이론가들은 청자에게 요구되는 처리 유형을 심리적으로 구별한다. 초기에 그런 쟁점에 공헌한 좋은 문헌은 바흐(Kent Bach)의 〈대화상 암시 함축〉(1999b)과 베쥐든하우트(Anne Louise Bezuidenhout)의 〈근본적 화용론〉(2002)이다.)

면, (1)은 어떤 명제든 표현하지 않고 심지어 내포도 지니지 못할 것이다.

9장의 반론 3과 방금 말한 논증의 공통 교훈은 문장의 완전한 진리 조건이 맥락 요인에 의존한다는 점이다. 그리고 의미 진리 조건 이론을 받아들이든 말든, 누구나 문장의 명제 내용이라는 뜻에서 문장의 의미가 똑같은 방식으로 맥락에 의존함을 볼 수 있다.

크레스웰(Maxwell John Cresswell, 1939~)은 《논리와 언어》(1973)에서 화용론을 두 종류로 구별했다. **의미 화용론**과 **실용 화용론**이다. 의미 화용론은 단순히 맥락에 의존하는 명제 내용이라는 뜻에서 의미 요소를 다룬다. 말하자면 우리에게 어떻게 명제 내용이 맥락적 특징으로 결정되는지 말해주는 분야다. 하지만 의미 화용론에 대한 추가 설명과 실용 화용론의 차이를 살펴보기 전에, 반론 3을 처리하기로 하자.

화용 지시의 문제
The Problem of Deixis

데이비드슨의 문제로 돌아가자. 진리 조건이 틀리지 않으면서 화용 지시적 또는 지표적 요소(deictic or indexical elements)를 수용한 T-문장을 명확한 공식으로 표현할 방도가 데이비드슨에게 필요하다. 나는 이런 방도를 찾으려던 데이비드슨의 제안을 이미 언급했다. 주목할 만한 다른 시도는 와인스타인(Scott Weinstein)의 〈진리와 지시사〉(1974)와 특히 버지(Tyler Burge)의 〈지시 구문, 지칭과 진리〉(1974)에 나타나지만, 여기서는 하먼(Gilbert Harman)이 〈논리적 형식〉(1972)에서 제언한 단순한 발상을 소개하겠다.[2]

---

2 나는 하먼의 발상을 《자연 언어에서 논리적 형식》(1984)의 3장에서 더욱 발전시켜 논의했다.

데이비드슨의 제안에 담긴 한 가지 결점은 잠재적으로 관련된 맥락 요인을 화자와 시간으로 제한한 것이었다. 그런데 다른 여러 맥락 요인이 있다. 명백한 사례는 화자가 손가락으로 가리키는 몸짓으로 지적되는 대상들인데, 화자가 진열된 다른 두 대상을 잇따라서 가리키면서 "이것은 저것보다 비쌉니다"라고 말할 때 드러난다. 훨씬 색다른 사례로 반구(hemisphere)를 들어보자.[3] "가을이다"라는 문장은 내가 미국의 캘리포니아 북부에서 사용할 때 참이지만, 동시에 시드니 또는 부에노스아이레스에서 발언하면 참이 아닐 것이다. (여기서 관련된 반구는 필연적으로 화자의 위치로 결정되는 것이 아니다. 그것은 청중과 대화의 목적에도 의존한다. 만약 내가 호주에서 벌어진 일에 관해 어떤 호주인과 이야기를 나눈다면, 우리가 현재 11월 캘리포니아 북부에 있더라도, 나는 이렇게 말할 수도 있다. "봄이니까 학생들이 막 기말시험에 관해 생각하기 시작하겠군요.") 그래서 우리는 화용 지시적 표적 문장(deictic target sentences)을 이해할 때 맥락 변수의 수가 고정되어 있다고 선제하지 않는 접근법이 필요하다.

모든 문제를 단번에 끝내보자. 우리는 한 문장 유형의 진리가 맥락에 따라 바뀐다는 점을 이미 아는 까닭에, '참'을 맥락에 따라 상대화할 수 있다. 이어서 어떤 맥락에 나오는 화용 지시적 요소를 살피는 함수 a(알파)를 도입하고 그런 요소가 어떤 식으로 맥락 속에서 명제 내용에 공헌/기여하는지 말할 수 있다. 예를 들어 만약 (일반적으로 생각하듯) 일인칭 대명사 '나'가 언제나 화자를 지시한다면, a는 특정 발언에 나온 '나'를 살펴서 그 표현을 발언했던 사람과 연결할 것이다. 간략하게 a('나', C)는 "a는 맥락 C에 '나'를 할당하는 것"이라고 읽으며, 맥락 C 속에 있는 화자다. 이와 비슷하게 만약 '지금/이제'라는 말이 어림잡아 발언한 바로 그때 시간을 지시한다면, a('지금/이제', C)는 그 시간이다. 그리고

---

3 이는 언젠가 인와겐(Peter van Inwagen)이 내게 가리켜 보여준 사례다.

a('내일', C)는 맥락 C에서 발언한 바로 다음 날일 터다.

그러면 우리는 데이비드슨의 T-문장 오른쪽 항[한국어 문장의 왼쪽 항]을 a가 맥락 C에 표적 문장의 화용 지시적 요소를 각각 할당한 항으로 다음과 같이 쓸 수 있다.[4]

만약 a('나', C)는 a('지금/이제', C)에서 아프다면 그리고 오로지 그런 경우에만 "나는 지금/이제 아프다"라는 문장은 맥락 C에서 참이다.
("I am sick now" is true in C if and only if a("I", C) is sick at a("now", C).)

만약 a('나', C)는 a(현재 시제, C)[5] 동안 아프고 a('나', C)는 a('오늘', C)에 a(미래 시제, C) 동안 수업을 하지 않는다면 그리고 오로지 그런 경우에만 "나는 아프고 오늘 수업을 하지 못할 것이다"라는 문장은 맥락 C에서 참이다.
("I am ill and will not hold class today" is true in C if and only if a("I", C) is ill during a(present tense, C) and a("I", C) does not hold class during a(future tense, C) on a("today", C).)

만약 a('그녀', C)는 a(완료 시제, C) 동안 노래방에 가지 않지만 a('너',

---

4 (옮긴이) 데이비드슨의 T-문장은 쌍조건 문장이고, 유명한 예는 "'Snow is white' is true if and only if snow is white."라는 영어 문장이다. 영어 문장에서 'if and only if'는 'iff'나 '≡'로 줄여서 표기하기도 한다. 우리말로 "만약 눈이 희면 그리고 오로지 그런 경우에만 '눈이 희다'라는 문장은 참이다."라고 옮긴다. 이때 왼쪽 항과 오른쪽 항이 바뀐다. 다른 한편 'iff'를 기호처럼 사용해서 가운데 그대로 두고, 왼쪽 항과 오른쪽 항만 번역하면, "'눈이 희다'라는 문장은 참이다 iff 눈이 희다"로 옮길 수 있다. 이때 왼쪽 항과 오른쪽 항은 영어 문장과 일치한다.

5 시제를 이렇게 다루는 방식은 편의를 위해 꾸며낸 것이다. 시제에 대해 더 깊게 다룬 논의는 내가 쓴《자연 언어에서 논리적 형식》(1984: 55~62쪽)을 보라.

C)와 a('그녀', C)는 a('내일', C) 아침 동안 노래방을 방문한다면 그리고 오로지 그런 경우에만 "그녀는 노래방에 가지 않았지만, 너와 그녀는 내일 아침 노래방을 방문할 것이다"라는 문장은 맥락 C에서 참이다. ("She has never been to a karaoke bar, but you and she will be visiting one tomorrow morning" is true in C if and only if a("She", C) does not go to a karaoke bar during a(perfect tense, C) but a("you", C) and a("she, C) visit a karaoke bar during the morning of a("tomorrow", C).)

문제는 해결되었다. 하지만 데이비드슨의 T-문장을 공식으로 명확하게 표현하는 기술적 문제, 다시 말해 a에 관한 철학적 문제가 추가로 제기될 수 있을 것이다.

내포 논리학자들은 어떤 '지표(index)'에 따라 진리를 상대화해서 화용 지시의 문제를 다루었고, 이 지표는 맥락 변수의 고정된 집합이다. 몬테규의 〈화용론〉(1968/1974)과 스콧(Dana Stewart Scott)의 〈양상 논리 도움말〉(1970)은 지표를 표준 요소 여덟 개로 구성된 집합으로 여겼다. 가능 세계는 w, 시간은 t, 장소는 l, 화자는 p, 청자는 a, 가리켜지거나 지시된 대상들의 계열은 i, '담론-분할'은 d, 자유 변항 할당의 계열은 s로 나타낸다(마지막 두 요소의 의미는 여기서 신경 쓰지 말기로 하자). 두 사람이 세운 체계에서 진리 조건 할당(a truth condition assignment)은 다음과 같을 것이다.

w에서 p가 t에 아프면 오로지 그런 경우에만 "나는 지금 아프다"라는 문장은 〈w, t, l, p, a, i, d, s〉에서 참이다.
("I am sick now" is true at 〈w, t, l, p, a, i, d, s〉 if and only if in w, p is sick at t.)

그러나 이는 인용할 맥락적 특징의 수를 임의로 제한하므로, 심각하지는 않더라도 데이비드슨의 방법에 딸린 결점을 공유한다.[6] 어떤 발언의 진리나 참과 관련될지도 모를 추가 특징들을 우리가 미리 알 방도는 없다.

예를 들어 우리는 이미 하나의 예상할 수 없는 변수인 (남반구와 북반구 사이 같은) 반구를 끌어들였다. 이 예시에 무제한으로 많은 변수가 있는 것처럼 보인다. "오후 5시다(It is 5:00 p.m.)"라는 문장의 진리는 **표준 시간대 (time zone)**에 의존하고 이는 완전히 관습에 따른 구성물이다. (비트겐슈타인이 언젠가 주목했듯 표준 시간대는 우리의 행성에 매여 있다. "태양 위에서 오후 5시다"라는 문장은 참값을 갖지 않는다.) 그리고 몇몇 발화(some locutions)는 흔히 실제 발언 장소와 구별되는 일종의 **시점(vantage point)**을 선제하고, 이는 한 문장 안에서도 바뀔 수 있다(필모어의 《산타 크루즈 지시 강연》(1975)과 테일러의 〈우리가 너에게 왔다 갔다 했다〉(1988)을 보라). 이와 관련된 예를 들어보자.

> (2a) 종커는 듀크 삼촌의 사교 모임에 갔다.
>
> (Zonker went to Uncle Duke's party.)
>
> (2b) 종커는 듀크 삼촌의 사교 모임에 왔다.
>
> (Zonker came to Uncle Duke's party.)
>
> (2c) 나는 목장의 샘을 청소하러 밖으로 나간다네; … 그대도 오라(로
> 버트 프로스트(Robert Prost, 1874~1963), 〈목장(The Pasture)〉).
>
> (I'm going out to clean the pasture spring; … You come too.)

(2a)와 (2b)는 같은 진리 조건을 가질 수 있으나, (2b)는 화자에 따라서만 적당하게(properly) 진리 조건을 말할 수 있고 화자의 가정된 시점 (assumed vantage point)은 바로 사교 모임 장소다. (헤아리는 내용은 논의 중인 사교 모임이 있던 시간이지 발언한 시간이 아니라는 점에도 주목하라. 이것은 아직 남은

---

6 버지(Tyler Burge, 1846~)가 〈지시 구문, 지칭과 진리〉(1974)에서 지적했던 훨씬 심각한 반론도 있다.

또 다른 맥락 변수이고 흔히 **지칭 시간**이라고 부른다.) (2c)에서 시점은 발언 장소부터 목장의 샘까지, 혹은 적어도 화자가 청자 앞에 그린 여정에 따라 어디인지 유동적으로 바뀐다.

매춘은 합법인가? **정부의 관할권**(governmental jurisdictions)에 따라 합법인 경우도 있고, 불법인 경우도 있다. 헨리는 준비되어 있는가? 어떤 **과제**나 다른 행사에 대해, 그리고 어떤 점의 어떤 문제에 대해 준비되어 있다는 말인가? 헨리 또는 여러분, 혹은 나는 어떤 점에서 외출할 준비가 되어 있을 수 있지만, 다른 점에서 그렇지 않을 수 있다. 샌디는 충분히 가졌는가? **무엇**을 충분히 가졌고, 그것은 어떤 **목적**에 충분하다는 말인가?

표준적으로 화용 지시를 포함한 말도 흔한 유형이 아닌 다른 유형의 지칭체를 가질 수 있다. 내가 강연하러 프린스턴 대학교에 도착해, 최근 웰즐리 대학교에서 강의하며 만났던 이전 동료와 마주친다. 나는 그녀에게 "지금 여기에 있습니까(Are you here now)?"라고 묻는다. 그녀가 물리적으로 프린스턴에 있는지 묻는 것이 아니라 프린스턴 대학교 철학과에 근무하는지 물어보려는 것이다(넌버그의 〈지표성과 화용 지시〉, 1993, 28쪽). 따라서 참값은 **근무하는 기관**(employing institution)에 따라 바뀔 수 있다. 혹은 다른 예를 들어보자.

> (3) 내일은 해마다 열리는 가장 큰 야간 연회가 있는 날이다.
>
> (Tomorrow is always the biggest party night of the year.)

개강 전 금요일에 (3)을 발언했다고 치자(넌버그의 〈지표성과 화용 지시〉, 29쪽. 넌버그는 해당 사례와 함께 딕 오얼(Dick Oehrle, 1946~2018)을 언급한다). (3)에서 '내일'은 흔히 그렇듯 발언한 날짜 다음 날이나 밤을 지칭할 수 없다. 그것은 학사 일정표의 **날짜**, 다시 말해 매년 개강 전 토요일을 지칭한다.

나는 비슷하게 계속 말할 수 있다. 여기서 얻을 수 있는 교훈은 우리가 참값에 영향을 줄 수 있는 맥락 변수를 모두 예상했다고 확신할 수 없다는 것이다. 그래서 나는 내포 이론가들에게 하먼의 강력한 할당 함수 α(알파)를 이용하라고 조언하겠다.

이제 카펠렌과 르포는《둔감한 의미론》(2005)에서 나를 비롯한 다른 이들의 맥락 변수 확산에 강력히 이의를 제기했다. 카펠렌과 르포는 그들이 '의미 최소주의(semantic minimalism)'라고 부른 견해를 옹호한다. 이 견해에 따르면, 결국 화용 지시적 표현들로 구성된 관리하기 쉬운 '기초 집합'이 있고, "[그런] 명백히 맥락에 민감한 표현의 값을 고정하는 것을 넘어서, 발언의 맥락은 한 문장이 의미론상 표현한 명제에 아무 영향도 미치지 못한다."(《둔감한 의미론》, 2쪽) 오히려 맥락에 따라 더 폭넓게 달라지는 것은 그 문장을 발언함으로써 '말한 것(주장한 것, 요구한 것 등) 이다(《둔감한 의미론》, 4쪽). 만약 여러분이 정확히 P임을/라고 의미한 문장을 발언하면, 여러분이 말했던 것은 오로지 P일 뿐임은 추정이 아니고, 거기서 '말했다'라는 것은 단지 함축했거나 전달했음이 아니라 명시적으로 말했음을 의미한다. "S는 …임을/이라고 말했다(S said that …)" 같은 형식의 간접 화법 보고(indirect speech reports)가, S가 분명히 말했던 것에 관해 우리가 논의할 때도 관대하게 수용할 만하다는 점에서 카펠렌과 르포는 확실히 옳다.

카펠렌과 르포는 화용 지시어의 기초 집합을 다른 후보군과 구별할 몇 가지 시험을 제의한다. 두 가지 시험이 있다. 하나는 인용 부호를 없애는 시험이다(《둔감한 의미론》, 105~106쪽). 문장 "S"는 문제의 화용 지시어를 포함한 문장으로 바뀐 경우, "S"에 대한 발언들은 S일지라도 거짓일 수 있다. 예를 들어 네가/당신이 이 책을 읽고 있더라도 "너는/당신은 이 책을 읽고 있다"라는 발언은 거짓일 수 있다. 내가 지금 아프더라도 "나는 지금 아프다"라는 발언은 거짓일 수 있다. (그리고 대응하는 T-문장은 거짓이다.) 다른 하나는 간접 화법 시험이다(《둔감한 의미론》, 88~91쪽). 화자가 S를 발언했더라도, "[그 화자는] S임을 말했다"라는 간접 화법 보고는 거짓일 수도 있다. 다시 말해 어니라는 사람이 "나는 지금 아프다"라고 말했을 때, 어니는 **내가** (윌리엄 라이컨이) 지금 아프다고 말한 것이 아니다. 샐리는 하먼에게 "너는 나를 미워한다"라고 말했을 때, 그녀는 여러분이 나를 미워한다고 말하지 않았다. 나는 여러분이 (이 책의 가격이 마음에 들지 않더라도) 나를 미워하지는 않기를 바란다.

반대로 다음 문장 (4)와 (5)는 두 시험에 실패한다.

> (4) 헨리는 준비되어 있다.
>
> (Henry is ready.)
>
> (5) 샌디는 충분히 가졌다.
>
> (Sandy has had enough.)

만약 헨리가 준비되어 있다면, "헨리가 준비되어 있다"라는 발언은 그렇게 쉽게 거짓이 될 수 없다(만약 거짓이 되려면 우리는 다른 헨리나 유사한 다른 사람에 관해 말하고 있어야 할 것이다). 만약 샐리가 "샌디는 충분히 가졌다"라고 말했다면, "샐리는 샌디가 충분히 가졌다고 말했다"라고 말함으로써 해당 사건을 보고한 것으로 봐도 괜찮다. (4)와 (5)는 기초 집합에 속한 화용 지시 대명사로 만들어지는 명백한 방식으로 내용에 민감하지 않다.

카펠렌과 르포는 (4)와 (5)는 단순하고 흥미롭지 않은 명제 내용을 가진다고 주장한다. 특히 (4)는 헨리가 준비되어 있다는 것을 의미할 뿐이고[7] 거기서 끝이며, (5)는 샌디가 충분히 가졌음을 의미할 뿐이고 거기서 끝이다. 오히려 적합한 주제는 (4)와 (5)가 어떤 맥락에서 말하기

---

7 카펠렌과 르포는 우리가 거기서 만족하지 않을 것임을 의식한다. 그들은 '준비된'이라는 말이 어떤 것이나 다른 것에 준비됨을 의미한다는 생각을 살피지만(《둔감한 의미론》, 97쪽), 지나치게 구체적인 의미임을 알게 된 듯하다. 그들의 입장은 '준비된, 거기서 끝'과 '충분한, 거기서 끝'에 대해 절박하게 느낀 불완전함은 형이상학 차원의 느낌일 뿐이지 의미론 차원의 느낌이 아니다(《둔감한 의미론》, 11장).

위해 사용될 수 있는지고, 이는 진지하게 그런 맥락에 특수한 특징들에 의존한다.

(4)와 (5)가 시험에 실패하고 그래서 화용 지시의 흔한 사례와 종류가 다르다는 점은 흥미롭고 중요하다. 더욱이 시험은 적합하고, '준비된'과 '충분한' 같은 말은, '너/그대/당신/여러분', '지금/이제', '저것/그것'을 비롯한 기초 집합에 속한 다른 표현만큼 명백하고 철저하게 맥락 의존적이지 않다. 그러나 문제가 있다. 주요 문제는 발언한 문장의 '최소' 명제 내용, 곧 화자가 실제로 말했던 내용을 계산할 방도가 필요하다는 것이다. 여기서 카펠렌과 르포는 아무 도움도 주지 못한다. (자연스럽게 13장에서 논의할 '대화상 암시 함축(conversational implicature)'을 회복하는 방법이 쓸모가 있으리라고 생각할 수도 있지만, 그것은 헛된 희망일 터다. 암시 함축은 명시적으로 말한 것과 **반대되는 것으로서** 단지 함축되거나 전달된 내용의 문제인 까닭이다.)

의미 화용론의 작업
The Work of Semantic Pragmatics

묘수는 **α를 계산할 방법**을 찾아내는 것이다. 다시 말해 화용 지시적 요소에 대응하는 명제 내용의 빠진 부분을 채우기 위해 특정 맥락에서 어떤 규칙을 사용하는지를 알아내는 것이다. 추정컨대 언어에서 이런 화용 지시적 요소는 제각기 적당한 규칙(an appropriate rule)의 지배를 받는다.

예를 들어 우리는 대명사 '나'를 살펴보고 주어진 맥락에서 '나'는 언제나 화자를 지시한다고 제언할 수도 있다. 관심을 '지금/이제'로 돌리면, '지금/이제'는 언제나 맥락 속에서 발언한 바로 그때의 시간을 지칭한다고 말하는 것이 합당할 듯하다. 사실상 이런 첫 시도는 지나치게 단순하다. 사형수가 "나는 전통에 따라 마지막 음식으로 내가 좋아하는 무엇이든지 주문하는 것이 허용됩니다"(넌버그, 〈지표성과 화용 지시〉, 1993, 20쪽)

라고 말할 때처럼, '나'는 지칭을 입장이나 역할로 유예하는 장치로 사용될 수 있다. 이따금 '나'는 "만약 내가 음악과라면, 나는 뱀 소굴이군"처럼 일반화된 표현을 만들어내기 위해 사용되기도 한다. '지금/이제'의 시간 지칭도 유예될 수 있다. 우리가 생명의 진화 연대표를 살피다가 "이제 공룡이 나타나지"라고 말할 때, 혹은 여러분이 자동 응답기에 "저는 지금 부재중입니다"라는 전언을 남길 때처럼 말이다. '지금/이제'는 때때로 어떤 방식이든 시간이 아니라 공간을 나타내기도 한다. "이제 힐스버로 길은 공항 도로를 가로지르고 엄스테드 길이 됩니다"라고 말할 때처럼 공간을 나타낸다. 때로는 시간도 공간도 나타내지 않는다. "이제 제곱수가 1000보다 큰 첫째 소수가 나온다." 그런데 의미 화용론이 하는 한 가지 일은 이런 규칙이 자료와 충분히 맞아떨어질 때까지 다듬는 것이다.

내포 논리학자 카플란(David Benjamin Kaplan, 1933~)은 〈확정된 그것/저것(Dthat)〉(1978)에서 이런 규칙들을 기능들이나 함수들로 생각한다. 내포가 세계에 따라 외연을 골라내는 기능이나 함수인 것처럼, 의미 화용론의 규칙은 맥락에 따라 내포를 골라내는 기능이나 함수다. 문장 수준에서 내포는 세계에 따라 참값을 결정하는 기능이나 함수다. 카플란은 이런 기능이나 함수를 문장의 '내용(content)'이라고 부르고, 5장에서 다루었던 명제라는 전통적 개념에 대응한다. 복합 의미 화용 규칙(composite semantic-pragmatic rule)은 맥락에 따라 내용을 골라내는 기능이나 함수다. 카플란은 이 기능을 '특성(character)'이라고 부른다. 내용은 우리가 들었던 예들에서 화용 지시적 문장들로 결정되지 않고 남은 무엇이다. 특성은 적합한/유관한 맥락적 특징들이 모두 정해지면, 내용을 결정하는 무엇이다. 따라서 우리가 칠판에 적힌 문장을 마주할 때, 특성은 우리에게 (α(나, C)를 찾기 위해) 화자와 청자, 발언 날짜를 알아내라고 말해준다. 일단 그런 것들을 알면, 우리는 칠판에 적힌 문장이 어떤 가능 세계에서 참이 되기 위해 그 가능 세계에서 무엇을 파악해야 하는지를 알 것이다.

아무런 준비 없이 칠판에 적힌 문장을 마주할 때, 우리는 그것이 무엇을 말하는지 (충분히) 알지 못한다. 이는 옳은 말이다. 그러나 우리는 또한 문장 자체를 이해할 더할 나위 없이 훌륭한 분별력을 갖고 있고, 영어 화자는 대부분 맥락을 완전히 떠나서 "나는 지금 아프다"라는 문장을 이해한다. 카플란은 의미를 나타내는 기호인 'm'-어("m"-word)는 내용이 아니라 특성을 위해 비축해 두어야 한다고 논증하는데, 일상 영어 화자들이 일상적 화용 지시적 문장의 내용을 고정할 맥락 변수를 모를 때도 이런 문장의 의미를 확실히 안다는 완전히 합당한 근거를 댄다. 그렇지만 카플란이 말한 뜻에서 내용도 여전히 '의미'라는 말이 의미할 만한 완벽하게 좋은 후보다. 이는 뜨거운 논쟁거리가 아니다.

a를 계산하거나 특성을 가려내는 일이 의미 화용론의 유일한 과제는 아니다. 지독하게 성가신 다른 과제는 **애매함의 해소**(disambiguation)라는 문제다. "철학자 방문은 지루할 수 있다", "테드는 명상에 관해 거짓말을 하고 있다", (지프의 사례로) "생쥐가 길을 파헤쳤다" 같은 여러 문장은 명백히 애매하다. 그리고 사실상 우리가 생활 속에서 마주하는 거의 모든 문장은, 어떤 발언자가 정상적으로 의도한 의미에 더해 억지스럽더라도 하나 이상의 의미를 지닌다는 점에서 엄밀히 따져 말하면 애매하다. 그런데도 우리는 좀처럼 멈추고 생각하지 않거나, 심지어 우리가 (달리 유일한 명제 내용의 틈을 메울 뿐만 아니라) 가능한 의미들의 범위에서 선택하고 있음에 주목하지 않는다. 어떻게 이런 일을 하냐는 우리가 어떻게 a를 계산하냐는 것보다 더 길게 논의할 만한 문제다. 이 책에서 다루기에는 확실히 너무 깊은 문제지만 13장에서 몇 가지 귀띔(hints)을 할 것이다.

이것이 의미 화용론이다. 반대로 실용 화용론은 명제 내용을 당연한 것으로 받아들이고, 맥락 속에서 문장의 사용에 관한 더 넓은 문제를 제기한다. 이미 고정된 명제 내용을 가진 같은 한 문장이 여전히 다른 맥락에서 흥미로울 만큼 다른 일을 하기 위해 사용될 수 있다. 이 책의 남은 장에서 보겠지만, 언어를 만들어내고 이해하는 일은 단순히 명제의 의미를 파악하는 것 이상이고, 명제의 의미를 파악하는 것만큼이나 설명하기 어렵다.

요약 ───

- 언어 화용론은 언어적 표현을 사회적 맥락 속에서 연구한다.
- 의미 화용론은 특히 맥락에 따라 결정되는 명제 내용을 연구한다.
- 데이비드슨은 T-문장의 표준 형식을 복잡하게 만들어 화용 지시적 요소들의 문제를 다룬다.
- 가능 세계 이론가들은 화자와 시간 같은 내용에 영향을 주는 맥락 요인들의 집합에 따라 진리를 상대화함으로써 그런 문제를 다룬다.
- 그러나 두 접근법은 우리가 지정 함수 a를 이용하면 맥락적 특징들의 고정된 집합에서 해방될 수 있다.
- 카펠렌과 르포는 맥락 변수의 확산에 이의를 제기하고 '의미 최소주의', 다시 말해 진짜 화용 지시적 표현은 소수일 뿐이라는 주장을 옹호한다. 그들은 화용 지시어들의 작은 '기초 집합'을 만들어내려고 인용 부호 없애기와 간접 화법 시험 방법 같은 기준에 호소한다. 하지만 그들은 명제 내용이 분명히 맥락의 특징들에 의존하는 것과 관련된 남은 문제를 설명하지 않는다.
- 특정 화용 지시적 표현의 복잡한 사용을 추적하는 일에 더해, 의미 화용론은 애매함의 해소에 대한 혹독한 문제를 해결할 책임도 떠안는다.

학습 과제 ───

1. 데이비드슨이나 가능 세계 이론가에게 하먼의 할당 함수 a를 들여오는 것보다 화용 지시의 문제를 해결할 더 나은 방도가 있는가? 특히 a는 새로운 난점을 초래하는가?
2. 여러분은 우리에게 명백히 드러난 내용 의존의 여러 다른 유형이 카펠렌과 르포가 인정한 것과 어떻게 다른지 정확하게 설명하는 일에 착수할 수 있는가?

3. '나' 혹은 '지금/이제' (혹은 '내일'이나 '최근', 혹은 '서쪽' 따위) 같은 표현을 들어 그 표현이 나오는 문장의 명제 내용에 영향을 주는 정확한 규칙을 진술해보라.

4. 애매함의 해소 문제에 관해 미미한 시작이라도 해보라. (인상적인 결과를 기대하지는 마라.)

더 읽을거리 ─────

- 의미론과 화용론 구별에 관한 최근 작업은 서보(Zoltán Gendler Szabó)의 《의미론 대 화용론》(2005)을 보라.

- 카플란이 〈확정된 그것/저것〉(1978)에서 논의한 내용보다 전문 지식이 덜 필요한 논의는 카플란의 〈나중에 덧붙인 생각〉(1989)을 보라. 레카나티(François Recanati)의 《직접 지칭》(1993)은 지표사를 직접 지칭 접근법으로 다룬다.

- 유어그라우(Palle Yourgrau, 1950~)의 《지시사》(1990)는 지시사에 관한 좋은 선집이다.

- 테일러(Kenneth Allen Taylor, 1954~2019)의 〈우리가 너에게 왔다 갔다 했다〉(1988)와 넌버그(Geoffrey Nunberg)의 〈지표성과 화용 지시〉(1993)는 흔치 않은 지표 구문의 탁월한 예들을 포함하고 있다.

화행과 발화 수반 효력

개요
Overview

오스틴(John Langshaw Austin, 1911~1960)이 주의를 환기했던 평서문의 '수행' 발언("performative" utterance)은 관습에 따른 사회적 행위를 수행하지만 아무것도 진술하거나 기술하지 않는다. 예를 들면 "나는 사과합니다"라거나 (브리지 카드놀이에서) "두 배를 겁니다"라고 말하는 경우의 발언이다. 이렇게 수행되는 행위의 종류를 **화행**(speech acts)이라고 부른다. 화행의 유형을 각각 지배하는 규칙은 두 종류다. 하나는 화행이 목적을 달성하려면 따라야 하는 구성 규칙(constitutive rules)이고, 다른 하나는 어김으로써 화행을 그냥 결함이 있게, 오스틴의 말을 빌리면 어울리지 않게 만드는 규제 규칙(regulative rules)이다. 주어진 화행이 어울리지 않을 수 있는 방식은 놀라우리만치 많고 다양하다.

그러나 오스틴은 수행 발언과 일상 평서문의 발언 사이에 원리상 구별이 없다는 점을 알게 되었다. 정확히 말해 모든 발언은 수행될 화행의 유형을 결정하는 수행 양태나 **발화 수반 효력**(illocutionary force)을 가지며,

거의 모든 발언은 기술 내용이나 명제 내용도 역시 가진다. 더구나 많은 발언은 청자의 정신 상태에 독특한 효과(distinctive effects)를 내는 특징이 있다. 이를 **발화 성취(perlocutionary)** 특징들이라고 부른다.

코헨(Jonathan Cohen, 1923~2006)은 수행되는 화행의 유형을 명기하는 명시적 수행 어구[1]를 포함하는 문장의 진리 조건에 관한 성가신 문제를 제기했다. "내가 피고와 사적으로 몇 번 대화를 나누었**음을 나는 인정합니다(I admit that** I had several private conversations with the defendant)"라는 문장을 예로 들 수 있다. 코헨이 제기한 문제에 대해 만족스러운 해결책은 아직 없다.

올스턴(William Payne Alston, 1921~2009)과 바커(Stephen Francis Barker, 1927~2019)는 화행의 발화 수반 개념에 근거해 독특한 유형의 의미 '사용' 이론을 제의했다.

수행문
Performatives

다음과 같은 문장을 살펴보자.

> (1) 기저귀의 값을 당신에게 치르겠다고 나는 약속합니다.
>
>   (I promise to pay you for the diapers.)
>
> (2) 그대들이 부부가 되었다고 나는 선언합니다.
>
>   (I pronounce you husband and wife.)
>
> (3) 이 함선을 루트비히 비트겐슈타인이라고 나는 명명합니다.

---

1 (옮긴이) '명시적 수행 어구'는 'an explicit performative preface'를 의역한 것이다. 명시적 수행 어구는 영어에서 문장 앞에 오지만, 우리말로 옮겼을 때 문장 뒤에 온다.

(I christen this ship the Ludwig Wittgenstein.)

(4) 나는 사과합니다.

(I apologize.)

(5) 나는 두 배를 겁니다. [브리지 카드놀이에서 비드를 선언할 때.]

(I double.) [A bid in bridge.]

(6) 다섯을 올려라. [포커 카드놀이에서 내기할 때.]

(Raise you five.) [A bet in Poker.]

(7) 아니오. [공식 발의에 표결할 때.]

(Nay.) [A vote on a formal motion.]

마지막 두 문장을 제외하고 나머지는 평서문이고, 그래서 검증론자는 평서문을 (특별히) 다룰 수밖에 없다. 평서문 (1)~(5)의 검증 조건은 각각 무엇인가? 어쩌면 이런 질문은 너무 어려운 질문이거나, 콰인이 뒤엠의 견해에 따라 제기한 반론[2]의 관점에서 보면 공정치 않은 질문일지도 모르겠다. 그러나 각 사례의 진리 조건은 무엇인가?

우리는 위에서 말한 사례를 T-문장으로 쓸 수 있다. 예를 들어보자.

만약 기저귀의 값을 너/당신에게 치른다고 내가 약속하면 오로지 그런 경우에만 "기저귀의 값을 너/당신에게 치른다고 나는 약속합니다"라는 문장은 참이다.

("I promise to pay you for the diapers" is true if and only if I promise

---

2 (옮긴이) 뒤엠(Pierre Duhem, 1861~1916)과 콰인(Willard Van Orman Quine, 1908~2000)의 이름을 딴 뒤엠과 콰인 논제에 따르면 과학 가설을 고립시켜 시험하는 것은 불가능한데, 가설을 경험적으로 시험할 때 많은 배경 가정의 영향을 받기 때문이다. 배경 가정은 보조 가정이나 보조 가설이라고도 부른다. 뒤엠과 콰인 논제는 과학에 속한 관찰 문장의 경험적 의미가 개별적으로 파악되지 않고 과학 체계 전체와 맺는 관계로 결정된다는 주장으로 해석하기도 한다.

to pay you for the diapers.)

정말인가? (아니, 그렇지 않다)

만약 내가 두 배를 걸면 오로지 그런 경우에만 "나는 두 배를 겁니다"라는 문장은 참이다.

("I double" is true if and only if I double.)

가능적으로, 어쩌면 만약 내가 적합한 기회에 두 배를 걸면 그리고 오로지 그런 경우에만 "나는 두 배를 겁니다"라는 문장은 적합한 기회에 내가 말했던 것으로서 참이다(Possibly; perhaps "I double", as said by me on the appropriate occasion, is true if and only if I do double on that occasion). 그러나 우리는 발언의 성질이 조금 바뀐 진리 조건보다 더 중요한 무언가를 빠뜨리고 있는 것 같다. 오스틴이 〈수행 발언〉(1961)과 《말로 행위를 하는 방법》(1962)에서 말했듯, 내가 "나는 두 배를 겁니다"라고 말할 때, 나는 두 배를 거는 **나를 기술하고** 있지 않다. 나는 실제로 두 배를 걸고 있고, 이를 넘어서 다른 어떤 일도 하지 않는다. (두 배 걸기는 브리지 카드놀이에서 하는 동작이다. 그것은 현실 언어 놀이의 한 부분이며, 이를 넘어서 어떤 것도 아니다.) 그리고 아무도 "그건 거짓이고, 당신은 두 배를 걸지 못합니다"라고 용인할 만하게 응수할 수 없다. 만약 다른 어떤 사람이 나에 대해 "그는 두 배를 걸었다"라고 말한다면, 그것은 내가 했던 행위를 참되게 보고하는 것이다. 그러나 단순히 카드놀이의 동작으로서 내가 처음에 "나는 두 배를 겁니다"라고 말할 때, 그것은 진리나 허위로 판단할 만한 후보인 것 같지 않다.

만약 아니오라면 오로지 그런 경우에만 "아니오"라는 말은 참이다.

("Nay" is true if and only if nay.)

신경 쓰지 말자. 이 'T-문장'은 문법에 전혀 맞지 않는다.

우리는 여기서 검증론과 진리 조건 이론에 추가할 반론, 다시 말해 비트겐슈타인식 반론과 진리 조건 이론에 제기된 첫째 반론을 혼합한 견해의 기초를 마련한다. 어떤 비트겐슈타인 추종자는 (4), (5), (7)을 특히 건축가의 원시 언어("석판!")와 동화시켜 살피고, "안녕/여보세요"와 "아이고, 저런" 같은 여러 언어 장치를 상기시킬지도 모른다. 이 언어 장치들은 관습적으로 사회 속에서 사용되며 검증이나 진리 자체와 아무 관계도 없지만 유의미하다. 구조가 더 복잡한 (1)~(3), (6)을 살펴보더라도, 각각 직설법으로 말하고 있지만, 어떤 사례도 사실을 진술하거나 진리를 드러내지 않는다. 그것들은 다른 일을 한다. 그래서 이 사례들은 '사실상 결함이 있는' 것으로 여겨지는 듯하다.

오스틴은 〈수행 발언〉(1961)에서 (1)~(7) 같은 문장을 '사실 확인문(constatives)'과 구별하려고 '수행문(performatives)'이라고 불렀다(사실 확인문은 철학자들이 좋아하는 흔한 종류의 문장으로 어떤 것을 기술/묘사하고, 사실을 진술하고, 참이거나 거짓으로 판단된다). 수행문을 발언함은 무언가를 기술/묘사하거나 사실을 진술하는 것이 아니다. 적어도 표면적으로는 그렇지 않다. 수행문의 발언은 사회적 행위(social act)를 수행하기다. 내가 (1)을 발언할 때, 나는 실제로 약속한다. 내가 (4)를 발언할 때, 나는 단순히 사과한다. 내가 (6)을 발언할 때, 나는 돈에 관해 확언함으로써 내기 돈을 보탠다. 내가 (3)을 발언할 때, 적합한 샴페인 병이 준비된 적당한 맥락에서 나는 실제로 명명식을 치른다. 오스틴은 이런 사회적 행위를 '화행(speech acts)'이라고 불렀고, 그래서 이후 언어학과 언어철학에 '화행 이론(speech-act theory)'이라는 분과가 탄생했다.

어느 의미 이론이 어떤 성과를 냈든, 우리는 아주 중요한 언어 현상을 빠뜨릴 각오로 (오스틴의 책 제목에 나타난 문구로 표현하면) '말로 행위를 하기'(doing things with words)라는 현상을 연구해야 한다. (두 가지 이유가 더 있다. 하나는 이 책에서 생생히 보여주었듯, 화행 이론이 오로지 평서문만 중요하다고 생각

하는 철학자들의 제어할 수 없는 경향을 가장 효과적으로 치료한다는 점이다. 다른 하나
는 언어철학이 아닌 철학의 다른 분과에서 화행 이론에 무지한 탓에 많은 실수를 저지르
고 오류에 빠졌다는 점이다. 하지만 지면의 부족으로 여기서 논의하지 못한다.)

발화 수반, 발화, 발화 성취
Illocution, Locution, and Perlocution

오스틴은 자연스럽게 수행성(performativity)에 작동할 수 있는 아주 정밀
한 시험 방법을 찾으면서 시작했다. 그는 수행성이라는 개념을 구문론
에 따라(syntactically) 특성 지으려고 했으며, 우리가 피할 수 없는 다양한
종류의 난제에 직면한다. 그런데 오스틴은 〈수행 발언〉(1961)에서 이른
바 '이것에 의해(hereby)'라는 기준(criterion)을 적절히(fairly) 기분 좋게
(comfortably) 확정한다. 만약 어떤 사람이 본동사 앞에 '이것에 의해'라
는 말을 적절히 써넣을 수 있으면, 그 발언은 수행문이다. 따라서 (1)은
수행문이다. 왜냐하면 화자가 "…의 값을 당신에게 치르겠다고 나는 이
것에 의해 약속합니다"라고도 말했을 수 있기 때문이다. '이것에 의해'
는 문제의 행위, 여기서는 약속하기가 화자의 발언 자체로 구성됨을 강
조한다. 이 기준은 (2)~(6)에도 잘 작동한다. "…라고 나는 이것에 의해
선언합니다", "…라고 나는 이것에 의해 명명합니다"라는 따위로 이어갈
수 있다. "나는 이것에 의해 두 배를 겁니다"라는 문장은 부자연스러워
보이지만, 의미는 완벽하게 이해할 수 있다.

확실히 앞에서 말한 기준은 수행문(performatives)을 사실 확인문
(constatives)과 달라 보이게 한다. 만약 내가 "고양이는 깔개 위에 있다"
라는 문장과 같은 전형적인 사실 확인문을 발언한다면, 나는 '이것에 의
해'를 끼워 넣을 수 없다. "고양이는 깔개 위에 이것에 의해 있다"라는
문장은 무의미한 소리거나 적어도 거짓인데, 고양이는 깔개 위에 있다

고 말하기와 무관하게 깔개 위에 있거나 없기 때문이다. 나의 말하기는 고양이가 깔개 위에 있도록 만드는 일을 하지 못한다.

오스틴은 너무 단순해서 '이것에 의해' 시험을 통과하지 못하는 분명한 비(非)사실 확인문, 겉보기에 명백한 수행문으로 구성된 성가신 집합에 주목했다. 실제로 (7)을 사례로 꼽을 수도 있는데, "이것에 의해 아니오"라는 문장은 문법에 맞지 않기 때문이다. 그러나 "아니오"라는 말은 단지 "나는 아니오에 투표한다"라는 문장의 간결한 형식이라는 말은 그럴듯하게 들리고, 후자는 '이것에 의해' 조건을 충족한다.

그렇지만 "만세!", "창피해!", "제기랄!"은 어떤가? 이 가운데 어떤 말도 '이것에 의해'가 들어갈 여지가 없으며, "아니오"의 사례보다 수행 동사가 들어 있는 서술 문장을 줄인 말로 이해하기가 더 어렵다. 누구든 "만세!"는 현실적으로 "나는 이것에 의해 응원한다"라는 문장을 의미한다고 애써 주장할지도 모른다. 루이스는 〈일반 의미론〉(1970: 57~58쪽)에서 "포키를 위해 만세!"를 "나는 포키를 응원한다"로 이해하자고 제안했다. 어쩌면 "창피해!"라는 말은 "나는 너를 이것에 의해 혹평한다"라는 수행문을 의미하고 "제기랄!"은 "나는 이것에 의해 저주한다"를 의미할지도 모른다. 그러나 이런 가설은 명백히 올바르지 않다.

오스틴은 다른 유형의 문장에 주목했을 때 수행문과 사실 확인문의 구별이 훨씬 불만스러웠다. 다음 문장을 살펴보자.

(8) 내가 공산주의 국가를 여행한 적이 없었다고 나는 진술합니다.

(I state that I have never traveled to a Communist country.)

(8)은 '이것에 의해' 시험을 통과하고, 따라서 수행문이라고 간주해야 마땅하다. 내가 (8)을 말할 때, 나는 그것에 의해(thereby) 어떤 화행, 다시 말해 진술하는 행위를 수행한다. 그러나 (8)이 사실을 진술하고 기술한다는 점도 지워지지 않는다. 요점은 화자가 실제로 언젠가 공산주

의 국가를 여행한 적이 정말로 있는지다. (8)에서 가장 중요한 작용 동사 (operative verb)는 바로 '진술한다'라는 말이다. 화자의 진술은 참이거나 거짓이다. 만약 화자가 법정에서 선서하고 (8)을 발언했는데 화자가 공산주의 국가를 여행한 적이 있다면, 화자는 위증죄로 기소될 수 있다. 그래서 (8)은 수행문이면서 동시에 사실 확인문이거나, 혹은 둘 다 아니다.

그리고 이와 유사한 문장은 더 있다.

(9) 우리가 물개 가죽 선물 거래를 지나치게 확장한다고 나는 판단합니다.

(I judge that we are overextended in the area of sealskin futures.)

(10) 위원회가 그래니를 쫓아내는 데 만장일치로 투표했다고 나는 보고합니다.

(I report that the Committee has voted unanimously to expel Grannie.)

(11) 혼합 아말감 주식을 더 사는 것은 대단히 어리석은 짓일 것이라고 당신에게 나는 충고합니다.

(I advise you that it would be very stupid to buy more Amalgamated Amalgam stock.)

(12) 저 로트와일러 개가 사흘 굶었고 성이 나 있다고 당신에게 나는 경고합니다.

(I warn you that that Rottweiler has been starved for three days and is peevish.)

(1)조차 비슷하게 사실을 확인하는 특징들로 바꿔 쓴 문장이 있다. "내가 기저귀의 값을 당신에게 치를 것임을/이라고 나는 약속합니다 (I promise that I will pay you for the diaspers)." 이 문장은 적어도 내가 당

신에게 값을 치를 것임을/이라고 **주장한다.**

이런 예들은 어떤 단일 발언이 수행 부분 또는 양태(a performative part or aspect)와 사실 확인 부분 또는 양태(a constative part or aspect)를 둘 다 가질 수 있음을 오스틴이 깨닫도록 만들었다. (8)~(12)에 나오는 것과 비슷한 명시적 수행 어구가 없더라도, 사실상 거의 모든 발언은 수행 부분과 사실 확인 부분을 둘 다 갖는다. 만약 내가 (8)을 대신해 "나는 공산주의 국가를 여행한 적이 없었습니다(I have never traveled to a Communist country)"라는 문장만을 시험하더라도, 나는 여전히 내가 공산주의 국가를 여행한 적이 없음이라는 명제 내용을 표현할 뿐만 아니라 진술하기(stating)라는 행위를 수행한다. 내가 어떤 주장을 할 때마다, 다시 말해 내가 어떤 주장 효력을 가진 발언을 할 때마다 나는 주장하기(asserting)라는 행위를 수행한다.

평서문(declaratives)은 다른 효력도 역시 가지면서 발언할 수 있다. 만일 내가 (9)~(12)에서 각각 수행 어구를 삭제하고 단지 "우리가 … 을 지나치게 확장한다", "위원회는 … 에 투표했다" 따위로만 같은 맥락에서 말한다면, 그런 발언은 각각 판단, 보고, 충고, 경고의 효력을 가질 것이다. 오스틴은 이런 유형의 특징을 '**발화 수반** 효력(illocutionary force)'이라고 불렀고, '발화(locutionary)' 내용이나 명제 내용과 대조했다.[3]

같은 평서문이 맥락에 따라 다른 발화 수반 효력을 갖기도 한다. "저 로트와일러 개는 사흘을 굶었고 성이 나 있다"라는 문장은 경고가 아니라 위협의 효력을 가질 수 있다. 또는 그것은 단지 관찰 보고일 수 있다.

---

3 오스틴은 명제 내용을 거의 당연하게 받아들였다. 그는 독립체 이론에 강력히 반대했고, 그래서 '발화 내용'으로 명제에 관해 사물로 여겨지는 어떤 것도 의미하지 않았다. 오스틴은 '뜻과 지칭'에 대해 프레게를 내비치지만, 분명히 '뜻'을 일종의 이론적 독립체라는 의미로 사용하지 않으면서 단지 의례적으로 언급했다. 오스틴은 명제 내용에 관해 소홀했다. 왜냐하면 다른 것, 명제 내용과 독립적으로 달라지는 발화 수반 효력에 집중했기 때문이다.

혹은 (주목하건대) 그것은 안도감을 표현한 말일 수 있다. 아이들도 잠재
효력을 이렇게 인지한다. "너 그런 짓 멈추지 않으면 나 집에 갈 거다"
같은 부모의 불평 섞인 말에 아이는 "그거 위협하는 거야, 아니면 약속
하는 거야?"(Is that a threat or a promise?")라는 조롱 섞인 말로 응수한다.

　비(非)평서문(nondeclaratives)에 이르면, 그런 문장들이 독특하고 다양
한 효력을 갖는다는 점은 훨씬 명백하다. 사실은 의문문과 명령문 같은
서법[4]에 깃든 요점은 발화 수반 효력의 범위를 보여주는 것인 듯하다.

> (13) 당신은 구세군의 회원입니까?
>
> (Are you a member of the Salvation Army?)

(13)은 "당신이 구세군의 회원인지 당신에게 나는 (이것에 의해) 묻습니
다"로 바꿔 쓸 수 있다. 비슷하게 "누가 플러피를 우리에서 내보냈습니
까?" 같은 '설명' 의문문(wh-questions)에 대해서도 그렇다.

> (14) 음악 도서관에 가서 래너 월터가 작곡한 〈작은 미사〉의 복사본
> 을 찾으시오.
>
> (Go to the Music Library and find a copy of Lana Walter's *Petite*
> *Mass*.)

(14)는 명령, 주문, 단순 요청, 또는 그냥 제언이라는 효력을 가질 수 있
는데, 그런 효력은 화자와 청자의 의도와 목적뿐 아니라 그들 사이에 끼

4　(옮긴이) 서법(敍法, mood)은 사건의 현실성이나 비현실성, 확실성이나 가능성, 소망
　이나 요구를 어법으로 표현한 것이다. 서법의 표현 양상은 흔히 특정한 동사를 쓰거나
　동사의 어미를 변형시켜 나타낸다. 흔히 직설법, 명령법, 가정법으로 분류한다.

어들지도 모를 권력관계나 제도와 관련된 권위에도 의존한다.[5]

따라서 오스틴이 맨 처음 제안한 수행 발언과 사실 확인 발언의 구별은 단일 발언의 양태인 효력과 내용의 구별로 변했다. 오스틴은 《말로 행위를 하는 방법》(1962)에서 다른 발화 수반 효력과 이를 구별하는 요인의 방대한 목록을 공들여 작성했다. 여기 구별되는 발화 수반 행위를 보여주는 추가 사례가 몇 가지 있다. (두 가지 뜻 가운데 어느 하나로) 시인/인정하기, 공지하기, 보장하기, 권한을 주기, 견책하기, 확언하기, 축사하기, 양보하기, 고백하기, 축하하기, 정의하기, 부정하기, 허용하기, 가설 세우기, 탐구하기, 주장하기, 용서하기, 변호하기, 맹세하기, 예측하기, 제의하기, 질책하기, 감사하기, 재촉하기, 맹세하기.

오스틴은 발화 수반 효력(illocutionary force)과 발화 내용(locutionary content)에 더해 발언의 셋째 특징인 발화 성취 효과(perlocutionay effects)를 끌어들였다. 몇몇 동사는 언어적 수단으로 수행된 일종의 사회적 행위를 의미한다는 점에서 수행 동사와 비슷하다. 하지만 '이것에 의해'라는 시험을 통과하지 못하는 까닭은, 화자의 의도가 아니라 청자에게 실제로 미치는 효과로써 행위를 기술하기 때문이다. '겁을 주다'와 '확신을 심어주다'를 예로 들어보자. 나는 "나는 너에게 이것에 의해 겁을 준다"라거나 "그래니가 그것을 했다고 너에게 나는 이것에 의해 확신을 심어준다"라고 올바르게 말할 수 없다. 여러분이 각각 겁을 먹거나 확신을 하게 되는지는 부분적으로 여러분에게 달렸고 나의 발언 자체로 (구성되지 않음은 말할 것도 없고) 보증할 방도가 전혀 없기 때문이다. 겁

---

5 오래된 쿠즈(Kudzu) 연재만화에서 설교자인 윌 던은 십계명을 '십제언(The Ten Suggestions)'으로 개명하자는 자유주의자인 교구 신자에게 대항했다. 스트로슨은 〈화행에서 의도와 관습〉(1964)에서, 쉬퍼는 《의미》(1972)에서, 바흐와 하니쉬는 《언어 의사소통과 화행》(1979)에서 모든 발화 수반 효력이 (1)~(7)의 사례, 정확히 말해 비교적 '순수한' 수행문의 사례만큼 순수하게 관습적인 것은 아니라고 설득력 있게 논증한다. 몇몇 효력, 정확히 말해 충고나 질문의 효력은 그라이스의 화자 의도의 문제 이상이다.

을 주는 행위와 확신을 심어주는 행위는 오스틴이 말하는 발화 성취 행위다. 그것은 우리가 말로써 하는 행위지만, 발화 수반 행위와 똑같은 뜻에서 행위는 아니다. 여기 발화 성취 행위의 몇 가지 사례가 더 있다. 경계하도록 만들기, 깜짝 놀라게 하기, 재미나게 하기, 귀찮게 하기, 지루하게 하기, 당황스럽게 하기, 용기 북돋우기, 속이기, 마음 어지럽히기, 깊은 인상 주기, 정보 주기, 영감 주기, 모욕감 주기, 짜증 돋우기, 설득하기.

의미 검증 이론과 의미 진리 조건 이론은 어떤 문장의 **의미**를 그 문장의 명제 또는 발화 내용과 동일시할 뿐이다. 그런데 발화 수반 효력(illocutionary force)은 일종의 의미가 아닌가? 확실히 만약 여러분이 효력의 구별을 이해하지 못한다면, 여러분이 아직 숙달하지 못한 언어의 중요한 양상이 남아 있다. 그래서 검증론자와 진리 조건 이론가는 무언가를 빠뜨렸던 것처럼 보인다.

그들은 이렇게 답변할지도 모른다. "물론 중요하다. 화용론적 속성은 실생활에서 중요하다. 하지만 화용론적 속성은 **의미**를 이루는 부분이 아니다." 나는 이것이 그저 의미를 나타내는 기호 'm'-어("m"-word)를 두고 학교 운동에서 벌이는 실랑이일 뿐이라고 믿는다. 'm'-어는 흔히 일반적으로 중요하게 생각되는 언어 활동의 어떤 양태든 포괄하는 용어(umbrella term)로 사용된다. 우리는 의미의 종류에 발화 문장 의미, 예컨대 화자 의미 말고도 여러 종류의 의미가 있다는 점을 벌써 안다. 이제 우리는 여기에 발화 수반 의미, 곧 효력이 있다고 덧붙일 수 있는데, 이것도 역시 발화 의미와 같은 것이 아니다. 이런 여러 종류의 의미는 제각기 언어 사용을 위해 완벽하게 현실적이고 없어서는 안 될 요소다.[6]

---

6 더욱이 몇몇 의미 현상은 발화 수반 요인을 참조하지 않고서는 설명될 수 없다는 증거가 있다. (바커가 1995년에 발표한 〈'만약'의 화용 이론을 향하여〉와 2004년에 펴낸 《의미 갱신》을 보라.)

어울리지 않음과 구성 규칙
Infelicities and Constitutive Rules

화행은 관습에 따르는 행위다. '사용' 이론가라면 누구나 그렇듯, 화행은 사회 관례, 관행/실천, 제도에 단단히 박혀 있고, 이것들로 화행을 정의한다. 화행 수행하기는 여러 규칙의 지배를 받는다. 그런 규칙은 대개 문자로 기록되지 않고, 단지 규범성을 띠는 사회적 행동(normative social behavior)에 암시된다.

설은 〈화행이란 무엇인가?〉(1965)와 《화행》(1969)에서 화행 규칙(speech-act rules)을 **구성** 규칙(constitutive rules)과 **규제** 규칙(regulative rules)으로 나눈다. 규제 규칙은 "앞서 혹은 독립적으로 기존 행위 방식을 규제할" 뿐이지만, 구성 규칙은 "새로운 행위 방식을 만들어내거나 정의한다."(《화행》, 33쪽) 따라서 예의범절(rules of etiquette)은 구성 규칙들과 상당히 독립적으로 일어나는 활동이나 관행/실천을 규제한다. "장교는 저녁 식사 때 넥타이를 매야 한다"와 "입을 벌리고 껌을 씹지 마라" 같은 예를 들 수 있다. 하지만 체스 규칙이나 미식축구의 규칙은 실제로 문제의 놀이를 정의하고, 놀이 자체는 규칙 없이는 실제로 존재하지도 못할 것이다. "비숍은 대각선으로만 움직인다"와 "경기 중에 선수가 상대방 엔드 존에서 공을 소유하고 터치다운 하면 점수를 얻는다" 같은 예를 들 수 있다.

우리는 까다롭고 흥미로운 개념을 도입할 수도 있다. **강한** 구성 규칙은 어기면 의도한 화행을 중단시키는 규칙이다. 내가 어떤 유형의 화행 A를 수행할 의도로 문장을 발언한다고 가정하자. 만약 내가 강한 구성 규칙을 어긴다면, 나는 단순히 어떤 유형의 행위를 수행하는 일에 실패한다는 결론에 이른다. 예를 들어 내일 내가 (3)을 발언하고 미국 해군 소속 **노스캐롤라이나** 함선 뱃머리에 샴페인 병을 깨트리더라도,[7] 나는 배에 이름을 붙이는 데 성공하지 못한다. 내게 그렇게 할 지위나 권위가 없는 까닭이다. (미국 해군은 전투 함선에 이름을 붙여줄 고위 관리를 지명하는 명시적 규칙이 있다. 1940년 5월 12일에 **노스캐롤라이나**라는 이름을 이미 붙였던 사실도 있다).[8] 만약 시카고의 어느 교회당에서 목사가 자기 앞에 선 젊은 두 사람에게 (2)를 발언하지만, 일리노이주에서 결혼식을 수행할 면허증이 없거나 둘 가운데 한 사람이 법적으로 결혼할 나이가 아니라면, 혼례는 성공하지 못한다(오르간 연주, 반지, 잔치 음식이 있더라도 정말 **혼례**는 아니다). (6)을 발언함으로써 누군가에게 다섯을 올리려면, 나는 그때 포커 카드놀이를 하고 있어야 하고, 다섯은 합의된 내기 한도의 범위 안에 들어야 한다.

규제 규칙만을 어기는 것은 덜 심각하다. 만약 내가 어떤 문장을 A 유형의 화행을 수행하려는 의도로 발언하고 구성 규칙이 아니라 규제 규칙을 어긴다면, 나는 A 유형의 화행을 결함이 있거나, 혹은 오스틴의 공식 어휘로 말하면 '어울리게 않게(infelicitously)' 수행하는 결과에 이른다. 혼례가 성공했으나 결과로 일어난 결혼이 철저한 편의에 따른 것일 뿐이고 두 사람이 선서했을 때 고개를 떨구고 있었다면, 혼례는 결함이 있었던 셈이다. 두 사람이 서로 사랑하고 성실하게(sincerely) 결혼을 유지하려고 의도하는 것은 결혼의 규제 규칙이다. 약속하기는 밀접한 관계가 있는 예다. 만약 내가 (1)을 불성실하게(insincerely) 너/당신에게 값을 치를 의도가 전혀 없이 발언한다면, 그것은 어울리지 않는 약속이다. 그런 점에 대해 만약 내가 사람들로 붐비는 방을 가로질러서 여러분에게 (1)을 소리쳐 말하고, 내가 한 말을 여러분이 들을 수 없다면, 그것은 다른 종류에 속한 어울리지 않음이다.

---

7 (옮긴이) 특정 함선이나 상선이 첫 항해를 하기 전, 선박에 이름을 붙이는 행사를 선박 명명식이라고 부른다. 선박 명명식에서 샴페인을 터뜨린 뒤 병을 뱃머리에 던져서 산산조각 내는 것이 관례다. 이로써 배의 안전을 기원하는 것이다.

8 설명하자면 이런 내용이다. 노스캐롤라이나 주지사의 딸인 이자벨 호이가 노스캐롤라이나 함선에 이름을 붙였다. 내가 듣기로는 이자벨 호이가 〈닻을 올려라〉를 군악대가 연주하는 동안 전통에 따라 샴페인 병을 뱃머리에 부딪쳐 깨뜨렸다.

강한 구성 규칙과 규제 규칙의 경계선에 놓여서 이도 저도 아닌 경우가 있다. 만약 내가 (4)를 발언하지만 거드름부리며, 뉘우치지 않고 빈정거리며 놀리고 비웃는 말투로 발언하면 어떤가? 그런 발언은 몹시 어울리지 않는 사과인가, 아니면 사과가 전혀 아닌가?

오스틴은《말로 행위를 하는 방법》(1962)에서 어울리지 않음의 다면성을 강조하는 일이 대단히 중요하다고 생각했다. 발언은 아주 다른 여러 방식 가운데 한 방식으로 잘못될 수 있다. 어떤 이가 이길 가능성을 잘못 계산해서 (6)을 발언할 때처럼, 발언은 어떤 놀이에서 일어난 경솔한 동작일 수 있다. 또는 발언이 불성실할 수도 있다. 아니면 어떤 이는 의도되는 종류의 행위를 수행할 자격이나 권위가 없을지도 모른다. 혹은 발언이 아주 무례할 수도 있다. 또는 소리가 너무 작아서 들리지 않을 수도 있다. 아니면 서툴러서 엉뚱한 사람 앞에서 발언하기도 한다. 혹은 발언이 장황하고 과장되고 허튼소리 따위일 수도 있다. 또는 나의 청자가 했기를 바랐거나, 어쨌든 나쁜 일을 하지 않았거나, 내가 전혀 하지도 않았던 어떤 일에 대해 사과할 때처럼, 발언은 틀린 무언가를 선제할지도 모른다. 이렇게 다양한 결함은 나중에 철학적으로 중요해질 것이다.

특히 이제 일부 화행이 무엇을 진술하고, 주장하는 따위의 행위들임을 인정했고, 우리는 **허위**(falsity)가 이런 행위들에 공통으로 깃든 한 가지 결함임을 알아본다. 그런 집합으로 분류되는 행위들과 관련된 규제 규칙은 말한 것이 참이어야 한다는 규칙이다.

오스틴은 철학자들이 '참과 거짓의 이분법 숭배(the true‒false fetish)'에 사로잡혀 있다고 길게 불평을 늘어놓았다. 참값이 말에서 중요한 모든 것이라는 그릇된 길로 이끈 생각에 사로잡혀 있다는 것이다. 특히 우리는 허위를 종류가 다른 어울리지 않음이라고 보는 실수를 자주 저지른다. 우리가 왠지 결함이 있는 것 같은 문장을 들을 때, 우리는 오류에 빠져서 문장이 참이 아니라고 가정하는 경향이 있다. (13장에서 우리는 이런 오류의 사례를 두 가지 조사할 것이다.) 발언이 거짓이 되지 않으면서 잘못이 있거나 크게 잘못될 수 있는 여러 방식이 있다. 허위는 어울리지 않음의 다른 많은 형태 가운데 하나일 뿐이다(Falsity is just one form of infelicity among many others).[9]

코헨의 문제
Cohen's Problems

코헨(Laurence Jonathan Cohen, 1923~2006)은 〈발화 수반 효력은 실제로 있는가?〉(1964)에서 (8)~(12) 같은 문장에 관한 성가신 문제를 제기했다. 진리 조건에 관한 문제다. (8)("내가 공산주의 국가를 여행한 적이 없었다고 나는 진술합니다.")을 예로 들어보자. (8)의 진리 조건은 무엇인가?

코헨은 〈발화 수반 효력은 실제로 있는가?〉(121쪽)에서 이렇게 말한다. "오스틴의 견해에서 우리의 발언이 갖는 의미가 수행 어구와 연결된 절에 전부 드러난다고 가정하는 것은 처음에는 솔깃하다." '진리 조건'을 '의미'로 대체하면서, 수행 어구와 연결된 절에서 진리 조건을 읽어내는 것은 정말 솔깃하다. 왜냐하면 (8)의 발언자가 진술한 내용은 누가 공산주의 국가를 여행한 적이 없음이고, 누가 어떤 것을 진술하고 있음이 아니다. 어떤 이는 "내가 발언한 문장은 참이지 거짓이 아닙니다. 나는 정말 공산주의 국가를 여행한 적이 없다고 **진술**했습니다. 내가 실제로 공산주의 국가를 여행했다는 사실과는 아무 관련이 없습니다"라고 응답함으로써 위증죄를 피할 수는 없을 것 같다. 마찬가지로 (루이스

---

9 언어학자들은 자주 오스틴이 '어울리지 않는(infelicitous)'이라는 말을 가능한 가장 넓은 뜻에서 일반 명사로 사용했다는 점을 놓쳤다. 그들은 때때로 '어울리지 않는다'라는 말을 문장에 적용해 사용하기도 하고, 신조어로써 '구문론과 의미론이 아니라 화용론적으로 [꽤 구체적이지만 명기되지 않는 방식으로] 결함이 있다'라는 것과 비슷한 무언가를 의미하기도 했다.

가 1970년에 발표한 〈일반 의미론〉에서 정확히 그런 과감한 견해를 내놓았지만) 확실히 (9)~(12)는 단순히 내가 각각 그렇게 판단하고 보고하고 충고하고 경고했다는 이유만으로 저절로 참이 되지 않는다. 발화 내용, 혹은 적어도 진리 조건은 내가 공산주의 국가를 여행한 적이 없었다는 것이고, "나는 … 임을/이라고 진술한다(I state that)"라는 어구는 그런 효력을 명시하는 수행 어구다.

이렇게 '솔깃한' 견해에 찬성하는 추가 논증에 따르면, (8)~(12)와 다음 쪽에 제시할 (15) 같은 형식의 명시적 수행문은 우리가 수행 어구 없이 말할 수 있었던 훨씬 단순한 진술, 경고, 명령/주문 따위의 장황하고 과장된 동치 문장인 듯하다. 그러나 코헨은 이 솔깃한 견해에 심각한 반론을 제기한다. (8)~(12) 가운데 어떤 사례든 살펴보자. 엘리노가 프랭클린에게 (12)를 발언하고, 루시가 어쩌다 듣고는 "저 로트와일러 개가 … 굶주렸다고 그녀는 그에게 경고한다"라고 말하거나, "저 로트와일러 개가 … 굶주렸다고 엘리노는 프랭클린에게 경고했다"라고 말한다고 가정하자. 각 경우에 루시는 똑같은 개체들을 지칭하고 개체들 사이에 성립하는 똑같은 관계를 서술하고, 시제만 변했다. 특히 (12)에서 '경고합니다'라는 말이 경고를 의미한다는 것은 확실하다. (12)의 수행 어구에 나오는 말들은 그것들의 표준적 뜻과 지칭체를 갖는다. 그래서 수행 어구는 신호 효력을 내려고 의도한 꼬리표나 표지가 아니다. (이런 꼬리표와 표지 문자들은 있다. 서법은 기본적으로 단순한 효력 범위 지시어(simple range-of-force indicator)다. 하지만 "… 임을/이라고 너에게 나는 경고한다"라는 수행 어구와 (8)~(11)의 다른 수행 어구는 그저 효력을 나타내는 꼬리표가 아니다. 예문들은 내부의 문법 구조가 있으며 각 문장을 이루는 부분은 제각기 의미와 지칭 속성을 지닌다.) 그렇다면 왜 우리는 문장의 그런 부분들이 실제로 있지 않은 척하고, 문장에서 발화 의미를 읽어내는 척하게 되는가?

상황은 더 나빠진다. 드러난 것처럼 수행 어구가 단지 효력을 나타낸 꼬리표일 뿐이라는 생각은 도저히 방어할 수 없다. 이런 수행 어구는 **많**

은 구조를 가질 수 있는 까닭이다. 예를 들어 부사 수식어를 포함할 수 있다. 다음은 긴 부사 수식어를 포함하는 예들이다.

(15a) 내가 몇 번 피고와 사적 대화를 나누었다고 나는 자유롭게 인정합니다.

(I admit freely that I had several private conversations with the defendant.)

(15b) 내가 몇 번 …했음을/했다고 나는 내키지 않지만 인정합니다. ['내키지 않지만'은 '몇 번 …를 했습니다'가 아니라 '인정합니다'를 수식한다는 점에 주목하라]

(I admit with reluctance that I had several… [Notice that "with reluctance" modifies "admit", not "had several…"])

(15c) 내가 … 했음을/했다고 나는 기꺼이 대단히 즐겁게 인정합니다.

(I admit gladly and with the greatest pleasure that I had…)

(15d) 나는 진리만 말하기를 바라기 때문에, 내가 …임을/이라고 나는 인정합니다.

(Because I am concerned to tell the whole truth, I admit that I…)

(15e) 법정에서 침묵하는 이를 벌하시는 정의롭고 강력한 하느님이 계심을 유념하며, 죽지 않는 벌레와 꺼지지 않는 불이 있는 지옥이 너무 두려우매, …임을/이라고 나는 인정합니다.

(Mindful that there is a just and mighty God in Heaven who punishes those who withhold information in courts of law, and in mortal fear of the worm that dieth not and the fire that is not quenched, I admit…)

솔깃한 견해에 따르면 (15a)~(15e)의 유일한 발화 내용은 ("내가 몇 번 피고와 사적 대화를 나누었다"라는) 공통 보어절의 발화 내용이다. 하지만 그런 주장은 우리가 위에 적은 목록을 죽 따라 내려갈 때 점점 그럴듯해 보이지 않는다. (15d)의 수행 어구는 화자가 주장한 전체 절을, 비록 지나가는 말일지라도 사실로 포함한다. (15e)의 수행 어구는 다소 논란의 여지가 있는 주장들을 포함한다. 만일 내가 (15e)를 진지하게 발언하면, 여러분은 나중에 나를 신앙심이 아주 깊은 사람으로 기술/묘사할 수 있다. 그리고 아직 그렇게 기술/묘사하지 않았을 뿐이지, 성경에 근거한 관점은 확실히 (15e)에서 언급된 것의 일부인 것처럼 보인다.

솔깃한 견해는 지지할 수 없을 듯하다. 이런 논점에 솔깃해지는 것은 오히려 되돌아가서 문장의 발화 내용이 수행 어구를 포함한다고 인정하는 것이다. (이것을 '자유로운' 견해라고 부르자.) 그런 견해가 무엇이 그렇게 나쁜가?

우리가 잊은 경우를 살필 때 나쁜 점이 드러난다. 만약 자유로운 견해가 올바르다면, (8)~(12)는 발언할 때마다 또 적합한 구성 규칙을 어기지 않을 때마다 단순하게 저절로 참이 된다. 만약 증언이 (8)에 나타난 것과 같은 명시적 수행 어구로 주의 깊게 증명되기만 하면, 어떤 위증죄도 성립할 수 없다. 의미론적으로 (8)~(12)는 심지어 보어절을 함의하지도 않을 것이라는 점에 주목하라(누구든지 그렇지 않은 일을 명사절로 진술하고 보고할 수 있기 때문이다). 내가 (10)을 발언함은 위원회가 그래니를 쫓아내는 데 만장일치로 투표했다는 주장을 의미론적으로(semantically) 확언하지 않을 것이다.

크레스웰(M. J. Cresswell)은 《논리와 언어》(1973)에서, 바흐(K. Bach)와 하니쉬(R. M. Harnish)는 함께 쓴 《언어 의사소통과 화행》(1979)에서 화행의 행위자가 스스로 그 행위를 수행한다고 기술하고 있음을 격렬히 부정한 오스틴의 견해에 의문을 제기할 때 자유로운 견해에 합류했다. 이 철학자들은 발언자들이 주요 행위에 **더해** 행위를 수행한다고 스스로 기술하기도 한다고 제언했다. 따라서 다음과 같이 말할 수 있다.

(16) 시카고 대학교를 공격하고 점령하라고 당신에게 나는 명령합니다.

(I order you to attack and capture the University of Chicago.)

만약 내가 (16)을 발언한다면, 나의 주요 화행은 명령을 내리는 행위고 그런 행위 자체는 참값을 포함하지 않지만, 넛붙여 나는 명령을 내린다고 스스로 기술하고, 그래서 나의 문장은 그런 변질한 뜻에서(in that degenerate sense) 참이 된다.

이런 가설에 근거하면 (8)~(12) 같은 문장들은, 그 문장들과 연합한 주요 화행들이 참이 될 여지가 있다는 점에서 (16)과 다르며, 두 가지 발화 내용과 참값을 각각 지닐 것이다. 진술되는 것이나 명령/주문되는 것에, 혹은 무엇에든 ((8)에서 내가 공산주의 국가를 여행한 적이 없었다는 것에) 따라다니는 어떤 일차 내용(a primary content)과, 거의 언제나 자동으로 '참'이 되는 (내가 그렇게 진술하는) 자기 기술 참값(self-descriptive truth-value)을 갖는다. 이 두 가지 참값 가설은 매력적인데, (15a)~(15e) 사례에 비추어 솔깃한 참값 가설도 자유로운 참값 가설도 버릴 수 있을 듯하기 때문이다. 그리고 우리는 두 가지 참값이 조금 다른 종류라고 주장함으로써 두 가지 참값 가설을 입맛에 따라 바꿀 수 있다. (8)을 발언할 때 나는 어떤 진술을 하고 있음에 주목하라. 어떤 진술인가? 내가 공산주의 국가를 여행한 적이 없었다는 진술이다. 그래서 비록 내가 한 문장을 발언함으로써 자유로운 견해에 따라 그 문장의 명제 내용을 함의하지 않는 진술을 했더라도, 나는 그 진술을 했다. 그리고 만약 내가 공산주의 국가를 여행했다는 것이 사실이라면, 비록 내가 자유로운 견해에 따라 발언했던 그 문장이 참이더라도, 나의 진술은 거짓이다. 거짓 문장을 발언했기 때문이 아니라 거짓 진술을 했기 때문에 나는 위증죄로 유죄 판결을 받을 수 있다.

(15d)와 (15e)는 조금 정교하게 다듬어야 할 것이다. 어떤 이는 (15e)의 발언자가 보어절로 표현한 것에 더해 주장을 두 개나 세 개 했

다고 느낀다. 그런데도 목록의 앞에 나온 예들은 경계선에 놓여서 이도 저도 아닌 경우들이다. (15a)의 발언자는 누군가의 인정이 자유롭게 주어졌**다고 주장**할 것인가? 완전한 화행 이론은 이렇게 미묘한 점을 길게 정리해내야 할 것이다.

의미 발화 수반 이론
Illocutionary Theories of Meaning

올스턴은 〈의미와 사용〉(1963)에서 문장의 의미를 문장의 '발화 수반 행위 잠재력(illocutionary act-potential)', 정확히 말해 문장이 수행을 위해 사용되는 발화 수반 행위의 범위와 동일시하면서 진지하게 오스틴의 화행 화용론을 발화 의미 이론으로 만들려고 시도했다. 만약 여러분이 문장을 그것이 제공하는 모든 발화 수반 방식으로 사용할 수 있다면, 여러분은 문장의 의미를 알고, 그것이 문장 의미에 있는 전부다. (피상적으로는 비트겐슈타인이 염두에 두었던 견해와 거리가 멀어도, 이는 의미 사용 이론의 자격을 확실히 갖출 것이다.)

그런데 사실상 올스턴의 견해는 발화 의미를 밝히는 것과 아무 관계도 없었다. 예컨대 "고릴라가 초식 동물임을/이라고 주장한다(assert that gorillas are vegetarians)"와 같은 잠재적 화행 기술은 이미 명제 내용이라는 개념을 선제하고 보어절의 의미를 부당하게 이용하기 때문이다. 언젠가 모린 코일(Maureen Coyle)이 내게 말했듯, 발화 내용을 공유한 문장들은 발화 수반 잠재력이 전혀 다를 수 있다. 다음 세 문장을 보라. "어머니는 굴을 드실 것이다." "어머니는 굴을 드실까?" "어머니, 굴 드세요!"

바커는 《의미 갱신》(2004)에서 이런 반론들을 효과적으로 피한다. 그는 발화 수반 행위를 화자의 의도 및 믿음으로 이해함으로써 그라이스와 비슷한 방식으로 첫째 반론을 피한다. 예를 들어 (당연히 악의적으로 지나친 단순화지만) 어떤 이가 P임을/이라고 **주장하는** 것은 자신의 청자가 P임을 믿게 하려는 의도를 가지고 발언하는 것이다. 발화 수반 행위의 기술은 적합한 명제 내용에서 유래하며, 보어절의 의미가 아니라 부분적으로 그런 행위를 구성한 정신 태도의 내용에서 비롯한다. 바커는 둘째 반론을 일부는 이와 같은 방식으로 (바탕에 놓인 어떤 명제 태도의 같음이라는 공통점을 추적해서), 그리고 일부는 '발화 내용'이 처음부터 발화 수반 효력과 분리될 수 없다는 정교한 구문론적 근거에 따라 논증함으로써 피한다.

후자의 논점은 표준적 의미 진리 조건 이론에 제기한 추가 반론이기도 하다는 점에 주목하라. 왜냐하면 표준적 의미 진리 조건 이론은 발화 내용이 효력과 독립적으로 결정된다고 가정하기 때문이다.

요약

- 오스틴은 '수행' 발언과 일반적으로 화행에 주의를 환기한다.
- 화행의 각 유형은 두 종류의 규칙, 곧 구성 규칙과 규제 규칙의 지배를 받는다.
- 규제 규칙을 어김은 어떤 화행을 결함이 있거나 어울리지 않게 만든다. 주어진 화행이 어울리지 않을 수 있는 여러 다양한 방식이 있다.
- 수행 발언과 일상적 평서문의 발언 사이에 원리상 구별은 없다. 오히려 모든 발언은 발화 수반 효력을 가지며, 거의 모든 발언은 명제 내용도 가진다.
- 덧붙이자면 많은 발언은 발화 성취 특징을 가진다.
- 명시적 수행 어구를 포함한 문장의 진리 조건에 관한 코헨의 문제는 해결되지 않았다.
- 화행의 발화 수반 개념은 새로운 유형의 의미 '사용' 이론을 낳는다.

학습 과제

1. "나는 두 배를 겁니다" 같은 화행은 모두 전적으로 관습적으로 구성되는가? (스트로슨이 1964년에 발표한 〈화행에서 의도와 관습〉을 보라.)
2. 모든 화행이 발화 내용을 할당받을 수 있는가? 분명해 보이는 반례들을 검토하고, 찬성 논증과 반대 논증을 펼쳐내보라.
3. 화행의 특정 유형을 선택하고 그것의 구성 규칙과 특성에 관한 규제 조건을 열거해보라. (설은 1969년에 발표한 《화행》에서 약속 행위에 대해 이렇게 한다.)
4. 오스틴의 발화, 발화 수반, 발화 성취 특징의 구별에서 생기는 난점을 지적하시오. 곤란한 경계선 사례를 찾아내보라.
5. 루이스는 〈일반 의미론〉(1970)에서 어떤 이가 (심지어) '순수' 수행문의

사례를 발언할 때 동시에 문제의 행위를 수행한다고 진술하거나, 적어도 만약 어떤 이가 그런 발언 행위를 수행하면 오로지 그런 경우에만 어떤 이가 발언한 문장은 참이라는 반(反)오스틴 사상을 옹호한다. 이런 견해를 검토해보라.

6. 코헨의 문제를 더 깊이 들어가 설명해보라.

7. 여러분이 읽었다면, 올스턴이나 바커의 의미 이론을 따라잡아보라.

더 읽을거리 ───

- 오스틴을 이은 화행 이론의 고전으로 인정받은 저작은 설의 《화행》(1969)이다. 하지만 논문 선집으로 펴낸 《표현과 의미》(1979a)가 훨씬 낫다. 트레비스의 《말과 이해》(1975)와 홀드크로프트의 《말로 행위를 하는 방법》(1978)도 보라.

- (쉬퍼가 1972년에 펴낸 《의미》에 더해) 화행 이론을 화용론의 다른 쟁점뿐 아니라 언어학이나 심리학의 현재 연구와 연결한 탁월한 두 저작은 바흐와 하니쉬가 함께 쓴 《언어 의사소통과 화행》(1979)과 가즈다의 《화용론: 암시 함축, 선제, 논리적 형식》(1979)이다. 코울과 모건의 《구문론과 의미론, 3권: 화행》(1975), 레빈슨의 《화용론》(1983), 그린의 《화용론과 자연 언어 이해》(1989), 새독의 〈화행〉(2004)도 보라.

- 지네의 〈수행성〉(1979)은 탁월한 논문이고, 코헨의 문제를 조명한다. 코헨의 문제에서 빠져나갈 출구는 (어떤 출구도 완전히 만족스럽지 않지만) 크레스웰의 《논리와 언어》(1973), 바흐와 하니쉬가 함께 쓴 《언어 의사소통과 화행》(1979), 내가 쓴 《자연 언어에서 논리적 형식》(1984: 6장)에서 마련되었다.

- 올스톤은 《발화 수반 행위와 문장 의미》(2000)에서 자신의 의미 발화 수반 이론을 더 멀리 밀고 나갔다.

함축 관계

개요
Overview

문장은 다른 문장을 논리적으로 함의하고, 그런 강한 뜻에서 다른 문장을 **함축한다**. 그러나 문장이나 발언은 엄밀하게 함의하지 않은 것을 언어적으로 함축하기도 한다. 첫째, 화자는 문장을 문자 그대로 의미하는 것과 다른 무언가를 전달하기 위해 자주 사용한다. 예를 들어 비꼬는 말이나 폭넓게 귀띔하는 경우다. 그라이스(Paul Grice, 1913~1988)의 '대화상 암시 함축(conversational implicature)'[1] 이론에 따르면, 이런 함축은 협력

---

1 (옮긴이) 암시 함축(impliculture)은 그라이스가 새로 만든 전문 용어로 문자 그대로 표현되지 않더라도 화자가 발언과 함께 함축한 것이자 암시한 것이다. 암시 함축은 우리가 소통하기를 원하는 모든 것을 명시적으로 말하는 것보다 더 효율적으로 소통하도록 도울 수 있다. 그라이스는 대화상 암시 암축과 관습상 암시 함축을 구별한다. 전자는 화자들이 일반적 대화 규칙을 지킬 것으로 기대해서 생기는 함축으로 화자가 취소할 수 있고, 후자는 '그러나'와 '그러므로'처럼 특정한 낱말과 묶여 있는 함축으로 화자가 임의로 취소할 수 없다.

대화(cooperative conversation)를 지배하는 한 묶음의 원리에서 생겨난다. 청자들은 화자들이 협력하고 있음을 (현상과 반대로) 가정하면서 그 가정으로부터 추론하거나, 또는 화자들이 고의로 협력하고 있지 않음에 주목하면서 그 가정으로부터 추론함으로써 함축(implications)을 골라잡아 알아듣는다.

그라이스는 대화의 사회 규범과 말하지 않았으나 분명히 함축된 의미를 알아내거나 계산하기 위해 사용하는 추리의 종류에 대한 정교하고 매력 넘치는 이론을 제의했다. 대화상 암시 함축 개념 자체는 아니지만, 이론의 세부 내용은 특히 적합성 이론가들(relevance theorists)[2]에게 도전받았다. 적합성 이론가들은 암시 함축에 관한 작업이 구체적 대화 규범이 아니라 인지 효율(cognitive efficiency)을 더욱 일반적으로 고려함으로써 움직인다고 주장한다. 또한 그들은 이전에 철학자들이 주목하지 않은 대화 현상에 우리가 주의를 기울이게 했다.

논리와 무관한 함축의 둘째 종류는 러셀의 기술 이론을 비판한 스트로슨이 시사한다. '선제(presupposition)'라는 개념은 어떤 문장이 그것의 선제를 충족하지 못할 때 거짓이 되는 것이 아니라 참값을 아예 갖지 않는다는 점에서 함의(entailment)와 구별된다. 그러나 이런 관계를 드러낸 명료한 예를 찾기는 어렵다.

셋째, 몇 가지 함축은 '그리고'와 대조를 이루는 '그러나' 같은 특수어의 선택으로 전달된다. '그러나'는 대조 함축 의미(contrastive connotation)를 전달한다는 점을 제외하면, '그리고'와 똑같은 것을 의미한다. 그라이스는 이런 현상을 '관습상 암시 함축(conventional implicature)'이라고 부

---

2 (옮긴이) 적합성 이론을 처음 주창한 이론가들은 스퍼버와 윌슨이다. 적합성 이론(relevance theory)은 발언들에 대한 해석을 이해하기 위한 틀로 인지 언어학과 화용론에서 널리 수용한다. "모든 발언은 청자가 그것을 처리하려고 노력할 만한 가치가 있을 만큼 충분히 적합한 정보를 전달한다"라는 원리에서 유래한 명칭이다. 라이컨은 이 책의 13장과 14장에서 각각 적합성 이론을 다루고 있다.

른다. 적합성 이론가들은 그라이스의 모형에 도전했고 몇 가지 암시 함축 현상을 설명하는 경쟁 모형도 제의했다.

넷째, 서법(grammatical mood)과 의미 내용으로 드러난 행위와 다른 화행을 수행하기 위해 표준적으로 사용되는 몇 가지 문장이 있다. '간접 효력(indirect force)'의 변칙 현상을 설명하기 위해, 설은 그라이스의 대화상 암시 함축 이론을 확장하려고 시도한다. 하지만 설의 전략은 자료를 전부 설명하는 데까지 미치지 못하고, 만족스러운 대안을 제시하지도 못한다.

데이비드슨은 의미론의 표적 문장에 딸려 '느껴진 함축(felt implication)'을 포착하기에 대해 논하는데, 이것은 표적 문장의 함의 관계(entailment relations)를 의미한다. 그러나 그라이스는 〈논리와 대화〉(1975)에서 다른 함축이 있다고 지적했다. 자연스럽게 '함축'이라는 꼬리표 아래 분류되지만 함의의 사례가 아니거나 명백하게 함의의 사례가 아닌 현상이 많다. 이번 장에서 나는 네 가지 현상을 개관하겠다.

전달되는 의미와 요청되는 추론
Conveyed Meaning and Invited Inference

첫째, 발언의 '전달되는 의미'라고 불리는 것이 있다. 이 현상을 화자 의미로 설명하는 것은 (의무는 아니지만) 당연하다. 많은 경우에 화자는 P임을/라고 의미하는 문장을 발언하지만, 화자가 소통하려는 주요 의도가 다른 어떤 것인 Q임을 전달하는 것이 모든 사람에게 명백하다. 이는 일상 대화에서 꽤 널리 퍼진 현상이다. 예를 들어보자. 소란을 피우는 방문자에게 나는 방문자가 당장 나가야 한다는 의미로 "저기 문이 있습니다"라고 말한다. 그러나 "저기 문이 있습니다"라는 문장은 "당신은 당장 나가야 합니다"를 의미하지도 않고, 방문자가 나가야 한다고 내가 말했음을 기술하지도 않는다. 내가 말하는 것은 의미하는 것과 별개다. 이것은 생각하지 않더라도 양측에게 더할 나위 없이 분명하다.

물론 7장에서 우리는 화자 의미와 문장 의미의 부조화(mismatch)에 대해 논의했다. 그때 우리는 병리학적 사례에 집중했다. 예를 들어 화자는 낱말의 의미나 다른 어떤 사람의 낱말 이해에 관해 기이한 믿음을 (혹은 다른 어떤 사람의 기이한 낱말 이해에 관한 합당한 믿음을) 가진다. 그런데 내가 말하는 전달되는 의미의 사례에는 병리학적 요소가 없다. 그것은 대화를 나눌 때 일어나는 완벽하게 정상적인 현상이다. 여러분이 스메들리가 좋은 철학자인지 나에게 묻고, 내가 이렇게 대답한다고 가정하자.

> (1a) 스메들리는 문서를 꽤 정확하게 요약하고 글씨체가 아주 좋습니다.
>
> (Smedley summarizes texts pretty accurately and has very nice handwriting.)

혹은 덜 미묘하게 이렇게 말한다고 가정하자.

> (1b) 스메들리는 탁구를 매우 잘합니다.
>
> (Smedley is very good at ping pong.)

분명히 내가 여러분에게 전달하는 것은 나의 문장이 문자 그대로 의미한 것이 아니다. 나의 문장이 의미하는 것은 참일 수도 있고 아닐 수도 있지만, 이는 중요하지 않다. 내가 전달하는 것은 다른 어떤 것인 스메들리가 철학을 아주 못하거나 적어도 그다지 잘하지 못한다는 점이다. 나의 청자는 곧바로 이를 파악해야 한다. 그리고 정말로 유능한 청자들은 자신들이 무엇을 하는지 실감하지 못해도 이런 전달되는 의미를 파악한다.

여기서 우리는 (발화 수반 효력처럼) 누구든지 충분히 유능한 화자가 되기 위해 이해해야 할 부분인 또 다른 언어 현상을 마주하게 되었다. 여러분이 영어를 잘하거나 적어도 낱말의 어휘적/사전적 의미와 문장의 문자에 충실한 의미를 이해할 문법을 배웠더라도, 앞에서 든 문장 사례의 발언을 문자 그대로 받아들이면, 중요한 무언가를 여전히 놓치게 될 것이다.

언어학자들이 공들여 연구한 '함축'을, 가이스(Michael Geis)와 즈위키(Arnold Zwicky)는 공동 저술한 〈요청되는 추론에 대하여〉(1971)에서 최초로 '요청되는 추론'이라고 불렀다. 조건문을 쌍조건문으로 완성해 받아들이는 사례를 들 수 있다. 내가 다음과 같이 말한다고 가정하자.

> (2) 만약 네가 나의 잔디를 깎는다면, 네게 10달러를 줄게.
> (If you mow my lawn, I'll give you ten dollars.)

문자 그대로 받아들이면, (2)는 한쪽 방향 조건문일 뿐이다. 나는 논리적으로 잘못을 저지르지 않으면서 이렇게 덧붙였을 수 있다. "생각해보니, 네가 잔디를 깎지 않더라도 나는 네게 어쨌든 10달러를 줄 거야." 그러나 (2)만 듣고서 여러분은 곧바로 만약 네가 나의 잔디를 깎지 않는다면 나는 네게 10달러를 주지 않을 것이라고 채워서 알아들을 것이다. 여러분은 그저 '만약(if)'이 들어간 문장을 '만약 그리고 오로지 그런 경우에만(if and only if)'으로 알아듣는다.

다른 예는 단지 접속사로 연결한 문장을 인과 주장으로 격상하는 경우다. 다음과 같은 예를 들어보자.

> (3) 마샤는 불타는 학교를 지켜보았고 쾌락을 느끼며 웃었다.
> (Martha watched the Education School burning and smiled with
> pleasure.)

누구든지 (3)은 불타는 학교를 본 것이 마사가 느낀 쾌락의 **원인이었음**을 함축한다고 알아들을 터다. 일부 사람들은 (3)이 실제로 이를 말한다고 알아들을 것이다. 그러나 (3)은 이를 말하지 않는다. (3)은 단지 어떤 일이 우연히 벌어졌고 또 다른 일이 생겼다고만 말한다("마샤는 불타는 학교를 지켜보았고 그녀의 코를 긁었다"라는 문장과 비교해보라). 비슷하게 '그리고'는 흔히 시간 함축을 지닌 것으로 알아듣는다. 대부분의 사람이 다음 두 문장에서 알아듣는 의미에는 차이가 있다.

> (4a) 존과 마샤는 사랑에 빠졌고 결혼했다.
>
>   (John and Marsha fell in love and they got married.)
>
> (4b) 존과 마샤는 결혼했고 사랑에 빠졌다.
>
>   (John and Marsha got married and they fell in love.)

(4a)는 존과 마샤가 사랑에 빠졌고 **그다음에** 결혼했음을 반드시 함의하지 않지만, 시간 추론이 요청된다.

대화상 암시 함축
Conversational Implicature

그라이스는 〈논리와 대화〉(1975)에서 앞에서 말한 현상을 다루었다. 화자 의미를 어떤 이의 정신 상태에 깃든 내용의 소통으로 보면서, 그라이스는 대화의 기제(mechanisms of conversation)와 협력 대화를 지배하는 사회 규범에 관해 생각하기 시작했다. 그는 **대화상 암시 함축**(conversational implicature)이라고 불리는 현상에 대한 이론을 계속 발전시켰다.

    그라이스에 따르면 가장 중요한 대화 규범은 다음과 같은 **협력 원리** (Cooperative Principle)다(〈논리와 대화〉, 26쪽).

(CP) 네가 참여한 의견 교환의 승인된 목적이나 방향에 따라 일어난 단계에서 필요한 만큼 대화에 공헌하라.

(Make your conversational contribution such as is required, at the stage at which it occurs, by the accepted purpose or direction of the talk-exchange in which you are engaged.)

협력 원리(CP)는 공허한 말로 들릴지도 모르지만, 다른 어떤 것도 아닌 하나로 묶인 당연한 결론을 요약한다. 그라이스는 당연한 결론을 '대화 준칙(conversational maxims)'이라고 부른다. 다음은 몇 가지 준칙이다(번호는 내가 매긴 것이다).

(M1) 너는 (현행 의견 교환의 목적에 맞춰) 필요한 만큼 정보를 제공하면서 대화에 공헌하라. [이것을 강도/세기 준칙이라고 부른다.]

(Make your contribution to a conversation as informative as is required (for the current purposes of the exchange). [Call this the "Maxim of Strength."])

(M2) 너는 필요한 것보다 더 많은 정보를 제공하면서 공헌하지 말라.

(Do not make your contribution more informative than is required.)

(M3) 네가 거짓이라고 믿는 것을 말하지 말라. [진실성 준칙]

(Do not say what you believe to be false. [The Maxim of Truthfulness.])

(M4) 너는 적절한 증거가 부족한 것을 말하지 말라. [증거 준칙]

(Do not say that for which you lack adequate evidence. [The Maxim of Evidence.])

(M5) 적합하라. [적합성 준칙]

(Be relevant. [The Maxim of Relevance.])

(M6) 애매함을 피하라.

   (Avoid ambiguity.)

(M7) 간결하라. [불필요한 장황함을 피하라.]

   (Be brief. [avoid unnecessary prolixity.])

준칙의 기능은 정보 주고받기를 아주 명확하고 빠르게 진행하는 것이다.

   위에서 말한 준칙은 화자가 어떻게 하나를 말하고 다른 의미를 올바르게 지각할 수 있는지 설명한다. 그라이스는 이런 설명에 맞는 본보기(template)를 청자가 참여하도록 예정된 표준 추리 양식의 형태로 다음과 같이 제의한다.

   그는 [화자는] p라고 말했다. 그가 준칙들이나 적어도 … [협력 원리]를 지키고 있지 않다고 가정할 어떤 이유도 없다. 그가 q라고 생각하지 않는 한, 그는 이것을 하고 있을 수 없다. 그가 q라고 생각한다는 가정이 필요하다고 내가 알아볼 수 있음을 그는 안다(또 그가 안다고 내가 안다는 것을 그는 안다). 그는 내가 q라고 생각하는 일을 멈추도록 하려고 아무것도 하지 않았다. 그러므로 그는 내가 q를 생각하도록 의도하거나, 혹은 적어도 생각하도록 기꺼이 허용한다. 그래서 그는 q를 암시적으로 함축했다.

   (He [the speaker] has said that p; there is no reason to suppose that he is not observing the maxims, or at least … [CP]; he could not be doing this unless he thought that q; he knows (and knows that I know that he knows) that I can see that the supposition that he thinks that q is required; he has done nothing to stop me thinking that q; therefore he intends me to think, or is at least willing to allow me to think, that q; and so he has implicated that q.)

   <논리와 대화>, 31쪽

('암시적으로 함축한다(implicate)'라는 말은 이런 간접적 의사소통 수단에 대한 그라이스의 전문 용어다.)

내가 "저기 문이 있습니다"라고 발언할 때, 나는 방문자가 그라이스의 방식으로 추리하도록 의도한다. 대충 다음과 같이 말할 수 있다.

> 문이라고? 문은 내가 지금 마음에 둔 것과 아무 관계도 없다. 그렇다, 적합성 준칙 (M5)에 따라 문은 그가 염두에 둔 어떤 것에 적합해야 한다. 또 내가 그것을 알아냈어야/계산했어야 함을 그는 안다 (그리고 … 을 안다). 그래서 그는 나에게 문이 어디에 있는지 내가 알기를 원한다고 일부러 보여주었다. 왜 저러지? 젠장, 그는 내가 문밖으로 나가기를 원하는 것이 분명하다.
>
> (The door? The door has nothing to do with anything I currently have in mind. So, by the Maxim of Relevance (M5), the door must be relevant to something he has in mind. And he knows (and knows …) that I must have worked that out. So he has deliberately shown me that he wants me to know where the door is. Why might that be? Egad, he must want me to go out the door.)

물론 이 모든 추리는 무의식적으로 아주 빨리 일어난다. (그라이스는 자신의 체계를 문자 그대로 받아들인 심리 모형으로서 제의하지 않았지만, 우리는 심리 모형이 하나 필요하고 다른 모형은 없다.)

맥락 정보가 추리를 도울 수도 있다. 이 사례에서 방문자는 상당한 모욕감을 느꼈고, 내가 음료수를 자신에게 내놓지도 않았으며, 미소를 지어 보이지도 않고, 오후 6시 45분임을 알아챌 수도 있다. 어떤 대화에서든 배경 정보는 화자와 청자가 상호 가정한 것이고, 양측은 방대한 가정을 공유한다고 당연하게 받아들인다. 스톨네이커는 〈주장〉(1978)에서 이런 중요한 자료를 '공통 근거(common ground)'라고 부른다.[3]

내가 (1a)나 (1b)를 발언할 때, 강도/세기 준칙과 증거 준칙에 따라 스메들리의 능력에 관해 어떤 것이든 더 강하게 말할 처지에 놓여 있지 않음을 나는 함축한다. 그러나 (우리가 가정할 수도 있듯) 내가 질문을 받은 이유는 내가 스메들리의 능력을 평가할 이상적이거나 적어도 좋은 위치에 있는 사람이기 때문이고, 이는 나의 청사가 그것에 관해 말에 봐야 좋을 게 없다고 결론을 내리도록 신중하게 요청한다.

그런데 여러분이 질문한 다음에 내가 발언하면, 여러분은 자동으로 나의 발언이 여러분의 질문에 대한 답변을 의도한 것이라고 가정한다는 점에 주목하라. 여러분이 "수업에 왜 늦으셨습니까?"라고 묻고, "우리는 어젯밤 집에서 스파게티를 먹었다네"라고 내가 말했다고 가정하자. 여러분은 이렇게 생각할 터다. 뭐라고? 스파게티가 어떻게 다음 날 수업을 방해하지? 상한 스파게티를 먹었다는 건가? 만약 여러분이 그렇게 줄줄이 생각하기 시작한다면, 여러분은 내가 여러분의 질문에 대답함으로써 협력한다고 단순히 가정했음에 주목하라. 대화 협력에 관해 생각하면 할수록 여러분은 점차 하나를 체득할 것이다. 애처롭게도 훈련받은 언어학자나 언어철학자가 얼마나 쉽게 어떤 거짓말도 하지 않으면서 다른 사람들을 잘못된 길로 이끌며, 기만하고 속이며, 눈을 가리는지 알게 될 터다. 광고 문안 작성자들이나 정치가들은 본능적으로 대화상 암시 함축을 알아내는/계산하는[4] 명수들이다. 왜냐하면 그들이 거짓 문장을 발언함으로써 협력 원리를 어기지 않으면서 허위(falsehood)를 전달하도

---

3 그리고 일부는 루이스가 〈언어 놀이에서 점수 기록〉(1979)에서 제안한 '점수 기록' 모형에 기반을 두면서, 스톨네이커는 《맥락과 내용》(1999)과 〈공통 근거〉(2002)에서 공통 근거라는 개념을 화용론 안에서 유용하게 계속 발전시켰다.

4 (옮긴이) 라이컨은 언어 현상을 형식적으로 또는 과학적으로 설명하고자 한다. 그래서 사람들이 함축들도 '계산한다'라고 표현한다. 이 책에서 'compute', 'work out', 'figure out'은 동의어로 사용된다. 따라서 'compute'는 '계산한다'로 옮기고, 뒤에 두 낱말은 '알아낸다/계산한다'로 옮겼다.

록 허용하는 것이 대화상 암시 함축이기 때문이다.

내가 (2)를 발언할 때, 만약 내가 어떤 경우든 10달러를 준다면, 나는 (2)를 발언함이 적합성 준칙(왜 잔디를 특별히 언급하는가?)과 장황함에 맞서라는 규칙을 둘 다 어길 것임을 청자가 반성하도록 의도한다. (사람들은 흔히 어떤 편의도 제공되지 않았고 자선의 목적이 분명치 않을 때 돈을 쓰지 않는다는 배경 정보도 있다.)

(3)과 (4a)는 설명이 조금 더 어렵다. (3)에서 마샤는 불타는 학교를 보았기 **때문에** 그녀가 웃었다고 추론하도록 우리를 고무하는 것은 아마 적합성 준칙을 화재의 결과, 마샤가 학교에 대해 보였을 법한 태도, 욕구 충족과 안면 근육 조직의 관계에 대한 우리의 지식과 결합한 어떤 작용일 것이다. (4a)는 서사를 포함한 어떤 깊은 가정(some deep narratological assumption)과 관계가 있을지도 모른다. 이런 문제와 다른 모든 점에서 위험할 정도로 모호한 '적합성' 개념은 일반적으로 스퍼버(D. Sperber)와 윌슨(D. Wilson)이 함께 쓴 《적합성: 의사소통과 인지》(1986)에서 얼마간 깊이 탐구했는데, 이는 어떤 점에서 그라이스가 시작한 작업이고, 암시 함축 관계에 대해 다룬 새로운 접근법을 낳았다. 아래 논의를 보라.

그라이스는 누구나 어떤 대화 준칙을 무시함으로써, 말하자면 노골적으로 어김으로써 어떤 대화상 암시 함축을 생성할 수 있다고도 언급한다. (《논리와 대화》, 37쪽의 예시를 바꿔 쓴) 내가 좋아하는 그라이스의 예는 다음과 같다.

> (5) X 씨는 헨델의 〈나의 구세주 살아계심을 내가 아네〉의 악보와 더할 나위 없이 일치되는 소리를 냈다. [연주회 비평가의 말.]
>
> (Ms X produced a series of sounds that corresponded quite closely to the score of Handel's "I Know That My Redeemer Liveth." [Said by a concert reviewer.])

비평가는 왜 X 씨가 〈나의 구세주 살아계심을 내가 아네〉라는 노래를 불렀다고 간단히 말하는 대신에, 이렇게 장황한 말을 전부 늘어놓았는가? "추정컨대 X [씨]의 연주와 '노래 부르기'라는 말이 흔히 적용되는 연주에 나타난 확연한 차이를 강조하려고." 더욱 흔한 유형의 예는 화자의 문장이 너무 명백하게 거짓일 때 생긴다. 그라이스는 비꼬는 말을 인용한다.

그라이스는 은유적 발언이 전형적으로 진실성의 준칙(M3)을 무시하기 때문에 자신의 이론이 은유를 설명할 것이라고 제언한다.

> "너는 내 커피 속 크림이지" 같은 예들은 특성상 범주와 관련된 허위를 포함하고, 그렇게 화자가 말한 것처럼 진술했던 것의 모순 진술이 엄밀히 말해 뻔한 진리가 될 것이다. 그래서 이는 화자가 전달하려는 것일 수 없다. 가장 그럴듯한 가정은 화자가 (다소 공상에 빠져) 청자에게 언급된 물질과 닮은 어떤 특징이나 그와 관련된 특징들이 있다고 여기는 것이다.
>
> (Examples like "You are the cream in my coffee" characteristically involve categorical falsity, so the contradictory of what the speaker has made as if to say will, strictly speaking, be a truism; so it cannot be that that such a speaker is trying to get across. The most likely supposition is that the speaker is attributing to his audience some feature or features in respect of which the audience resembles (more or less fancifully) the mentioned substance.)
>
> 〈논리와 대화〉, 34쪽

이런 제언은 15장에서 평가하겠다.

대화상 암시 함축의 특징은 두 가지다. 첫째, 암시 함축은 누구든지 위에서 예시한 종류로 분류되는 추리를 사용해 알아내/계산하거나, 혹은 그럴 수 있는 어떤 것이어야 한다. 만약 이런 어떤 추리도 이용할 수 없다면, 함축은 다른 어떤 종류에 속한 것임이 분명하다. 둘째, 대화상 암시 함축은 **취소할 수 있는**데, 취소하기를 원했던 화자가 달리 추리할 합당한 추론을 예상할 수 있다는 뜻에서 그렇다. "스메들리는 탁구를 매우 잘합니다. 하지만 오해하지 마십시오. 그는 빼어난 철학자이기도 합니다. 내가 먼저 탁구를 언급했던 것은 우리가 방금 탁구를 하는 중이었고 내가 녹초가 되었기 때문입니다."[5,6]

앞 장에서 나는 철학자가 발언의 어울리지 않음(infelicity)을 지각할 때, 발언한 문장을 지나치게 빨리 거짓이라고 거부하는 경향이 있다는 오스틴의 불평에 주목했다. 1950년대와 1960년대에 다음과 같은 논증이 유행하기도 했다. "이 문장을 발언하면 우습게 들릴 텐데"에서 "이 문장은 거짓이거나 정합하지 않거나 무의미하다"로 나아가는 논증이었다. 그라이스는 유행하던 논증 형식을 근절하는 일에 부분적으로 관심이 있었다. 이제 우리는 그런 논증 형식의 예를 평가할 수 있다(좀 난해한 예인데, 허위에 **관한** 것이기 때문이다). 2장에서 스트로슨이 러셀의 기술 이론에 제기한 첫째 반론을 떠올려보라. 스트로슨은 "현재 프랑스의 왕은 대머리다"라는 발언에 "그건 거짓이야"라고 응답하는 사람은 없으리라고

---

5 그라이스는 세 번째 특징인 '분리 가능성(detachability)'을 추가한다. 대화 추리의 형식은 발언한 문장의 명제 내용에서 비롯하므로, 발언한 문장과 논리적으로 동치인 어떤 문장이든 같은 암시 함축을 생성해야 한다. 그러나 장황함을 피하라는 규칙이 악용될 때처럼 명백한 반론이 있다.

6 그라이스는 〈논리와 대화〉의 73쪽에서 '특수' 암시 함축과 '일반' 암시 함축을 구별한다. 전자는 (1a)나 (1b)처럼 맥락과 관련된 사실에서 즉각 알아내야/계산해야 하고, 후자는 (2), (3) 또는 (4a)처럼 p임을/라고 말함으로써 정상적으로 얻는다. 아무도 이런 구별이 실제로 있는지를 두고 논쟁하지 않지만, 구별의 기초는 대단한 논란거리다. 바흐의 〈의미론적 느슨함: 말한 것과 더 말한 것〉(1994a), 레빈슨의 《추정 의미: 일반적 대화상 암시 함축 이론》(2000), 카스턴의 《사유와 발언: 명시적 의사소통의 화용론》(2002), 혼의 〈암시 함축〉(2004), 레카나티의 《문자에 충실한 의미》(2004)에서 이를 다룬다. 다음 절을 보라.

말한다. 스트로슨은 이 점에서 옳다. 하지만 스트로슨은 이로부터 발언한 문장이 거짓이 **아니었다고**, 다시 말해 "그건 거짓이야"라는 응답은 자체로 거짓이라고 추론한다. 그리고 그런 결론은 따라 나오지 않는다. 우리가 "그건 거짓이야"라고 말하지 못하는 명백한 이유는, 그렇게 말하는 것이 강도/세기 준칙을 거쳐 그릇된 길로 이끈나는 짓이다. 말하자면 여러분은 대화에서 더 강하고 정보를 더 많이 제공하고 더 낮게 공헌할 어떤 것을, 다시 말해 "기다려봐, 프랑스에는 왕이 없잖아"라고 말할 위치에 있다. 그래서 스트로슨 자신의 (지칭하지 않는 단칭 명사를 포함한 진술은 거짓 진술이 아니라 비진술로 받아들여야 한다는) 경쟁 논제는 실제로 올바르지만, 스트로슨의 논증은 그 점을 보여주지 못한다.

대화상 암시 함축이라는 기본 발상은 철학에서 그 관념이 표준적으로 사용되는 대부분의 경우와 마찬가지로 거의 보편적으로 받아들인다. 하지만 그라이스의 대화상 암시 함축 이론은 이제 널리 인정받지 못한다. 직접적으로 제기된 주요 불평은 세 가지다. 첫째, 몇몇 철학자들은 그라이스의 이론이 상정한 복잡하면서 거의 즉각적이고 완전히 무의식적으로 일어나는 추리의 양을 의심한다. (그라이스가 든 예를 처음부터 끝까지 읽고, 시간이 얼마나 걸리는지 보라!)[7] 하지만 그때 우리는 여러 방면에서 수많은 추리를 아주 빨리 잠재의식 속에서 거의 무의식적으로 한다.

둘째, 더 심각한 불평은 하니쉬의 〈논리적 형식과 암시 함축〉(1976), 스퍼버와 윌슨의 《적합성: 의사소통과 인지》(1986), 특히 데이비스(Wayne A. Davis)의 《암시 함축》(1998)에서 제기된다. 그라이스의 추리는 대부분 초기 부정 단계와 이후 긍정 단계로 나뉜다. 부정 단계에서 청자는 화자의 의미가 문장 의미에서 갈라져 나옴을 탐지한다. 긍정 단계에서 청자

---

7 인공 지능을 다룬 연결론의 접근법에 감동한 철학자들은 특히 의심할 텐데, 조롱한다는 말은 아니다. 그런데 이런 철학자들은 구문론뿐 아니라 인간에 관한 어떤 것이든 설명한다고 여기는 의미론에도 회의적이다.

는 화자가 의미하는 것에 관한 결론에 이른다. 적합성 준칙에 호소하는 것은 확실히 그렇게 작동한다. 그래서 "[화자는]으로 시작하는 그라이스의 어떤 추리도 [그것이 너무나 명백하게 거짓이고 우리는 모두 그것을 알기 때문에] **그것/저것**을 의미할 수 없다." 우리는 무언가 작동한다는 것을 안다. 그때 작동하는 것이 무엇인지 알아내는/계산하는 긍정적 부분이 있다. 데이비스는 그라이스가 긍정적 부분에서 우리를 거의 돕지 못한다고 이의를 제기한다.

(3)을 예로 들어보자. 나는 청자가 암시 함축을 계산하도록 도울 인과관계에 대한 배경지식을 제언했다. 그러나 무엇보다 먼저 필요한 적합성이 인과적 적합성이라는 것은 왜 명백한가? 인과적 적합성은 명백한 후보지만, 그라이스의 이론에 이를 예측하거나 시사할 만한 요소는 없는 것처럼 보인다. 혹은 은유에 관한 그라이스의 제언을 살펴보라. 화자가 "너는 내 커피 속 크림이지"라는 발언이 (문자 그대로) 의미하는 것과 다른 무언가를 의미한다는 것은 정말 명백하다. 그러나 "화자가 청자에게 [커피 속 크림]과 닮은 어떤 특징 또는 그와 관련된 특징들이 있다고 여긴다"라고 신호를 보내는 것은 무엇인가?" **그것**은 왜 '개연성이 높은 가정'인가?

데이비스는 언어철학자들이 그라이스의 이론에서 중요한 빈틈을 놓쳤다고 지적한다. 왜냐하면 예를 살필 때마다 우리는 문제의 문장을 발언함으로써 정상적으로 함축될 것을 **이미 알고**, 그래서 우리는 어떻게 긍정 계산이 나오는지 묻지 않기 때문이다. 이에 대한 치료법은 우리가 이미 알고 있는 것은 아니고, 단지 맥락 속에서 발언을 살피고 경험이 전혀 없는 청자에게 화자가 무엇을 전달하려 했는지 보여줄 실마리를 찾아내려고 시도하는 척하는 것이다. 그것은 쉽지 않다.

(《애매함이 없는 철학》(1989)에서 아틀라스와 《추정 의미: 일반적 대화상 암시 함축 이론》(2000)에서 레빈슨이 제기한) 셋째 반론은 다음과 같다. 그라이스 자신의 모형에 근거하면, 추리는 완전한 명제("그는 p임을 말했다")와 함께 시작하

지만, 이미 그라이스와 비슷한 어떤 추리에 참여하지 않고서 화자가 발언한 문장으로부터 그런 명제를 얻을 수 없다. 적합성 이론가라면 누구든지 여러분에게 말하듯 (다음 절에서 보겠지만), 이는 화용 지시어의 맥락적 지칭체(contextual referents for deictic terms)를 공급하는 문제다. 레빈슨은 자신이 '거슬리는(intrusive)' 구문이라고 부른 것에 수의를 환기하는데, 이런 구문에서 문자에 충실한 명제 내용은 의미 요소의 문자에 충실한 내용이 아니라 의미 요소의 '일반적' **암시 함축**으로 구성된다. 예를 들어보자.

> (6) 만약 네가 불타는 학교를 지켜보고 쾌락을 느끼며 웃는다면, 너는 경계성 반사회적 인격장애자다.
>
> (If you watch an education school burning and smile with pleasure, you're a borderline sociopath.)
>
> (7) 존과 마샤는 사랑에 빠지지 않았고 결혼했다. 그들은 결혼했고 사랑에 빠졌다.
>
> (John and Marsha didn't fall in love and get married; they got married and fell in love.)

초기 적합성 관련 문헌의 저자들은 자신들이 주장한 것이 새로운 종류의 함축, 이른바 '명시 함축(explicature)'이 원래 대화상 암시 함축(conversational implicature)과 함의의 중간자라는 점을 발견했다. 명시적으로 함축된 것은 취소될 수 있지만, **취소하지 않고 두면** 단지 함축된 것이 아니라 말한 것으로 친다는 점에서 그렇다. 카스턴의 〈암시 함축, 명시 함축, 진리 이론적 의미론〉(1988)과 레카나티의 〈말한 것의 화용론〉(1989)을 보라. 명확한 근거 없이 주장된 사례는 다음과 같다.

> (8) 그녀는 편지를 내려놓았고, 눈물을 한 방울 떨구었고, 천천히 그

러나 흔들림 없이 벼랑 끝까지 걸어갔다. 그리고 그녀는 뛰었다.
(She put down the letter, shed a single tear, and walked slowly
but steadily to the cliff's edge; then she jumped.)

이 문장은 문장의 주어가 가리킨 사람이 벼랑에서 뛰어내렸음을 엄밀하게 함의하지 않는다. 왜냐하면 어떤 이는 그런 함축을 모순에 빠지지 않으면서 취소할 수 있기 때문이다. 예컨대 "벼랑에서 떨어진 건 아니고, 뭐랄까, 벼랑 끝에서 제자리뛰기를 한 거지"라고 덧붙일 수 있다. 하지만 카스턴과 레카나티는 다음과 같이 주장한다. 만약 화자가 대화상 합당한 시간 안에 치명적 함축을 취소하지 않으면, 화자는 주어가 가리킨 사람이 벼랑에서 뛰어내렸다고 함축할 뿐만 아니라 그렇게 했다고 말하고 있었다고 간주할 것이다. 이런 쟁점에 대해 양측이 지지할 만한 논증이 있다. (11장에서 설명한 '준비된'과 '충분한'에 관한 카펠렌과 르포의 유사한 주장과 비교해보라.)

이 쟁점에 대해 양측의 지지를 받는 논증이 있고 논의할 만하다. 도대체 누가 왜 그런 주장을 하는가? 합당한 대답은 너무 오래 취소되지 않은 채 그대로 있는 함축에 대한 규칙은 담론의 관습일 뿐이라는 것일지도 모른다. 그리고 청자들은 나중에 (8)의 발언자가 문장의 주어가 가리키는 사람은 벼랑에서 뛰어내렸다고 **말했음**을 기억하고 보고할 것이다. 그러나 어떤 함축이 **왜** 취소되지 않았는지를 설명하는 **이유**에 관한 암묵적 조건이 분명히 있다. 어쨌든 이후 적합성 이론은 시간 여행 특징(time-travel feature)과 정말로 말한 것이나 '말하지' 않은 것에 관한 모든 관심을 끊었다. 앞으로 살펴보겠지만, 그렇더라도 '명시 함축' 개념은 여전히 우리와 함께 아주 가까이 있다.

적합성 이론
Relevance Theory

적합성 이론가들은 그라이스의 모형을 발전시키면서 시작했지만(최초로 스퍼버와 윌슨이 《적합성: 의사소통과 인지》를 펴냈고, 특히 카스턴의 《사유와 발언: 냉시적 의사소통의 화용론》도 보라), 그들의 계획은 곧 그라이스의 모형에 맞서는 강력한 경쟁 상대가 되었다. 적합성 이론가들은 그라이스가 말한 특수/특정 대화 준칙들이 있다는 발상을 거부한다. 오히려 그들은 오히려 암시 함축이 정보 전달의 효율(efficiency of information transfer)을 더 일반적으로 겨냥한 다목적 인지 처리의 산물(product of all-purpose cognitive processing)이라고 주장한다. "발언이 적합성에 대한 기대를 높이는 까닭은 화자들이 협력 원리와 협력 준칙이나, 어떤 다른 의사소통 관습에 복종하리라고 예상되기 때문이 아니다. 적합성 탐색은 소통하는 사람이 활용할 수도 있는 인간적 인지 작용의 기본 특징이기 때문에 일어나는 것이다."(윌슨과 스퍼버, 〈적합성 이론〉, 2004: 608쪽) '적합성'은 시간과 노력을 처리하면서 일어나는 '긍정적 인지 효과'에 유리한 균형 잡기로 이해된다. 긍정적 인지 효과는 (어림잡아) 세계에 대한 청자의 표상에 드러난, 참되고 유용한 믿음 획득 같은 개선할 점이다. 일반적으로 우리는 언제나 우리의 인지 상태(cognitive condition)를 시간 효율적이고 비용 효율적인 방식으로 개선하려고 한다.

의사소통의 문제에서 특히 화자와 청자는 적어도 암묵적으로 우리가 모두 적합성에 따라 움직이고 있음을 안다. 그래서 화자가 어떤 발언을 할 때, 화자는 청자에게 처리할 만한 가치가 있는 것이 인지적으로 충분한 이익을 가져온다고 가정하도록 의도한다. 그러므로 모든 발언은 각각 '자체의 최대 적합성에 대한 추정'을 지닌다. 그런 추정은 청자의 노력이 충분히 가치가 있을 만큼 적합하며, '소통자의 능력뿐 아니라 선호와도 양립할 수 있는 가장 적합한 것'(윌슨과 스퍼버, 〈적합성 이론〉, 612쪽)이다. 이것이 그라이스의 협력 원리(CP)에 맞선 적합성 이론가들의 경쟁 원리다. 그리고 적합성 이론가들은 두 이론이 서로 다른 예측을 한다고 논증한다. 예를 들어 엄밀하게 참이 아니고 화자와 청자가 둘 다 참이 아님을 알지만, 진실성의 준칙을 **무시한다고**(flouting) 여겨지지 않는 것을 우리는 자주 말한다. 우리는 느슨하게 말한다. 예컨대 늙은 미국인들은 '음반(record)'이라는 명사(noun)를 (만약 있다면) 음악 테이프와 소형 디스크까지 포함해서 사용하고, 젊은 미국인들은 '노래'를 고전 합창 음악의 어떤 곡이든 의미하기 위해 사용한다. 그리고 과장은 두루 퍼져 있다.[8] 하지만 그런 종류의 발언들은 정상적으로 그라이스의 추리를 개시하지 않는다. "흠, 그녀는 진실성의 준칙을 무시했어. 그것은 비꼬는 말인가? 혹은 어쩌면 그녀는 이런 … 에 관해 대화가 허락되지 않는다고 표시하고 있을지도 몰라(Hmmm, she has flouted the Maxim of Truthfulness. Is it sarcasm? Or maybe she's indicating that she's not allowed to talk about this …)"와 같은 방식으로 추리하지 않는다. 우리는 암묵적으로 이런 위반에 주목하지도 않는다. 청자들이 진실성을 기대하는 것은 적합성/유관성에 대한 더 기본적인 기대에서 비롯한 조잡한 부산물일 따름이라고 윌슨과 스퍼버는 제언한다(윌슨과 스퍼버, 〈적합성 이론〉, 619쪽).

추가: 그라이스의 그림에 따르면, 청자는 실용 화용 추리(pragmatic-pragmatic reasoning)의 이득 없이 발언의 완전하고 문자에 충실한 발화 또는 명제 내용("그는 p임을/라고 말했다")을 되찾는다. 그리고 다음에 협력 원리와 준칙들에 따라 추리를 계속 진행한다. 그런데 적합성 이론가들은 심리적으로 적어도 이것이 옳을 수 없다고 지적한다. 발언의 대상으로서 문장은 스스로 어떤 완전한 명제를 표현하거나 '부호로 나타내지(encodes)' 못한다. 우리가 이미 보았듯, 문장은 언제나 애매함이 없어야

---

8 모두 언제나 과장해서 말하고 있도다!

한다. 그리고 문장의 화용 지시적 요소에는 지칭체가 할당되어야 한다. 하면의 할당 함수 α(알파)의 계산을 포함한 이런 결정들도 적합성/유관성을 높이려는 일반적 인지 충동이 좌우한다. 그래서 애매함을 해소하는 두 절차, 정확히 말해 화용 지시적 요소 처리하기와 암시 함축 알아내기/계산하기는 끊임없이 교환되며 균형을 유지한다.

적합성 이론가들은 지금부터 이야기할 세 과정에 '명시 함축'을 만드는 추가 과정을 덧붙이고, 이제 명시 함축을 단지 함축될 뿐이거나 강하게 함축된 것이 아니라 명시적으로 전달된 무언가라고 더욱 모호하게 이해한다. 첫째로 레카나티가 《직접 지칭》(1993)과 〈말한 것〉(2001)에서 '채움(saturation)'이라고 부른 것은 논리적 형식의 바탕에 놓인 자리나 '구멍(slot)'에 적합한 값을 집어넣음이다. 예를 들어보자. "이 길은 더 짧다. (어떤 길보다 짧다는 거야?)" "나는 너무 늙었다. (무엇을 하기에 늙었다는 거야?)" "너는 다리에 힘이 충분히 있니? (무엇을 하기 위한 힘을 묻는 거야?)" 물론 (11장에서 다룬) "헨리는 준비되어 있다"나 "샌디는 충분히 가졌다"도 마찬가지다. 채움(saturation)은 '언어학적으로 강제(linguistically mandated)'된다(카스턴, 〈적합성 이론, 말하기와 암시 함축의 구별〉(2004)). 이것은 새로운 생각이 아니다. (카펠렌과 르포와 반대로) 만약 명사/용어의 맥락 민감성(context-sensitivity)이 어디에나 있다면, 채움은 강력한 할당 함수 α에 대한 작업일 뿐이다. 그러나 적합성 이론가들은 α를 계산하기(computing) 작업이 이제 "'나'는 화자를 가리킨다"와 같은 (아주) 간단한 규칙의 문제가 아니라고 옳게 강조한다. α(알파)를 계산하기는 맥락상 가정과 인지 개선에 대한 고려를 폭넓게 끌어들여야 한다.

둘째, '자유로운 덧보탬(free enrichment)'이 있다(레카나티의 《직접 지칭》(1993)과 카스턴의 《사유와 발언: 명시적 의사소통의 화용론》(2002)에서 사용한 용어고, 바흐가 〈대화상 암시 함축〉(1994b)에서 '과장(expansion)'이라고 부른 것과 거의 같다). 덧보탬은 발언한 문장의 언어 뼈대(linguistic skeleton)에 살을 붙이고 함축할 뿐만 아니라 명시적으로 전달하는 내용을 덧붙인다는 점에서 채움과 비슷하다. 표현된 명제의 (목소리로 드러내지 않거나 발음하지 않은 것만이 아니라) '분명하게 표현되지 않은(unarticulated)' 구성 요소가 있는 것처럼 보일 때 일어난다. 그러나 첫째로 덧보탬은 우선 채움과 달리 언어학적으로 강제된 것이 아니라는 점에서 '자유로운' 말하기다. 논리적 형식에 숨은 앞선 '구멍'이나 지표어는 없는 셈이다. 둘째로 덧보탬은 이미 완전한 명제의 범위를 넘어선다. 발언한 문장은 일찍이 채워졌고, 자유로운 덧보탬에 앞서 화자가 추정해서 의도한 명제가 아니라 완전 명제를 표현한다. 셋째로 덧보탬은 취소할 수 있다. 그렇지만 다시 한번, 덧보탬은 대화상 암시 함축이 그렇지 않은 어떤 방식으로 명시적이다 (Yet, again, it is explicit in a way that conversational implicatures are not).[9]

위에서 들었던 문장 (8)이 한 예다. 다른 예는 다음과 같다(카스턴의 〈적합성 이론, 말하기와 암시 함축의 구별〉(2004), 카스턴과 홀의 〈암시 함축과 명시 함축〉(2012)에서 인용).

> (9) 그녀는 두뇌를 가지고 있다. [**고기능 두뇌를**]
>
>   (She has a brain. [a high-fuctioning brain])
>
> (10) 이 상처가 나으려면 시간이 걸릴 것이다. [**상당한 시간이**]
>
>   (It's going to take time for these wounds to heal. [considerable time])
>
> (11) 너는 죽지 않을 거다. [**이 베인 상처로 인해**]
>
>   (You're not going to die. [from this cut])
>
> (12) 나는 샤워를 했다. [**오늘**]
>
>   (I've had a shower. [today])
>
> (13) 아기는 열이 있다. [**고열이**]

---

9 '어떤 방식으로(in a way)'는 중요한 수식어다. '명시 함축'이라는 용어는 적어도 명시한 어떤 것을 의미해야 하지만, 바흐가 주목했듯 그것을 보여주는 사례는 거의 없다.

(The baby has a temperature. [a high temperature])

(14) 나는 뒤쪽에 주차했다. [내 차를]

(I'm parked out back. [my car is])

(15) 아무도 거기에 가지 않는다. [아무 값어치 없는/맛없는 곳에]

(No one goes there anymore. [no one of worth/taste])[10]

카스턴은 그런 범주가 논란의 여지가 있음을 인정한다. 이를 뒷받침하는 다음과 같은 논증들이 있다. 첫째, 각 예에 덧붙인 중요한 자료(material)는 어떤 특수어(a particular term)로 촉발되고, 이는 대화상 암시 함축보다 채움과 더 비슷하다. 둘째, 전부는 아니라도 여러 사례에서, 발언한 문장의 엄밀한 문자에 충실한 명제 내용은 (10)과 (13)처럼 **우스우리만치** 빈약하거나 (11)과 (14)처럼 터무니없는 거짓이다. 그러나 해당 문장은 은유가 아니다. 셋째, (카스턴의 〈적합성 이론, 말하기와 암시 함축의 구별〉, 647쪽에 따르면) 만약 이런 덧보탬이 명시 함축이고 대화상 암시 함축이 아니라면, 레빈슨의 거슬리는 구문은 그다지 거슬리지 않는다. 왜냐하면 끼워 넣은 내용은 단지 함축하기만 하지 않고 명시하기 때문이다.

그러나 반론도 있다. 무엇보다도 '함축은 언어적으로 강제되지 **않지만** 그런데도 강제적(mandatory)이고, 명시적으로 전달되며, 명확하게 함축되어 있지는 **않다**'라는 생각을 받아들이기 어렵다는 점이다. (물론 천성적으로 문자에 충실한 의미에 집착하는 철학자들은 특히 암묵적 주요 자료에 관해 명시되는 무엇이든 있었음을 부정할 것이고, 그런 '덧보탬'을 일상적 암시 함축으로 들었을 것

---

10 다음을 참조하라. "아무도 거기에 가지 않는데, 너무 붐비기 때문이다"라는 문장은 요기 베라(Yogi Berra)의 것이다. 그런데 양화사 제한은 덧보탬에 호소할 때 필요 이상으로 단순하다. 어떤 자연 언어든 제한되지 않은 양화가 있으므로, 어떤 양화사의 제한 집합은 누군가의 표준적 맥락 변항을 적은 짧은 목록을 위한 좋은 후보고, 이는 카펠렌과 르포의 '기초 집합'을 위한 인용 부호 없애기 시험을 통과하는 반면 간접 화법/담론 시험을 통과하지는 못한다.

이다. 그러나 언어학자들이 이 쟁점에 대해 옳았을 것 같다.) 둘째, 제시한 모든 예는 논란의 여지가 있고, 논쟁이 벌어졌으며, 우리에게 훨씬 친숙한 유형으로 주장되었다. (8) 같은 몇몇 예는 채움일 뿐이고, 논리적 형식 속에 표시되어 **있다**(스탠리의 〈맥락과 논리적 형식〉(2000)과 스탠리와 서보의 〈양화사 영역 제한〉(2000), 테일러의 〈성, 아침밥, 기술 방해〉(2001)를 보라). 다른 예는 정말로 일상적인 암시 함축이다. 어떤 사례는 실제로 함의(entailment)고 연결사가 지닌 더 풍부한 의미 때문에 참이다. 예컨대 '그리고(and)'는 단순하게 '그리고 다음에(and then)'를 의미할 수 있고 '그리고 결과로(and as a result)'를 의미할 수도 있는데, 이는 레빈슨이 예로 들었던 (6)과 (7)을 설명한다. (그라이스가 취소 할 수 있다고 알아듣게 될 것은 현실적으로는 바로 애매함의 해소다.)[11]

적합성에 따라 움직이는 셋째 과정은 놀랍게도 철학자들이 주목하지 않은 '임시 개념 구성' 혹은 구어로 쉽게 말하면 '풀기와 조이기(loosening and tightening)'다.

(16) 그녀는 화가 났지만, 화를 내지는 않았다. [**상당히 화가 났다, 그러나 다 드러내지는 않았다.**]

(She was upset, but she wasn't **upset**. [reasonably, but not enough to have done what has been suggested.])

(17) 뒤쪽에 직사각형 잔디밭이 하나 있다. [**삼각형이나 원형이 아니라 그런 모양에 더 가깝고, 사다리꼴도 셈에 넣을 것이다.**]

(There's a rectangular bit of lawn at the back. [nearer that shape

---

11 밀리컨(Ruth Garrett Millikan)은 《개념을 넘어: 통일 개념, 언어, 자연 정보》(2017)에서 '그리고'를 시간적이고 인과적으로 사용하는 경우와 비슷한 변형이 문자에 충실한 의미와 관계가 있을 뿐이라고 주장한다. 사실상 그라이스가 일반적 암시 함축으로 생각했던 것은 바로 원래 암시 함축이었던 것에서 굳어진 문자에 충실한 의미론상 의미일 뿐이고, 화용론으로 설명되어야 할 아무것도 남아 있지 않다.

than to triangular or circular; trapezoidal would count.])

(18) 나는 현금이 없다. 은행이 다녀오지 못했기 때문이다. [누구든 청구해서 현금을 빼낼 수 있는 기관이고, 예금이나 대출은 셈에 넣지 않을 테지만, 현금 인출기나 회사 편의점은 셈에 넣을 것이다.]

(I'm out of cash; I haven't been to the bank. [an institution from which one can withdraw cash on demand; a savings and loan would not count, but an ATM or company store would.])

(19) 간호사 래치드[12]는 인간이 아니다. [인조인간을 포함해 제정신이고 성숙하고 합당하게 동정심을 드러내는 사람은 아니다.]

(Nurse Ratched is not a human being. [a sane, mature, reasonably compassionate person, including android.])

(20) 그녀의 머리카락은 붉은색이다. [소방차나 카드놀이에 쓰는 하트 패의 색이 아니라 오렌지 금색이나 갈색이다]

(Her hair is red. [orangey blond or brown, not the color of a fire engine or the hearts on playing cards.])

우리는 15장에서 잠시 이 주제로 돌아갈 것이다.

---

12 (옮긴이) 간호사 래치드(Nurse Ratched)는 켄 키지(Ken Kesey, 1935~2001)가 1962년에 출간한《뻐꾸기 둥지 위로 날아간 새(One Flew Over the Cuckoo's Nest)》라는 소설에 나오는 인물이다. '뻐꾸기 둥지'는 정신병원을 뜻하는 속어다. 래치드는 소설의 무대로 설정된 정신병원의 수간호사로 권위와 체제를 상징하는 실질적 지배자다. 그녀는 정신병자로 가장하고 병동에 들어와 변화를 일으키는 주인공 맥머피가 뇌 전두엽 절제 수술을 강제로 받게 해서 그를 식물인간으로 만들어버린다. 부조리한 사회 관습과 제도를 부정하고 자유와 인간성 회복을 추구했던 당대 젊은 세대에게 큰 반향을 불러일으켰다.

선제와 관습상 암시 함축
Presuppositions and Conventional Implicature

취소할 수 없으나 함의(entailment)가 아닌 종류의 함축은 확정 기술에 대한 스트로슨의 입장으로 시사되었다. 스트로슨이 〈지칭하기에 대하여〉(1950)에서 러셀에게 응답할 때, "현재 프랑스의 왕은 대머리다"라는 문장이 현재 왕의 실존을 함의하지 않고, 단지 선제할 뿐이라고 말했음을 상기하라. 스트로슨에 따르면 이는 어떤 왕도 없을 때, "현재 프랑스의 왕은 대머리다"라는 문장이 거짓이 아니라 참값을 아예 갖지 않는다는 점을 드러낸다. "현재 프랑스의 왕은 대머리가 아니다"라는 문장도 마찬가지다.

몇몇 철학자와 여러 언어학자는 스트로슨의 생각을 받아들이면서 조금 더 형식적으로 만들었다. 문장 S_1이 문장 S_2를 함의하고 S_2는 거짓일 때, 필연적으로 S_1은 거짓이고 S_1의 부정은 참이다. 그러나 S_1이 S_2를 선제하고 S_2가 거짓일 때, 필연적으로 S_1은 거짓이 되지 않고 참값을 갖지 않으며 S_1의 부정도 참값을 갖지 않는다.[13] (의미론상 선제라고 불리는) 이런 뜻에서 선제는 함의와 비슷하고, 취소할 수 없다는 점에서 대화상 암시 함축과 비슷하지 않다. S_1과 S_1의 부정은 둘 다 함의의 특성인 절대적 방식으로 S_2의 필연적 결과다.

실제로 의미론상 선제(sematic presupposition)에 대해 논란의 여지 없는 사례는 없다. 그러나 여기에 얼마 안 되는 후보 문장의 쌍이 있다.

---

13 물론 이런 형식화는 스트로슨의 최초 의도에 충실한 것이 아니다. 스트로슨은 문장이 두 개의 값을 갖는다고 가정하는 이가 논리(tow-valued logic for sentences)를 문장이 세 개의 값을 갖는다고 가정하는 삼가 논리(three-valued logic for sentences)로 바꾸기를 원하지 않았기 때문이다. 문장은 가능한 두 참값, '참'과 '거짓'만 갖는 대신에 셋째 참값, '영'이나 '중립'을 가질 수 있다는 것이 아니다. 참값을 갖는 것은 문장이 아니라는 점이 스트로슨이 주장한 핵심이었다.

(21a) 기저귀 대여점을 털었던 사람은 그래니였다.

  (It was Grannie who robbed the diaper service.)

(21b) 누군가 기저귀 대여점을 털었다.

  (Someone robbed the diaper service.)

(22a) 너 배우자 때리는 짓 그만두었냐?

  (Have you stopped beating your spouse?)

(22b) 너는 배우자를 때렸다.

  (You have beaten your spouse.)

(23a) 로키는 자신의 바지 앞부분이 열려 있었음을 알아차렸다.

  (Rocky realized that his fly was open.)

(23b) 로키의 바지 앞부분이 열려 있었다.

  (Rocky's fly was open.)

(24a) 프레드, 그는 뚱뚱했고 달릴 수 없었다.

  (Fred, who was fat, could not run.)

(24b) 프레드는 뚱뚱했다.

  (Fred was fat.)

(25a) 그녀는 가난했지만 정직했다.

  (She was poor but she was honest.)

(25b) 가난은 정직을 금지한다 [혹은 어떻든 정직과 대조를 이룬다.]

  (Being poor inhibits [or somehow contrasts with] being hon-
  est.)

각 문장 쌍에서 a형 문장은 b형 문장을 필연적으로 함의하고(necessitates), a
형 문장의 부정도 그렇다. 만약 b형 문장이 거짓이라면, a형 문장은 거짓이
아니지만, 아무것도 아닌 문장이 된다(go to zero). 그리고 정말로 각 문장 쌍
에서 a형 문장의 부정은 직관적으로 a형 문장 자체와 똑같은 함축을 전달
하는 것처럼 보인다.

그러나 어떤 경우에 a형 문장이 b형 문장을 필연적으로 함의하지만, a형 문장의 부정은 그렇지 않다. 이는 (21)에 대해 참이다. 다음 문장 (21′)은 이상하더라도 자기모순은 아니다.

> (21′) 기저귀 대여점을 털었던 사람은 그래니가 아니었다. 아무도 그 곳을 털지 않았다.
>
> (It was not Grannie who robbed the diaper service; no one robbed it.)

만약 (21′)이 자기모순이 아니라면, (21a)는 의미론상 선제에 요구되는 강한 뜻에서 (21b)를 필연적으로 함의하지 않는다. (21a)의 부정은 대화상 (21b)를 강도/세기 준칙에 따라 함축한다. 다시 말해 "기저귀 대여점을 털었던 사람은 그래니였다"라는 문장을 발언한 어떤 사람이 더 강하고 유용한 정보를 제공하는 부정문인 (21b) 자체의 부정문을 만들 수 있다. 그러나 대화상 암시 함축은 필연적 함의(necessitation)가 아니어서 취소할 수 있다. 필연적 함의 없이 의미론상 선제도 없다(No necessitation, no semantic presupposition).

(22)는 의문문이지만 유사한 운명을 맞는다. 만약 여러분이 결혼한 상태고, (22)의 질문을 받는다면 (그리고 여러분이 배우자를 때린 적이 없었다면), 여기서 올바른 대답은 "아니오"다.[14] 왜냐하면 누구나 언젠가 했던 적이 있는 경우에만 어떤 일을 그만둘 수 있기 때문이다. (물론 '아니오'라는 대답이 오해를 사는 까닭은, 강도/세기 준칙에 따라 그 대답이 누구든 자신의 배우자를 때렸음과 계속 때리고 있음을 함축하기 때문이다. 올바르고 **오해를 사지 않을** 대답은, "아니오, 애당초 나는 배우자를 한 번도 때린 적이 없습니다"일 것이다.)

---

14 자, 이 책의 가격은 그만한 값어치가 있었나, 아니면 뭐냐?(There; was that worth the price of this book, or what?)

(23)은 이런 방식으로 처리할 수 있으나 더 어렵다.

> (23′) 로키는 자신의 바지 앞부분이 열려 있었음을 알아차리지 못했
> 다. 그는 이를 알아차릴 수 없었는데, 자신의 바지 앞부분이 열
> 려 있지 않았기 때문이다.
> (Rocky did not realize that his fly was open; he could hardly
> have realized that, because his fly wasn't open.)

(23′)도 모순이 아니다. 그러나 (23a)의 부정이 (23b)를 함축함에 대한
그라이스식 설명은 그렇게 명백하지 않다.

(24)는 아마도 우리의 목록에 있는 의미론상 선제의 가장 좋은 예일
것이다.

> (24′) 프레드, 그는 뚱뚱하고 달릴 수 없었다는 것은 거짓인데, 왜냐
> 하면 프레드는 뚱뚱하지 않았기 때문이다.
> (It's false that Fred, who was fat, could not run, because Fred
> wasn't fat.)

(24′)는 모순이거나 적어도 의미론상 변칙인 것 같다. 그렇더라도 내가
듣기에는 만약 프레드가 뚱뚱하지 않았다면, (24)는 참값을 갖지 않는
것이 되지 않는다. 내게 (24)는 엄밀히 말해 거짓인 것처럼 들리는데, 왜
냐하면 화자가 (강조하지 않았지만) 프레드는 뚱뚱하다고 했기 때문이다.
그러나 이는 (24′)에 잘못된 점이 무엇인지 설명하지 못한다.

남은 사례인 (25)는 훨씬 독특하고, 이에 대한 설명은 잠깐 미뤄두겠다.

만약 고유 이름 직접 지칭 이론이 올바른 견해라면, 어쩌면 스트로슨
이 옳고 비(非)지칭 이름을 포함한 문장은 참값을 갖지 않을지도 모른다.
물론 이는 실존하지 않는 대상과 부정 실존 문장이 지칭하는 것처럼 보

이는 문제를 일으켰던 견해다. 하지만 그때 고유 이름을 포함한 문장은 적어도 의미론상 그 이름의 지칭체가 실존한다고 선제한다.

일부 언어학자는 '화용론상 선제'라는 더 느슨한 개념을 의미론상 선제 개념과 구별했다. 그러나 이 용어는 명료하게 정의되지 않았고, 지금까지 화용론상 함축의 어떤 유형도 다른 유형의 배제를 의미하지 않았다.

(25)로 돌아가보자.

> (25′) 그녀는 가난하지만 정직했다는 것은 거짓이다. 가난함은 정직
> 함을 금지하지 않는다.
>
> (It's false that she was poor but she was honest; being poor
> does not inhibit being honest.)

(25′)는 모순이 아니지만 어색하다. 그리고 (25a)가 (25b)를 함축함은 취소할 수 없다. 이런 이야기의 주인공이 가난하고 정직했다고 가정하자. 그때 직관적으로 화자는 그녀에 관해 두 가지 참말을 했다. 그러나 만약 가난함이 정직함을 금지하지 않는다면(혹은 어떻게든 정직함과 대조를 이룬다면), (25a)에는 여전히 아주 잘못된 점이 있다("월트는 2미터가 넘지만 키가 크다"라는 문장과 비교해보라). 화자는 엉뚱한 낱말을 선택했다. '그러나/하지만'은 '그리고'가 지니지 않는 특별한 함축 의미(connotation)를 지닌다는 점을 **제외하면** '그리고'와 비슷하다. '그러나/하지만'의 **존재 이유**(raison d'être)는 그런 점일 듯하다.

그라이스는 〈논리와 대화〉(1975)에서 (25)를 대화상 암시 함축도 아니고 의미론상 선제도 아닌 셋째 유형으로 분류했다. 그는 이를 **관습상 암시 함축**이라고 불렀다. 관습상 암시 함축은 화자가 실제로 말하지 않은 어떤 것을 함축한다는 점에서 암시 함축이지만, 두 가지 점에서 대화상 암시 함축과 다르다. 첫째, 관습상 암시 함축은 알아내거나 계산되는 것이 아니다. 그것들은 추리에 기초하지 않고 직접적으로 파악된다. 둘

째, 관습상 암시 함축은 취소할 수 없다. (나는 "조지는 언어학자이지만 똑똑하다. 엉뚱한 생각은 하지 마라. 나는 똑똑하지 않은 언어학자들에 관해 아무것도 의미하지 않았다"라고 말하지 못한다.) 관습상 암시 함축은, '그리고' 대신에 '그러나'를 선택하듯, 경향성을 띤 특수어의 선택(tendentious choices of particular words)으로 전달된다.

그라이스의 최초 사례는 "그는 영국인이고, 그러므로 용감하다(He is an Englishman; he is therefore brave"라는 문장이었다)"였다.

> 그는 영국인이고, 그는 용감하다고 내가 말했지만, 그가 영국인임에서 용감하다는 결론이 따라 나온다고 내가 말했기를, 내가 이렇다고 확실히 내비치고 암시적으로 함축했더라도, 나는 원치 않는다. 문제의 결론을 붙잡는 데 실패하더라도, 이 문장의 발언이 **엄밀히 말해** 거짓이 될 것이라고 말하기를 나는 원치 않는다.
>
> (While I have said that he is an Englishman, and said that he is brave, I do not want to say that I have said ⋯ that it follows from his being an Englishman that he is brave, though I have certainly indicated, and so implicated, that this is so. I do not want to say that my utterance of this sentence would be, strictly speaking, false should the consequence in question fail to hold.)
>
> 〈논리와 대화〉, 25~26쪽[15]

---

15 반어적으로(ironically) 내가 그라이스의 문장이 관습상 암시 함축의 예인지 의심하는 까닭은, 그 함축이 '그러므로'라는 낱말의 의미론상 의미로 전달된다고 믿기 때문이다. '그러므로'는 '그런 이유로(for that reason)'를 의미한다(무엇 때문에?=무슨 까닭에? 참조). 그래서 그라이스의 문장은 "그는 영국인이고, 그런 이유로, 그는 용감하다"와 동의어고, 이는 나의 화법에서 영국인임이 용감함의 이유나 근거임을 논리적으로 함의한다. 다행스럽게도 더 나은 예들이 많다.

추가 사례에는 '…도 역시(too)'와 '…도 또한 (either)'이라는 낱말이 들어 있다. "조니는 언어학자고 그녀의 남편도 역시 아주 똑똑하다(Jonnie is a linguist and her husband is very smart too)." "폴은 철학자였고 그의 아내도 또한 아주 똑똑하지는 않았다(Paul was a philosopher and his wife wasn't very smart either)." 혹은 인칭 대명사가 왜 그렇게 불리는지 살펴보라. "밥은 극심한 고통에 시달렸고, 고통이 너무 심해서 밥을 울게 만들었다(Bob was in severe pain, so bad it made it cry)"라는 말은 "이 조약돌은 누구냐?"라는 말과 똑같이 받아들일 수 없다.[16]

여기서 많은 경우에 그렇듯 이런 다른 종류에 속한 함축의 본성을 탐구하는 좋은 방도는, 함축된 것이 거짓일 때 잇따르는 **불이익**(penalty)이나 제재에 관해 묻는 것이다. S_1이 S_2를 함의하고 S_2가 거짓일 때, 받는 불이익은 S_1이 거짓이라는 대답이다. S_1이 의미론상 S_2를 선제하고 S_2가 거짓일 때, S_1은 불명예스럽게도 아무것도 아니게 된다. 누군가 S_1을 발언하고, 그것으로 대화상 S_2를 암시적으로 함축하고, 전달되는 의미나 요청되는 추론 S_2가 거짓일 때, 불이익은 S_1이 참이라도, 화자의 발언은 오해를 사기 쉽다는 것이다. 만약 S_1이 관습상 S_2를 암시적으로 함축하고 S_2가 거짓이라면, S_1은 거짓이 아니라도 말을 오용한 셈이다.

여기서 아직 언급하지 않은 '화용론상 선제'의 추가 유형은 '발화 수

---

16 나는 관습상 암시 함축을 어휘와 관련된 현상, 특수어의 의미나 기능의 문제로 취급하고 있지 않다. (나는 《자연 언어에서 논리적 형식》의 5장에서 '어휘적/사전적 추정(lexical presumption)'이라는 용어로 바꾼다. 유사한 견해로 논점을 명시적으로 말하지 않지만, 혼이 2013년에 발표한 〈나는 나에게 몇몇 여격을 사랑한다: 표현 의미, 자유 여격, F-암시 함축〉을 보라.) 이는 하나의 선택이고, 어떤 이론가들은 관습상 암시 함축이라는 용어를 이용하면서 고찰할 터다. 불행히도 그라이스는 관습상 암시 함축이라는 용어를 짧은 단락에서 정의하지 않으면서 도입했고 부적당하거나 적어도 혼란스러운 예를 사용했다. 다른 이론가들은 자연스럽게 관습상 암시 함축이라는 용어를 제멋대로 변형했고, 어떤 선택도 오류라고 말할 수 없다. 내가 보기에 가장 이상한 용법은 포츠(C. Potts)가 《관습상 암시 함축의 논리》(2005)에서 보여준 것인데, 그는 수많은 아주 다른 현상을 관습상 암시 함축이라는 용어로 뭉뚱그려 똑같이 취급한다.

반 함축(illocutionary implication)'이라고 부를 수도 있다. 화행을 수행하기는 어떤 뜻에서 독특한 어울림 조건의 만족을 함축한다. 예를 들어 샴페인 유리잔을 돌려줄 것이라는 나의 약속하기는 내가 샴페인 유리잔을 돌려주려고 의도하고 취소할 수 없는 방식으로 (내가 "…이지만 오해하지 마, 나는 그것들을 돌려줄 의도가 없어"라고 덧붙일 수 없도록) 약속한다. 우리는 불이익 목록에 다음과 같은 내용을 추가할 수도 있다. 만약 어떤 사람이 S_1을 발언하고, 그것에 의해 독특한 어떤 어울림 조건으로서 S_2를 가지면서 어떤 화행을 수행하고, S_2가 거짓이라면, 그 화행은 독특한 발화 수반 방식과 어울리지 않는다.

간접 효력
Indirect Force

내가 앞 장에서 언급했듯, 영어의 세 가지 주요 서법은 발화 수반의 세 가지 넓은 유개념에 대응하고, 이 유개념은 화행의 개별 유형을 종으로 포함한다. 평서문의 정상적인 사용(normal use)은 진술하는 것이다. 의문문의 정상적인 사용은 정보를 묻는 것이고, 명령문의 정상적인 사용은 어떤 종류의 지시를 내리는 것이다. 하지만 그런 대응은 완벽함과 거리가 멀다. 예를 들어 살펴보자.

  (26) 나는 그대가 나와 함께 브로콜리 축제에 가기를 원합니다.
    (I want you to go to the Broccoli Festival with me.)
  (27) 소금을 건네줄 수 있니?
    (Can you pass the salt?)
  (28) 내가 다시는 글렌피딕과 진통제를 섞지 않을 거라고 말할 때 나를 믿으세요.

(Believe me when I say I'll never again mix Glenfiddich and
paregoric.)

(29) 그대가 어떻게 피츠버그를 집어삼킨 거대한 청개구리에게서 케
이트 윈슬렛을 구했는지 내게 말해주십시오.

(Tell me how you saved Kate Winslett from the giant tree frog
that ate Pittsburgh.)

(30) 나는 그대가 나의 아이 셋이 어떻게 되었는지 말해주길 원합니다.

(I want you to tell me what has become of my children three.)

(26)은 문법상 평서문이지만 요청하거나 명령하는 데도 정상적으로 사
용될 것이다. (27)은 의문문이지만 정상적으로, 문자 그대로 청자의 능력
에 관한 정보를 얻으려는 질문이 아니라 요청처럼 들릴 것이다. 명령문
(28)과 (29)는 정상적으로 각각 진술문을 만들고 질문을 하기 위해 사용
될 것이다. (30)은 평서문이지만, 질문하려고 사용되기도 할 것이다.

서법 자체는 신성한 것이 아니다. 진짜 현실적인 문제는 더 깊은 데
있다. (26)~(30)은 각각 서법에 대응하는 문자에 더욱 충실한 독해가
있다. 예를 들어 (26)은 "부디 내가 그대의 정신분석을 시작할 수 있도
록, 지금 그대의 마음속에 맨 먼저 떠오른 욕망이 무엇인지 말하세요"라
는 명령문에 순수하게 사실을 담은 답변으로 맞서려고 발언했을 수 있
다. 이런 문자에 더욱 충실한 독해가 실제로 있지만, 흔치도 않고 알아듣
기도 어렵다. 설명이 필요한 문제는 문자에 충실하지 않은 사용(unliteral
uses)이 왜 (그리고 어떻게) 정상적인 사용(normal uses)이냐다. 이런 종류
에 속한 발화 수반 자리바꿈(illocutionary displacement)을 '간접 효력'이
라고 부른다.

설은 〈간접 화행〉(1975)에서 내가 말한 간접 효력에 대한 보수적 견해
를 옹호했다. 다시 말해 설은 발언의 간접 효력을 우리가 이미 아는 그
라이스식 기제(Gricean mechanisms)와 화행 이론의 일반 원리를 사용해

서 예측할 수 있다고 주장한다. 새로운 어떤 장치도 도입할 필요가 없다.

설은 특정 화행을 간접적으로 수행하는 방식에 관해 몇 가지 일반화를 내놓으면서 시작한다. 예를 들어보자. "화자 S는 청자 H가 행위 A를 할 능력에 관한 예비 조건을 만족하는지 묻거나 그렇다고 진술함으로써 간접적 요청을 (또는 다른 간접적 지시를) 할 수 있다." 또 "S는 싱실싱 조건을 만족한다고 진술하지만, 이 조건을 만족하는지 묻지 않음으로써 간접적 지시를 할 수 있다." 설은 이런 일반화의 예를 들고 오로지 화행 이론의 원리와 그라이스의 대화상 추리만을 사용해서 설명한다.

(27)은 문자 그대로 청자의 능력에 관한 질문이지만, 정상적으로 요청하기 위해 사용된다고 받아들이자. 설에 따르면 청자는 먼저 그라이스의 방식으로 화자가 (27)의 문자에 충실한 의미와 다른 어떤 것을 전달하려고 의도한다고 추론한다(여기서 문자에 충실한 의미는 예컨대 화자가 청자의 미세 근육 조정력에 대한 이론적 관심이 분명히 없다는 것이다). 그리고 다음에 청자는 영리하게도 두 가지에 주목한다. 화자가 어떤 요청을 위한 예비 조건의 만족을 간접적으로 언급했다는 점과 문제의 요청이 화자가 청자에게 복종하기를 원한 것일 개연성이 높다는 점이다. 이것이 청자가 화자의 발언을 소금을 건네 달라는 요청으로 확인하는 방법이다.

보수적 견해는 그라이스의 대화상 암시 함축 이론으로 생겨난 두 가지 주요 반론을 물려받는다. 하나는 사실로 상정된 거의 무의식적으로 즉각 일어나는 추리에 관한 회의론이다. 다른 하나는 데이비스가 《암시 함축》(1998)에서 거칠게 늘어놓은 불평이다. 숨은 효력이 있음을 알아보는 부정 단계는 쉽지만, 긍정 단계는 훨씬 어렵다는 것이다.

데이비스가 제기한 문제는 간접 효력의 경우에 더욱 심각한데, 왜냐하면 청자가 함축된 내용을 확인하는 것이 아니라 예상치 않은 효력을 가려내려는 더 큰 도전에 직면하기 때문이다. (여기서 다시 난점은 우리가 사례들을 살필 때, 예들이 어떤 간접 효력을 가질 것인지 우리가 이미 안다는 사실 때문에 가려진다.) (27)의 경우에 어떤 실마리가 (27)을 요청으로 확인하도록 청자를 이끄는가?

설은 그 문제를 인정한다. 청자는 화자가 요청하기에 대한 예비 조건을 간접적으로 언급했다는 점에 주목해야 한다. 그런데 어떤 실마리가 청자에게 이를 귀띔해 줄까? 더욱이 능력 조건은 다른 많은 종류의 화행에 대한 어울림 조건(felicity condition)이기도 하다. 그렇다면 청자는 어떻게 요청을 특별히 가려낼까? 어쩌면 청자는 요청을 지시(directives)로 좁힐 수 있을지도 모른다. 우리는 지시의 집합 안에서(within the class of directives) 어쩌면 명령, 호령, 제언 따위를 권력관계와 어조에 근거해 배제할 수 있을지도 모른다. 우리도 화자가 흥미를 당연히 느낄 만한 복종 조건에 관한 확증 정보를 가지고 있다. 그러나 이런 추리의 각 하위 단계는 오류에 빠질 여지가 많다.

어느 시점에서 설은 순수한 그라이스식 추리에 추가로 작동하는 관습이 있다고 제언한다. "… 할 수 있니?(Can you …?)"라는 말은 일종의 관습적 여운을 남긴다. 그렇더라도 문제의 발화(locution)를 '양동이를 걷어차다/거꾸러지다/죽다(kick the bucket)'나 '무기를 거두다/응어리를 풀다/화해하다(bury the hatchet)'처럼 관용구/숙어로 만든 것은 이런 맹목적 관습(a brute convention)일 수 없다. "… 할 수 있니?"라는 말이 들어간 요청은, 만약 여러분이 좋다면 관용 어법에 맞는다고 해도 되지만, 관용구/숙어가 아니다. 그런 요청은 문자에 충실한 대답을 허용하는 까닭이다. 청자는 "그래, 그럴 수 있지만, 너 음식에 소금을 더 쳐야 한다고 확신해?"라고 말할 수 있다. 이는 잘난 체하는 사람의 대답일 수 있으나 ("지금 몇 시야? - 응, 나 시간 있어"처럼), 그럴 필요는 없다. 어쩌면 청자는 화자가 고혈압이 있다는 것을 알지도 모른다. 화자의 발언이 간접적 요청이었다면, 그 대답이 전혀 어울리지 않더라도, 어떤 이는 적어도 문장이 문자에 충실한 구성 내용(compositional content)에 맞춰 대답할 수 있다. 만약 "… 할 수 있니?"라는 말이 어떤 종류의 관습적 효력을 지닌다면, 어떤 종류인지에 대한 설명은 절실히 필요하다.

모건(J. L. Morgan)은 〈간접 화행의 두 유형〉(1978)에서 여기 얽혀든 유일한 유사 관습적 기제(the only quasi-conventional mechanism)를 설명할 때 중요한 시도를 한다. 바흐(K. Bach)와 하니쉬(R. M. Harnish)는 《언어적 의사소통과 화행》(1979)에서 관습과 덜 비슷한 표준화 장치에 찬성하는 논증을 펼친다. 둘 다 간접 효력을 '짧게 줄인(short-circuited)' 암시 힘축으로 생각한다. 다시 말해 어떤 방식으로든 자동으로 반응할 만큼 흔한 암시 함축으로 여긴다.[17]

간접 효력에 관한 문제가 하나 더 있는데, 고든(D. Gordon)과 레이코프(G. Lakoff)가 〈대화 공준〉(1975)에서 이에 대한 주의를 환기했다. 간접 효력의 구문 표시가 있다는 것이다. 다시 말해 간접 효력이 나타난 문장의 간접적 해석을 요구하는 표층 문법의 특징이 있다.

> (31) 너의 집을 왜 자주색으로 칠해?
>
> (Why paint your house purple?)
>
> (32) 너는 왜 여느 때와 달리 동생에게 잘해 주지 않니? / 여느 때처럼 동생에게 잘해, 왜 그러지 않아?
>
> (Why don't you be nice to your brother for a change? / Be nice to your brother for a change, why don't you?)
>
> (33) 물 한 컵 주시겠습니까?
>
> (Would you get me a glass of water?)

---

17 밀리칸은 《개념을 넘어서: 통일 개념, 언어, 자연 정보》(2017)에서 이런 관습적 문구 가운데 '유사(quasi)' 관습은 없다고 주장한다. 관습적 문구는 정말로 충분히 짧아졌고, 이제 맹목적으로 관습적이다. 이전과 마찬가지로 (각주 11과 비교), 어떤 화용론적 설명도 필요치 않다. 그리고 잘난 체하는 사람의 대답은 결국 말장난이고, 문자에 충실하지 않은 화행(nonliteral speech acts)에 문자에 충실한 대답(literal replies)은 없다. 밀리칸의 관습 개념은 루이스가 《관습: 철학적 연구》(1969)에서 다룬 개념과 대조를 이루며, 자유로운 개념이다.

(34) 드라이 마티니 하나 부탁합니다.

(I would like a dry martini, please.)

(35) 여기요, 나는 저 렌치가 필요합니다.

(Here, I need that wrench.)

위에 적은 어떤 문장도 서법으로 연상되는 효력을 가질 수 없다. "너는 왜 너의 집을 자주색으로 칠하고 있니?(Why are you painting your house purple?)"와 달리 (31)은 담백한 질문일 수 없고, 용기를 꺾는 발언임이 분명하다. (32)는 분명히 질책이다. (33)과 (34)는 분명히 요청이다. 훨씬 단순한 "나는 저 렌치가 필요합니다(I need that wrench)"와 달리, (35)는 분명히 요청이거나 더 강한 어떤 것이다.

설의 보수적 접근법은 여기서 뒷걸음친다. 설의 접근법은 이런 자료를 예측할 방도가 전혀 없다. 더 나쁜 점은 그런 자료에 적용할 수조차 없다는 것인데, 왜냐하면 '그라이스식' 계산(calculation)을 상정하기 때문이다. 간접 효력은 알아내야/계산해야 한다. 그러나 (31)~(35)에는 알아낼 아무것도 없다. 이런 예들의 간접 효력들은 숨김없이 훤히 드러나 있다.

간접 효력을 다룬 다른 이론들은 이 문제에 대처하려고 시도했지만, 어떤 이론도 논란의 여지 없이 성공을 거두지는 못했다. 자료 자체가 논란의 여지를 완전히 배제하지 못한다. 바흐와 하니쉬는《언어적 의사소통과 화행》(1979: 9장)에서 몇몇 자료에 이의를 제기하고, 그 가운데 (33)이 문법에 맞는다는 점을 가장 명시적으로 문제 삼아 논의한다.

요약

- 화자는 어떤 문장을 문자에 충실한 의미가 아닌 다른 어떤 것을 전달하려고 자주 사용한다.
- 그라이스의 대화상 암시 함축 이론에 따르면, 이런 함축은 립떡 내와를 지배하는 한 묶음의 원리에 따라 생겨난다. 그러나 데이비스는 이런 견해에 도전했고 이는 중요한 의미가 있다.
- 적합성 이론가들은 암시 함축이 한 묶음의 대화 준칙에 따라 생성된다는 생각을 거부한다. 대신에 암시 함축이 더 일반적으로 정보 전달의 효율을 겨냥한 다목적 인지 처리의 산물이라고 주장한다.
- 적합성 이론가들은 '자유로운 덧보탬'과 임시 개념 구성 같은 화용론의 새로운 현상에 주의를 환기했다.
- 스트로슨이 러셀의 기술 이론에 제기한 비판은 함의와 구별되는 '선제'라는 개념을 시사한다.
- 함축의 셋째 유형, 곧 대화상 암시 함축은 특수어의 선택으로 전달된다.
- 정상적으로 간접 효력을 내며 사용되는 문장들이 있다. 이를 설명하기 위해 설은 그라이스의 대화상 암시 함축의 확장을 시도한다. 그러나 설의 전략은 자료를 전부 설명하는 데 미치지 못하고, 아주 만족스러운 대안도 없다.

학습 과제

1. 전달되는 의미와 요청되는 추론의 몇 가지 사례를 더 생각하고 그라이스의 원리를 사용해 설명해보라.
2. 전통 철학의 쟁점을 하나 진술하고, 대화상 암시 함축이라는 개념이 어떻게 그 쟁점을 조명하는지 드러내보라.

3. 우리가 그라이스의 대화상 암시 함축에 제기한 두 가지 반론 가운데 하나를 골라 판결하거나, 여러분 자신의 추가 반론을 생각해보라.

4. 적합성 이론가들의 논증 가운데 하나 이상을 골라 비판적으로 논해보라.

5. 분명히 구별되는 화용론의 범주로서 '자유로운 덧보탬'이 실제로 있는지에 대해 찬성하거나 반대하는 논증을 펼쳐내보라.

6. 자연 언어의 '선제'라는 개념에 암시 함축으로 설명할 수 없는 무언가가 있는가? 편향성이 덜 드러나게 말하면, 자연 언어의 '선제'라는 개념은 내가 이 장에서 인정한 것 이상의 무엇인가?

7. 관습상 암시 함축이라는 개념에 대해 논하고, 사례를 더 많이 생각해보라. 관습상 암시 함축이 일상적 함의와도 다르고 대화상 암시 함축과도 다르다는 그라이스의 주장은 옳은가?

8. 적합성 이론가와 그라이스가 벌인 논쟁에 대해 판결하거나, 적합성 이론 문헌의 몇 가지 양상에 대해 간략히 논해보라.

9. 간접 효력의 수수께끼에 관해 도움이 될 만한 무언가를 말해보라.

더 읽을거리 ──

- 그라이스의 〈논리와 대화에 관한 추가 주석〉(1978)은 강조와 반어를 다룬 후속작이다. 그라이스의 유고 논문집《어법 연구》(1989)에 방금 말한 논문을 비롯해 관련 주제를 다룬 다른 중요한 논문이 수록되어 있다.

- 데이비스의《암시 함축》(1998)은 그라이스의 대화상 암시 함축 이론을 포괄적으로 비판한 책이다. 간접 효력도 논의한다.

- '명시 함축(explicature)' 관련 문헌은 코헨의 〈자연 언어의 논리적 불변화사를 다룬 그라이스의 견해에 관한 몇 가지 논평〉(1971)에서 싹텄다. 바흐의 〈대화상 암시 함축〉(1994b)도 보라.

- 적합성 이론 문헌은 이제 아주 많다. 블레이크모어의 《이해와 발언》 (1992), 카스턴의 《사유와 발언: 명시적 의사소통의 화용론》(2002), 윌슨과 스퍼버의 〈적합성 이론〉(2004)과 《의미와 적합성》(2012b)을 보라.
- 암시 함축에 대한 비교적 보수적인 이론은 아틀라스가 《논리, 의미, 대화: 의미 불확정성, 암시 함축, 그 접점》(2005)에서 제의한다, 로버츠는 〈담론의 정보 구조: 화용론의 통합 형식 이론을 향하여〉(2012)에서 경쟁력 있는 정보 구조 설명을 발전시킨다. 그녀의 기획은 '담론 표상 이론'과 관계가 있는데, 예컨대 캠프와 레일이 《담론에서 논리로》 (1993)에서 옹호했던 구성 방식이다.
- 선제를 지지하고 해설한 좋은 논문은 카투넌의 〈복합 문장의 선제〉 (1973)다. '선제'를 다룬 문헌에 관한 아주 좋은 책은 두 권이 있는데, 켐슨의 《선제와 의미론의 한계 설정》(1975)과 윌슨의 《선제와 비진리 조건 의미론》(1975)이다. 초토화 비판은 내가 쓴 《자연 언어에서 논리적 형식》(1984) 4장을 보라.
- 새독의 〈생성 의미론의 무른 해석상 급소〉(1975)는 대화상 암시 함축과 관습상 암시 함축을 구별할 수 있는지 탐구한다. 새독의 논문이 들어 있는, 콜과 모건이 엮은 《구문론과 의미론》 3권 《화행》(1975)은 탁월한 책이고, 암시 함축에 관한 다른 멋진 저작물이 몇 편 수록되어 있다. 콜의 《구문론과 의미론》의 9권 《화용론》(1978)도 보라. 카투넌과 피터스의 〈관습상 암시 함축〉(1979)은 워너의 〈담론 논리와 관습상 암시 함축〉(1982)처럼 좋은 논문이다. 그러나 관습상 암시 함축을 일반적으로 다룬 최고 논의는 《자연 언어에서 논리적 형식》(1984: 5장)에 들어 있다.
- 바흐는 〈관습상 암시 함축〉(1999a)에서 성상 파괴주의에 가까우나 쉽게 방어할 수 있는 방식으로 관습상 암시 함축이 실제로 있는지 의문을 제기하며 논쟁했다.
- 간접 효력에 관한 고전 논문들은 콜과 모건이 엮은 《구문론과 의미론》의 3권 《화행》(1975)에 수록되어 있다. 특히 고든과 레이코프, 조지

아 그린, 앨리스 데이비드슨의 논문을 보라.

- 모건이 〈간접 화행에서 관습의 두 유형〉(1978)에서 제의한 간접 효력 이론은 나의《자연 언어에서 논리적 형식》(1984: 7장)에서 더욱 발전한다.
- 바흐와 하니쉬의《언어 의사소통과 화행》(1979)은 눈길을 끄는 의사소통 숙달자 이론(an imposing master theory of communication)을 제의하고, 우리가 이 장과 마지막에 조사했던 현상을 모두 구체적으로 설명한다.
- 레빈슨의《화용론》(1983)은 화용론에 관한 좋은 개론서다. 데이비스의《화용론 독본》(1991)은 탁월한 논문 선집이고, 혼과 워드의《화용론 안내서》(2004)는 뛰어난 참고서다.

4부

표현과 비유

The Expressive and the Figurative

표현 언어

개요
Overview

어떤 언어는 표현력이 있다. 곁들이는 말로나 일차적으로 느낌 및/또는 태도를 표현한다. 우리가 6장에서 보았던 종류의 순수하게 표현하는 발언들이 있지만, 문법에 맞는 문장의 부분으로 나온 '제기랄' 같은 표현적 불변화사(expressive particles)도 있다. 더욱이 문자 그대로 사용되거나 사용되지 않을 수도 있지만 때때로 취소할 수 없게 태도를 표현하는 완전 문장(whole sentences)이 있다. 그런 주요 사례는 특히 비꼬는 말(sarcasm)을 포함한 반어와 경멸 발언(pejorative utterances)에 등장한다.

이런 현상이 발화 수반 행위도 아니고 단지 대화상 암시 함축의 경우도 아닌 것은 분명하다. 구두 반어(verbal irony)를 다루는 두 접근법은 '메아리' 이론('echoic' theory)과 가식 이론(pretense theory)이다. 두 접근법은 주요 신조를 공유하고, 반어적 발언이 문자 그대로 메아리일 필요도 가식일 필요도 없음을 깨달을 때 구별이 훨씬 어려워진다. 반어는 기존 믿음이나 태도에 대한 암묵적 간접 언급(tacit allusion)이 필요하고, 기존 믿음이나 태도에서 분리되는 어떤 믿음이나 태도를 표현하지만, 꼭 대기에는 전형적 특징들이 느슨하게 모여 있을 뿐이다.

비꼬는 말은 훨씬 특수한 형태의 구두 반어다. 캠프(Elizabeth Camp)는 〈비꼬는 말, 가식, 의미론과 화용론의 구별〉(2012)에서 비꼬는 말이 발화 수반 효력과 단순 암시 함축을 포함한 넓은 뜻에서 '의미'지만, '의미 뒤바꿈(meaning inversion)'이 필요하다고 주장한다.

경멸 언어(pejorative language)는 몇 가지 유형으로 나타난다. 인종차별과 소수민족에 관한 중상과 비방은 많은 사례를 제공한다. '공인된 견해(received view)'에 따르면, 중상/비방은 관습적으로 전문 용어의 이런저런 뜻에서 부정적 믿음이나 태도를 암시적으로 함축하는 지시 표현(denoting expression)이다. 그러나 공인된 견해는 몇 가지 강한 반론에 직면한다.

여러분도 알아챘을 테지만, 영미 언어철학의 모든 전통은 사실을 진술하기와 참이거나 거짓이 될 수 있는 믿음의 소통에 맞춰졌다. 사용 이론가들과 오스틴은 검증 이론과 진리 조건 이론에 맞선 정곡을 찌른 불평을 쏟아냈고, 이는 그라이스의 심리 의사소통 견해에 맞설 때도 적용할 수 있다. 8장에서 검증론에 맞선 반론 1과 특히 9장에서 데이비드슨의 견해에 맞선 반론 1을 떠올려보라. 우리는 발화 수반 효력이 매우 다양하고, 여러 다른 화행이 있음을 보았다. 더욱이 발화 수반 효력이 없고 명제를 전혀 포함하지도 않지만 완벽하게 정상적인 발언은 많다. 내가 사용 이론을 끌어들일 때 이용했던 비트겐슈타인식 단순 사례를 떠올려보라.

데이비드슨의 견해에 맞선 반론을 살펴볼 때, 일부 이론가들에 따르면 참이거나 거짓이 될 사실을 진술하기와 관련이 없어도 완벽하게 문법에 맞는 평서문도 있다는 점에 나는 주목했다. 그리고 비록 도덕 판단이 특히 참이거나 거짓이 되며 '오로지 표현하고, 신음·항의 표시로 틀툴거림·환호처럼 의미론적으로 감정 표출이나 감정 발산만'은 아닐지라도, 몇몇 발언들이 감정 표출, 감정 발산, 신음, 항의 표시로 툴툴거림, 환호 따위라는 것은 논란의 여지가 없다. 한층 더 중요한 사실로 그 밖에 문법에 맞는 문장의 **부분 또는 양태**는 표현적 특징을 지니고 있고, 의미 이론으로 반드시 설명해야 한다.

표현 자체
The Expressive per se

감정 발산과 환호에서 시작해보자. 툴툴거림이나 신음은 전형적인 낱말이 아니므로 신경 쓰지 말자. 그러나 다른 많은 감정 발산은 분명하게 발음된다. 비명이나 그냥 부르짖음과 대조되는 "아이고/아야(Ouch)"도 영어에 속한 낱말이고, 사전 목록의 감탄문(exclamation)이나 감탄사(interjection) 항목에 실려 있다. 실제 웃음과 대조되는 "하, 하(Ha, ha)"는 구두 표현이고 반어적으로 자주 사용한다. (나는 어느 영국 소설에서 "하 끔찍이 하(Ha bloody ha)"라는 표현을 보았다.) "제기랄/빌어먹을!", "만세!", "야호", "우아", "이런/저런", "웩", "어머나/맙소사", "흑흑", "창피해!", "에구 저런", "고맙다", "아차", "아멘/그렇게 될지어다"("Damn!", "Hooray!", "yahoo", "woo-hoo", "Uh-oh", "Yuck", "Good Gracious", "Boo-hoo", "Shame!", "Oh dear", "Thank you", "Oops", "Amen"). 우리가 이런 표현들로 돌아갈 때쯤 비트겐슈타인이 말하리라(About time we returned to these, Wittgenstein would say).

어떤 이는 감탄문과 감탄사를 생략된 표현으로 이해하려고 시도할 수 있다. "고맙다"라는 말은 확실히 순수한 수행문 "나는 너에게 [이것에 의해] 고맙다"를 줄인 표현이다. 그리고 12장에서 주목했듯, 루이스는 〈일반 의미론〉(1970: 57~58쪽)에서 "포키를 위해 만세!"를 "나는 포키를 응원한다"로 이해하자고 제안했다. 그러나 내가 "만세!"라고 외칠 때, 나는 숨은 구문론의 구조로 결정되는 명제 구조를 가진 수행 발언을 했던 것 같지 않다. "제기랄!(Damn!)"[1]은 더 나은 후보다. 언어학자는 암묵적 직접 목적어가 있음을 보여줄지도 모른다. 다시 말해 우리는 "제기랄!"과 거의 같게 "그것을 빌어먹을!(Damn it!)"이라고 말한다. 또 언어학자는 어쩌면 구문상 '상위' 주어, 바로 '신(God)'이 있음을 보여줄지도 모른다(쾅(P. D. Quang)은 1971년 발표한 〈공공연한 문법상 주어가 없는 영어 문장〉에서 상위 주어가 있다는 생각을 구문론적으로 논박했다). 추가로 "제기랄!"이라는 발언은 "신이 [무엇이든] 벌을 주게 **하자/하기를**(Let/may God damns [whatever]"이라고 권유하는 가정법 문장이었을 수 있다. 그러나 이는 정상적으로 사용한 것이 아니다. "제기랄"을 진지하게 발언하는 사람은 신을 믿을 필요도 없고, 신은 실제로 특정 대상을 지옥에 떨어지게 할 필요도 없다.

감탄을 표현하는 예들이 모두 똑같은 방식으로 처리된다고 고집스레 주장할 이유는 없다. 어쩌면 "아이고/아야(Ouch)"와 "어머나/맙소사(Gracious)"는 그냥 감탄문이고, 진리 조건 이론가들도 예의상 유의미하다고 인정할지도 모른다. 여전히 긍정적 논증으로 보여야 할 테지만, 아마도 "만세"나 "제기랄"은 실제로 바탕에 놓인 명제 구조(underlying propositional structure)가 있을 것이다. 그리고 어쩌면 방금 말한 몇 가지 사례는 모든 의미를 설명한 것으로 받아들여지는 검증론과 진리 조건

---

1 (옮긴이) 'damn'은 타동사로 혹평하다, 매도하다, (사람을) 결딴내다, 파멸시키다, (신이 사람을) 지옥에 떨어뜨리다, 천벌을 내리다, 저주하다 따위의 다양한 의미를 지닌 낱말이고, 감탄사로 사용될 때 '제기랄'이나 '젠장칠', '젠장할'로 옮긴다. "제기, 난장을 맞다"와 "제기, 난장을 치다"의 줄임말로 저주할 때 쓰는 감탄문이다. '난장'은 고려와 조선 시대에 장형(杖刑)을 가할 때, 신체를 아무 데나 마구 치던 매를 가리킨다. 'damn'은 맥락에 따라 '빌어먹을'로 옮기기도 하는데, '고약하고 몹쓸'이라는 뜻으로 역시 저주하는 말이다.

이론에 맞선 반례로 제시될지도 모른다.

그런데 이런 종류에 속한 몇 가지 표현은 문장을 이루는 요소다. "제기랄"은 이를 포함한 문장에 구문상 공헌/기여하는 형용사로서 기능할 수 있다. "저 제기랄 고양이가 너의 베개에 똥을 쌌어." "그는 제기랄 짓을 하지 않았어." 이런 문장에서 "제기랄"은 단지 감탄사가 아니다. "내 아들은 결혼했다. 제기랄! 신세대 도사와 말이야"와 같은 감탄문은 괜찮지만, "내 아들은 제기랄 신세대 도사와 결혼했다"라는 진술은 문법에 맞지 않는다. "천벌을 받을(Goddamn)"도 마찬가지고, 앞에서 들었던 예와 같이 "저 천벌을 받을 고양이는 … 똥을 쌌어"라는 진술은 (은유적으로도) "저 고양이는 신이 지옥에 떨어뜨리는 저주를 받았고 똥을 쌌다"를 의미하지 않는다. "천벌을 받을"은 명확히 결정된 구문상 역할이 있더라도 표현할 뿐이다.

카플란을 따라서[2] 나는 이런 언어 항목들(linguistic items), 다시 말해 특수/특정 언어의 낱말들로 구문적 속성을 갖지만 다른 정신 상태를 표현할 뿐이고 명제 의미의 내용에 공헌/기여하는 것 같지 않은 요소들을 '표현어(expressives)'라고 부르겠다. 표현어는 놀라우리만치 넓고 다양한 범주를 형성한다. 아래 단락에서 다루겠지만, 먼저 화행 이론이나 순수하게 그라이스식 대화 화용론으로 처리되지 않는 표현 화법(expressive style of speech)을 예로 들어보겠다.

---

2 〈'아이고'와 '아차'의 의미〉라는 영향력이 있는 유명한 강연의 내용을 따른다는 말이다. 2004년 버클리의 캘리포니아 대학교에서 열렸으나 출판된 적은 없는 강연의 내용이다. 내가 이 책을 쓰는 동안 여러분은 강연 영상을 찾아볼 수 있다. 〈카플란 아이고 아차 호위슨 버클리(Kaplan Ouch Oops Howison Berkley)〉를 검색하라.

반어와 비꼬는 말
Irony and Sarcasm

그라이스는 반어와 비꼬는 말이 단순히 대화상 암시 함축이라고 강력히 주장했다. 그런 주장은 비꼬는 말에 관한 몇 가지 사실로 난처한 상황에 놓인다. 먼저 구두 반어를 더 일반적으로 살펴보자. (나는 반어가 비꼬는 말을 특수한 경우로 포함하는 더 넓은 범주라고 가정한다. 그러나 반어는 다양하고, 우리는 반어에 대한 단 하나의 올바른 분석이 있다고 가정해서는 안 된다.) 비꼬는 말이 아닌 반어의 명백한 사례는 반어적 축소 진술(ironic understatement)이다.

> (1) 카벙클은 그 건물 동에서 가장 똑똑한 아이가 아니다.
>
> (Karbunkle's not the smartest kid on the block.)

비꼬는 말이 아닌 반어의 다른 두 유형은 다음과 같다.

> (2) 이것은 우물처럼 깊지 않고 교회 문처럼 넓지도 않지. 하지만 이 정도면 충분하네,… 그것은 … 일 테지. [머큐쇼가 칼에 찔린 상처로 자신이 죽어가고 있음을 받아들이면서 읊은 대사.《로미오와 줄리엣》, 3막, 1장, 96줄.[3]]
>
> (['T]is not so deep as a well, nor so wide as a church-door; but 'tis enough, 'twill serve… . [Mercutio, having received his death wound, Romeo and Juliet》, III. I. 96.])

---

3 머큐쇼는 이어서 말한다. "내일 나를 찾으면, 자네는 무덤에 묻힌 남자를 찾게 될 걸세." 이것은 반어적 **말장난**(ironic pun)이다. 그 유명한 대사는 때때로 반어적 축소 진술로 분류된다. 머큐쇼의 대사가 반어적 축소 진술이 아님에 주목하라. 그것은 아무것도 축소해 진술하지 않기 때문이다. 그것이 축소 진술인 것 같은 인상을 주는 까닭은, 추정컨대 과장 진술임을 부정하기 때문이다.

(3) 그는 천재래, 너 알지/어쨌든. [화자가 그 남자는 바보임을 함축하지 않을 경우. 화자의 생각은 그 남자가 자신의 지능을 과대평가한다는 것뿐이다.]

(He's a genius, you know/after all. [Where the speaker is not implying that the man is stupid. The idea is only that man overrates his intelligence.])

반어의 다른 예를 몇 가지 들어보자.

(4) 네가 필요한 사상경찰은 어디에 있지? [누군가 아주 난폭한 정치적 견해를 표현할 때 했던 말.]

(Where are the Thought Police when you need them? [Said when someone has expressed a fairly outrageous political view.])

(5) 종합을 사랑하는 헤겔 철학 추종자들은 아마 그가 [현재 프랑스의 왕이] 가발을 쓰고 있다고 결론지을 것이다. [러셀, 〈지시에 대하여〉. 이 책의 2장 각주 21에서도 인용했다.[4]]

(Hegelians, who love a synthesis, will probably conclude that he [the present king of France] wears a wig. [Russell in "On Denoting", previously quoted in note 6, Chapter 2.])

(6) 숙녀분, 충분히 오래 앉아 있으면 빨강, 노랑, 혹은 초록이 아닌 다른 색으로 바뀌리라고 생각하십니까? [교통순경이 신호등에서

---

4 캔들리시(Stewart Candlish)는 《스탠퍼드 철학 백과사전》에 실린 브래들리에 관한 자신의 논문에서 이렇게 말한다. "러셀은 흔적을 남기는 데 실패하지 않는 논평을 해낼 특별한 문학적 재능을 지녔다. 매력 넘치는 멋진 반어보다 더 나쁜 적수가 없다는 듯 말이다."(캔들리시와 바질, 〈프랜시스 허버트 브래들리〉)

머뭇거리던 부주의한 운전자에게.]

(Lady, do you think if you sit there long enough it'll turn some color other than red, yellow or green? [Traffic cop to inattentive driver halted at a stop light.])

(7) 제한 속도를 1마일도 넘지 마라, 지금. [신경증에 걸린 듯 두의하는 운전자에게 했던 말. 윌슨이 2006년에 발표한 〈구두 반어의 화용론: 메아리 혹은 가식?〉의 내용과 비교하라.]

(Don't go even a mile over the speed limit, now. [Said to a neurotically cautious driver; cf. Wilson (2006).])

(8) 혁명은 어쨌든 만찬이지! [마오쩌둥의 "혁명은 만찬이 아니다"라는 명언을 우습게 보면서 했던 말.]

(A revolution is a dinner party after all! [Playing off Máo's famous saying, "A revolution is not a dinner party."])

(9) 멋진 시도였어, 친구. [예컨대 현실적으로 옹호할 수 없는 논제를 옹호하던 어떤 사람에게 했던 말.]

(Nice try, pal. [Said to someone who has been, e.g., defending a thesis that is really indefensible.])

(10) 우리의 사령관은 무엇을 하는가? 그는 의심할 여지 없이 자신의 머리를 날려버리려고 할 때 자기 엉덩이에 총을 쏜다. [1842년 영국 군대가 카불에서 철수하기 직전, 셸턴 준장이 윌리엄 엘핀스톤 장군에게 했던 말이다.[5] 어쩌면 불필요하게 셸턴은 다음과

---

5 (옮긴이) 인도에 주둔한 영국 군대는 1839~1842년 아프가니스탄으로 통제권을 확대하고 아프가니스탄에 대한 러시아의 영향력을 제어하기 위해 1차 영국-아프가니스탄 전쟁을 일으켰다. 영국 군대는 카불에 입성하기는 했으나 상황을 통제하지 못했고, 영국은 1841년 워털루 전투에 참전했던 노장인 윌리엄 엘핀스톤을 카불로 보냈다. 그러나 엘핀스톤의 판단 착오로 카불의 영국군 주둔지가 아프가니스탄군에게 포위당해 영국군은 많은 사상자를 내고 철수했다. (10)은 셸턴 준장이 윌리엄 엘핀스톤 장군의 무

같이 덧붙였다. "그는 빗맞혔을 수 없다."]⁶

(What does our commander do? Shoots himself in the arse-doubtless in an attempt to blow his brain out. [Brigadier Shelton on General Sir William Elphinstone, just before the British withdrawal from Kabul in 1842. Shelton added, perhaps unnecssarily, "He can't have missed by much."])

(11) 오늘은 몹시 춥고 쓸쓸한 하루였어, 뜨거운 초콜릿 한 잔처럼 차갑고 쓸쓸해. 뜨거운 초콜릿 잔에 식초를 넣고 몇 시간 동안 냉장고에 두었다면. [《레모니 스니켓: 비공인 자서전》]

(Today was a very cold and bitter day, as cold and bitter as a cup of hot chocolate; if the cup of hot chocolate had vinegar added to it and were placed in a refrigerator for several hours. [Lemony Snicket: The Unauthorized Autobiography].)

이런 각각의 예를 "그는 p임을/라고 말했고, ⋯ (He has said that p;⋯)" 같은 그라이스식 추론을 요청해서 재구성하기는 어려울 것이다. 우선 (5)와 (11) 같은 사례에는 명백한 피함축항(implicatum)이 없다. 해당 발언의 반어적 양태는 정보를 더 전달하지 않고 어떤 태도를 표현할 뿐인 것처럼 보인다. 더욱이 표현적 태도는 규범적 태도거나 적어도 어떤 사회/문화 규범을 참조한다.

반어는 "화자가 겉으로 내세우고 있는 세계에 대한 기술/묘사(a

능함을 반어로 표현한 말이다.

6 프레이저(George MacDonald Fraser, 1925~2008)가 《플래시맨》에서 말한 것인데, 출처를 대지 않아 사실이 아닌 듯하다. 공정하게 말해 셸턴은 군대에 어울리는 천재도 아니고 존경받은 사령관도 아니었으며, 3년 후 승마 사고로 죽었을 때 모인 사람들은 (문자 그대로) 만세를 세 번 외쳤다. [여기서 라이컨은 셸턴의 말을 신뢰할 만하지 않다고 말하고 있는 것 같다.]

description of the world)와 사물이 실제로 존재했던 (화자가 제언하고 싶은) 방식 사이에 어떤 어긋남(some discrepancy)이 있음에 주의를 돌리게 한다"라는 일반적으로 널리 퍼진 생각이 있다. (윌슨, 〈구두 반어의 화용론: 메아리 혹은 가식?〉, 1722쪽. 비꼬는 말은 특히 직접적이고 거의 극단에 치우친 사례다.) 하지만 물론 구두 반어와 다른 일을 하는 여러 방식이 있다. 너 명확한 설명이 두 가지 제시되었다.

스퍼버와 윌슨은 〈반어, 사용과 언급의 구별〉(1981)에서 우리가 아직 마주한 적 없는 개념을 사용했다. '메아리' 용법(echoic usage)이라는 개념이다. 우리는 말하면서 이따금 누군가의 발언을 메아리치듯 따라서 말한다. A: "먼저 나는 자전거 매장에 갔어." B: "자전거 매장, 알겠어, 다음엔 어디 갔어?" 이런 메아리치기는 청자가 화자의 발언에 정상적으로 주목했고 적어도 잠시 화자의 발언에 관해 생각하고 있음을 나타낸다. "자전거 매장. 거기서 헬멧도 팔아?" 그리고 때때로 우리는 비난하거나 조롱하는 어조로 메아리치기(echoing)를 한다. "너 자전거 매장에 갔다는 거지. 흠, 그럴싸한 이야기군, 너는 내가 그걸 믿으면 좋겠지. 그러면 나는 렉스[7]겠지." 아니면 우리는 솔직하게 믿기지 않는다는 표정을 지으며 그냥 "너는 자전거 매장에 갔던 거지"라고 발언한다. 스퍼버와 윌슨은 구두 반어가 메아리치는 '간접 언급'(echoic "allusion"), 다시 말해 암묵적으로 다른 누군가의 것이라고 여겨지는 (흔히 상상한) 사유이나 발언을 메아리치듯 따라서 말하기라고 제언했다. 메아리치기의 요점은 청자가 화자와 자신을 분리하는 태도(dissociative attitude)를 표현하거나 메아리쳤던 사유나 발언에 대해 허위, 큰 소리로 웃어넘김, 부적절함이나 다른 어울리지 않음을 드러내는(exhibit) 것이다. (1)과 같은 반어적 축소 진술(ironic understatement)에서, 화자는 카벙클이 현실적으로 얼마

---

7 (옮긴이) 렉스(Rex)는 경이로운 말과 야생마의 왕이라고도 불렸던 말의 이름이다. 렉스는 1920년대와 1930년대에 미국의 여러 영화에 출연해서 주목받았다.

나 바보인지 평가하지 않는 누군가의 발언을 메아리친다. (2)는 "이보게, 기운을 내게. 큰 상처가 아닐 걸세"라는 로미오의 대사에 이은 쓰라린 응답이다. (3)은 해당 주체의 자기평가를 메아리친다. (4)에서 화자는 전체주의 국가의 어느 충성스러운 시민의 의견이 무력 진압을 보증할 만큼 충분히 극단적임을 과장법으로 함축하면서 그 사람이 충성스러운 시민이 아니고 충성스러운 시민일 수 없는 어긋남이 있음을 메아리치듯 따라서 말한다.

지나가는 말로 조용히, 그라이스는 반어와 비꼬는 말이 자신의 최초 모형에 맞지 않는다고 인정했다. 특히 그런 사례에 대한 해석 추리(interpretive reasoning)를 "그는 p임을/라고 말했다"로 시작하는 것은 부정확하다. 화자는 '마치 p임을/라고 말한 것처럼 굴었을(made as if to say that p)' 따름이고 그 명제를 내세우고 있다고 주장할 따름이다(《논리와 대화》, 34쪽).[8] 이 견해에 영감을 받은 클라크(H. Clark)와 게릭(R. Gerrig)의 〈반어의 가식 이론에 대하여〉(1984), 레카나티(F. Recanati)의 《문자에 충실한 의미》(2004), 커리(G. Currie)의 〈반어가 가식인 이유〉(2006)는 반어를 가식으로 설명한 견해를 제의했는데, 이 견해에 따르면 화자의 전체 발언은 의도한 화행이 아니다. 화자는 자신의 문장이 무엇을 하는지 주장하거나 묻는 척할 따름이다. (4장에서 논의했던 월턴과 크리민스의 가식 견해를 떠올려보라.) 화자는 표면상 보이는 효력과 함께 같은 문장을 사용하는 사람을 놀리거나, 그 사람과 자신을 분리하고 있다. 따라서 (1)의 발언자는 그 사람이 현실적으로 얼마나 바보인지 평가하지 않는 것처럼

---

8 후기 작업에서 그라이스는 〈논리와 대화에 관한 추가 주석〉(1978)을 통해 초기 모형이 현실적으로 반어에 대해 작동하지 않는다고 고백했다. 현재 논점에 덧붙여, 이 장의 목적에 중요한데, 그는 반어가 어떤 태도를 분명히 표현하고 단지 정보를 전달하지 않는 예들에 근거해 논증을 펼쳤다(53~54쪽). 사실상 나는 그라이스식 접근법이 바로 "아이고", "제기랄/빌어먹을", "만세" 같은 단순 감탄사가 반어일 수 있다는 사실로 논박되었다고 믿는다.

꾸미고, (2)의 머큐쇼는 로미오가 무신경하게 내뱉은 말에 동의하는 척하고, (3)의 발언자는 해당 주체의 자기평가를 공유하는 척하며, (4)의 발언자는 금지된 견해에 반응하면서 전체주의 국가의 충성스러운 시민인 척한다. 이렇게 계속된다.

나는 메아리 견해와 가식 견해가 얼마나 다른지 궁금해졌다. 두 견해는 주요 신조를 대부분 공유한다. 첫째, 그라이스의 최초 모형이 틀렸다. 왜냐하면 반어적 발언은 진실한 주장이나 질문, 혹은 이와 비슷한 어떤 것이 아니기 때문이다. 둘째, 그라이스의 모형은 틀렸다. 왜냐하면 반어는 여분의 정보를 전달하지 않을 뿐만 아니라 어떤 태도를 표현할 뿐이기 때문이다. 셋째, 반어적 태도는 화자가 청자와 자신을 분리하는 특징이 있다.

더욱이 우리는 아주 강한 문자에 충실한 뜻에서 '가식'을 이해할 수 없다. (1)의 발언자는 현실적으로 오스틴의 전력을 다하는 방식으로 (in Austin's full-bore way) 척하지 않고, (5)를 발언할 때 러셀이 어떤 일을 하는 척하거나 어떤 종류의 사람이 되는 척하는 것과 완전히 일치하는 것도 아니었다. 오히려 우리는 가식을 크리민스가 부른 '피상적' 가식("shallow" pretense)으로, 그저 '마치 그런 것처럼 말하기(talking as if)'로 이해할 수밖에 없고, 이는 가식 견해가 메아리 견해와 얼마나 다르냐는 질문을 날카롭게 제기한다. 더 나아간 문제는 메아리치기와 그런 척하기가 둘 다 논란의 여지 없이 이따금 반어에 나타난다는 점이다. 몇몇 반어적 발언은 신중한 목소리와 안면 모방으로 전력을 다하는 가식이다. (5)를 발언할 때 러셀이 어떤 헤겔 추종자의 웃기는 역할을 위한 대본을 쓰고 있었는지, 혹은 풍자적으로 헤겔 추종자들에게 돌린 대사를 메아리치고 있었는지는 중요한 문제인가?

그런데 설명 모형(paradigm)은 다르다. 그라이스는 〈논리와 대화에 관한 추가 주석〉(1978)에서 실제로 가식에 호의를 보이면서 작지만 좋은 논점을 끌어낸다. 반어적 발언은 (은유적 발언이 '은유적으로 말하면'이라는 어구로 시작할 수도 있는 방식으로) '반어적으로 말하면'이라는 어구로 시작할 수 없다. 왜냐하면 "누구나 가식이 자체로 인정받기를 원하면서 가식을 공표하는 것은 효과를 망쳐놓을 것이기 때문이다."(〈논리와 대화에 관한 추가 주석〉, 54쪽) 그러나 "[발언 U]를 메아리치면, … "에 잘못된 점은 전혀 없다.

더욱이 가식 이론가는 그저 가능할 뿐인 발언을 메아리치는 '간접 언급'이 정확히 메아리치기가 아니라고 불평할 수도 있다. 그것은 기껏해야 '마치' 메아리치기처럼이고, 따지고 보면 가식이다.

그렇더라도 윌슨과 스퍼버는 메아리 설명 모형이 더 근본적이라고 주장하는데, 가식만으로 충분하지 않기 때문이다. 나는 반어를 사용하지 않고 부조리한 무언가를 주장하는 척할 수 있다.

> (12) 3미터 제자리멀리뛰기를 완수한 첫째 펭귄은 카벙클이라고 명명될 것이다.
>
> (The first penguin to achieve a standing broad jump of 3 meters will be named Karbunkle.)

내가 (12)를 뚜렷하게 반어적이고 '따분한' 어조로 발언했더라도, 아마 "뭐?"라는 당혹스러워하는 반응이 나올 것이다. 왜냐하면 정확히 아무도 펭귄이나 육상 경기에 관해 전혀 말하지 않았거나 말한다고 상상하지도 않았기 때문이다.[9] (어떤 발언은 특정 개인이나 사람들이나 문화 집단에, 또는 사람들에게 일반적으로 돌린 속성이라고 인정할 수 있다면 뜬금없어도 여전히 반어일 수 있다.) 그래서 가식 이론가들은 임시방편적(ad hoc) 간접 언급이나 속성과

---

9   스퍼버는 〈구두 반어: 가식 혹은 메아리치는 언급?〉(1984)의 131쪽에서 이렇게 말했다. "명제들의 부조리함은 자체로 부적합하다. 다른 한편 그 부조리함이나, 인간적 사유의 단지 적당하지 않음조차 재미를 주거나 반어이므로 흔히 논평할 가치가 있다." 그라이스는 〈논리와 대화에 관한 추가 주석〉(1978)의 124쪽에서 이와 실제로 유사하지만 덜 분명한 사례를 제시했다.

관련된 특징을 추가했어야 한다.

윌슨은 〈구두 반어의 화용론: 메아리 혹은 가식?〉(2006)에서 더 나아가 가식 담화가 가상 화자의 전달 태도를 조롱하며 흉내 내거나 모의하는 어떤 요소가 있을 때만 적합하다고 주장한다. (8)이나 (9)에 나타나듯, 추상적 명제 내용이 검토의 대상이 될 뿐이고 모방의 기미가 없는 경우에 가식은 전혀 없다. 그러나 이는 너무 강한 주장인 것처럼 보인다. 왜냐하면 '피상적' 가식인 그냥 '마치 그런 것처럼 말하기'는 조롱하며 흉내 내기가 필요치 않기 때문이다.

더 나은 논점은 (9)와 (11) 같은 몇 가지 사례에서 드러내 놓고 주장하지 않더라도, 발언한 모든 내용 또는 일부 내용의 진리에 대한 진정한 확언(genuine commitment)이 있다는 점일 것이다. 이는 **그냥** 마치 그런 것처럼 주장하기만이 아니다.

그뿐 아니라 어떤 발언의 반어 양태(ironic aspect)는 이따금 진정으로 (genuinely) 말하는 내용의 작은 일부만 표적으로 삼는다. 다음 사례를 보자.

> (13) 내가 폐점 시간에 은행에 도착했더니, 은행원은 도와주듯이 내
>   앞에서 문을 닫았다. [윌슨, 〈구두 반어의 화용론: 메아리 혹은
>   가식?〉, 2006: 1736쪽.]
>
> (As I reached the bank at closing time, the bank clerk helpfully
> shut the door in my face. [Willson, "The Pragmatics of Verbal
> Irony: Echo or Pretense?" 2006: 1736.])

이는 화자가 적어도 은행원의 행위가 반대보다 도움이 되었던 척하며 반응하더라도, 가식적 주장이 아니라 완벽하게 진정한 주장(genuine assertion)일 것이다.

이 시점에서 우리는 어디에 있는가? 실제 메아리치기(actual echoing)는 반어에 필요치 않고, 어떤 강한 뜻에서도 가식이 아닌 듯하다. 기껏

해야 메아리치는 '간접 언급'(echoic "allusion")이 있어야 하는데, 이것은 메아리치기가 아니며 아주 약한 뜻에서만 가식이다. 그리고 어떤 유형이든 순수한 이론과 반대로, 반어적 발언은 진정한 화행(genuine speech act)을 구성하고, 실은 문자 그대로 받아들인 문장 특유의 효력을 지닐 수도 있다. 그래서 필요한 첫째 특징으로 규범성을 띤 표현력(normative expressiveness)이 있고, 어쩌면 필요한 둘째 특징으로 메아리치는 '간접 언급'과 조금 다른 전형적 특징이 있지만, 명확한 기준은 없다. 사실 나는 '어쩌면' 메아리치기의 필요조건(echoic requirement)을 제시할 뿐인데, 왜냐하면 (9), (10), (11)에서 어떤 메아리치기의 지칭체를 확인하는 일은 사소하지 않고 다소 껄끄럽기 때문이다.

그러나 내가 처음에 주목했듯 반어는 넓고 얼마간 다양한 범주며 자연종이 아닐 개연성이 높고, 어떤 적절하고 일반적인 처리도 허용하지 않을지도 모른다. 비꼬는 말은 여전히 반어의 특수한 경우로 특징을 더 깔끔하게 설명할 수도 있다.

비꼬는 말
Sarcasm

비꼬는 말의 전형적 사례는 화자가 평서문을 문장이 의미하는 것의 (그저 부정이 아니라) 정반대를 반어적 말투로 의미하면서 발언함으로써 규범적 태도를 표현하는 경우다.

> (14) 너는 좋은 친구지.
>
> (You're a fine friend.)

물론 의문문과 명령문, 감탄문은 비꼬는 말일 수 있고, 반어적 어조(ironic tone)가 필요치 않다. 실제 비꼬는 말과 더 넓은 범주의 반어를 나눌 명확한 선은 없다. 예를 들어 (4), (5), (6), (8)은 경계선에 있는 사례다.

그러나 비꼬는 말의 독특한 한 가지 특징은 **구문론적 표시**(syntactic marks)가 있다는 점이다(그리고 그런 특징은 대화상 암시 함축 분석에 결정적 타격을 입힌다). 다음과 같은 사례를 살펴보자.

(15) 좋은 친구지 너는.

(A fine friend you are.)

(15)는 (14)와 어순이 다를 뿐이지만, 성실하게 비(非)반어적인 것으로 들을 수는 없다. 그리고 반어적으로 사용된 문장은 '···한 적(ever)'이나 '···도(any)' 같은 부정 극성을 띠는 항목들을 포함할 수 있다. 이런 말은 사용된 문장이 부정이 아닐 때도 구문상 부정 문장 속에만 정상적으로 나온다.

(16) 물론, 너는 빚을 제때 갚은 적이 있지.

(Sure, you ever paid your debts on time.)

(17) 오, 그래, 너는 버트런드 러셀을 대신해서 퇴역 군인들에게 돈이라도 기부할 작정이었구나.[10]

(Oh, right, you were going to give any money to Veterans for Bertrand Russell.)

(18) 회의에 참석해달라고 청하거나 회의가 있었다고 내게 알려주어 고맙습니다.[11] [언젠가 학과장이 어느 동료 교수에게 받은 씁쓸한 쪽지.]

---

10 (옮긴이) 버트런드 러셀은 반전·반핵 운동에 적극적으로 참여한 평화주의자였다. 그런 러셀이 전쟁에 참전했던 퇴역 군인들에게 돈을 기부할 리 없는데도, 상대방이 퇴역 군인들에게 돈을 기부하려고 했던 행위를 못마땅하게 여겨서 비꼰 말이다.

11 (옮긴이) 회의에 참석해 달라는 학과장의 청을 거절하기 위해 동료 교수가 쓴 쪽지 내용이다. 고맙지 않으면서 고맙다고 비꼬아 말하고 있다.

(Thanks for inviting me to the meeting or even letting me
know there was going to be one. [From a bitter note once
received by a department chair from a colleague.])

(16)~(18)은 비꼬는 말로만 들을 수 있다. 왜냐하면 전달하는 뜻을 취소
할 수 없기 때문이다. 그리고 캠프는 〈비꼬는 말, 가식, 의미론과 화용론
의 구별〉(2012)에서 비꼬는 말의 지시어로 '아마 … 일 것 같다(like)'에 주
의를 환기한다.

> (19) 아마 그거 좋은 생각일 것 같기는 해. [〈비꼬는 말, 가식, 의미
> 론/화용론 구별〉, 14쪽.]¹²
> (Like that's a good idea.)

캠프는 이어서 비꼬는 말이 언제나, (14)의 발언자가 자신이 말하는 내
용의 정반대를 의미할 때처럼 '의미 뒤바꿈'을 포함한다고 제안한다. 그
러나 비꼬는 말은 '의미'의 훨씬 넓은 뜻에서 암시 함축과 발화 수반 효
력도 포함한다. 구체적으로 말해보자.

> 비꼬는 발언은 **규범 척도(normative scale)**를 선제하고, 이 규범 척도
> 에 관한 하나의 확언을 시도하는 (혹은 적어도 **불러내는**) **척한다.** 그리
> 고 비꼬는 발언은 그것에 의해 이런 가식적 확언에 딸린 어떤 종류

---

12 캠프는 더 나아가 "조지가 이런 외교관임이 드러났기 때문에, 그가 손해를 덜 입을 곳
인 경리과로 그를 전속하기로 했다"(〈비꼬는 말, 가식, 의미론과 화용론의 구별〉, 6쪽)
라는 문장에서 보듯, 비꼬는 말이 문장 사이에 나타날 수 있고, "그녀는 타지마할이지
(She's the Taj Mahal)"(〈비꼬는 말, 가식, 의미론과 화용론의 구별〉, 9쪽)라는 문장에
서 보듯 은유는 비꼬는 말일 수 있다고 말한다. 이와 같은 특징은 반어의 다른 유형까
지 퍼진다.

의 **뒤바꿈**(inversion)을 전달/소통한다. 비꼬는 말의 가식은 네 가지 다른 '범위'를 가질 수 있다. [(14)에 나타나듯] **명제 비꼬는 말**(propositional sarcasm)은 발언한 문장에 대한 성실한 주장과 연합했을 명제를 표적으로 삼고 뒤바꾼다. [(13)에서 보듯] **어휘 비꼬는 말**(lexical sarcasm)은 발언한 문장 속에 있는 단일 표현이나 문구를 표적으로 삼는다. [(19)에서 나타나듯] **'아마 ⋯ 일 것 같다'**처럼 **접두어 비꼬는 말**(prefix sarcasm)은 끼워 넣은 평서문의 중심 내용을 표적으로 삼는다. 그리고 발화 수반 비꼬는 말은 성실한 발언이 떠맡았을 전체 화행을 에워싼다.

〈비꼬는 말, 가식, 의미론/화용론 구별〉, 20~21쪽. 강조 표시는 원문대로.

마지막 예는 다음과 같다.

(20) 내가 너에게 작은 조각을 더 먹으라고 부추겨도 될까? [피자를 거의 다 먹어 치운 어떤 사람에게](쿠모-나카무라, 글럭스버그, 브라운, 〈파이 한 조각은 어떻게? 담론/담화 반어의 간접 언급 가식 이론〉, 1995: 4쪽)

(캠프가 가식에 호소한다는 점은 무시하고, 그런 부분은 우리가 반어를 일반적으로 지지한 메아리와 가식 관련 쟁점에 관해 어떤 결정을 내리는지와 운명을 같이하도록 놓아두자.)

캠프의 설명 모형이 전형적 사례와 다른 경우에 어떻게 작동하는지 보여주는 예를 들어보자. 발언한 문장이 표현하는 명제가 아니라 발언한 문장의 암시 함축 가운데 하나만 표적으로 삼는 예로서 비꼬는 말이 있다.

(21) A: 나는 루이사 고모가 성가셔서 유감이야.
    B: 저런, 그녀는 한 번에 한 달 이상 머물지 않고, 언제나 고양이 세 마리를 우리 집 2층에 가둬 두잖아(〈비꼬는 말, 가식, 의미론과 화용론의 구별〉, 22쪽)

여기서 B는 진정한 주장을 하고 참되게 말하지만, "손님의 편함과 부담의 척도를 불러내고 루이사 고모의 기술/묘사되는 행위가 편함이라는 척도의 끝에 놓인다고 함축하는 척함으로써 반대 명제를 암시적으로 함축한다. 고모의 방문이 상당히 부담스럽다는 말이다."(《비꼬는 말, 가식, 의미론과 화용론의 구별》, 22쪽)

그리고 발화 수반 비꼬는 말의 예는 다음과 같다.

> (22) 문을 잡아주어서 고맙네요. [화자의 앞에서 문이 꽝 닫히게 놔둔 어떤 사람에게.]
>
> (Thanks for holding the door. [To someone who has let the door slam in the speaker's face.])

여기서 규범 척도는 예의고, 이 척도에 근거하면 문을 잡아 주는 행동은 상위 척도를 차지하고, 고마워하는 척함으로써 화자는 말을 듣는 이의 행동이 그 척도에 근거하면 얼마나 낮은지, 얼마나 감사받을 만하지 **않은**지에 주의를 돌리게 했다.

이 글에 대한 캠프의 분석은 내가 아는 한 가장 철저하고 정교하다. 그리고 확실히 그녀가 말한 뒤바꿈이라는 일반적 취지는 '비꼬는 말'이 의미하는 좋은 점이다. 추가 평가는 여러분에게 맡긴다.

경멸 언어
Pejorative Language

경멸어(pejoratives)는 몇 가지 다른 종류로 나뉜다. (이 분류는 총망라한 것과는 거리가 멀다.) 첫째, '제기랄/빌어먹을(goddam)', '썩을(rotten)', '악취가 나는(stinking)', '이가 들끓는(lousy)' 같은 모호한 형용사는 구체적으로 보면 훨씬 부정적인 표현이지만 조금 드러날 뿐이다. 이 형용사들은 카플란의 표현어(expressives)로 분류하는 것이 적절할 듯하다.

둘째, 우리가 싫어하거나 비난하고 싶은 사람에게 붙이는 아주 모호한 낱말로 '얼간이(jerk)', '개년(bitch)', '개자식(bastard)', '머저리(a-hole)', '아니꼬운 새끼(creep)', '개만도 못한 놈(s-head)' 따위가 있나.[13] 이런 말은 표현력이 있지만 표현어가 아니다. 각 사례는 어떤 지칭 내용이 있어서 ("나는 아니꼬운 새끼 다음에 앉았다"라는 문장은 "어떤 사람 다음에 앉았다"라는 문장을 함의하듯) 사람들에게만 적용하며, 어떤 사례는 적어도 추가 함축 의미를 지니는 까닭이다. 예컨대 '개자식'은 파렴치함을 함축한다.

셋째, 다른 모든 점에서 완벽한 기술/묘사하는 개념에 규범적 평가를 더한 상당히 구체적인 표현이 있다. 예를 들어보자. "그는 학과장이 되어 놀아났다." "맥킨리 대통령은 콜고스에게 암살당했고" (중요한 사람들만 암살당할 수 있고), 그런 점에서 "맥킨리는 콜고스에게 살해당했다." (때때로 '살해한다'라는 말은 단순히 '억울한 죽음(wrongful killing)'을 의미한다고 하지만, 이는 명백하지 않다.)

넷째, 선호하지 않는 특정 유형의 사람에게 쓰는 훨씬 구체적인 경멸어가 있다. '멍텅구리(moron)', '천치(idiot)', '멍청이(dolt)'는 '바보스러움(stupidity)'을 의미의 한 부분으로 포함한다. '미치광이(nutcase)', '정신이상자(lunatic)', '정신병자(psycho)'는 지칭체의 정신 건강에 등급을 매긴다. '더러운 계집(slut)', '밉살맞은 놈(sleazeball)', '역겨운 놈(slime)'은 다양하게 나쁜 성격을 가진 사람들을 지칭한다. ('sl-'로 시작하는 말들은 어떠한가?)

다섯째, 특정 종교, 이념이나 정치적 의견을 가진 사람들에게 무례하고 자주 공격성을 드러내는 용어가 있다.

---

13 (옮긴이) 'a-hole'은 'asshole'을, 's-head'는 'shithead'을 완곡하게 표현한 것이다.

여섯째, 성적 지향과 선호, 성적 지향 및/또는 선호(sexual orientation and/or preference)에 대한 비하 표현이 있다.

그리고 일곱째, 물론 인종과 부족/민족에 대한 중상/비방이 있다.

중상/비방(slur)을 특별히 살펴보기로 하자. 중상/비방은 문제가 많은 풍부한 특징을 드러내고, 그런 특징을 설명하는 좋은 이론은 아마 더 단순한 유형에 속한 경멸어에도 적용될 것이다.

'유대 떨거지(kike)', '중국 짱개(chink)', '독일 병졸(kraut)', '프랑스 개구리(frog)', '영국 수병(limey)', '캐나다 촌닭(canuck)', '흰둥이(honky)', 발음할 수 없는 '깜둥이(n-r)'[14]를 비롯해 중상하거나 비방하는 다른 말은 지구촌 전체에 끝도 없이 널렸다. 중상/비방은 또한 사람의 유형을 지시하고(denote), 부족이나 인종, 혹은 민족을 유형으로 나누는데, 각 유형에 속한 사람들을 향한 부정적 태도 및/또는 달갑지 않은 믿음을 표현한다. 공격성을 드러내기도 하며, 어떤 말은 다른 말보다 공격성이 훨씬 많이 나타난다.

내가 방금 말한 견해는 벌써 얼마쯤 논란의 여지가 있다. 중상/비방이 지시한다는 점은 부정되었고,[15] 이런 말들은 부정적인 아무것도 표현하지 않으면서 사용**할 수 있다**는 점은 일반적으로 동의를 얻는다. 그러니 '공인된 견해'[16]에 대해 말하고, 몇 가지 반론을 살펴보자.

먼저 우리는 부정성(negativity)을 어떻게 이해해야 하는가? "새로 배정된 나의 동거인은 프랑스 개구리야"라는 진술에 나타나듯 '프랑스 개구리'라는 말을 사용하는 어떤 사람은 단지 실망한 어조로 얼굴을 찌푸

---

14 (옮긴이) 'n-r'은 'nigger'를 완곡하게 표현한 것이다.

15 중상/비방은 어떤 개념 내용도 갖지 않는 표현어일 뿐이라는 생각이다. 하지만 그런 부정적 견해는 지지할 수 없는 주장일 뿐이고, 크룸이 〈중상/비방〉(2008)에서 그렇다고 보여주었다.

16 홈은 〈인종 별명의 의미론〉(2008)에서 공인된 견해를 '실용 최소주의'라고 부르고, 맥크리디는 〈대화상 암시 함축의 다양성〉(2010)에서 아주 분명하게 옹호한다.

리며 "나의 동거인은 프랑스인이야"라고 말하거나, 혹은 "나의 동거인은 프랑스인이지 [함축 믿음: 그래서 완전히 존중할 만하지는 않아]"라는 진술에 나타나듯 모호한 믿음을 전달하는 것과 정확히 같은 부정적 느낌을 프랑스인에게 표현할 **뿐**인가? 후자의 해석에 따르면 프랑스 개구리라는 중상/비방은 그 애매한 용어에 대한 적어도 약한 해석에 근거해 관습상 암시 함축을 만들어낼 것이다. 중상/비방은 비웃거나 살짝 뱉는 소리가 섞인 일상어일 뿐만 아니라 관습상 사용하는 낱말이라는 점에 주목하고, 부정성에 관한 쟁점은 더는 다루지 않기로 하자.

반론을 검토해보자. 먼저 중상/비방은 이따금 경멸 함축(derogatory implications) 없이 사용될 수 있다는 주장을 살펴보겠다.

반론 1

만약 참이라면, 그런 주장은 관습상 암시 함축 모형을 논박한 것처럼 보일 텐데, 관습상 암시 함축은 취소할 수 없는 까닭이다. 사례를 세 가지 들 수 있다. 그런데 첫째 사례는 가짜 모욕 언동(mock insults)에서 사용되는 중상/비방으로 쉽게 무시된다. 친구끼리 정상적으로는 아주 모욕적인 말을 써서 서로 욕하거나 악담을 하지만 감정이 상하지 않을 수 있다. "너도 마찬가지야, 너는 악마 같은 놈이야(That's just like you, you evil s-t)"(웃으면서 했던 말).[17] 그러나 가짜 모욕적인 말은 가짜 **모욕적인 말이다**. 이때 사용된 낱말들은 경멸적인 말이므로 정확히 작동한다.

둘째 사례는 홈(C. Hom)의 〈인종 별명의 의미론〉(2008), 앤더슨(L. Anderson)과 르포(E. Lepore)의 〈중상/비방〉(2013)에 나와 있다. 그들은 '돌려쓰기(appropriation)'나 길들이기 계획(reclamation project)에 주의를 기울인다. 여기서 '깜둥이(n-r)', '다이크(dyke)'〔남성 역의 여성 동성애자를 비

---

17 (옮긴이) 'evil spirit'을 'evil s-t'로 줄여서 쓴 것으로 보인다.

하하는 영어 표현), '퀴어(queer)'〔남성 동성애자를 비하하는 영어 표현〕 같은 중상/
비방은 적어도 억압당하는 적합한 집단에 속한 사람들이 경멸어가 아닌
긍정어로 돌려쓸 수 있다. 1960년대 어느 때 아프리카계 미국인들은 자
기의식을 뚜렷이 드러내면서, 중상/비방하려고 사용되던 '흑인(black)'
이라는 말을 "흑인은 아름답다"라는 표어를 내걸고 길들였다. '아프리
카계 미국인'이라는 말을 선호할 수도 있지만, 나는 '흑인'이라는 말이
이제 더는 중상/비방이 아니라고 믿는다.

답변

그러나 어떤 중상/비방을 돌려쓰거나 길들이기는, 마치 우리가 '그러나'
라는 접속사를 어떤 대조도 함축하지 않는 방식으로 사용한다고 결정하
는 것처럼, 사용하는 중상/비방의 의미를 바꾸는 것이다. 강경한 진리 조
건 이론가가 관습상 암시 함축이 의미의 한 부분이 아닐뿐더러 '그러나'
는 '그리고'와 정확히 동의어라고 주장하더라도, 우리는 길들인 중상/비
방은 예전의 중상/비방이고, 적어도 억압당하는 집단의 새로운 방언에
서 더는 깎아내리고 헐뜯는 말이 아니라고 논점을 짚어줄 수 있다.

　그렇지만 셋째로 홈은 〈인종 별명의 의미론〉(2008)에서, 혼스비(J.
Hornsby)는 〈의미와 쓸모없음: 깎아내리고 헐뜯는 말 터득법〉(2001)에서,
리처드(M. Richard)은 《진리가 작동을 멈출 때》(2008)에서 더 성가신 예를
제시했다.

> (23) 그는 깜둥이가 **아니다**. [그 말을 사용했던 어떤 인종차별주의자
> 인 화자를 책망하려고 한 말.] [혼스비, 〈의미와 쓸모없음: 깎아
> 내리고 헐뜯는 말 터득법〉, 129쪽.]
>
> (He is **not** a n-r. [Meant to chide a racist speaker who has use
> the word.])
>
> (24) 그는 내가 깜둥이라고 말했다. [아프리카계 미국인이 했던 말.]

[리처드, 《진리가 작동을 멈출 때》, 13쪽.]

(He said that I was an n-r. [Spoken by an African-American.])

(25) 중국 사람들을 짱개로 대하는 제도와 기관은 인종차별적이다.

[〈인종 별명의 의미론〉, 429쪽.]

(Institutions that treat Chinese people as chinks are racist.)

우리가 중상/비방의 이런 사용을 현실적으로 경멸어가 아니라 단지 중상/비방을 언급하고 그런 말에 관해 주석을 달거나 논평한 것으로 이해하더라도 (그리고 명백히 화자가 제각기 중상/비방을 깎아내리고 헐뜯으려는 의도로 사용하지 않더라도), 단지 중상/비방을 입 밖에 내어 말하기는 화자의 중상/비방하려는 의도를 갖든 말든 흔히 공격성을 드러내는 것으로 받아들여진다는 점에 주목하라. 앤더슨과 르포는 이를 중상/비방은 금기어(taboo words)고, 단지 암시 함축 생성어(implicative generators)가 아님을 보여준 것으로 여긴다. 정말 그렇다면, (23)~(25)가 왜 공격적 암시 함축을 전달하지 않는지는 여전히 설명되어야 할 문제다.

반론 2

크룸은 〈중상/비방〉(2011)에서 공인된 견해에 따르면 "아프리카계 미국인과 깜둥이의 문자에 충실한 의미는 같으며, … [그것은] '아프리카계 미국인은 깜둥이다'라는 진술처럼 인종차별주의자의 주장이 문자 그대로 선험적으로 알 수 있는 분석적 진리를 표현한다"(352쪽)라고 주장한다. 우리는 T-문장이 유사한 문제에 직면한다고 덧붙일 수도 있다. "만약 샹이 짱개라면 오로지 그런 경우에만 '샹은 짱개다'라는 문장은 참이다"라는 T-문장은, "만약 샹이 중국인이라면 오로지 그런 경우에만 '샹은 중국인이다'라는 문장은 참이다"라는 T-문장과 마찬가지로 데이비드슨의 작업대에서 만들어진다. 그리고 두 T-문장은 함께 "만약 샹이 짱개라면 오로지 그런 경우에만 '샹은 중국인이다'라는 문장은 참이다"라는 T-문장을 (더 나쁘게) 함의할 것이다. 공인된 견해의 지지자들은 이런 논리적 결과를 받아들이고, 엄밀한 '문자에 충실한' 진리가 공격성과 관련된 중요한 문제가 아니라고 지적함으로써 자신들의 입장을 옹호해야 한다. 혹은 이 시점에서 어떤 이는 연언 이론(Conjction Theory)을 지지하기 위해 공인된 견해를 포기할지도 모르는데, 연언 이론에 따르면 경멸 내용은 실제로 표현되는 명제에 들어 있는 의미론상 한 연어지다. 그러나 사카(P. Saka)는 〈의미에 관해 생각하는 법〉(2007)의 123쪽 이하에서 그런 견해를 효과적으로 비판했다.

반론 3

공인된 견해는 중상하거나 비방하는 모든 말에 대해 중립적 상대어, 다시 말해 같은 무리나 유형에 속한 사람들을 지칭하지만 폄훼하지 않고 공격성을 드러내지도 않는 용어가 있음을 함축한다. 우리는 '아프리카계 미국인', '중국인', '프랑스인' 따위의 용어를 가지고 있다. 그러나 디프랑코(R. DiFranco)는 〈인종차별주의자들은 참되게 말하는가? 중상/비방의 진리 조건적 내용〉(2015)에서 **구성적 중상/비방(compositional** slurs)에 주의를 기울이고, 그런 종류의 중상/비방에 언제나 중립적 상대어가 있는 것은 아니라고 주장한다. 예를 들어 '치켜 올라간 눈(slant-eye)'은 문자 그대로 눈구석에 주름이 있거나, 또는 적어도 치켜 올라간 눈을 가진 사람을 의미하지만, 그 용어를 중상하거나 비방하는 말로 사용함이 문자 그대로 그런 종류의 개념을 논리적으로 함의하지 않는다. 애쉬웰(L. Ashwell)은 〈생겨난 중상/비방〉(2016)에서 '더러운 계집(slut)' 같은 몇몇 중상/비방에는 어떤 **비(非)규범적** 상대어도 없다고 주장한다.

반론 4

공인된 견해의 옹호자로서 윌리엄슨(T. Williamson)은 〈지칭, 추론, 경멸어의 의미론〉(2009)에서 아주 적합한 반론을 예상한다. 어떤 종류든 암시 함축은 사회 맥락 속에서 무엇이 공적 화행(public speech act)으로 소통되느냐는 문제이므로, 암시 함축의 특징을 기술/묘사한 설명은 침묵 속 사적 사유(silent private thought)로 이어지지 않을 것이다. 그렇지만 우리는 여전히 경멸어를 써서 생각할 수 있으며, 경멸어를 써서 생각한다.

답변

윌리엄슨은 경멸 표현이 본질적으로 의사소통 과정에서 여전히 전달되고, 사유에 정확히 말해 '침묵 속 자신과 소통하는 과정'(윌리엄슨, 〈지칭, 추론, 경멸어의 의미론〉, 155쪽)에 등장하는 의사소통 현상이라고 주장한다. "누구든 자기 자신의 사유가 자신에게 미치는 수사적 효과를 능숙하게 다룬다." 윌리엄슨이 딱 잘라서 문자에 충실하고 명제와 관련이 있을 뿐인 아주 깊은 수준의 사유가 있다고 생각하는지 나는 말할 수 없다. 그러나 어떤 표현이든 긍정 표현이나 부정 표현, 경멸 표현이든 아니든 사유 속에 나타날 수 있다는 점에 주목하라. (조용히 "만세!")[18] 이는 적어도 정신/심리 철학자들이 오래도록 토론할 만한 가치가 있는 진정한 쟁점이다. 이에 관한 논의는 다음 장에서 다시 하겠다.

반론 5

내가 주목했듯 중상/비방은 부정성의 정도나, 적어도 공격성의 정도에서 다양한 차이를 나타낸다. 현대 미국인들에게 '깜둥이'는 최악의 표현일 개연성이 높지만, '개구리'는 무례하기는 해도 아주 나쁘지는 않고, '영국 수병'은 19세기에는 지녔을 수도 있는 신랄한 맛을 잃었고, 양키

---

18 (옮긴이) 부정적 표현이나 경멸적 표현을 공개적으로 말하기는 어렵지만, 사유 속에 얼마든지 나타날 수 있어 다행스러움을 드러낸 말인 듯하다. 마음속으로 경멸하고 욕한다고 해서 누군가에게 피해를 주는 것은 아니다. 심각한 수준이 아니라면 혼자 부정적 표현이나 경멸어를 사용하는 것은 욕구불만을 해소하는 기능을 할 수도 있다.

라고 불리는 것을 언짢아하는 미국인을 찾기는 어려울 것이다. 공인된 견해는 방금 말한 차이를 전혀 설명하지 못하는데, 이 차이는 최소한으로 말해도 귀결된(consequential) 것이다.

답변

실제로 앞 절에서 말한 차이는 사회적으로 귀결된 것이다. 나는 '깜둥이'와 '영국 수병' 사이에 법률상 차이도 있으리라 기대한다. 하지만 여기서 차이는 말의 차이가 있더라도 자체로 언어와 관련된 것이 아니다. 오히려 일반적으로 통하는 사회적 사실과 특히 역사적 사실이 그런 차이를 설명한다(사카, 《의미에 관해 생각하는 방법》, 2007, 148쪽). 포파-와이엇(M. Popa-Wyatt)과 와이엇(J. L. Wyatt)은 〈중상/비방, 역할, 권력〉(2017)에서 담론 역할과 권력 불균형의 관계에 근거한 그런 종류의 차이를 상세하고 그럴듯하게 설명할 몇 가지 방안을 내놓는다.

응답

이 답변은 '언어학과 관련된'의 좁은 뜻에 근거해 주장하며, 사용 이론가는 그런 답변을 거부할 것이고 거부해야 한다. 넓게 말하면 의미와 사용의 차이는 그리 날카롭게 구별되지 않는다.

요약 ———

- 어떤 언어는 느낌 및/또는 태도를 표현하는 데 쓸모가 있다.
- 단순 감탄문과 별도로 표현 언어의 두 가지 주요 범주, 구두 반어와 경멸 언어가 있다.
- 구두 반어를 일반적으로 설명한 두 가지 이론, '메아리' 이론과 가식 이론이 있다.
- 그런 이론은 각각 뭔가 대단한 일을 해낼 수 있지만, 제각기 있는 그 대로 보면 지나치게 강한 견해다.
- 비꼬는 말은 구두 반어의 훨씬 구체적인 형태다. 엘리자베스 캠프는 발화 수반 효력과 단순 암시 함축을 포함한 넓은 뜻에서 '의미'지만, 비꼬는 말은 '의미 뒤바꿈'을 요구한다고 주장한다.
- 중상/비방에 대한 공인된 견해에 따르면, 중상/비방은 전문적 용어의 이런저런 뜻에서 부정적인 믿음이나 태도를 관습적으로 함축하는 지시 표현이다.
- 그러나 공인된 견해는 몇 가지 강한 반론에 직면한다.

학습 과제 ———

1. 카플란의 뜻에서 표현 언어에 관한 어떤 특별히 흥미로운 일반화가 있는가?
2. 구두 반어에 대한 특별한 분석을 옹호해보라.
3. 캠프의 비꼬는 말의 이론에 관해 비판적으로 논해보라.
4. 어떤 유형의 사람을 헐뜯는 언어와 다른 어떤 유형의 경멸 언어를 논해보라.
5. 중상/비방에 대한 공인된 견해를 옹호하거나 공격해보라.
6. 이번 장에서 개괄한 표현 언어는 영향의 측면에서 거의 전적으로

부정적이었다. 긍정적 구두 반어나 긍정적인 비꼬는 말 같은 것이 있는가? 긍정적이거나 칭찬하는 표현 언어로는 어떤 것이 있는가?

더 읽을거리 ───

- 표현 언어에 관해 일반적으로 알고 싶다면 그린(M. S. Green)의《자기표현》(2008)과 바온(D. Bar-On)의 〈표현: 행동, 생산물, 의미〉(2015)를 보라.
- 사카(P. Saka)의《의미에 관해 생각하는 법》(2007: 5장)은 중상/비방에 관한 초기 문헌의 유용한 개관을 제공한다.
- 중상/비방에 대해 중요한 각양각색의 명시적인 관습상 암시 함축 이론은 포츠(C. Potts)의《관습상 암시 함축의 논리》(2005), 윌리엄슨(T. Williamson)의 〈지칭, 추론, 경멸어의 의미론〉(2009), 위팅(D. Whiting)의 〈그것은 네가 말했던 것이 아니고, 그것이 네가 그것을 말했던 방식이다: 비방어와 관습상 암시 함축〉(2013)에서 옹호한다.
- 나는 〈중상/비방과 어휘적/사전적 추정〉(2015)에서 여기 기록된 반론들에 맞서 공인된 견해를 옹호한다.

/

은유

개요
Overview

은유[1] 현상은 철학자들이 일반적으로 인정한 것보다 훨씬 널리 퍼져 있으며, 두 가지 주요 문제를 제기한다. '은유적 의미'(metaphorical meaning)란 무엇인가? 그리고 청자는 어떻게 그토록 쉽게 은유적 의미를 파악하는가?

대다수 이론가는 은유가 어떻게든 사물이나 사태의 유사한 점을 드러내기(bringing out)의 문제라고 생각했다. 데이비드슨은 이런 '드러내기'가 순수한 인과 현상이고, 어떤 방식으로도 언어 현상이 아니라고 주장한다. 은유가 포함된 말을 듣는 것은 단지 어떻게든 유사한 점을 **알아보**

---

1 (옮긴이) 은유(隱喩, metaphor)는 어떤 사물을 아주 다른 유형에 속하는 사물과 비교함으로써 문자에 충실한 의미와 다른 새로운 의미를 부여하는 비유법이다. "내 마음은 호수요", "나는 길이요 진리요 생명이다", "지식은 권력", "인생은 여행", "철학은 지혜 추구의 여정" 같은 표현을 예로 들 수 있다. 언어철학자들은 언어 현상을 일반적으로 설명해야 하므로 직유와 은유, 환유 같은 비유법을 다루지 않으면 안 된다.

게 만드는 효과/결과(effect)를 낸다는 것이다. 소박한 직유 이론은 은유가 단순히 명시적인 문자에 충실한 비교(explicit literal comparisons)를 줄이는 것이라며 정반대의 극단으로 흘러간다. 두 견해가 부적절하다는 점은 쉽게 드러난다. 다른 한편 비유적 직유 이론에 따르면 은유는 비유적으로 받아들인 직유 자체의 준말이다. 이 견해는 소박한 직유 이론에 제기된 아주 명백한 세 가지 반론을 피하지만, 골치 아픈 다른 모든 반론을 피하지 못한다.

설(John Rogers Searle, 1932~)은 은유적 의미를 전달되는 의미라고도 불리는 화자 의미로 다루고, 이를 자신이 간접 효력을 다루었던 방식으로 설명하려고 그라이스식 장치(Gricean apparatus)를 동원한다. 이는 그럴듯한 시도로 데이비드슨이 주도해 은유적 의미에 제기한 반론을 극복하지만, 다른 반론을 초래한다.

월턴(Kendall L. Walton, 1939~)은 일반 이론을 제의하지 않고, 은유란 잠재적 가장(potential make-believe)을 생각해내기(calling to mind)라고 보는 것이 쓸모가 있을 때가 자주 있다고 지적한다. 잠재적 가장이란 은유라는 표적 현상을 '틀에 넣도록' 거들고 그것이 다른 사물과 맺는 관계를 우리가 볼 수 있도록 돕는 척하는 놀이다. 이는 일부 은유가 어떻게 작동하는지에 관한 몇 가지 사항을 설명한다.

축소론[2]의 정신으로 작업하는 적합성 이론가들은 언어학적으로 은유에 관해 특별하거나 독특한 점이 전혀 없다고 주장한다. 은유는 임시 개념 구성(ad hoc concept construction), 달리 말해 '풀기와 조이기(loosening and tightening)'의 극단적 사례일 뿐이다. 하지만 이런 견해는

---

2 (옮긴이) 철학에서 축소론(deflationism)은 진리 축소론과 의미 축소론을 가리키며, 어떤 진술(명제 또는 문장)이 참이라는 주장이 이런 진술에 진리라는 속성이 있다고 여기는 것이 아니라는 견해다. 적합성 이론가들이 말하는 축소론은 은유를 설명하기 위해 별개의 언어 장치를 도입할 필요가 없다고 주장한 점에서 의미 축소론에 해당한다.

은유를 전체적으로 표현하는 문장과 어울리지 않을 뿐만 아니라, 모든 은유를 다른 말로 바꿔 쓸 수 있다고 함축하는 것처럼 보인다.

더 나아간 은유 이론은 단일 낱말들(single words)이 연결되어 있지만 구별되는 수많은 의미로 갈라지는 자체로 중요한 유비 분화(analogical differentiation) 현상에 근거한다.

철학적 편견
A Philosophical Bias

철학자들은 문자에 충실한 언어를 좋아한다. 1장부터 13장까지 우리는 문자에 충실한 지칭과 문자에 충실한 의미에 집중했고, 간접 효력과 대화상 암시 함축에 대한 우리의 논의도 그 현상들을 단지 문자에 충실한 문장 의미들에서 어떤 불연속 기제(some discrete mechanism)에 따라 도출되는 화자 의미일 뿐이라고 여겼다. 나는 **은유**와 언어의 다른 비유적 사용을 거의 언급하지 않았다.

그런 편견은 표준적 철학 관행/실천(standard philosophical practices)을 반영한다. 철학자들에게는 문자에 충실한 화법(literal speech)이 기본값이고, 은유적 발언은 주로 시인과 시인 지망생이 만드는 가끔 일어나는 일탈이다. 그러나 편견은 편견일 뿐이다. 문장은 지극히 평범한 맥락에서 문자에 충실한 의미와 다르게 사용된다. 실은 인간이 만들어낸 거의 모든 문장은 은유나 다른 비유적 요소를 중요한 의미로 포함한다. 바로 지금 내가 사용한 '요소(element)'라는 말은 적어도 부분적으로 은유였다. 혹은 누군가 하루에 '수평/수준(level)'이라는 낱말을 발언한 횟수를 살펴보라. 화자가 수평으로 쌓인 어떤 물체에 관해 말하지 않는 한, '수평/수준'은 거의 변함없이 은유로 사용한다. 문자에 충실하지 않은 용법(nonliteral usage)은 규칙이지 예외가 아니다.

거의 모든 문장이 비유적 요소를 포함한다는 주장은 널리 인정받는다. 왜냐하면 모든 사람이 문자에 충실한 표현 가운데 '죽은' 은유('dead' metaphor)가 많다는 점을 당연하게 받아들이기 때문이다. 죽은 은유는 처음에 새로운 은유였으나 관용구/숙어(idioms)나 상투적 문구(cliché)로 자리 잡았다가 은유적으로 의미했던 것을 이제 문자 그대로 의미하는 어구다. 우리는 강어귀(river's mouth)라고 말하지만, 금세기에 사는 아무도 이것을 인간이나 동물의 입을 간접적으로 언급하는 은유로 생각하지 않는다. '[이러저러하게 하도록] 기울어진(inclined to [do such-and-such])', '풍부한 후식(rich dessert)', '죽은 마이크(dead microphone)', '죽은 은유(dead metaphor)'도 마찬가지다. 아마 '상위/하위 수준(higher/lower level)'에서 '수준'도 이제 문자에 충실한 의미를 지닌 표현일 것이다. 도구를 의미하는 '목수의 수평기(carpenter's level)'에서 '수평(level)'은 확실히 죽은 은유다. 목수가 쓰는 그런 도구를 가리키는 다른 용어가 없고, 사전 목록에 낱말의 의미 가운데 하나로 실려 있다.

그렇지만 레이코프(G. Lakoff)와 존슨(M. Johnson)이 《은유로 사는 우리》(1980)에서 강조했듯, 새롭거나 참신한 은유와 '죽은' 은유는 종류에 따라 구별되는 것이 아니라 널리 퍼진 정도에 따라 구별된다. 참신한 은유는 선택되어 유행하고, 다음에 아주 서서히, 때로는 수 세기에 걸쳐 마치 생명체인 것처럼 아프고 굳어져 죽는다.

(새로운 은유와 죽은 은유의 구별이 널리 퍼진 정도에 따르지 않는다고 가정한다면, 앞 단락에서 문자 그대로 사용되지 않고 은유적으로 사용된 표현은 정확히 몇 개인가?)

그래서 우리가 지적으로 정직하다면 은유를 직접적으로 다룰 필요가 있을 듯하다.

쟁점

The Issues

은유가 다른 비유 화법과 관련해 어떻게 분류되냐를 두고 분류법에 약간의 변화가 있다. '은유'라는 용어를 아주 넓게 '비유'와 거의 동의이로 사용하는 이론가도 있고, '은유'를 다른 많은 비유와 나란히 두고 아주 특별한 한 가지 비유로 이름을 붙여서 아주 좁게 사용하는 이론가도 있다. 나는 여기서 세밀하게 구별하려고 시도하지 않을 것이다.

은유에 관한 주요 철학적 문제는 두 가지다. 넓게 해석한 '은유적 의미'란 무엇인가? 그리고 은유적 의미는 어떤 기제(mechanism)로 전달되는가? 다시 말해 청자들이 들은 것이 문자에 충실한 의미가 다른 어떤 문장일 뿐이라면, 청자들은 어떻게 그런 의미를 파악하는가? 은유는 직접적으로 표현하는 대신에 은유적으로 표현하는 이유, 비유 화법으로서 은유의 독특한 효과와 힘, 삶의 몇 가지 방면에서 은유가 하는 중심 역할에 관해 중요한 철학적 문제를 여러 개 추가로 제기한다. 그러나 이번 장에서 나는 구체적이고 명확한 언어학적 문제에 국한해 주의를 기울여 다루겠다.

연구 대상으로 삼을 몇 가지 예를 들어보자.

> (1) 시몬은 반석이니.[3]
>
> (Simon is a rock.)
>
> (2) 줄리엣은 태양이니.[4]

---

3 너는 베드로다. 내가 이 반석 위에 내 교회를 세울 터이니(마태복음, 16장 18절). ('시몬'은 '베드로'를 가리키는 다른 이름이다. 베드로는 예수의 첫 제자로 예수가 '반석'이라고 부른 데서 유래한 이름이다.)

4 저쪽 창으로 흘러나오는 불빛은 뭐냐고 (어떤 의도를 갖고) 물은 다음에 로미오가 말했다. 줄리엣은 "흑인의 귀에 걸린 보석처럼 밤의 뺨에 걸려 있구나"라고 표현하기도 했

(Juliet is the sun.)

더 복잡한 태양 은유가 담긴 문장은 다음과 같다.

> (3) 이제 겨울 같은 우리의 불만이
>
> 요크의 태양으로 빛나는 여름을 만드니.[5]
>
> (Now is the winter of our discontent
>
> Made glorious summer by this sun of York.)
>
> (4) 피가 끓어오를 때, 영혼은 얼마나 방탕하게
>
> 혓바닥에 맹세를 빌려주는지.[6]

다. 이 표현은 1막 뒤에 나왔고, 나는 로미오가 더 좋은 생각을 떠올렸기를 바란다. 〔현대에 인종을 차별하는 발언으로 비난받을 만해서 라이컨이 덧붙인 말인 듯하다.〕

5 셰익스피어, 《리처드 3세》, 3막 1장 1줄.

6 셰익스피어, 《햄릿》, 1막 3장 116~117줄. 그러나 내가 아는 셰익스피어의 가장 정교하게 혼합된 유비는 애국심에 관한 대사다.

> 이 위풍당당한 왕들의 옥좌, 이 왕의 홀을 쥔 섬,
>
> 이 장엄한 땅, 이 군신의 자리,
>
> 이 다른 에덴동산, 절반의 낙원,
>
> 자연이 스스로 지은 이 요새,
>
> 감염과 전쟁의 손길에 맞서,
>
> 이 행복한 인간 혈통, 이 작은 세계,
>
> 은빛 바다에 박힌 이 보석,
>
> 성벽이 되어 휘감아,
>
> 또는 저택을 방어할 해자로,
>
> 덜 행복한 나라의 부러움을 사며,
>
> 이 축복받은 구역, 이 땅, 이 잉글랜드,
>
> 이 보모, 위풍당당한 왕들의 자궁,
>
> 그들의 혈통으로 두려워지고 그들의 출생으로 유명하니,
>
> …

(셰익스피어, 《리처드 2세》, 2장 2막, 40~52줄)

리처드 2세는 잉글랜드를 빠져나갔다(He got away with it).

(When the blood burns, how prodigal the soul

Lends the tongue vows.)

(1)~(4)를 포함해 은유라고 불리는 다른 문장들이 가진 특성은 무엇인
가? 비어즐리(Monroe Curtis Beardsley, 1915~1985)는 나란히 작용하는 두
특징을 확인한다. 이런 각 사례의 문장에는 (인간은 범주적으로 암석이나 태양
과 다르고, 영혼과 혀는 상업적으로 상호작용할 수 있는 사물에 속하지 않기에) 어떤 개
념적 '긴장'이 있다. 그런데도 은유를 포함한 문장은 이해할 수 있을 뿐
만 아니라, 어쩌면 예외적으로 정보를 제공하거나 무언가를 비추어 드러
내고, 중요한 진리/진실을 표현할지도 모른다. 다른 이론가들은 둘 가운
데 첫째 특징을 더 강하게 표현하고 문자 그대로 해석된 은유 문장은 정
합적이지 않고, 부조리하거나 기껏해야 훤히 들여다보이고 터무니없을
정도로 거짓이라고 말한다. 하지만 우리는 앞으로 언제나 그렇지는 않다
는 점을 보게 될 것이다.

데이비드슨의 인과 이론
Davidson's causal theory

비유 언어는 논리 실증주의가 득세하던 시기 동안, 추정컨대 실증주의
자의 검증론 탓에 철저히 무시당했다.[7] (1)~(4) 같은 문장은 적어도 이
문장들이 의도한 것을 일상의 경험적 방식으로 검증할 수 없으므로, 인
지적으로 유의미하지 않다고 판단되었다. 이 견해에 근거하면 어떤 이
가 '의미'로 언어적 의미를 뜻할 때, '은유적 의미' 같은 것은 없다. 감정

---

7 일찍이 경험론자도 마찬가지로 비유 언어를 무시했다. 블랙번은《낱말 퍼뜨리기》(1984)
  의 172쪽에서 홉스의《리바이어던》(1651)에서 발췌한 신랄한 인용구를 소개한다.

적 또는 정서적 의의(significance)가 있을 따름이다. (물론 은유적으로 사용되는 많은 문장은 문자에 충실한 의미도 마찬가지로 지닌다. 다음과 같은 예를 들 수 있다. "헤롤드는 점심을 먹으러 나갔다(Harold's out to lunch)." "우리는 그것에 맞서고 있다(We're up against it).") 데이비드슨도 〈은유가 의미하는 것〉(1978)에서 '은유적 의미'를 거부하며 은유적 의의(metaphorical significance)가 전달되는 언어 기제(linguistic mechanism)가 실제로 있음을 부정한다. 실증주의자들과 달리, 데이비드슨은 (1)~(4) 같은 문장이 의미를 지닌다고 생각한다. 그러나 데이비드슨은 이런 문장이 지닌 의미가 단지 문자에 충실한 의미라고 주장한다(그렇지만 그의 주장은 이상하다). "은유란 낱말이 문자에 가장 충실한 해석에서 의미하는 것을 의미하고, 그 이상 아무 것도 의미하지 않는다(Metaphors mean what the words, in their most literal interpretation, mean, and nothing more)."(〈은유가 의미하는 것〉, 30쪽) 로미오가 (2)를 발언했을 때, 의심할 여지 없이 단지 그런 우스꽝스러운 허위를 표현하는 것 이상을 **행하고** 있었지만, 줄리엣이 문자 그대로 태양이라고 말하고 있었을 따름이다.

데이비드슨의 논문은 대체로 '은유적 의미'에 맞선 부정적 사례를 제시하는 데 몰두한다. 그는 몇 가지 비판 논증을 제시하는데, 두 개는 나중에 살펴볼 것이다. 하지만 그는 은유의 의의(the significance of metaphor)에 대한 긍정적 설명의 개요를 진술한다. 데이비드슨의 설명은 모질다 싶을 만큼 인과적이다.

> 은유는 우리가 두 사물이나 둘 이상의 사물에 어떤 비슷함, 흔히 새롭거나 놀라우리만치 비슷함에 주의하도록 **만든다**.
>
> (A metaphor **makes** us attend to some likeness, often a novel or surprising likeness, between two or more things.)
>
> 〈은유가 의미하는 것〉, 31쪽, 강조 표시 덧붙임

직유는 부분적으로 은유가 단지 우리가 주목하도록 **슬쩍 찌른** 것만 우리에게 말해준다.

([A] simile tells us, in part, what a metaphor merely nudges us into noting.)

<은유가 의미하는 것>, 36쪽, 강조 표시 덧붙임

데이비드슨은 은유에 논리가 없다고 말하는 듯한데, 더구나 '주목'해야 할 비슷함(likeness)을 나타내는 어떤 언어 기제도 없다. 알약이나 '머리에 난 혹(a bump on the head)'(<은유가 의미하는 것>, 44쪽)도 마찬가지로 적당히 처리할 수 있다. 은유의 효과는 명백히 임의성이나 무작위와 거리가 멀다. 그렇지 않으면 시를 비롯한 다른 문학의 눈부신 성공을 쉽게 이해할 수 없을 것이다. 그러나 문학이 성공을 거두게 만든 심리적 수단은 언어학의 영역에 포함되지 않는다.

데이비드슨의 견해는 (1)~(4) 같은 은유 문장과 1장에서 예로 든 "좋다 의 떨어져 새침하게 그 한 그 그 왜" 같은 뜻이 없는 문자열을 구별하는 유일하게 적합한 차이는 어떤 이유든 (1)~(4) 같은 문장이 뒤죽박죽 늘어놓은 말(the word salad)이 하지 못하는 심리 효과를 낸다는 점을 함축한다. 그런데 확실히 (1)~(4)와 뒤죽박죽 늘어놓은 말 사이에는 엄청난 **인지적** 차이가 있다. 우리는 흔히 (1)~(4) 같은 문장을 이해할 뿐만 아니라 문자 그대로 다른 말로 바꿔 쓰고 추론하며, 은유적 발언을 듣고서 새로운 경험적 사실을 배운다고 여길 때도 있다. 여기서 말한 인지적 가치는 흔히 문장들의 기이한 문자에 충실한 의미(bizarre literal meaning)에서 파생되지 않는다. 모런(R. Moran)은 <은유>(1997)에서 조건문의 전건에 끼워 넣은 문장 예를 추가한다. ("만약 음악이 사랑의 양식이라면, 연주하라", 혹은 "만약 음악이 사랑의 양식이라면, 음반을 살 거야.")

관련된 비슷한 논점은, 만약 데이비드슨이 옳다면, 은유가 잘못 해석될 수 없다는 것이다.[8] 만약 로미오가 발언한 (2)를 엿들은 어떤 사람이

"알겠어! 줄리엣이 너무 멍청하고 냄새가 지독해서 그를 우울하게 만드는구나"라고 중얼거렸다면, 데이비드슨의 인과 이론에 따라 이것은 로미오의 은유적 발언에 대한 부정확한 설명이 아니라 단지 엿들은 사람의 정신 구조가 인과적으로 로미오뿐 아니라 우리의 정신 구조와 다르다는 증거일 것이다.

더욱이 굿맨(Henry Nelson Goodman, 1906~1998)이 〈뒤틀린 이야기, 혹은 소설, 연구, 교향곡〉(1981)에서 역설하듯, 데이비드슨은 은유적 진리(metaphorical truth)를 허용할 수 없다. 만약 은유적 발언이 문자에 충실한 의미를 지닐 뿐이라면 참값의 담지자가 될 다른 후보는 없어서, 은유적 발언은 정상 상태를 기준으로 잡으면(normally) 거짓이고 기회가 닿을 때만 우연히 참이 될 것이다. 그러나 (내키지 않지만) 문자에 충실하지 않은 용법(nonliteral usage)이 널리 퍼진 현상을 기억하라. 우리가 '죽은' 은유를 논란의 여지 없이 에누리해서 들으며 무시하더라도, 인간의 발언 가운데 은유적 요소에서 완전히 자유로운 발언은 거의 없다. 만약 은유적 발언이 드물게 참이라면, 인간의 발언도 드물게 참이다.

끝으로 모런은 〈은유〉(1997)의 263쪽에서 다음 같은 점에 주목한다. 은유는 죽을 때 은유와 관련된 적합한 표현이 문자에 충실한 의미를 새로 획득함에 따라 사전의 항목에 추가된다. 만약 은유가 앞서 어떤 종류든 의미를 전혀 지니지 않았다면, 이는 해명될 수 없거나, 적어도 임의적이고 이상할 것이다.

더불어 은유적 문장 의미를 거부하지만, 은유적 의사소통을 더 그럴듯하게 설명하는 현대에 등장한 최신 견해들이 있다. 이런 설명이 유효할 수 있다면, 데이비드슨의 순수한 인과 이론을 수용할 이유는 없다.

---

8 나는 프랭클린 골드스미스(Franklin Goldsmith) 덕분에 이런 관측에 이르렀다.

소박한 직유 이론
The Naive Simile Theory

아리스토텔레스와 함께 시작하는 철학자들은 은유와 직유[9]의 놀라운 유사성(similarity)에 주목했다. 은유와 직유는 둘 다 화제와 얼마쯤 예기치 않은 어떤 것의 비교(comparisons)를 표현하거나 요청하는 듯하다. 시몬은 반석과 비슷했고, 줄리엣은 하나 이상의 점에서 태양과 닮았으며, 에드워드 4세는 어쩌면 다른 점에서 태양과 닮았을지도 모른다. 이는 훨씬 가까운 관계를 시사한다. 특히 소박한 직유 이론에 따르면 은유는 대응하는 직유를 줄임으로써 갈라져 나온다. 따라서 (1)은 "시몬은 반석과 비슷하다"라는 직유 문장의 **준말**이고, (2)는 "줄리엣은 태양을 닮았다"라는 직유 문장의 준말이다.

(3)은 훨씬 까다로운데, 문법상 주어가 '겨울과 비슷한 우리의 불만(Our discontent, which is like a winter)'으로 번역될 수 있고, (에드워드 4세라는) 끝맺을 지칭체가 어떤 방식으로든 문자 그대로 언급되지 않고, (3)의 마지막 부분을 'x, 태양과 닮은 요크 왕가의 사람'과 비슷한 것으로 해석해야 할 테고, 여기서 'x'가 에드워드를 지칭함은 어떻게든 맥락에 따라 결정된다. '빛나는 여름을 만드니(Made glorious summer)'라는 문구는 '겨울이 빛나는 여름에 길을 내주는 것과 유사한 방식으로 고통이 줄어듦'과 비슷한 어떤 것으로 해석되어야 할 터다. 그러나 아마 이런 문제는 모두 해결할 수 있을 것이다. ((4)는 여전히 훨씬 다루기 힘든데, 이는 잠시 후에 논의하겠다.)

---

9 (옮긴이) 직유(直喩, simile)는 직접 비교하는 방법으로서 다른 유형에 속한 두 사물의 닮은 점을 찾아서 '처럼'이나 '같이' 같은 부사격 조사를 붙여 표현하는 수사법이다. '피부는 눈처럼 희고 입술은 피처럼 붉고 머리카락은 흑단처럼 검은 아이', '태양처럼 빛나는 얼굴', '사과 같은 내 얼굴 예쁘기도 하지요' 같은 표현을 예로 들 수 있다.

이런 직유 견해는 비어즐리의 두 가지 특징을 화해시킨다. 직유 견해는 어떤 은유를 특성 짓는 개념적 긴장을 수용하면서 그 은유의 이해 가능성(intelligibility)을 설명한다. 이해 가능성은 간단한데, 비슷함이나 닮음에 대한 진술을 명백하게 이해할 수 있는 까닭이다. 긴장은 비슷함("줄리엣은 태양과 비슷하다")에서 실제 속성이 있다고 여기는 데("줄리엣은 태양이다")로 이동해서 생긴다.

소박한 직유 이론은 많은 문학 이론가와 철학자에게도 그럴듯해 보였고, 심지어 당연하게 받아들여졌다. 그러나 소박한 직유 이론은 반론에 직면한다. 여기에 세 반론을 소개한다.

첫째, 비어즐리는 〈은유〉(1967)에서 소박한 직유 이론이 내가 주목했던 방식으로 독특한 긴장을 설명하지만, 이런 설명이 아주 피상적이라고 불평한다. 만약 은유가 대응하는 직유의 **준말**일 뿐이라면, 은유는 단순히 직유와 동의어고 처음부터 변칙이나 수수께끼로 여겨서는 안 되었을 것이다. 이 견해에 근거하면 긴장은 하찮은 표층 현상에 지나지 않는다. 그러나 이런 견해는 틀린 것처럼 보인다. 어떤 이가 줄리엣이 태양과 닮은 점에 관해 더 말하고 싶더라도 "줄리엣은 태양과 비슷하다"라는 문장에 특별한 긴장은 없다. 어떤 이는 은유가 더욱 실질적인 어떤 고유한 긴장(an inherent tension)을 포함함**으로써 작동한다**고 느낀다. (데이비드슨의 〈은유가 의미하는 것〉(1978)과 설의 〈은유〉(1979b)에 나타나듯, 데이비드슨과 설은 특히 은유가 문자에 충실한 의미를 변칙적으로 지님으로써 작동한다고 계속 논증할 것이다.)

둘째, 설은 단독으로 받아들인 직유가 거의 아무 정보도 제공하지 않는다고 불평한다. "유사성은 공허한 술어다. 어떤 두 사물이든 어떤 점이나 다른 점에서 유사하다."(설, 〈은유〉, 106쪽. 굿맨의 〈유사성에 대한 일곱 가지 혹평〉(1970)도 보라.) 추정컨대 줄리엣은 어떤 방식으로 태양과 비슷한가? 거대한 가스 덩어리임, 혹은 핵융합이 거의 모든 곳에서 일어남, 또는 지구에서 1억 5000만 킬로미터 떨어져 있음과 비슷한 것은 아니다. 설이 지적하듯 그런 속성들은 태양의 두드러진 잘 알려진 특징들(salient well-known features)이다. 그렇지만 소박한 직유 이론은 여전히 로미오의 은유가 왜 잘 알려진 태양의 속성이 아닌 다른 속성이 줄리엣에게 있다고 여기는지에 대해 아무 귀띔도 해주지 않는다. 따라서 소박한 직유 이론은 은유의 의의를 전달할 수 있는 어떤 기제를 제공하는 데 실패한다.

셋째, 우리가 관련된 유사점들을 확인했을 때도 유사점들은 자체로 은유에서 비롯한다는 점이 자주 드러난다. "샐리는 얼음덩이다"라는 문장을 예로 든다. 소박한 직유 이론에 따르면 샐리는 어떻게 얼음덩이와 비슷한가? 아마 그녀는 딱딱하고 아주 차가울 것이다. 물론 **문자 그대로** 딱딱하거나 차가운 것은 아니다. '딱딱하다'와 '차갑다'라는 말은 여기서 은유적으로 사용된다. 그래서 샐리는 딱딱하고 차가운 어떤 것과 비슷할 따름이다. 어떤 식으로 비슷한가? 어쩌면 그녀는 유연하지 않고, 감정을 드러내지 않으며, 반응이 느릴지도 모른다. 그러나 설은 〈은유〉(1979b)의 107쪽에서 얼음덩이는 유연하지 않고 감정을 드러내지 않으며 반응이 느리지만, 다른 많은 생명 없는 사물이 그렇지 않다는 뜻이 아니라고 지적한다. 모닥불도 유연하지 않고 감정을 드러내지 않으며, 반응이 느리다. 그러나 "샐리는 모닥불과 비슷하다"도 "샐리는 모닥불이다"도 은유적으로 처음 문장과 양립할 수 없다. 소박한 직유 이론가는 차가운 사물과 감정을 드러내지 않는 사물 사이에 추가로 바탕에 놓인 문자에 충실한 유사성이 있다고 주장해야 할 것이다. 그런데 우리는 그런 주장을 지지할 어떤 증거도 없다. 하늘에 맹세코 심리 요인들이 무엇인지 알고, "사람들은 자신들의 정신/마음 속에서 감정/정서 부족과 연합하는 차가움을 [그냥] 찾아낸다"라고 설은 추측한다(설, 〈은유〉, 108쪽).

이 마지막 반론은 소박한 직유 이론의 단순하지만 과격한 수정안을 제언하고, 은유가 압축된 직유라는 핵심 주장을 보존하면서 우리가 제기한 여섯 가지 반론을 피한다. 포겔린(Robert John Fogelin, 1932~2016)이 《비유로 말하기》(1988)에서 분명하게 드러내고 길게 옹호한 견해다. 은유는 줄인 말이고, 문자 그대로 받아들인 직유가 아니라 비유로 받아들인 직유 자체라는 것이다.

비유적 직유 이론
The Figurative Simile Theory

직유는 자주, 어쩌면 대부분 비유 화법(figures of speech)이다. 샐리는 비유로만 얼음덩이와 비슷한데, 그녀는 비유로만 딱딱하고 차가운 까닭이다. 시몬은 비유로만 반석과 비슷하고, 줄리엣은 비유로만 태양과 비슷하다. 이 점을 알아보는 (포겔린의 방식이 아닌) 한 방식은 **문자에 충실한** 유사성(literal similarity)이 대칭적임에 주목하는 것이다. 만약 A가 문자 그대로 B와 유사하다면, 필연적으로 B는 문자 그대로 A와 유사하다(If A is literally similar to B, then necessarily B is literally similar to A). 그러나 얼음덩이는 문자 그대로 샐리와 비슷하지도 않고, 반석은 문자 그대로 시몬과 비슷하지도 않고, 태양은 문자 그대로 줄리엣과 비슷하지도 않다. 또 아무도 "태양? 오, 태양은 줄리엣과 비슷하지"에 나타난 직유 같은 비교를 제안하지 않을 것이다. 직유가 은유를 다른 말로 가장 잘 바꿔 쓴 경우는 직유 자체가 문자에 충실하지 않을 때다. 이는 은유가 비유적으로 받아들인 대응하는 비유에서 파생한 생략된 **비유적** 직유일 뿐이라는 가설을 제언한다.

이 비유 이론은 소박한 이론에 제기된 세 가지 반론을 쉽게 피한다. **첫째 반론**에 맞서 비유 이론가는 은유를 유사성에 대해 문자에 충실하고 거의 사소한 주장(literal and near-trivial assertion)으로 환원하지 않으므로, 비유 이론은 은유의 개념적 긴장을 피상적으로 다룬다고 말할 수 없다. 바탕에 놓인 직유에 이미 개념적 긴장이 있다. **둘째 반론**에 맞서 비유적으로 받아들인 직유는 이미 하나 이상의 특별한 유사점들을 지니고 있다. 그래서 직유는 은유가 어떻게 그와 같은 점을 드러내는지 설명하는 일에 실패하지 않는다. **셋째 반론**에 맞서 물론 비유 이론가는 줄리엣과 태양, 샐리와 얼음덩이, 또는 시몬과 반석 사이에 문자에 충실한 유사점들이 있다고 확언하지 않는다.

이 세 가지 이섬에는 냉백한 내사가 따른다. 긱 경우에 비ㅜ 이른은 필요한 자료를 지금 비유로 해석한 대응하는 직유에 끼워 넣고 파생한 은유를 그런 직유에 내재하도록 둠으로써 소박한 이론의 결함을 고친다. 그런데 여기서 위험은 문제를 미룰 뿐이라는 데 놓여 있다. 지금 설명하는 작업은 바탕에 놓인 직유의 비유적 본성으로 이루어지고, 다음에 직유의 비유적 해석을 설명할 차례가 돌아오기 때문이다. 실은 애초의 두 주요 문제는 비유적 직유에도 제기된다. 이런 문장이 비유적 의미를 지닌다는 것은 무엇이며, 그런 의미는 어떻게 청자들에게 전달되는가?

포겔린은《비유로 말하기》(1988)에서 사물의 **두드러진** 특징(salient feature)이라는 개념을 활용한다.[10] (두드러진 특징은 여러분에게 금방 눈에 띄거나 크게 다가오는 특징이다) 그런 방식으로 포겔린은 유사성의 비대칭 관계를 동원할 수 있다(《비유로 말하기》, 78쪽). "만약 A가 B의 충분한 수의 두드러진 특징을 지니면 오로지 그런 경우에만 A는 B와 유사하다(A is similar to B if and only if A has a sufficient number of B's salient features)." B가 A의 충분한 수의 두드러진 특징을 공유하지 않으면서도, A는 B의 충분한 수의 두드러진 특징을 공유할 수도 있는데, A가 공유하는 B의 특별한 특징이 A의 두드러진 특징일 필요가 없는 까닭이다. 예를 들어 얼룩다람쥐는 귀엽거나 인간에게 귀엽다고 지각된다는 특징을 빼면 시궁쥐와 아주 비슷하다. 얼룩다람쥐는 음습하게 행동하는 것 같은 시궁쥐의 두드러진 특징

---

10 여기와 다른 곳에서 포겔린은 트베르스키(A. Tversky)의 〈유사성의 특징〉(1977)에 기대고 있다.

을 대부분 가진다. 그러나 시궁쥐가 얼룩다람쥐와 비슷하다고 말하는 사람은 없는데, 얼룩다람쥐의 귀여움이 인간에게 크게 두드러져 보이고 시궁쥐는 귀엽지 않은 까닭이다.

포겔린에 따르면 비유적 비교와 문자에 충실한 비교의 차이는 두드러짐의 기준에 있고, 이 기준은 어떤 방식으로 **뒤바뀐다**(reverses). 포겔린은 《비유로 말하기》, 90쪽에서) 윈스턴 처칠이 불독과 비슷해 보였다는 것(that Winston Churchill looked like a bulldog)은 문자 그대로 참이지만, 처칠이 불독과 비슷**했다**는 것(that Churchill **was** like a bulldog)은 문자 그대로 거짓이라고 말한다(그는 갯과 동물이 아니라 인간이고, 두 발로 걷고 털이 없으며, 짖지 않고 대화를 나누며, 너무 커서 개집에 기어서 들어가지 못한다). 그렇더라도 처칠이 불독과 비슷했다는 점은 비유적으로 참이다. 처칠을 불독이라고 부를 때, 포겔린은 이렇게 말한다. "우리는 그를 (프랑스 푸들과 반대로) 불독과 비교하면서 동시에 주어의 [처칠의] 두드러진 특징이라는 측면에서 특징 공간을 다듬는다."《비유로 말하기》, 91쪽) 불행하게도 포겔린은 '특징 공간 다듬기(trimming the feature space)'에 관해 자세히 설명하지 않는다. 취지는 문자에 충실한 직유를 거부하더라도, 청자가 주장된 유사성이 있다고 너그럽게 가정하고, 다음에 가장 명백하게 문자에 충실한 비교를 거짓으로 만든 불독의 두드러진 특징을 무시하고 처칠의 두드러진 특징과 짝지을 특징을 찾는 것이라고 나는 **믿는다**. (나는 거침, 집요함, 저속함, 불독과 비슷해 보임 같은 것이 무엇인지 확실히 알지 못한다.)

이런 견해에 근거하면 문장은 문자에 충실한 의미와 다른 맥락에서 은유적 의미를 지닌다. 그래도 문장에 나온 어떤 표현이든 의미가 문자에 충실한 사용에서 비유적 사용으로 **바뀌었다**(changed)거나, 은유적 의미가 유령 같거나 마법으로 일어난 듯하다는 결론은 따라 나오지 않는다. 오히려 **닮음**(resemblance)은 언제 어디서나 유사성의 기준인 '특징 공간'에 상대적이고, 이 특징 공간은 어떤 속성이 다른 어떤 속성과 짝이 지어지냐를 결정한다. 유사성의 기준은 맥락 요인으로 결정된다는 점에서 지표어(indexical)와 비슷하지만, 또한 단일 맥락 안에서 값을 하나 이상 가질 수 있다. 그런 점이 같은 때 하나의 발언에서 (은유적으로) 참이 되면서 (문자 그대로는) 거짓이 될 수 있는 이유다. 왜냐하면 유사성의 두 가지 다른 기준이 역할을 하기 때문이다. 만약 머피가 보통보다 작은 무스(북미에 서식하는 큰 사슴)라면, "머피는 작다"라는 진술은 참이면서 거짓일 수 있다. 이는 포겔린의 이론에 딸린 아주 유리한 점이다.

그렇지만 포겔린은 적어도 세 가지 난점에 직면한다. 첫째, 어떤 진술은 대응하는 직유가 거짓으로 드러났을 때도 은유적으로 참이라고 계속 받아들이기도 한다. 설은 〈은유〉(1979b)에서 "리처드는 고릴라다"라는 은유의 예를 들고 있다. 소박한 직유 이론은 이를 "리처드는 고릴라와 비슷하다"라고 설명할 것이다. 의미하는 것이 리처드는 사납고 심술 궂고 쉽게 난폭해지고, 어쩌면 아주 영리한 편은 아니라는 점에서 고릴라와 비슷하다고 가정해보자. 그러나 영장류 동물학자들은 우리에게 사실은 고릴라가 심술궂지도 않고 쉽게 난폭해지지도 않으며, 수줍어하며 도리어 예민하고, 지능이 매우 높은 동물이라는 이야기를 들려준다. 많은 은유에서 지저분함이나 불결, 식탐이나 비만, 또는 이것들을 결합한 성질이 있다고 여기는 돼지도 마찬가지다. 내가 아는 한, 돼지들은 특별히 식탐이 많거나 다른 동물들보다 골격 크기에 비해 상대적으로 더 뚱뚱하다는 어떤 증거도 없다.[11]

어떤 이는 포겔린이 쉽게 새로운 반론을 피했으리라 생각할지도 모르는데, **직유**는 비유일 때 관련된 고정 관념(relevant stereotype)의 실제 올바름(actual correctness)을 요구하지 않는 까닭이다. "샘은 고릴라처

---

11 만약 여러분이 식탐이 많은 사람을 부르고 싶다면, 고양이라고 부르려고 해보라. 그러나 아무도 누군가를 식탐이 많다고 말하는 은유적 방식으로 고양이라고 부르지는 않는다. 추가할 만한 예는 '서자'다. 내가 알기로 부모가 결혼하지 않고 낳은 아이가 다른 누구보다 더 무신경하거나 비양심적일 것 같다는 어떤 증거도 없다.

럼 행동한다(Sam acts like Gorilla)"라는 진술과 "머를은 돼지처럼 먹는
다(Merle eats like a pig)"라는 진술은 두 가지 고정 관념이 각각 원숭이와
돼지에 관한 중상모략(simian and porcine slanders)인데도 올바르게 표현
되고 이해된다. 직유법에서 '고릴라'와 '돼지'는 문자 그대로 사용되지
않고 비유적으로 사용되고 있는 까닭이다. 하지만 '특징 공간 다듬기'라
는 포겔린의 그림은, 말하자면 처칠과 고릴라가 문자 그대로 소유한 특
징들을 두 사물이 각각 적합하게 공유한다고 선제하거나 적어도 강하
게 시사한다. 이런 뜻에서 포겔린의 이론에 근거하면, 은유는 여전히 진
정한 속성을 문자 그대로 공유함에 기초를 둘 수밖에 없다. 설이 들었던
예에서 (고정 관념이 그냥 잘못된 예에서) 보듯, 그 속성들이 무엇이 될지는 전
혀 명백하지 않다.[12]

둘째, 많은 문장이 개별적으로 문자에 충실한 해석이나 은유적 해석
을 허용하는지 살펴보라. "아돌프는 도살자다(Adolf is a butcher)", "벌레
가 돌았다(The worm has turned)" 같은 문장을 예로 들어보자. 어떤 문
장이 변칙처럼 보일 때도, 우리는 그 문장이 참이 되는 상황을 자주 상
상할 수 있다. 데이비드슨이 (《은유가 의미하는 것》, 1978: 41쪽에서) 주목했듯,
"너희는 돼지다"라는 진술은 오디세우스가 키르케의 궁전에서 돼지로
변한 병사들에게 말했다면 문자 그대로 참이었을 터다. 십중팔구 조금
이라도 은유적 이해를 허용하지 않는 문장은 하나도 없었을 것이다. 은
유적 해석을 허용하는 어떤 문장에 대해서든, 거의 언제나 은유가 아니

---

12 포겔린은 이 반론을 《비유로 말하기》(44~45쪽)에서 다루지만, 내 생각에 설득력은 약
하다. 그는 '고릴라'가 은유가 아니라 죽은 은유라고 불평한다. 만약 그렇다면, 그 반론
은 해당 예에 본질적이지 않은 것처럼 보인다. 그때 포겔린은 '대다수 사람이 비슷하
다고 생각한 것'을 포함해 생략이 흔히 나타난 경우보다 더 크거나, 또는 화자가 '자신
과 자신의 청자가 인식한 공통 믿음의 관점에서 그들이 공유하지 않은 거짓 믿음이 포
함되어 있다고 말한다'라고 제언한다. 첫째 선택지는 의미론적으로 절망적이고, 둘째
선택지는 어떤 독립된 동기가 없는 임시방편이다.

라 문자 그대로 들릴 (말하자면 "어니스트는 길을 잃었다" 같은) 문장이라도, 어떤 직유 이론가든 문장의 공식적 의미와 문장의 직유 생략 의미 (어니스트는 길을 잃은 사람과 닮았다는 것) 사이에 의미론상 애매함이 있다고 말해야 할 것이다. 그러나 이런 가정에 따라 받아들인 진정한 의미론적 애매함의 확산은, **닮음**에 대한 숨은 지칭을 포함해서 그럴듯하지 않다.

셋째, 새로운 반론은 너무 복잡하게 뒤얽혀서 직유로 설명할 수 없는 몇몇 은유적 진술이 있다는 것이다. (4)가 이런 예다. (4)는 문자 그대로 누군가의 피에 관한 진술이 아니고, 피는 (힘이 없더라도 정상 상태의 몸에 있는 동안) 문자에 충실한 의미로 불타오를 수 없다. '영혼'은 자체로 은유적으로 사용되고 있을 개연성이 높고, 그렇지 않더라도 영혼은 문자에 충실한 의미로 혀에 아무것도 빌려주지 못한다. 그런데 '혀'는 혀를 의미하기 위해 사용되고 있는 것도 아니고, 맹세는 빌릴 수 있는 종류의 사물이 아니다. 그래서 어느 직유 이론가라도 피, 영혼, 혀 같은 것들을 전부 한꺼번에 닮음의 담화로 번역할 벅찬 과제를 떠안는다. 어떤 이는 내가 (3)을 해명할 때 사용했던 종류의 맥락과 관련된 자리 표시 기호를 자유로이 사용해야 할 것이다. 첫 단계는 이럴 수도 있겠다. "어떤 사람의 피와 비슷한 x가 불타오름과 유사한 일을 할 때, 어떤 사람의 영혼과 비슷한 y가 얼마나 방탕하게 어떤 사람의 혀와 닮은 z와 맹세 비슷한 것을 빌려줌과 유사한 어떤 일을 한다(When x, which is like a person's blood, does something that resembles burning, how prodigally y, which is like a person's soul, does something similar to lending some things that are vowlike to z, which resembles a person's tongue)." 우리는 그다지 현명하지 않다. 그리고 정교하게 다듬을 필요가 있는데, 왜냐하면 '피'가 은유적으로 불타오름이 개연적으로 피와 비슷한 물질에 독특한 어떤 점이기 때문이지, 피가 문자 그대로 나뭇조각이 불타오름과 닮은 어떤 일을 한다는 것은 아니기 때문이다. 직유 이론가들이 (1)과 (2) 같은 단순 주어와 술어 형식의 예문에 주로 매달리는 것은 전혀 놀랄 일이 아니다.

실용 이론
The Pragmatic Theory

인과 견해와 달리 소박한 직유 이론은 '은유적 의미'라는 개념을 제공했다. 은유적 의미가 피상적이고 불만족스러운 것으로 입증되었더라도, 문장은 문자에 충실한 의미에 더해 은유적 의미를 지닌다는 것이다. 그리고 우리가 방금 보았듯 비유 견해를 해석한 포겔린의 설명은 더 강한 은유적 의미 개념도 승인하고, 그의 은유적 의미는 (말로 표현할 수 없더라도) 더 실질적이고 더 많이 비추어 밝힌다. 내가 일찌감치 언급했듯 데이비드슨은 전반적으로 은유적 의미에 반대하는 논증을 펼쳤고, 실은 모든 은유적 의미를 없앨 초토화 정책(a scorched-earth policy)을 폈던 듯하다. 그래서 우리는 데이비드슨의 논증을 다루어야 한다. 그는 다섯 혹은 여섯 가지 논증을 제시하는데, 이 책에서 논의한 다른 이론에 반대하는 것으로 가장 적합해 보이는 두 가지 논증만 논의할 여유가 있다.

첫째, "은유를 고안하기 위한 어떤 설명서도 없고, 은유가 '의미하는' 또는 '말하는' 것을 결정할 어떤 지침서도 없다. 취미를 요구하지 않는 은유에 대한 어떤 시금석도 없다(There are no instructions; there are no manual for determining what a metaphor 'means' or 'says'; there is no test for metaphor that does not call for taste).[13] (데이비드슨, 〈은유가 의미하는 것〉, 29쪽)

둘째, 몇몇 은유는 큰 손실 없이 문자에 충실한 용어들로 바꿔 쓸 수 있지만, 많은 은유는 유사한 점들의 적합한 집합이 모호하고 불확정적이며, (커밍스의 시에 나타난 은유처럼)[14] 어떤 경우 아예 바꿔 쓸 수 없다는 점

---

13 (옮긴이) 은유는 취미의 문제라서 은유를 시험할 객관적 기준이 없다는 생각을 드러낸 문장이다. 취미를 둘러싼 객관적 기준이 없으므로 취미의 문제인 은유의 의미를 객관적으로 시험하거나 확인할 수도 없다.

14 (1장에서 인용한) 커밍스의 시 〈예쁜 어떻게 마을에 살았던 누구든지〉에 따르면, 그 마을의 주인공인 누구든지 "자신의 노래를 불렀고 그러지 않았고 춤을 추었고 그랬다."(4행)

이 거의 보편적으로 동의를 얻는다. 이 놀라운 사실은 은유적 의미가 없다는 주장으로 산뜻하게 설명되는데, 그런 견해에 근거하면 다른 말로 바꿔 쓰거나 에둘러 표현할 것이 없기 때문이다(데이비드슨, 〈은유가 의미하는 것〉, 30쪽). 포겔린은 비유적 직유 이론이 그런 사실도 설명한다고 주장한다. 그러나 데이비드슨은 은유, '우리가 수복하거나 본 것'을 흡수하고 이해하는 능력이 "일반적으로 특성 면에서 명제와 [전혀] 관련이 없고 … 무엇처럼 봄은 무엇임을/이라고 봄이 아니다(Seeing as is not seeing that)"라고 덧붙인다(데이비드슨, 〈은유가 의미하는 것〉, 45쪽). 더욱이 만약 주어진 문장이 은유적 의미를 지닌다면, 다른 말로 바꿔 쓰기가 에두르거나 장황하거나 평면적이거나 지루한 것이거나, 전부 다라고 하더라도, 우리는 그런 내용을 다른 말로 바꿔 쓰기로 아주 정확히 표현할 수 있으리라고 기대할 것이다.

이제 은유적 의미에 퍼부은 데이비드슨의 공격은 과장된 것일 수 있는데, 데이비드슨의 공격이 군데군데 비유적 수사로 얼룩져 있는 까닭이다. 내가 말했듯 데이비드슨의 공격은 초토화 정책이거나 무관용 정책으로 제시된다. 그런데 사실상 데이비드슨의 비판 논증은 **언어 표현**이 은유적 용법에서 의미가 바뀐다는 생각에 집중한다. 데이비드슨이 몹시 싫어한 것(bête noire)은 언어의 애매함을 사실로 단정하는 태도다. 중요한 지점에서 그는 조심스레 "은유적 진리 같은 것이 있음을 부정하지 않고, 문장의 은유적 진리를 부정할 뿐이라고"(〈은유가 의미하는 것〉, 39쪽) 말한다. 이것은 중도나 타협안이 만들어질 가능성을 열어둔다.

설은 〈은유〉(1979b)에서 소박한 이론보다 '은유적 의미'를 훨씬 축소하고, 언어의 애매함을 단언하는 견해를 거부할 때 데이비드슨과 합류하면서 은유에 대한 설명을 제안한다. 그러나 데이비드슨에 비해 설의 견해는 은유적 발언이 인과 현상에 그치는 것이 아니라 진정한 언어적 의사소통이라는 생각을 진지하게 받아들이고, 은유적 의미라고 부를 만한 무언가를 계산하는 인지 기제(a cognitive mechanism)를 상정한다.

나는 설의 견해를 실용 이론이라고 부르겠다. 설이 은유를 단순히 13장에서 언급한 그라이스식 (또는 적합성 이론에 부합하는) 의사소통의 일종이라고 보는 까닭이다.[15] 13장에서 설이 〈간접 화행〉(1975)이라는 논문을 통해 간접 화행이 어떻게 수행되고 이해되는지 설명한 보수적 견해를 제의했음을 다시 떠올려보라. 화자는 발화 수반 효력(illocutionary force)의 한 범위에 대해 문법에 맞게 표시되는 문장을 발언하지만, 일차적으로 다른 효력이나 적어도 특성에 맞게 다른 발화 내용을 지닌 어떤 것을 의미한다. 청자는 처음에 그라이스식 추리를 사용해서 화자가 자신의 문장이 문자 그대로 의미하는 것과 다른 어떤 것을 전달하려고 시도하는지를 결정한다. 다음에 청자는 그 발언의 의도된 효력과 내용을 알아내기/계산하기 위해, 화행 이론의 원리와 상호 명백한 맥락적 가정들로 확대된 그라이스식 추리를 추가로 사용한다.

설에 따르면 이렇다.

> 은유가 어떻게 작용하는지 설명하는 문제는 화자 의미와 문장 또는 낱말 의미가 어떻게 갈라지는지 설명하는 일반적 문제의 특수한 경우다. … 은유 이론을 구성하는 우리의 과제는 문자 그대로 포함된 문장 의미와 은유적 [화자의] 발언 의미를 연결하는 원리를 진술해내는 것이다.
>
> 설, 〈간접 화행〉, 92~93쪽

설은 (자신의 간접 화행에 대한 해석을 위해 상정했던 과정과 나란히) 해석 과정을 세 단계로 나눈다. 첫째, 청자는 맨 먼저 문자에 충실하지 않은 해석

---

15 설은 간접 효력과 대화상 암시 함축처럼 의사소통 유형을 위해 '간접'이라는 용어를 따로 남겨둔다. 간접 효력과 대화상 암시 함축은 누구든 자신의 문장이 말한 것의 의미에 더해 둘째 의미를 전달하는 것이다.

(nonliteral interpretation)을 찾으려는 것인지 결정해야 한다. 둘째, 만약 청자가 은유적 해석을 모색하려고 결정했다면, 청자는 가능한 화자 의미의 범위를 만들어내기 위한 원리나 전략의 집합을 동원해야 한다. 셋째, 청자는 이 범위 가운데 어떤 의미 또는 의미들이 현재 경우에 가장 그럴듯한 역할을 할지 확인할 원리나 전략의 집합을 사용해야 한다. (이렇게 추가된 집합이 그럴싸한 의미를 한두 개로 줄일 수 없더라도, 은유의 빈번한 여러 해석이 가능함을 설명할 것이라는 점에 주목하라.)

첫 단계의 바탕에 놓인 명백한 전략은 그라이스식 전략이다. 문자 그대로 받아들인 발언이 명백하게 **결함**이 있을 때, 다른 화자 의미를 찾으라는 것이다. 앞에서 든 예문 (1)~(4)는 모두 이 모형에 들어맞는데, 문자 그대로 살펴보면 제각기 개념적 혼란에 빠졌다는 점에서 거짓이기 때문이다. (그렇지만 설이 말하듯 모든 은유 문장이 용납할 수 없을 만큼 엉뚱한 허위거나 아예 거짓인 것은 아니다. "로키는 진짜 남자다(Rocky is a real man)", "자비심은 억지로 생겨나지 않는다(The quality of mercy is not strained)", 마오쩌둥의 "혁명은 만찬이 아니다"를 문자 그대로 발언할 때 결함은 이런 문장이 지나치게 숨김없고 알기 쉬운 진리이기 때문에 요점을 전혀 파악할 수 없다는 것이다.)

그라이스식 전략은 유일한 첫 단계 선택지가 아니다. 몇몇 은유 발언은 어떤 방식으로든 결함이 없고, 펼쳐지는 담론처럼 다른 맥락적 실마리가 있다. 설은 "낭만주의 시인의 시를 읽을 때 우리는 은유를 찾는다"라고 말한다(설, 〈간접 화행〉, 114쪽). 키테이(E. Kittay)는 《은유》(1987)에서 은유가 이따금 명시적으로 깃발을 흔들어 표시하는 문장에 주목한다. 피해자는 도둑에게 묶여 벽에 등을 대고 있다. "그는 문자 그대로 그리고 은유적으로 둘 다 … 그가 벽에 등을 대고 서 있었고, 그리고 … 그의 손은 묶여 있었음을 깨달았다."

둘째 단계를 위한 주요한 일반적 전략은, 설이 당연하게 말하듯, 유사한 점이나 비교할 점을 찾는 것이다. 설은 발언한 문구가 '은유에 고유한 방식으로' 다른 의미를 떠올리게 할 수 있는 여덟 가지 원리를 제의한다. 예를 들어 (원리 2에 따르면) 다른 의미는 언급한 사물이나 사태의 '두드러진 또는 잘 알려진 속성(salient or well-knowned property)'일 수 있다. 혹은 (원리 3에 따르면) '고릴라'와 '돼지'의 예에 드러나듯, 의도한 속성이 해당 사물에 있다고 자주 여길 하나의 속성일 수 있다.

설은 셋째 단계를 위해 단 하나의 전략을 언급한다. 의미 후보 가운데 논의하는 대상의 그럴싸한 특징을 살펴보거나, 가능한 특징이라도 살펴보라는 것이다. 줄리엣은 거대한 가스 덩어리이거나 핵융합이 거의 모든 곳에서 일어날 수는 없고, 혹은 지구에서 1억 5천만 킬로미터 떨어져 있을 수 없다. 물론 청자들도 특정 화자가 사물에 관해 어떤 생각을 표현하는 것 같은지 알아듣는다.

간접 의사소통의 한 종류로서 은유를 일상적 암시 함축이나 반어, 또는 설이 적당히 이름을 붙인 '간접 화행' 같은 다른 의사소통과 구별하는 과제는 남아 있다. 설은 은유를 간접 화행과 대조하는데, 간접 화행의 경우 화자는 의미에 더해 더 많은 어떤 것을 또한 의미한다고 강력히 주장한다(설, 〈간접 화행〉, 121쪽). (그는 일상적 암시 함축을 다루지 않지만, 그것과 관련해서도 똑같이 말했을 것이다.) 은유와 반어의 차이는 이렇게 말할 수 있을 듯하다. 은유는 유사성이나 비교를 통해 둘째 단계와 셋째 단계의 해석을 거치지만, 반어는 단순한 종류의 반사 작용이다. (설은 여기서 그라이스의 견해를 그대로 따랐다.) 문자 그대로 받아들인 발언은 정반대 발언이 분명히 참이거나, 화자가 정반대 발언을 **믿는다고** 기대할 수도 있다는 점에서 결함이 있고, 그래서 간접적 의미에 속한 '자연스러운' 선택은 바로 정반대 발언이다.

데이비드슨과 설은 불일치보다 일치하는 의견이 더 많다. 둘 다 언어 표현이 특별한 은유적 의미를 지닌다는 점을 부정하고, 은유는 주류 언어철학에 이미 도입된 장치를 사용함으로써 이해할 수 있다고 주장한다. (포겔린은 인과 이론과 실용 이론을 싸잡아 '허위로 가득한 이론'으로 적절히 분류한다.) 더욱이 나는 데이비드슨이 왜 은유적 화자 의미가 있다는 설의 견해를 논박해야 하는지, 어떻게 논박할 수 있을지 잘 모르겠다. 데이비드슨은 설의 견해와 반대로 몇몇 은유가 전달하는 어떤 것이 명제와 전혀 관련이 없다고 주장한다. 그러나 의견의 불일치는 규칙, 원리, 인지 기제(cognitive mechanisms)에 관해 가장 크고, 데이비드슨은 단호히 어떤 것이든 부정하지만, 설은 열심히 여러 제안을 내놓는다. 그러니 설이 '은유적 의미'에 반대하는 데이비드슨의 두 논증을 어떻게 반박할지 보기로 하자.

첫째로 데이비드슨은 은유를 만들어내거나 해석하기 위한 지침이나 규칙이 없다고 주장했다. 마치 그런 말에 직접 영감을 받은 것처럼, 설은 이런 규칙을 꽤 많이 만들어냈고, 규칙들은 통용되는 한에서 그럴듯하다. 데이비드슨은 자격(qualifications)을 이렇게 추가했다. "**취미를 요구하지 않는** 은유에 대한 어떤 시금석도 없다(There is no test for metaphor that does not call for taste)." 설은 이 논점에 동의할 개연성이 매우 높을 텐데, 그는 완결성을 요구하지 않을뿐더러 원리들의 최종 집합조차 완벽하게 결정된 결과를 내리라고 예측하지 않는 까닭이다. 설은 이번 판에서 득점하고 이긴다.

둘째로 데이비드슨은 여러 해석이 가능함(open-endedness), 다른 말로 바꿔 쓸 수 없음(unparaphrasability), 명제와 전혀 관련이 없음(downright nonpropositionality)이라는 개념에 호소했다. 설의 설명은 여러 해석이 가능함을 예측하는데, 우리는 설의 둘째와 셋째 단계에서 가능한 화자 의미를 단지 한두 개로 줄이는 데 종종 실패하리라고 기대할 수도 있는 까닭이다. 다른 말로 바꿔 쓸 수 없음에 대해, 설은 똑같은 사물을 의미하는 편리하고 접근하기 쉬운 문자에 충실한 표현이 없는 까닭에 우리가 은유를 자주 사용한다고 인정한다. 하지만 만약 어떤 것이 어쨌든 언어적 의미라면, 원리상 그것은 어떤 언어나 다른 언어로 (번거롭더라도) 명확히 표현할 수 있다.

나는 설이 이번 판에서도 이긴다고 생각하지만, 명제와 전혀 관련이 없음을 둘러싼 더 깊은 쟁점이 있다. 설의 설명은 속속들이 명제와 관련이 있는데, 모든 화자 의미는 그러저러함을/하다고 의미하기(meaning **that** so-and-so) 때문이다. 만약 우리가 은유 속에서 주목하거나 알아본 것이 "일반적으로 특성이 명제와 관련이 없다는(is not, in general, propositional in charater)" 점에서 데이비드슨이 옳다면, 그것은 앞에서 말한 설의 원리에 따라 어떤 종류든 언어적 의미가 아니고, 화자 의미도 아니다.

데이비드슨이 끼워 넣은 '일반적으로(in general)'라는 부사는 자신의 주장을 야심 차게 드러내지만 실은 거짓으로 만든다. 어쩌면 많은 시에 나오는 은유와 다른 문학적 은유는 의도한 목적이 명제와 관련이 없는 만큼 풍부할지도 모르는데, 매일 평범한 사람들이 무심결에 우연히 사용하는 은유는 흔히 맥락에 따라 완벽하게 다른 말로 바꿔 쓸 수 있다. 설이 말하듯 화자가 확실히 어떤 것을, 가능적으로 아주 구체적인 무언가를 의미하는 일은 꽤 자주 일어난다. 한스는 자기 아파트에 들어서자 구역질이 날 만큼 엉망진창임을 알아차렸다.[16] 바닥에 널브러져 있는 더러운 속옷, 개수대에 나흘은 쌓여 썩은 냄새 나는 접시들, 이 책 같은 가족용 출판물에서 언급해선 안 될 다른 물품이 흩어져 있다. 한스는 동거인에게 다가가서 말한다. "너는 돼지야!" 한스는 아주 정확히 자신의 동거인이 더러운 게으름뱅이임을 의미한다. (대신에 한스가 깨끗이 정돈되어 있으나 자신의 동거인이 먹어 치워서 좋은 음식이 사라진 것을 알아차렸다면, 그는 자신의 동거인이 대식가임을 의미하면서 "너는 돼지야!"라고 말했을지도 모른다.) 그래서 나는 데이비드슨이 화자 의미에 딸린 사실들을 간과함으로써 자신의 경우를 과장했다고 생각한다.

다른 한편 데이비드슨이 말하듯 참신한 문학적 은유를 퍼뜨리는 작가들은 언제나 결정된 화자 의미를 갖는 것과 거리가 멀고, 어쩌면 화

---

16 이 예시는 공상이 아니라 실생활에서 따온 것인데 말하기 미안하지만 한스가 공동 연구 모임(seminar)에서 이야기한 사례다.

자 의미조차 명제와 관련된 다른 의도를 전혀 갖지 않을지도 모른다. 이는 은유를 덜 좋게 만들거나 쓸모가 덜하게 만들지 않는다. 왜냐하면 은유는 이따금 데이비드슨이 주목한 유사 지각적 특성(quasi-perceptual character)을 드러내기 때문이다. 몇 가지 경우에 은유는 누군가의 문자에 충실한 지각 성향(one's literal perceptual set)에 닝잉을 준다. (충산에 나오는 다른 경우에, 은유는 단지 화제에 관해 쉽게 생각하기 위해 다른 지적 분위기로 표현한다.) 그리고 이는 설에게 불리한 논점이다.

따라서 두 견해는 각각 서로에 대해 적어도 한 가지 이점이 있다. 나는 이 둘이 화해할 수 있고, 인과 이론과 실용 이론의 이점을 결합한 혼성 견해(hybrid view)가 가능하다고 믿는다. 하지만 나는 혼성 견해의 가능성을 여러분에게 연습문제로 남기고, 설에게 제기된 반론을 세 개만 적어둔다.

첫째, 쿠퍼(D. E. Cooper)는 《은유》(1986)에서, 모런(R. Moran)은 〈은유〉(1997)에서, 만약 은유적 의미가 단순히 화자 의미라면 은유적 의미는 화자의 의도로 결정되거나 화자의 의도에 국한된다고 지적한다. 그렇더라도 참신한 은유의 경우에, 쿠퍼가 (《은유》, 73쪽에서) 말하듯 "아주 확실한 화자 의도일지라도 최종적으로 은유적 의미를 결정하지 못한다." 모런은 "[은유가] 그것의 주제에 비추는 빛에 대한 해석이 화자가 명시적으로 의도했을 것으로 생각한 범위를 넘어설 수도 있다"라고 덧붙인다(〈은유〉, 264쪽).

둘째, 리처즈(Ivor Armstrong Richards, 1893~1979)의 《수사법의 철학》(1936)에서 이미 지적했고, 레이코프와 터너는 《냉정한 이성보다 많이》(1989)에서 은유란 본질적으로 언어 현상이 아니라고 길게 강조하는데, 우리는 화법(speech)에 따라 말하거나 듣지 않고 은유로 자주 생각하는 까닭이다. 14장에서 논의했던 경멸 언어에 관한 윌리엄슨의 논점과 비교해보라. 그런데 다시 이는 일반적 문제로서 겉으로 볼 때 사유 속에서만 일어나는 의사소통 현상이고, 탐구가 더 많이 필요하다.

셋째, 로스(J. F. Ross)는 《유비 보여주기》(1981)에서, 키테이는 《은유》 (1987)에서 때때로 유비라고 불리는 은유 현상의 한 종류에 주의를 환기한다. 이는 논란의 여지 없이 데이비드슨의 견해도 설의 견해도 다루지 않은 의미와 의미 전환(meaning shift)을 포함하는 현상이다. 그런 은유 현상은 널리 퍼져 있고, 우리의 입에서 나오는 거의 모든 문장에 나타난다. 나는 이 장을 끝맺는 절에서 은유 현상으로 돌아갈 것인데, 지금은 먼저 더 익숙한 두 가지 발상에 각각 근거한 은유 접근법을 검토하기로 하자.

가식
Pretense

월턴은 〈은유와 소품-맞춤 가장〉(1993)에서 일부 은유가 가장 놀이를 통해 아주 잘 이해될 수 있다고 주장한다. 그는 이 모형을 모든 은유에 대한 일반 이론으로 제의하지 않는다. (4장에서 논의한) 지칭 현상과 (14장에서 논의한) 구술 반어에 대한 가식 이론이 그랬듯, 월턴의 모형은 가식적 화행에 호소하지도 않는다. 오히려 요점은 은유가 특별한 방식으로 특성이 드러나는 사물이나 사태에 주의를 집중시킨다는 것이다. "은유적 진술은 (그것의 맥락 속에서) (가능한) 가장 놀이를 함축하거나 시사하거나 도입하거나 생각해내고(월턴, 〈은유와 소품-맞춤 가장〉, 46쪽)", 이런 놀이로 특성이 드러나는 사물은 소품의 역할을 **할 것이다**. 실제 가식이나 놀이가 있을 필요도 없고, 어느 하나에 참여할 필요도 없다. 논점은 (모런의 용어를 사용하면) 조명을 비추듯 사물을 '틀에 넣는(frame)' 것이다.

"논증은 전쟁이다(Argument is war)"라는 은유와 부수적으로 생긴 방어할 수 없는 주장들이 오가는 담화/대화, 적중한 비판, 논증의 승패, 논증을 쏘아 떨어뜨리기, 입장을 공격하고 방어하기 따위를 포함한 은유의 가족은 사람들이 논증 과정에서 말한 것이 전쟁의 행위를 둘러싼 허구적 진리를 만들어내는 놀이임을 시사한다. 논증에서 논증 제시자와 참관인은 논증과 관련된 행동을, 전쟁의 행위를 상상하면서 규정하고 그 규정에 따라 상상한다고 받아들이면 해낭 놀이에 참여하는 것이다. 하지만 참여할 때 은유를 사용하고 이해할 필요는 없다. [단지 가능할 뿐인] 놀이라고 인지하거나 자각하는 것으로 충분하다.

〈은유와 소품-맞춤 가장〉, 45쪽

이 모형은 은유가 쓸모 있게 확장된 사례에서 특히 잘 작동한다(티렐, 〈확장하기: 은유의 구조〉, 1989, 53쪽). 바로 위에서 인용한 예에서 보듯 작동한다는 것이다. (월턴은 이렇게 말한다. "은유적 발언은 가장 놀이의 약정된 개시 행사와 비슷하게 우리가 새로운 방식으로 **나아갈 수 있게 한다**"(〈은유와 소품-맞춤 가장〉, 53쪽, 강조 표시 원문대로).) 월턴의 모형도 설명력과 예측력이 있다. 첫째, 이 모형은 전형적 사례에서 우리는 왜 은유가 구별되는 두 영역이나 범위를 한데 모은다고 느끼는지 설명해 준다(비어즐리가 1967년에 발표한 〈은유〉와 굿맨이 1968년에 출간한 《예술 언어》를 보라). 월턴이 (〈은유와 소품-맞춤 가장〉, 47쪽에서) 말한 새로운 영역이란 특성 지어진 사물을 소품(a prop)으로 받아들임으로써 만들어낼 허구적 진리의 영역이다. 둘째, 그런 모형이 제공한 '틀에 넣기(framing)' 효과는 은유적 주장을 해석할 뿐만 아니라 은유 표현에 일반적으로 적용된다(〈은유와 소품-맞춤 가장〉, 47쪽). 흥미롭게도 셋째, 그 모형은 은유를 이해하기 위해 우리가 유사점들을 보아야 한다고 요구하지 않는다. 왜냐하면 적합한 가장은 부분적으로 관습에 따르거나 그렇지 않더라도 유사점들에 기초하지 않을 수도 있기 때문이다(〈은유와 소품-맞춤 가장〉, 47~49쪽). 넷째, 월턴은 포겔린과 달리 은유가 왜 뒤바뀔 수 없는지 설명한다. 가장 전쟁(make-believe war)에서 소품으로 받아들인 논증은 포탄이 터졌음을 허구적으로 참이게 만들 테지만, (적어도 같은 놀이에서는!) 진짜 현실의 포탄이 누가 철학 이론에 반론을 제기했음을 허구적으로 참이게 만들지는 못할 것이다.

월턴은 자신의 모형이 모든 은유에 풍성하게 적용되지 않는다고 인정한다. "특히 더 흥미로운 은유에는 적용되지 않고, [그것은] 우리가 확신에 넘쳐 **나아갈** 수 있게 하지 않는다."(《은유와 소품-맞춤 가장》, 53쪽) 그는 실제로 이 장의 앞에서 들었던 (2) ("줄리엣은 태양이니")를 인용하는데, 새롭고 눈길을 사로잡고 사유를 자극하는 어떤 용법이든 은유의 예가 될 것이다. "음악 구절을 '무지개'로 묘사하기"(《은유와 소품-맞춤 가장》, 53쪽), 또는 줄리엣이 밤의 뺨에 걸려 있음을 들 수 있다. 그런 점에 대해 월턴의 모형이 어떻게 어떤 사람을 돼지라고 부르는 은유에 응용되는지 알아보기는 어렵다.

적합성 견해
Relevance View

스퍼버와 윌슨은 〈은유 축소 설명〉(2008)에서 은유가 특별하고 예외적인 언어 사용이라는 지배적 관념을 거부한다. 우리가 13장에서 보았듯 그들은 발언을 달리 의심할 이유가 없는 한, 엄밀한 뜻에서 문자 그대로 받아들여야 한다는 전통적인 그라이스의 견해를 수용하지 않는다. **거의 언제나** "문장이 부호로 간직한(encodes) 의미 구조와 화자가 문장을 주어진 상황에서 발언함으로써 전달하는 의미 사이에는 **상당한** 격차(a considerable gap)가 있다"라고 그들은 주장한다(스퍼버와 윌슨, 〈은유 축소 설명〉, 99쪽. 강조 표시는 내가 한 것이다).

우리는 은유란 단순하게 문자에 충실한 해석, 느슨한 해석, 과장된 해석을 포함한 연속체의 한쪽 끝에 자리한 사례들로 이루어진 범위라고 본다. … 은유에 특수한 어떤 기제도 없고, 은유에만 적용되는 흥미로운 일반화도 없다.

(We see metaphors as simply a range of cases at one end of a continuum that includes literal, loose and hypebolic interpretations … There is no mechanism specific to metaphors, no interesting generalisation that applies only to them)

스퍼버와 윌슨, 〈은유 축소 설명〉, 97쪽

13장에서 우리는 임시 개념 구성, 달리 말해 '풀기와 조이기(loosening and tightening)'나 '좁히기와 넓히기(narrowing and broadening)'의 적합성 개념을 살펴보았다. 스퍼버와 윌슨은 이제 은유가 단지 이런 현상의 극단적 사례라고 주장한다. 메리(Mary)가 추천하며 제의한 다음 진술을 살펴보자(스퍼버와 윌슨, 〈은유 축소 설명〉, 112쪽).

(5) 내 지압 치료사는 마법사야.

(My chiropractor is a magician.)

"내 남편의 사촌은 마법사야"라고 말했던 어떤 사람은 개연적으로 사촌이 직업이나 취미로 마술 묘기를 부리는 사람이었음을 의미했을 테지만, 메리는 은유적으로 초자연적 힘을 내세운다. 스퍼버와 윌슨은 이것이 단지 **마법사** 개념의 임시 구성이라고 강력히 주장한다. 이 개념은 초자연적 힘을 갖지 않은 사람들을 포함하도록 넓혀지고 척추를 교정하는 데 관심이 있는 사람들을 의미하도록 좁혀진다. 더 중요한 점으로 그들은 청자가 그런 개념을 형성하도록 이끌게 될 적합성 주도의 추론 과정(relevance-driven inferential process)을 상술한다(스퍼버와 윌슨, 〈은유 축소 설명〉, 113쪽). 그들의 지적에 따르면, 이 추론 과정은 청자가 덜 색다른 임시

430

개념을 형성하도록 이끄는 과정과 종류가 다르지 않다.

여러분은 이렇게 항변할지도 모른다. 은유에 관해 눈길을 끌고 설명을 요구하는 것은 일상적 대화의 '풀기와 조이기' 현상과 대조되는 독특한 수사적 및/또는 시적 '문자에 충실하지 않음(nonliteralness)'이고, 이는 훨씬 엄밀한 '문자에 충실한(literal)'의 뜻에서만 '문자에 충실하지 않은(nonliteral)' 것이다. 그러나 스퍼버와 윌슨은 정확히 그런 점을 부정하고 있다. 그들은 은유의 성질과 시적 효과의 정도가 상호 독립해 있음을 잊지 말라고 우리에게 일러주기도 한다(스퍼버와 윌슨, 〈은유 축소 설명〉, 118~119쪽). 실은 과장이 심한 어떤 은유는 특별히 시적인 용도가 없으며, 몇몇 강력한 시적 효과는 일본의 전통 단시, 하이쿠처럼 완벽하게 문자에 충실한 언어로 달성된다.

심각한 우려는 그들의 논증이 특수어들(particular words)에 지나치게 집중해서 더 정교한 은유의 자리가 전체 문장임을 추정하려고 하지 않은 데 있다(화이트, 《은유의 구조》(1996)). 앞에서 들었던 (4) ("피가 끓어오를 때, 영혼은 얼마나 방탕하게 혓바닥에 맹세를 빌려주는지")는 전자의 예일 수도 있게 되고, (각주 10에서 인용했던) 커밍스의 "그는 자신의 노래를 불렀고 그러지 않았고 춤을 추었고 그랬다"라는 시구와 오든(Wystan Hugh Auden, 1907~1973)의 "모래시계는 사자의 발에 속삭이네(The hour-glass whispers to the lion's paw)"(라이머, 〈데이비드슨과 은유〉(2001)에서 인용)[17]라는 시구도 마찬가지다. 후자의 두 예는 또한 데이비드슨이 지적했던 방식으로는 바꿔 쓸 수 없을지도 모르고, 스퍼버와 윌슨의 설명은 설의 설명과 마찬가지로 모든 은유를 다른 말로 바꿔 쓸 수 있다고 함축하는 것처럼 보인다.

이제 로스와 키테이의 유비 현상으로 돌아가자. 유비 현상은 언어학

---

17 오든, 《위스턴 휴 오든 시선》(New York: Random House, 1945), 〈우리의 편견〉, 1줄

상 그 자체로 중요하다. 나는 여러분이 유비 현상에 익숙해지도록 할 것이다. 불행히도 유비 현상을 활용한 은유 이론들은 난해하고 복잡해서, 나는 은유 이론들을 해명하기 위해 지면을 늘리지 않을 것이다.

유비로서 은유
Metaphor as Analogical

나는 문제의 영역으로 들어갈 방도로서 바인라이히(U. Weinreich)의 〈의미 이론 탐구〉(1966), 라이언스(J. Lyons)의 《의미론》(1977), 코헨의 〈진리 이론적 의미론을 둘러싼 문제〉(1985), 데이비드슨의 〈묘비명의 멋진 교란〉(1986)에서 옹호할뿐더러 로스와 키테이, 적합성 이론가들도 옹호한 **무한 다의성** 논제(infinite polysemy thesis)를 소개한다. 이 학설은 전체 문장의 의미가 아니라 **어휘적/사전적 의미**(lexical meaning), 낱말과 짧은 어구의 의미와 관계가 있다. 거의 모든 낱말은 대명사조차 낱말이 나온 문장 안에 놓인 적합하고 다양한 환경이 정해지면 새롭고 구별되는 어휘적/사전적 의미를 아주 많이 무제한으로 가질 수도 있다. 실은 같은 한 낱말이 문장 요소의 맥락에 따라 아주 낯선 외부 상황 속에서도 거의 뭐든 의미할 수 있다. 더욱이 아주 놀랍게도 낱말은 새로운 의미를 정상적인 청자가 즉각 파악할 수 있는 방식으로 무엇이든 의미한다.

이런 모든 일이 생기는 까닭은, 새로운 낱말 의미들이 정상적인 모든 화자가 동원하는, **유비의 복잡하지만 다루기 쉬운 기제들**(intricate but fairly tractable mechanisms of **analogy**)에 따라 기존 낱말들로부터 맥락 속에서 생성되기 때문이다.[18] 같은 이유로 낱말 의미의 이런 차이가

---

18 이런 생각은 실제로 아주 오래되고 낡은 것이다. 아리스토텔레스는 이를 탐구했고, 중세 철학자들은 정력을 쏟아부어 그것을 정교하게 다듬었다.

'bank'라는 낱말이 은행이라는 의미와 비스듬히 나는 비행 기술이라는 의미를 지니는 것, 또는 'die'라는 낱말이 죽는다는 의미와 보드 게임에서 사용하는 말의 의미를 지니는 애매함처럼 완전히 맹목적인 애매어들 (utter, brute ambiguities)인 경우는 극소수다. 다의적 의미는 체계적으로 서로 연결되어 있다.

다음의 예시 묶음들을 살펴보자.

a. "그녀는 코를 하나 빠뜨렸다(She dropped a stitch)." "그녀는 옷단을 내렸다(She dropped her hem-line)." "그녀는 책을 떨어뜨렸다(She dropped her book)." "그녀는 친구를 버렸다(She dropped a freind)." "그녀는 수강 과목을 취소했다(She dropped her courses)." (로스, 《유비 보여주기》, 1981: 33쪽) "그녀는 눈을 떨구었다(She dropped her eyes)." (키테이, 《은유》, 1987: 154쪽) 이 목록에 나타난 '떨어뜨렸다(dropped)'라는 과거형 동사는 제각기 적어도 조금씩 다른 것을 의미한다. (그리고 우리는 '우편물 투입구(letter drop)', '낙하산 투하(parachute drop)', '핏방울(drop of blood)' 같은 명사 형태를 목록에 추가할 수도 있다.) 더욱이 로스는 "그 의미들은 … 완성어들(completion words)로 적당하고, 알맞다"라고 말한다.

b. "그는 날짜를 골랐다(He picked a date)." "그는 날짜를 지정했다(He appointed a date)." "그는 날짜를 고정했다(He fixed a date)." "그는 날짜를 원했다(He wanted a date)." "그는 날짜를 빌렸다(He borrowed a date)." (로스, 《유비 보여주기》, 1981: 80~81쪽) 로스는 이런 문장들이 제각기 여전히 애매하고, 애매함은 더 넓은 맥락을 추가함으로써만 줄어들 수 있다는 점에 주목한다.

c. "그는 총을 장전했다(He charged a gun)." "그는 배심원을 고발했다(He charged the jury)." "그는 그녀를 살인죄로 기소했다

(He charged her with murder)." "그는 그에게 책임을 지웠다(He charged him with responsibility)." "그는 법이 허용한 것보다 더 많이 청구했다(He charged more than the law allowed)." "그는 소년을 너무 많이 책망했다(He charged the boy too much)." "그는 건전지를 충전했다(He charged the battery)." (로스의 《유비 보여주기》 100쪽에 나온 내용을 다른 말로 바꿔 썼다.)

d. 나의 예: '죽은 남자', '죽은 오리', '죽은 침묵', '죽은 방울', '죽은 행진', '죽은 눈(dead eye)', '죽은 결말', '죽은 머리', '죽은 자산', '죽은 열', '죽은 나사', '죽은 언어', '죽은 손해', '죽은 주정뱅이', '죽은 피로', '죽은 지루함', '죽은 성벽/추세', '죽은 겨울'

e. '안에(in)', '위에(on)', '의(of)' 같은 전치사는 맥락에 따른 일정한 의미를 지니지 않는 것으로 악명이 높다. (레이코프와 존슨은 《은유로 사는 우리》에서 이 논점의 정곡을 찌른다.)

f. 접사와 격조사도 다의성을 지닌다는 생각이 든다. 특히 소유격은 겉보기에 셀 수 없이 다른 관계를 지시하고, 그 가운데 몇 개만 어떤 뜻에서 '소유권(ownership)'을 나타낸다.

사실 우리는 여기서 아주 세밀하게 구별하고 있다. 누군가 앞서 말한 낱말이 **모두** 실제로 의미가 다름을 부정하는 것도 무리는 아니고, 그 가운데 몇몇 차이는 어조(tone)나 함축 의미(connotation)에 속한 것임을 시사하기도 한다. 그러나 우리가 진단에 필요한 징후로서 목록에 적힌 종류에 속한 어떤 문장이 동시에 애매함의 해소에 의존해 참값을 하나 이상 가질 수 있는지 물을 때, 대답은 명백히 그렇다(yes)는 것이다. 키테이는 페기 패리쉬 아동 도서(Peggy Perish's children's books)에 주인공으로 등장하는 가사 도우미 아멜리아 베델리아(Amelia Bedelia)가 이런 변형에 귀를 기울이지 않는다는 점을 우리에게 상기시킨다.

'가구에 먼지를 털라(dust the furniture)'라고 요청받을 때, 그녀는 분첩을 사용해 가구에 분을 바른다. '커튼을 쳐라(draw the curtains)'라고 요청받을 때, 그녀는 커튼에 사생화를 그린다. '닭고기를 손질하라(dress the chicken)'라고 요청받을 때, 그녀는 당일 밤 정찬에 쓰려고 준비한 새에게 작은 바지와 윗옷을 입힌다.

키테이, 《은유》(1987), 111쪽

'먼지를 털다/가루를 뿌리다(dust)', '끌다/치다/그리다(draw)', '옷을 입히다/옷을 입다/손질하다(dress)'라는 동사는 제각기 뜻이 다르지만, 다양한 뜻은 서로 연결되어 있을지도 모른다.

생성된 유비 의미는 은유적 의미를 지니더라도 (자체로) 극히 드물다. 로스와 키테이의 은유에 대한 설명에서, 은유적 의미는 유비 의미에 따로따로 작용한 결과물이다. "[은유적] 의미의 전달은 의미 원자를 단순히 바꾸어 놓음(displacement)이 아니라 한 체계에서 다른 체계로 이동하는 것이다. … 은유적 의미는 이차적 의미다(키테이, 《은유》(1987), 138쪽, 141쪽).

불행히도 우리의 목적과 관련해 유비 의미 분화에 대한 설명을 주도한 로스와 키테이의 두 가지 이론, 특히 은유 이론을 확장한 그들의 설명은 너무 복잡해서 여기서 개요를 진술할 수조차 없다. 나는 그들의 작업을 여러분이 참조하게 할 뿐이고, 여러분이 언어철학에 깃든 어두운 면을 제한적으로나마 들여다보면서 즐겼기를 희망할 따름이다.

요약 ———

- 은유 현상은 철학자들이 일반적으로 인정하는 것보다 훨씬 널리 퍼져 있으며, 두 가지 주요 문제를 제기한다. '은유적 의미'란 무엇인가? 그리고 청자는 어떻게 그토록 쉽게 은유적 의미를 파악하는가?
- 이론가들은 대부분 은유가 어떻게든 사물이나 사태의 유사점들을 드러내는 문제라고 생각했다.
- 데이비드슨은 비교라는 자극이 순수한 인과 현상이지 언어 현상이 아니라고 주장한다. 반대 극단에 자리한 소박한 직유 이론은 은유가 문자에 충실한 비교를 단순히 줄인 것이라고 주장한다. 두 견해를 논박하는 일은 쉽다.
- 비유적 직유 이론에 따르면 오히려 은유는 비유로 받아들인 직유를 줄인 말이다. 이 견해는 소박한 직유 이론에 제기된 몇 가지 반론을 피하지만 다른 반론은 피하지 못한다.
- 설은 은유적 의미를 화자 의미로 설명하기 위해 그라이스식 장치를 동원한다. 이는 그럴듯한 시도이며 데이비드슨이 주도해 은유적 의미에 제기한 반론을 극복하지만, 다른 반론을 초래한다.
- 월턴은 많은 은유가 가능한 가장 놀이에 주의를 환기함으로써 작동한다고 주장한다.
- 적합성 이론가들은 은유 폭로 설명을 제의하는데, 이 설명에 따르면 은유란 임시 개념 구성의 극단적 사례에 지나지 않는다.
- 더 나아간 은유 이론은 단일 낱말들이 연결되어 있지만 구별되는 수많은 의미로 갈라지는 자체로 중요한 유비 분화 현상에 근거한다.

학습 과제 ———

1. 데이비드슨의 인과 이론 또는 소박한 직유 이론에 대해 할 말이 더 있는가?

2. 포겔린의 비유적 직유 이론을 공격하거나 방어하면서 따라잡아 보라.
3. 데이비드슨과 설 사이에 타협안을 제시해보라.
4. 우리가 제기한 반론 가운데 하나 이상에 맞서 설을 옹호하거나, 또는 추가 반론을 제기해보라.
5. 예를 추가로 들어 월턴의 가식 모형을 늘리고 넓혀보라.
6. 적합성 이론가들의 축소 견해를 반론에 맞서 방어해보라.
7. 만약 여러분이 과외 독서를 기꺼이 하겠다면, 로스와 키테이의 '유비' 현상을 논해보라. (심약한 사람을 위한 과제는 아니다.)

더 읽을거리 ────

- 블랙의 〈은유〉(1954/1962)는 새로운 획을 그은 생산적인 논문으로 이에 대한 해설과 주석, 논평이 폭넓게 나와 있다.
- 라이머는 〈데이비드슨과 은유〉(2001)에서 데이비드슨의 인과 이론의 명예를 회복시킨다.
- 존슨의 《은유를 다루는 철학의 관점》(1981)은 유용한 선집이다.
- 에건의 〈완전 관용구/숙어를 위한 가식〉(2008)과 웨어링의 〈은유, 관용구/숙어, 가식〉(2011)은 **관용구/숙어**의 가식 이론을 제의한다.
- 팰컴과 비센테의 〈다의성: 현행 관점과 접근법〉(2015)은 뜻과 철자가 다른 동음어를 다룬 언어학적 접근법을 개괄한다.
- 코헨의 〈비유 화법과 비유 행동〉(1975), 엘긴과 셰플러의 〈은유의 큰 태엽〉(1987), 티렐의 〈확장하기: 은유의 구조〉(1989), 스턴의 《맥락 속 은유》(2000)는 은유를 다루는 추가 접근법을 제의한다. 화이트가 《은유의 구조》(1996)에서 펼쳐 보인 작업은 특별히 섬세하고 상세하다.

용어해설 Glossary

- **Analogical prediction** 유비 예측
  '무한 다의성'을 보라.

- **Analytic** 분석적
  문장의 진리가 사소하더라도 문장에 나온 낱말들의 집합 의미로 보장되면 분석적임

- **Anaphoric expression** 대용 표현
  대용 표현의 의미는 다른 표현, 곧 선행어에서 유래하며, 선행어는 흔히 대용 표현이 들어간 문장이나 이전 문장 속에 먼저 나옴

- **Antecedent (of an anaphoric expression)** (한 대용 표현의) 선행어
  대용 표현의 선행어는 대용 표현의 의미가 유래한 표현

- **Antecedent (of a conditional sentence)** (한 조건 문장의) 전건
  적합한 조건을 진술한 절은 전형적으로 '만약/만일'로 시작하는 절. 적합한 조건에서 벌어지거나 벌어질 일을 진술한 **후건**(consequent)과 대비

- **Compositionally, compositionality** 합성성에 따라, 합성성
  우리가 새로운 문장을 이해하는 방법, 다시 말해 우리가 새로운 문장을 개

별 낱말들을 이해함으로써 이해하는 방법과 개별 낱말들이 한 줄로 엮이는 방법의 특징. 한 문장의 의미가 문장을 구성하는 낱말들의 의미들과 낱말들이 서로 맺는 구문 관계에 따라 결정됨을 선제

· **Context of utterance** 발언의 맥락
화자가 특정한 기회에 언어의 한 부분을 사용하는 배경

· **Contextual definition** 맥락적 정의
명시적 정의와 대조되는 정의의 한 유형이고, 맥락적 정의로 낱말이 나타난 전체 문장을 어떻게 다른 말로 바꿔 쓸 수 있는지 보여줌으로써 정의되어야 할 낱말의 역할을 드러냄

· **Conventional implicature** 관습상 암시 함축
화자가 실제로 말한 것이 아닌 무엇을 함축한다는 점에서 암시 함축. 추리에 기초하지 않고 직접적으로 파악된다는 점에서 대화상 암시 함축과 다름. 정상적으로 경향성을 띤 특수어의 선택으로 전달

· **Conversational imlpicature** 대화상 암시 함축
그라이스식 대화 준칙 같은 것이나 적합성 이론에서 말하는 효율적 정보 전달에 대한 고려에 근거한 추리를 사용함으로써 알아내거나 알아낼 수 있는 암시 함축

· **Deictic** 화용 지시적
화용 지시적 요소(deictic element)는 의미론상 해석이 시제 형태소나 지시 대명사처럼 발언의 맥락에 따라 체계적으로 바뀌는 요소. 화용 지시어는 지표어(indexicals)라고도 부름

· **Description theory of proper names** 고유 이름 기술 이론
이름이 기술과 의미가 같다는 논제

· **Domain** 영역
양화사가 포괄하는 사물의 집합

· **Echoic speech** 메아리 화법

어떤 사람의 이전 발언을 전형적으로 화자가 최초 발언에 주목했고 적어도 그것에 관해 잠시나마 생각하고 있음을 나타내려고 반복하는 발언

· **Explicuture** 명시 함축

적합성 이론가들이 취소할 수 있지만 어떻게든 '명시적으로' 전달되고 이해되는 암시 함축에 대해 사용한 용어

· **Extension** 외연

어떤 명사/용어가 적용되는 사물의 집합. 예컨대 '빨간색'의 외연은 빨간색 사물의 집합

· **Flaccid designator** 느슨한 지시어

다른 가능 세계에서 다른 사물을 지시하는 단칭 명사

· **Free enrichment** 자유로운 덧보탬

말한 것의 한 구성 요소에 대해 논리적 형식이나 다른 구체적인 언어 제어에 숨은 구멍이 없더라도 맥락에 따라 채우기

· **General terms** 일반 명사

하나보다 많은 사물에 적용되는 '개'와 '갈색' 같은 명사/용어

· **Ideational theories** 관념 이론

의미는 정신으로 파악되는 독립체라고 주장하는 이론

· **Identity statement** 동일성 진술

동일성 진술은 단칭 명사 두 개를 포함. 만약 동일성 진술이 참이라면, 동일성 진술의 두 항은 모두 같은 사람이나 같은 사물을 골라내거나 지시함

· **Idiolect** 개인 언어

특정 개체의 개인적이고 독특한 화법

· **Illocutionary** (as in "illocutionary force") 발화 수반적 ('발화 수반 효력'에서 마찬가지)

오스틴이 분류한 것으로 화자가 수행하는 특정 관습적 화행의 유형과 관련된

- **Implicature** 암시 함축

  발언한 문장이 함의하지 않고/않거나 화자가 실제로 말하지 않으면서 전달한 함축이나 다른 전언(message)

- **Infinite polysemy** 무한 다의성

  거의 어떤 낱말이든 문장 안에서 알맞은 다양한 환경이 정해지면 한계 없이 조금씩 구별되는 어휘적/사전적 의미를 얼마든지 지닐 수도 있다는 논제

- **Intensional isomorphism** 내포 구조 동일성

  두 문장이 같은 내포를 가지고 같은 원자 내포들에서 같은 방식으로 (혹은 똑같은 방식으로) 구성됨으로써 같은 내포를 가질 때, 두 문장 사이에 내포 구조 동일성이 있음

- **Intensional logic** 내포 논리

  프레게식 뜻의 논리를 자세히 기술한 형식 체계

- **Intensional sentences** 내포 문장

  외연이 같은 명사/용어를 문장의 참값을 바꾸지 않고서 대체할 수 없는 문장

- **Lexical meaning** 어휘적/사전적 의미

  문장 의미와 대조되는 낱말이나 짧은 구의 의미

- **Modal** 양상의

  가능성과 필연성에 관한

- **Natural kind terms** 자연종 명사

  자연의 물질이나 유기체를 지칭하는 '금'이나 '호랑이' 같은 보통/공통 명사

- **Possible world** 가능 세계

  실제/현실 세계였을 수도 있는 세계, 또는 우주

- **Quantifiers** 양화사

  일반 명사의 양을 한정하는 '모든' 또는 '어떤' 같은 말

- **Referential theory of linguistic meaning** 언어 의미 지칭 이론

  이 이론은 모든 언어 표현의 의의나 의미를 그것들이 세계의 사물과 관습적으로 연합함의 측면에서 설명하려고 시도하고, 인간이 문장을 이해함을 문장을 구성하는 낱말들이 무엇을 지칭하는지 앎의 측면에서 설명하려고 시도함

- **Restricted quantification** 제한 양화

  대다수 양화 진술의 특징으로 양화사가 포괄하는 영역은 전체 우주가 아님. 영역은 전형적으로 맥락에 따라 지시되는 어떤 방식으로 제한됨

- **Rigid designator** 고정 지시어

  모든 가능 세계에서 (엄밀히 말해 같은 사물이 실존하는 모든 가능 세계에서) 같은 사물을 지시하는 단칭 명사

- **Saturation** 채움/만족

  논리적 형식의 바탕에 놓인 자리에 적합한 값을 맥락에 따라 채워 넣기

- **Semantic presupposition** 의미론상 선제

  만약 S2가 거짓이라면 필연적으로 S1이 참값을 가지지 못하면, 오로지 그 경우에만 문장 S1은 의미론적으로 문장 S2를 선제함

- **"Sense"**(Frege) '뜻'(프레게)

  언어 표현이 (추정) 지칭체에 더해 지닌 의미의 부류

- **Semantic referent** 의미론상 지칭체

  만약 개체가 실존한다면, 개체와 기술이 들어맞음으로써 기술이 골라낸다고 말하는 개체. 의미론상 지시체라고 부르기도 함

- **Singular term** 단칭 명사

  하나의 개별 사물을 지시한다고 말하는 이름이나 확정 기술 같은 명사/용어

- **Speaker-meaning** 화자 의미

  화자가 문장을 발언할 때 의미하는 것. 그라이스는 '발언자의 의미'라고도 부름

- **Speaker-reference** 화자 지칭

  만약 있다면 기술을 사용하는 화자가 청중의 주의를 환기하려고 의도한 대상

- **Truth condition** 진리 조건

  문장이 참이 될 조건

- **Truth-functional** 진리 함수적

  만약 연결사를 포함한 복합 문장의 참값이 요소 문장들의 참값으로 엄밀하게 결정되면, 연결사는 진리 함수적. 예를 들어 '그리고'는 진리 함수적 논리 연결사인데, "A 그리고 B"라는 형식 문장의 참값은 "A"와 "B" 각각의 참값으로 엄밀하게 결정되기 때문

감사의 글

/

1판 감사의 글

이 책을 출간하느라 고생한 편집자 모리아 테일러에게 감사한다. 그녀는 듣기 좋은 말로 나를 격려하며 용기를 북돋웠는데 특히 참을성 있게 원고를 기다리며 무척이나 힘들었을 것이다. 마이크 하니시, 그레그 맥콕, 에드 마스는 초고를 성의껏 읽고 정성스러운 논평과 사려 깊은 제언을 많이 해주었다. 이들의 논평과 제언 덕분에 책이 훨씬 나아졌다. 깊이 감사한다.

피터 얼워드와 로라 모건이 음질 상태가 좋지 않고 장시간에 걸쳐 녹음된 강의를 글로 옮겨 적어 초고 대부분을 만들었다. 그들의 노고가 진심으로 고맙고, 기진맥진 상태에서 곧 완쾌되기를 바란다. 션 매키버는 번번이 편집에 필요한 원조와 충고를 아끼지 않았고, 초고 완성에 힘을 크게 보탰다. 그는 녹음 강의를 일부 글로 옮겨 적는 작업도 해냈다. 몇 군데 삭제할 부분을 제언하고 참고문헌을 체계적으로 정리해준 것에 특히 감사한다.

이 책의 마지막 몇 장은 국립 인문학 본부(National Humanities Center)의 선임 연구원으로 재직하던 1998년부터 1999년 사이에 완성했다.

재단과 멋진 직원들의 너그러운 지원에 감사한다. 국립 인문학 기금 (National Endowment for Humanities)의 추가 지원에도 감사한다.

2판 감사의 글

인내심을 갖고 도와준 편집자 케이트 알, 편집과 찾아보기 작업뿐 아니라 여러 연구에 참여한 매그 윌리스도 고맙다. 초판을 읽고 세계 여러 곳에서 논평과 제언을 보내준 많은 독자에게도 감사한다. 마이크 하니쉬, 패트릭 그리너프, 마크 펠런에게 특별히 감사한다. 세 사람이 아주 상세한 논평을 보내준 덕분에 몇 군데 오류를 고쳤을 뿐만 아니라 여러 곳의 내용도 개선할 수 있었다.

이런저런 주제를 추가로 다루기 위한 장이나 절을 덧붙이라고 여러 논평자가 촉구했다. 좋은 생각이었지만, 지면의 한계로 소수만 선별하여 추가할 수밖에 없었다. 정중히 사과드린다.

3판 감사의 글

격려하며 인내심을 갖고 기다려 준 편집자 앤디 벡에게 감사한다. 연구를 도와준 토비 나폴레타노에게, 그리고 강의를 도우며 2판을 전체적으로 검토한 사라 코픽에게 고마운 마음을 전한다. 늘 그렇듯 세계 곳곳에서 1판과 2판을 읽고 자세한 논평과 제언을 전하려고 수고한 많은 독자에게 감사한다.

옮긴이의 말

언어철학은 언어란 무엇인지를 연구하는 학문이다. 언어, 언어 사용자, 세계의 관계를 탐구한다. 이런 탐구는 문법과 구문, 낱말과 문장, 개념과 명제, 의미와 지칭, 문장 의미와 화자 의미, 의도와 함축, 문장의 사용과 화행의 여러 유형, 표현 및 비유 언어, 언어를 배우고 익히는 능력, 사유의 본성을 밝히는 과제도 포함한다.

현대 언어철학은 20세기 초부터 중반에 걸쳐 프레게와 러셀, 비트겐슈타인, 논리 실증주의, 일상 언어학파가 주도한 철학의 '언어적 전환'을 배경으로 발전했다. 한동안 분석철학계에서 모든 철학은 언어의 문제로 이해되기도 했다. 20세기 후반에 이르러 형이상학과 인식론, 윤리학과 미학 같은 전통 철학의 분과가 부활했으며, 과학기술이 고도로 발전하고 다양한 문화가 공존하는 현대 사회에 적합한 여러 전문 철학 분야가 생겼다. 이제 철학을 단지 언어의 문제로 여기는 사람은 거의 없을 것이다. 그럼에도 언어철학은 현대 서양철학의 전문 분야로서 확고한 자리를 지키고 있다.

《현대 언어철학》(3판)은 라이컨이 수십 년 동안 언어철학을 연구하고 강의한 경험에서 나온 풍부한 지식을 일목요연하게 풀어낸 역작이다.

초판이 출간되어 미국뿐 아니라 세계 여러 나라에서 언어철학 강의 교재로 사용할 만큼 훌륭한 책이라고 평가받고 있다. 또한 언어철학에 관심 있는 사람이라면 누구나 재미나게 읽을 만한 책이기도 하다.

우리는 모두 특정 언어의 사용자로서 언어의 형식인 문법과 구문, 문장에 담긴 의미와 문장으로 전달하거나 전달되는 의미, 말로써 하는 여러 행위에 관심을 가질 수밖에 없고, 당연히 이런 모든 것에 대해 알고 싶어 한다. 독자들은 이 책에서 구문론, 의미론, 화용론이라는 세 분야를 만나게 될 것이다. 구문론은 문법을 연구하며, 낱말들로 엮은 문자열이 특정 언어에서 알맞은 문장인지 다룬다. 의미론은 의미를 연구하며, 언어 표현들이 세계와 관계를 맺음으로써 유의미해진다고 해석한다. 화용론은 언어 표현이 사회 속에서 어떻게 실제로 사용되는지를 다룬다. 독자들은 이 책을 읽음으로써 언어 사용자로서 품은 궁금증이 많이 풀릴 것이다.

특정 언어 공동체 안에서 어휘와 문법을 어느 정도 배우고 익히면, 누구나 새로운 문장을 무한히 만들어내고 문장의 의미도 즉각 이해할 수 있다. 세상에서 가장 신기한 현상이다. 라이컨은 이런 놀라운 현상과 관련된 주제를 넷으로 분류해 논의하면서 독자들이 신비스러운 언어의 세계를 여행하도록 친절하게 안내한다.

첫째, 우리는 말이 세계 속의 사물을 나타내므로 의미를 지닌다고 생각한다. '해'는 실제 해를, '달'은 실제 달을, '사람'은 실제 사람들을 지칭함으로써 유의미해진다. 이런 지칭 이론은 자연스럽고 호소력이 있지만, 검토의 대상이 되자마자 심각한 반론에 직면한다. 고유 이름, 지시 대명사, 확정 기술 같은 단칭 명사에만 적용한다고 해도 지칭 이론은 반론을 피할 수 없다. 프레게와 러셀은 지칭이나 지시에 관해 실존하지 않는 대상을 지칭하는 것처럼 보이는 문제, 부정 실존 문장의 문제, 동일성 진술에 관한 수수께끼, 대체성의 문제를 제기했다. 두 철학자는 각자 논리적 분석을 통해 문제를 해결하려고 시도했고, 이후 고유 이름에 대해 러셀의 기술주의, 밀식 전통을 이은 직접 지칭 이론, 크립키의 인과 역사 이론이 지칭의 문제를 해결하려고 경쟁했다. 고유 이름을 이해하려면, 이름을 지어 부르는 명명식에 근거한 인과 역사의 사슬과 이름의 지칭체를 묘사한 확정 기술이 모두 필요할 것이다.

둘째, 우리는 유의미한 문장과 무의미한 문자열을 구별하고, 두 언어 표현의 동의성, 단일 표현의 다의성과 애매함, 낱말들의 함축과 문장들의 함의를 파악할 수 있다. 이런 기초 의미 사실을 설명하는 것이 의미 이론의 과제다. 관념 이론에서 언어 표현의 의미는 정신에 깃든 관념이고, 명제 이론에서 언어 표현의 의미는 완전한 사유 같은 추상체로서 명제나 문장 의미다. 두 이론에 제기된 반론을 극복하는 과정에서 일상 언어학파와 후기 비트겐슈타인에서 유래한 의미 사용 이론, 그라이스의 심리 이론, 의미 검증론, 촘스키의 구문론에 근거한 의미론, 진리 조건 이론, 가능 세계 또는 내포 의미론이 경쟁했다. 의미 사용 이론에서 의미는 사회 속에서 쓰임이고, 심리 이론에서 의미는 화자의 의도며, 검증론에서 의미는 검증 조건이고, 진리 조건 이론에서 의미는 문장이 참이 될 조건이다. 가능 세계 및 내포 의미론은 문장의 진리 조건을 문장이 참이 되는 가능 세계들의 집합으로 해석함으로써, 기존 진리 조건 이론에 제기된 반론을 대부분 극복하면서 기초 의미 사실을 전부 깔끔하게 설명할 대안을 제시한다.

셋째, 우리는 같은 낱말과 어휘, 문장을 다양한 맥락에서 특정 목적이나 의도로 사용한다. 이를 다루는 분야가 화용론이다. 화용론은 언어 표현의 사용을 사회적 맥락 속에서 연구하는 분야로 의미 화용론과 실용 화용론으로 나뉜다. 의미 화용론은 문장의 명제 내용이 인칭 대명사와 시제 같은 화용 지시적 요소에 따라 바뀌는 현상을 연구한다. 진리 조건 이론가와 내포 의미론자는 문장의 진리 조건에 화용 지시적 요소를 나타낼 변수를 들여놓음으로써, 화용 지시와 관련된 문제를 해결한다. 실용 화용론은 명제 내용이 고정된 상황에서 문장 사용의 양태가 맥락에 따라 바뀌는 현상을 연구한다. 오스틴은 수행 발언에 주의를 환기하고,

설은 화행을 지배하는 구성 규칙과 규제 규칙을 구별했으며, 올스턴은 문장의 의미를 문장의 발화 수반 행위의 범위와 동일시하면서 오스틴의 화행 화용론을 발화 의미 이론으로 만들려고 시도했다. 그라이스는 암시 함축 개념을 도입함으로써 화용론의 새로운 장을 열었고, 적합성 이론가들은 암시 함축이 일반적으로 정보 전달의 효율을 겨냥한 다목적 인지 처리의 산물이라고 맞섰다.

넷째, 우리는 문장을 문자에 충실한 의미가 아닌 다른 의미로 비틀어서 자주 사용한다. 반어와 비꼬아 말하기, 중상과 비방, 욕설과 차별 발언을 포함한 각종 경멸 언어, 간접 화행, 비유 및 은유 언어는 널리 퍼져 있다. 이런 언어 현상은 언어 사용자의 느낌이나 태도를 분명히 표현한다. 그러나 이는 발화 수반 행위도 아니고 대화상 암시 함축으로도 전부 설명할 수 없다. 메아리 이론과 가식 이론은 반어와 비꼬는 말을 설명하고, 공인된 견해에 따르면 중상과 비방은 부정적인 믿음이나 태도를 관습적으로 함축하는 지시 표현이다. 비유 및 은유 언어를 설명하는 견해로 고대의 전통을 이은 소박한 직유 이론과 비유적 직유 이론, 데이비드슨의 인과 이론, 월턴의 가식 이론, 유비 분화 이론이 경쟁을 벌이고 있다. 그러나 표현과 비유 언어는 여전히 언어철학이 설명하기 힘든 어두운 측면이다.

나는 이 책을 여러 번 읽고 번역하고, 수정 작업을 반복했다. 원문의 취지와 의미를 정확하게 담은 우리말로 옮기기 위해 최선을 다했지만, 오역이 있으리라 생각한다. 오역은 발견되는 대로, 그리고 독자들이 지적할 때 기꺼이 고치도록 하겠다. 이 책은 언어, 언어 사용자, 세계의 관계에 관심 있는 독자들의 궁금증을 풀어줄 뿐만 아니라 우리의 일상 언어인 한글이 얼마나 소중한지도 깨닫게 할 것이다. 라이컨이 서문에서 말했듯 '언어철학의 진짜 현실적 이론 세우기'는 이 책을 덮는 곳에서 시작한다.

서상복

참고문헌 Bibliography

/

유의 사항 : '1954/1962' 같은 형식으로 표기된 해는 첫 출간 해와 실제로 인용하기 더 쉬운 재판
이 발행된 해를 가리킨다.

Abbott, B. (2003) "A Reply to Szabó's 'Descriptions and Uniqueness.'"
　　Philosophical Studies 103: 221-229.

Achinstein, P. (1965) "The Problem of Theoretical Terms." *American Philosophical
　　Quarterly* 2: 193-203.

Ackerman, D. (1979) "Proper Names, Prepositional Attitudes and Non-Descriptive
　　Connotations." *Philosophical Studies* 35: 55-69.

Adams, E. (1965) "The Logic of Conditionals." *Inquiry* 8: 166-189.

Adger, D. (2003) *Core Syntax: A Minimalist Approach*. Oxford: Oxford University
　　Press.

Almog, J., Perry, J. and Wettstein, H. (eds.) (1989) *Themes from Kaplan*. New York:
　　Oxford University Press.

Alston, W. (1963) "Meaning and Use." *Philosophical Quarterly* 51: 107-124.

── (2000) *Illocutionary Acts and Sentence Meaning*. Ithaca, NY: Cornell University
　　Press

Amis, K. (1998) *The King's English*. London: HarperCollins.

Anderson, L. and Lepore, E. (2013) "Slurring Words." *Noûs* 47: 25-48.

Armour-Garb, B. and Beal, J. C. (eds.) (2005) *Deflationary Truth*. Chicago: Open
　　Court Press.

Ashwell, L. (2016) "Gendered Slurs." *Social Theory and Practice* 42: 228-239.

Atlas, J. D. (1989) *Philosophy without Ambiguity*. Oxford: Oxford University Press.

— (2005) *Logic, Meaning, and Conversation: Semantical Underdeterminacy, Implicature, and Their Interface*. Oxford: Oxford University Press.

Auden, W. H. (1945) *The Collected Poetry of W. H. Auden*. New York: Random House.

Austin, J. L. (1958) "Pretending." *Aristotelian Society Supplementary Volume* 32: 261-278.

— (ed.) (1961) "Performative Utterances." In *Philosophical Papers*. Oxford: Oxford University Press.

— (1962) *How To Do Things With Words*. Oxford: Clarendon Press.

Avramides, A. (1989) *Meaning and Mind*. Cambridge, MA: MIT Press.

Ayer, A. J. (1946) *Language, Truth and Logic*. 2nd edn. London: Victor Gollancz.

Bach, K. (1987) *Thought and Reference*. Oxford: Oxford University Press.

— (1994a) "Semantic Slack: What Is Said and More." In S. L. Tsohatzidis (ed.), *Foundations of Speech Act Theory: Philosophical and Linguistic Perspectives*. London: Routledge.

— (1994b) "Conversational Implicature." *Mind and Language* 9: 124-161.

— (1999a) "The Myth of Conventional Implicature." *Linguistics and Philosophy* 22: 327-366.

— (1999b) "The Semantics-Pragmatics Distinction: What It Is and Why It matters." In K. Turner (ed.), *The Semantics/Pragmatics Interface From Different Points of View*. Oxford: Elsevier Science.

Bach, K. and Harnish, R. M. (1979) *Linguistic Communication and Speech Acts*. Cambridge, MA: MIT Press.

Barker, S. (1995) "Towards a Pragmatic Theory of 'If'." *Philosophical Studies* 78: 185-211.

— (2004) *Renewing Meaning*. Oxford: Oxford University Press.

Bar-On, D. (1992) "Semantic Verificationism, Linguistic Behaviorism, and Translation." *Philosophical Studies* 66: 235-259.

— (2015) "Expression: Acts, Products, and Meaning." In S. Gross et al. (eds.), *Minimalism, Pragmatism, Expressivism*. Oxford: Oxford University Press.

Beardsley, M. (1962) "The Metaphorical Twist." *Philosophy and Phenomenological Research* 22: 293-307.

—— (1967) "Metaphor." In P. Edwards (ed.), *The Encyclopedia of Philosophy*, vol. 5. New York: Macmillan.

Bennett, J. (1971) *Locke, Berkeley, Hume: Central Themes*. Oxford: Clarendon Press.

—— (1976) *Linguistic Behaviour*. Cambridge: Cambridge University Press.

Berlin, I. (1939) "Verificationism." *Proceedings of the Aristotelian Society* 39: 225–248.

Bertolet, R. (1980) "The Semantic Significance of Donnellan's Distinction." *Philosophical Studies* 37: 281–288.

Bezuidenhout, A. (2002) "Radical Pragmatics." In J. K. Campbell, M. O'Rourke, and D. Shier (eds.), *Meaning and Truth: Investigations in Philosophical Semantics*. New York: Seven Bridges Press.

Bezuidenhout, A., and Reimer, M. (eds.) (2004) *Descriptions and Beyond*. Oxford: Oxford University Press.

Bianchi, C. (ed.) (2004) *The Semantics/Pragmatics Distinction*. Stanford, CA: Center for the Study of Language and Information.

Biro, J. (1979) "Intentionalism in the Theory of Meaning." *Monist* 62: 238–258.

Black, M. (ed.) (1954/1962) "Metaphor." In M. Black, *Models and Metaphors*. Ithaca, NY: Cornell University Press.

—— (1973) "Meaning and Intention: An Examination of Grice's Views." *New Literary History* 4: 257–279.

Black, M. and Geach, P. (eds.) (1952) *Translations from the Philosophical Writings of Gottlob Frege*. Oxford: Basil Blackwell.

Blackburn, S. (1984) *Spreading the Word*. Oxford: Clarendon Press.

—— (1993) *Essays in Quasi-Realism*. Oxford: Clarendon Press.

Blakemore, D. (1987) *Semantic Constraints on Relevance*. Oxford: Basil Blackwell.

—— (1992) *Understanding Utterances*. Oxford: Basil Blackwell.

Boër, S. (1978) "Attributive Names." *Notre Dame Journal of Formal Logic* 19: 177–185.

—— (1985) "Substance and Kind: Reflections on The New Theory of Reference." In B. K. Matilal and J. L. Shaw (eds.), *Analytical Philosophy in Comparative Perspective*. Dordrecht: D. Reidel.

Bradley, F. H. (1930) *Appearance and Reality*. Oxford: Clarendon Press.

Brandom, R. (1994) *Making It Explicit*. Cambridge, MA: Harvard University Press.

—— (2000) *Articulating Reasons*. Cambridge, MA: Harvard University Press.

Braun, D. (2005) "Empty Names, Fictional Names, Mythical Names." *Noûs* 39: 596–631.

Brogaard, B. (2007) "*The* but not *All*: A New Account of Plural Definite Descriptions." *Mind and Language* 22: 402–426.

Burge, T. (1973) "Reference and Proper Names." *Journal of Philosophy* 70: 425–439. Reprinted in Davidson, D. and Harman, G. (1975) (eds.) *Semantics of Natural Language*. Dordrecht: D. Reidel.

—— (1974) "Demonstrative Constructions, Reference and Truth." *Journal of Philosophy*, 71: 205–223.

—— (1979) "Individualism and the Mental." In P. French, T. E. Uehling, and H. Wettstein (eds.), *Midwest Studies in Philosophy IV: Studies in Metaphysics*. Mineapolis, MN: University of Minnesota Press.

Camp, E. (2012) "Sarcasm, Pretense, and the Semantics/Pragmatics Distinction." *Noûs* 46: 587–634.

Campbell, J. K., O'Rourke, M., and Shier, D. (eds.) (2002) *Meaning and Truth: Investigations in Philosophical Semantics*. New York: Seven Bridges Press.

Candlish, S., and P. Basile (2017) "Francis Herbert Bradley." *The Stanford Encyclopedia of Philosophy* (Spring 2017 Edition), Edward N. Zalta (ed.). Available at https://plato.stanford.edu/archives/spr2017/entries/bradley/.

Cappelen, H. and E. Lepore (2005) *Insensitive Semantics*. Oxford: Blackwell.

Carnap, R. (1947/1956) *Meaning and Necessity*, 2nd edn. Chicago: University of Chicago Press.

Carnie, A. (2002) *Syntax: A Generative Introduction*, 2nd edn. Oxford: Basil Blackwell.

Carrol, L. (1978) *Alice's Adventures in Wonderland and Through the Looking Glass*. London: Methuen.

Carston, R. (1988) "Implicature, Explicature, and Truth-Theoretic Semantics," in R. Kempson (ed.) (1988) *Mental Representation*. Cambridge: Cambridge University Press. Reprinted in Davis, S. (1991) *Pragmatics: A Reader*. Oxford: Oxford University Press.

—— (2002) *Thoughts and Utterances: The Pragmatics of Explicit Communication*. Oxford: Basil Blackwell.

—— (2004) "Relevance Theory and the Saying/Implicature Distinction." In L. R. Horn and G. Ward (eds.), *The Handbook of Pragmatics*. Oxford: Blackwell.

Carston, R. and A. Hall (2012) "Implicature and Explicature." In H. J. Schmid (ed.), *Cognitive Pragmatics*. Berlin: Walter de Gruyter.

Cartwright, R. (1962) "Propositions." In R. J. Butler (ed.), *Analytic Philosophy*. vol. 1, Oxford: Basil Blackwell.

—— (ed.) (1987) "On the Origins of Russell's Theory of Descriptions." In *Philosophical Essays*. Cambridge, MA: MIT Press.

Chambers, E. K. (1927) *Arthur Britain*. London: Sidgwick & Jackson.

Chierchia, G. and McConnell-Ginet, S. (1990) *Meaning and Grammar: An Introduction to Semantics*. Cambridge, MA: MIT Press.

Chomsky, N. (1957) *Syntactic Structures*. The Hague: Mouton & Co.

—— (1965) *Aspects of the Theory of Syntax*. Cambridge, MA: MIT Press.

Chrisman, M. (2016) *The Meaning of "Ought": Beyond Descriptivism and Expressivism in Metaethics*. Oxford: Oxford University Press.

Churchland, P. M. (1988) "Perceptual Plasticity and Theoretical Neutrality." *Philosophy of Science* 55: 167-187.

Clark, H. and Gerrig, R. (1984) "On the Pretense Theory of Irony." *Journal of Experimental Psychology: General* 113: 121-126.

Cohen, L. J. (1964) "Do Illocutionary Forces Exist?" *Philosophical Quarterly* 14: 118-137.

—— (1971) "Some Remarks about Grice's Views about the Logical Particles of Natural Language." In Y. Bar-Hillel (ed.), *Pragmatics of Natural Languages*, Dordrecht: D. Reidel.

—— (1985) "A Problem about Ambiguity in Truth-Theoretic Semantics." *Analysis* 45: 129-134.

Cohen, T. (1975) "Figurative Speech and Figurative Acts." *Journal of Philosophy* 71: 669-684.

Cole, P. (ed.) (1978) *Syntax and Semantics, Vol. 9: Pragmatics*. New York: Academic Press.

Cole, P. and Morgan, J. L. (eds.) (1975) *Syntax and Semantics, Vol. 3: Speech Acts*. New York: Academic Press.

Conan Doyle, A. (1950) *The Adventures of Sherlock Holmes*, vol. I, E. W. Smith (ed.). New York: Heritage Press.

Cooper, D. E. (1986) *Metaphor*. Oxford: Basil Blackwell.

Cresswell, M. J. (1973) *Logics and Languages*. London: Methuen.

Crimmins, M. (1998) "Hesperus and Phosphorus, Sense, Pretense, and Reference."

454

Philosophical Review 107: 1-47.

Croom, A. (2011) "Slurs." *Language Sciences* 33: 343-358.

Culicover, P. (2009) *Natural Language Syntax*. Oxford: Oxford University Press.

cummings, e. e. (1972) *Complete Poems, 1913-1962*. New York: Harcourt, Brace, Jovanovich.

Currie, G. (2006) "Why Irony Is Pretense." In S. Nicholas (ed.), *The Architecture of the Imagination*. Oxford: Oxford University Press.

Davidson, D. (1967a) "Truth and Meaning." *Synthese* 17: 304-323. Reprinted in D. Davidson (1984) *Inquiries into Truth and Interpretation*. Oxford: Clarendon Press.

—— (1967b) "The Logical Form of Action Sentences." In N. Rescher (ed.), *The Logic of Decision and Action*. Pittsburgh: University of Pittsburgh Press.

—— (1968) "On Saying That." *Synthese* 19: 130-146. Reprinted in D. Davidson and G. Harman (eds.) (1975) *The Logic of Grammar*. Encino, CA: Dickenson. Also reprinted in D. Davidson (1984) *Inquiries into Truth and Interpretation*. Oxford: Clarendon Press.

—— (1970/1975) "Semantics for Natural Languages." In D. Davidson and G. Harman (eds.) (1975) *The Logic of Grammar*. Encino, CA: Dickenson. Reprinted in D. Davidson (1984) *Inquiries into Truth and Interpretation*. Oxford: Clarendon Press.

—— (1978) "What Metaphors Mean." In S. Sacks (ed.), *On Metaphor*. Chicago: University of Chicago Press. Reprinted in D. Davidson (1984) *Inquiries into Truth and Interpretation*. Oxford: Clarendon Press.

—— (1984) *Inquiries into Truth and Interpretation*. Oxford: Clarendon Press.

—— (1986) "A Nice Derangement of Epitaphs." In E. LePore, *Truth and Interpretation: Perspectives of The Philosophy of Donald Davidson*. Oxford: Basil Blackwell.

Davidson, D. and Harman, G. (eds.) (1972) *Semantics of Natural Language*. Dordrecht: D. Reidel.

—— (eds.) (1975) *The Logic of Grammar*. Encino, CA: Dickenson.

Davis, S. (1991) *Pragmatics: A Reader*. Oxford: Oxford University Press.

Davis, W. (1998) *Implicature*. Cambridge: Cambridge University Press.

Devitt, M. (1981a) *Designation*. New York: Columbia University Press.

—— (1981b) "Donnellan's Distinction." In P. French, T. Uehling, and H. Wettstein (eds.), *Midwest Studies in Philosophy VI: The Foundations of Analytic*

Philosophy. Minneapolis: University of Minnesota Press.

—— (1983) "Dummett's Anti-Realism." *Journal of Philosophy* 80: 73-99.

—— (1989) "Against Direct Reference." *Midwest Studies in Philosophy* 14: 206-240.

—— (1996) *Coming to Our Senses*. Cambridge: Cambridge University Press.

Devitt, M. and Sterelny, K. (1987) *Language and Reality: An Introduction to the Philosophy of Language*. Cambridge: MIT Press.

DiFranco, R. (2015) "Do Racists Speak Truly? On the Truth-Conditional Content of Slurs." *Thought* 4: 28-37.

Donnellan, K. (1966) "Reference and Definite Descriptions." *Philosophical Review* 75: 281-304.

—— (1968) "Putting Humpty Dumpty Together Again." *Philosophical Review* 77: 203-215.

—— (1970) "Proper Names and Identifying Descriptions," *Synthese* 21: 335-358. Reprinted in D. Davidson and G. Harman (eds.) (1972) *Semantics of Natural Language*. Dordrecht: D. Reidel.

—— (1974) "Speaking of Nothing." *Philosophical Review* 83: 3-31.

—— (1979) "Speaker Reference, Descriptions, and Anaphora." in P. French, T. Uehling, and H. Wettstein (eds.), (1979) *Contemporary Perspectives in the Philosophy of Language*. Minneapolis: University of Minnesota Press.

Duhem, P. (1906/1954) *The Aim and Structure of Physical Theory*. P. Wiener (trans.). Princeton, NJ: Princeton University Press.

Dummett, M. (1959) "Truth." *Proceedings the Aristotelian Society*, n.s. 59: 141-162.

—— (1973) *Frege: Philosophy of Language*, New York: Harper & Row.

—— (1975) "What Is a Theory of Meaning?" In S. Guttenplan (ed.), *Mind and Language*. Oxford: Oxford University Press.

—— (1978) *Truth and Other Enigmas*. Cambridge, MA: Harvard University Press.

Duprè, J. (1981) "Natural Kinds and Biological Taxa." *Philosophical Review* 90: 66-90.

Egan, A. (2008) "Pretense for the Complete Idiom." *Noûs* 42: 381-409.

Elgin, C. and Scheffler, I. (1987) "Mainsprings of Metaphor." *Journal of Philosophy* 84: 331-335.

Erwin, E. (1970) *The Concept of Meaninglessness*. Baltimore, MD: Johns Hopkins University Press.

Erwin, E., Kleiman, L., and Zemach, E. (1976) "The Historical Theory of Reference." *Australasian Journal of Philosophy*. 54: 50-57.

Evans, G. (1973) "The Causal Theory of Names." *Aristotelian Society supplementary*

Volume 47: 187-208.

—— (1977) "Pronouns, Quantifiers, and Relative Clauses (I)." *Canadian Journal of Philosophy* 7: 467-536.

—— (1982) *The Varieties of Reference*. Oxford: Oxford University Press.

Evans, G. and McDowell, J. (eds.) (1976) *Truth and Meaning*. Oxford: Oxford University Press.

Everett, A. and Hofweber, T. (2000) *Empty Names, Fiction, and the Puzzles of Non-Existence*. Stanford, CA: CSLI Publications.

Falkum, I. L. and Vincente, A. (2015) "Polysemy: Current Perspectives and Approaches." *Lingua* 157: 1-16.

Fillmore, C. (1975) *The Santa Cruz Lectures on Deixis*, Bloomington, IN: Indiana University Linguistics Club Publications.

Fine, A. (1975) "How To Compare Theories: Reference and Change," *Noûs*, 9: 17-32.

Fodor, J. A. (1988) "A Reply to Churchland's 'Perceptual Plasticity and Theoretical Neutrality.'" *Philosophy of Science* 55: 188-198.

Fogelin, R. (1988) *Figuratively Speaking*. New Haven, CT: Yale University Press.

Frege, G. (1892/1952a) "On Concept and Object" in M. Black and P. Geach (eds.) (1952) *Translations from the Philosophical Writings of Gottlob Frege*. Oxford: Basil Blackwell.

—— (1892/1952b) "On Sense and Reference." In M. Black and P. Geach (eds.) (1952) *Translations from the Philosophical Writings of Gottlob Frege*. Oxford: Basil Blackwell. Reprinted in D. Davidson and G. Harman (eds.) (1975) *The Logic of Grammar*. Encino, CA: Dickenson.

—— (1897) "Logic." In H. Hermes, F. Kambartel, and F. Kaulbach (eds.), P. Long and R. White (trans.) (1979) *Posthumous Writings*. Chicago: University of Chicago Press.

—— (1918/1956) "The Thought." *Mind* 65: 289-311.

French, P., Uehling, T., and Wettstein, H. (eds.) (1979) *Contemporary Perspectives in the Philosophy of Language*. Minneapolis: University of Minnesota Press.

Gazdar, G. (1979) *Pragmatics: Implicature, Presupposition, and Logical Form*. New York: Academic Press.

Geach, P. (1962) *Reference and Generality*. Ithaca, NY: Cornell University Press.

Geis, M. and Zwicky, A. (1971) "On Invited Inferences." *Linguistic Inquiry* 2: 561-566.

Gibbard, A. (1990) *Wise Choices, Apt Feelings*. Cambridge, MA: Harvard University Press.

Ginet, C. (1979) "Performativity." *Linguistics and Philosophy* 3: 245-265.

Ginsberg, H. L. (1969) *The Five Megilloth and Jonah*. Philadelphia. PA: Jewish Publication Society of America.

Goodman, N. (1968) *Languages of Art*. Indianapolis, IN: Bobbs Merrill.

—— (1970) "Seven Strictures on Similarity," in L.Foster and J. W. Swanson (eds) *Experience and Theory*, Amherst, MA: University of Massachusetts Press.

—— (1981) "Twisted Tales: or Story, Study, and Symphony." *Synthese* 46: 331-350.

Gordon, D. and Lakoff, G. (1975) "Conversational Postulates." In P. Cole and J. L. Morgan (eds.) (1975) *Syntax and Semantics, Vol. 3: Speech Acts*. New York: Academic Press.

Green, G. M. (1989) *Pragmatics and Natural Language Understanding*. Hillsdale, NJ: Lawrence Erlbaum.

Green, M. S. (2008) *Self-Expression*. Oxford: Oxford University Press.

Grice, H. P. (1957) "Meaning." *Philosophical Review* 66: 377-388. Reprinted in H. P. Grice (1989) *Studies in the Way of Words*. Cambridge, MA: Harvard University Press.

—— (1968) "Utterer's Meaning, Sentence-Meaning, and Word-Meaning." *Foundations of Language* 4: 225-242. Reprinted in H. P. Grice (1989) *Studies in the Way of Words*. Cambridge, MA: Harvard University Press.

—— (1969) "Utterer's Meaning and Intentions." *Philosophical Review* 78: 147-177. Reprinted in H. P. Grice (1989) *Studies in the Way of Words*. Cambridge, MA: Harvard University Press.

—— (1975) "Logic and Conversation." In D. Davidson and G. Harman (eds.), *The Logic of Grammar*. Encino, CA: Dickenson. Reprinted in P. Cole and J. L. Morgan (eds.) (1975) *Syntax and Semantics, Vol. 3: Speech Acts*. New York: Academic Press. Also reprited in H. P. Grice (1989) *Studies in the Way of Words*. Cambridge, MA: Harvard University Press. Page references are to the latter.

—— (1978) "Further Notes on Logic and Conversation." In P. Cole (ed.) *Syntax and Semantics, Vol. 8: Pragmatics*. New York: Academic Press. Reprinted in H. P. Grice (1989) *Studies in the Way of Words*. Cambridge, MA: Harvard University Press. Page references are to the latter.

—— (1989) *Studies in the Way of Words*. Cambridge, MA: Harvard University Press.

Grover, D. (1992) *A Prosentential Theory of Truth*. Princeton: Princeton University Press.

Gunderson, K. (ed.) (1975) *Minnesota Studies in the Philosophy of Science, Vol. 8: Language, Mind, and Knowledge*. Minneapolis: University of Minnesota Press.

Hallett, G. (1967) *Wittgenstein's Definition of Meaning as Use*. New York: Fordham University Press.

Harman, G. (1967-1968) "Quine on Meaning and Existence, I." *Review of Metaphysics* 31 : 124-151.

—— (1972) "Logical Form." *Foundations of Language* 9: 38-65. Reprinted in D. Davidson and G. Harman (eds.) (1975) *The Logic of Grammar*. Encino, CA: Dickenson.

—— (1974a) "Review of Stephen Schiffer's Meaning." *Journal of Philosophy* 71: 224-229.

—— (1974b) "Meaning and Semantics." In M. Munitz and P. Unger (eds.), *Semantics and Philosophy*. New York: New York University Press.

—— (1975) "Language, Thought, and Communication." In K. Gunderson (ed.) *Minnesota Studies in the Philosophy of Science, Vol. 8: Language, Mind, and Knowledge*. Minneapolis, MN: University of Minnesota Press.

—— (1982) "Conceptual Role Semantics." *Notre Dame Journal of Formal Logic* 23: 242-256.

Harnish, R. M. (1976) "Logical Form and Implicature." In T. Bever, J. Katz, and T. Langendoen (eds.), *An Integrated Theory of Linguistic Ability*. New York: Crowell. Reprinted in S. Davis (1991) *Pragmatics: A Reader*. Oxford: Oxford University Press.

Heil, J. (1998) *The Philosophy of Mind: A Contemporary Introduction*. London: Routledge.

Heil, J. and Mele, A. (eds.) (1993) *Mental Causation*. New York: Clarendon Press.

Heim, I. (1990) "E-Type Pronouns and Donkey Anaphora. *Linguistics and Philosophy* 13: 137-177.

Hempel, C. G. (1950) "Problems and Changes in the Empiricist Criterion of Meaning." *Revue Internationale de Philosophie* 4: 41-63.

Henderson, J. (2017) "Deflating the Determination Argument." *Thought* 6: 167-177.

Hintikka, K. J. J. (1961) "Modality and Quantification." *Theoria* 27: 119-128.

—— (1976) "Quantifiers in Logic and Quantifiers in Natural Languages." In S. Köner (ed.), *Philosophy of Logic*. Oxford: Basil Blackwell. Reprinted in E. Saarinen (ed.) (1979) *Game-Theoretical Semantics*. Dordrecht: D.Reidel.

—— (1979) "Quantifiers in Natural Languages: Some Logical Problems." in
E.Saarinen (ed.) (1979) *Game-Theoretical Semantics*. Dordrecht: D.Reidel.

Holdcroft, D. (1978) *Words and Deeds*. Oxford: Oxford University Press.

Hom, C. (2008) "The Semantics of Racial Epithets." *Journal of Philosophy* 105:
416-440.

Horisk, C. (2007) "The Expressive Role of Truth-Conditional Semantics."
Philosophical Quarterly 57: 535-557.

—— (2008) "How to Russell a Frege-Church," Journal of Philosophy, 72: 716-729.

Horisk, C., Bar-On, D., and Lycan, W. G. (2000) "Ddeflationism, Meaning and
Truth-Conditions." *Philosophical Studies* 101: 1-28.

Horn, L. R. (2004) "Implicature." In L. R. Horn and G. Ward (eds.) *The Handbook
of Pragmatics*. Oxford: Blackwell.

—— (2013) "I Love Me Some Datives: Expressive Meaning, Free Datives, and
F-Implicature." In Gutzmann and H. M. Gartner (eds.) *Beyond Expressives:
Explorations in Use-Conditional Meaning*. Boston: Leiden.

Horn, L. R. and Ward, G (eds.) (2004) *The Handbook of Pragmatics*. Oxford:
Blackwell.

Hornsby, J. (2001) "Meaning and Uselessness: How to Derogatory Words." In P. A.
Frentch and H. K. Wettstein (eds.) *Midwest Studies in Philosophy XXV:
Figurative Language*. Oxford: Basil Blackwell.

Hornstein, N. (1995) *Logical Form: From GB to Minimalism*. Oxford: Basil Black
well.

Horwich, P. (1990) *Truth*. Oxford: Blackwell.

—— (1998) *Meaning*. Oxford: Oxford University Press.

Jackson, F. (1998) "Reference and Description Revisited." In J. Tomberlin (ed.),
Philosophical Perspectives, Vol. 12: Language, Mind and Ontology.
Atascadero, CA: Ridgeview.

Johnson, M. (ed), (1981) *Philosophical Perspectives on Metaphor*. Minneapolis,
MN: University of Minnesota Press.

Kamp, H. and Reyle, U. (1993) *From Discourse to Logic*. Dordrecht: Kluwer
Academic.

Kaplan, D. (1972) "What is Russell's Theory of Descriptions?" In D. F. Pears (ed.),
Bertrand Russell. Garden City, NY: Anchor Books. Reprinted in D. Davidson
and G. Harman (eds.) (1975) *The Logic of Grammar*. Encino, CA: Dickenson.

—— (1975) "How to Russell a Frege-Church," *Journal of Philosophy* 72: 716-729.

—— (1978) "Dthat," in P. Cole (ed.), *Syntax and Semantics, Vol. 9: Pragmatics*.
    New York: Academic Press; reprinted in P. French, T. Uehling, and
    H.Wettstein (eds) (1979) *Contemporary Perspectives in the Philosophy of
    Language*. Minneapolis: University of Minnesota Press.

—— (1989) "Afterthoughts." in J. Almog, J. Perry, and H. Wettstein (eds) *Themes
    from Kaplan*, New York: Oxford University Press.

Karttunen, L. (1973) "Presuppositions of Compound Sentences." *Linguistic In
    quiry* 4: 169-193.

Karttunen, L. and Peters, S. (1979) "Conventional Implicature." in C. Oh and
    D. A. Dineen (eds) *Syntax and Semantics, Vol. 11: Presupposition*.
    New York: Academic Press.

Kempson, R. (1975) *Presupposition and the Delimitation of Semantics*. Cam
    bridge: Cambridge University Press.

Kenny, A. (1973) *Wittgenstein*. Cambridge, MA: Harvard University Press.

Kittay, E. (1987) *Metaphor*. Oxford: Clarendon Press.

Kripke, S. (1972/1980) *Naming and Necessity*. Cambridge, MA: Harvard University
    Press; an earlier version appeared in D. Davidson and G. Harman (eds) (1972)
    Semantics of Natural Language. Dordrecht: D. Reidel.

—— (ed.) (1972/2012) "Vacuous Names and Fictional Entities." In *Philosophical
    Troubles: Collected Papers, Volume 1*. Oxford: Oxford Universty Press.

—— (1979a) "Speaker's Reference and Semantic Reference." In P. French, T.
    Uehling, and H. Wettstein (eds.), *Contemporary Perspectives in the
    Philosophy of Language*. Minneapolis: University of Minnesota Press.

—— (1979b) "A Puzzle about Belief." In A.Margalit (ed.), *Meaning and Use*.
    Dordrecht: D.Reidel.

—— (1982) *Wittgenstein on Rules and Private Language*. Cambridge, MA: Harvard
    University Press.

Kroon, F. (1987) "Causal Descriptivism." *Australian Journal of Philosophy* 65:
    1-17.

—— (1994) "Make-Believe and Fictional Reference." *Journal of Aesthetics and Art
    Criticism* 52: 207-214.

Kukla, R. and Lance, M. (2008) *"Yo!" and "Lo!": The Pragmatic Topography of the
    Space of Reasons*. Cambridge, MA: Harvard University Press.

Kumon-Nakamura, S. Glucksberg, and Braun M. (1995) "How Another Piece of
    Pie? The Allusional Pretense Theory of Discourse Irony." *Journal of*

Experimental Psychology: General 124: 3-21.

Künne, W. (2003) *Conceptions of Truth*. Oxford: Clarendon Press.

Kvart, I. (1993) "Mediated Reference and Proper Names." *Mind* 102: 611-628.

Lakoff, G. (1975) "Pragmatics in Natural Language." in E. L. Keenan (ed.), *Formal Semantics of Natural Language*. Cambridge: Cambridge University Press.

Lakoff, G. and Johnson, M. (1980) *Metaphors We Live By*. Chicago: University of Chicago Press.

Lakoff, G. and Turner, M. (1989) *More Than Cool Reason*. Chicago: University of Chicago Press.

Lance, M. and O'Leary-Hawthorne, J. (1997) *The Grammar of Meaning*. Cambridge: Cambridge University Press.

Larson, R. and Segal G. (1995) *Knowledge of Meaning*. Cambridge, MA: Bradford Books/ MIT Press.

Lasersohn, P. (1993) "Existence Presuppositions and Background Knowledge." *Journal of Semantics* 10: 112-122.

Lasnik, H., and Uriagereka, J. (with C. Boeckx) (2005) *A Course in Minimalist Syntax*. Oxford: Blackwell Publishing.

Lemmon, E.J. (1966) "Sentences, Statements, and Propositions." In B.Williams and A. Montefiore (eds) *British Analytical Philosophy*, London: Routledge & Kegan Paul.

Lepore, E. (2004) "An Abuse of Context in Semantics: The Case of Incomplete Definite Descriptions." In A. Bezuidenhout and M. Reimer (eds.), *Descriptions and Beyond*. Oxford: Oxford University Press.

Levinson, S. (1983) *Pragmatics*. Cambridge: Cambridge University Press.

—— (2000) *Presumptive Meaning: The Theory of Generalized Conversational Implicature*. Cambridge, MA: MIT Press.

Lewis, D. (1969) *Convention: A Philosophical Study*. Cambridge, MA: Harvard University Press.

—— (1970) "General Semantics." *Synthese* 22: 18-67. Reprinted in D. Davidson and G. Harman (eds.) (1972) *Semantics of Natural Language*. Dordrecht: D. Reidel.

—— (1973) *Counterfactuals*. Cambridge, MA: Harvard University Press.

—— (1979) "Scorekeeping in a Language Game." *Journal of Philosophical Logic* 8: 339-359.

—— (1986) *On the Plurality of Worlds*. Oxford: Blackwell.

Linsky, B. and Pelletier, J. (2018) "Verification: The Hysteron Protern Argument." *Journal of the History of Analytic Philosophy* 6: 7-35.

Linsky, L. (1963) "Reference and Referents," in C. Caton (ed.), *Philosophy and Ordinary Language*, Urbana, IL: University of Illinois Press.

—— (1967) *Referring*, London: Routledge & Kegan Paul.

—— (1977) *Names and Descriptions*, Chicago: University of Chicago Press.

Loar, B. (1976) "The Semantics of Singular Terms," *Philosophical Studies*, 30: 353-377.

Locke, J. (1690/1955) *Essay Concerning Human Understanding*, Chicago: Encyclopaedia Britannica.

Loux, M. and Crisp, T. M. (2017) *Metaphysics: A Contemporary Introduction*. London: Routledge.

Ludlow, P. (ed.) (2007) "Descriptions." In E. N. Zalta (ed.), *The Stanford Encyclopedia of Philosophy*. Available at http://plato.stanford.edu/entries/descriptions/ (last accessed 15 November 2007).

Ludlow, P., and G. Segal (2004) "On a Unitary Semantical Analysis for Definite and Indefinite Descriptions." In A. Bezuidenhout and M. Reimer (eds.), *Descriptions and Beyond*. Oxford: Oxford University Press.

Lycan, W. G. (1974) "Could Propositions Explain Anything?" *Canadian Journal of Philosophy* 3: 427-334.

—— (1984) *Logical form in Natural Language*. Cambridge, MA: Bradford Books/ MIT Press.

—— (1994) *Modality and Meaning*. Dordrecht and Boston, MA: Kluwer Academic Press.

—— (2015) "Slurs and Lexical Presumption." *Language Sciences* 52.

Lyons, J. (1977) *Semantics*, vol. 1. Cambridge: Cambridge University Press.

McCready, E. (2010) "Varietie of Conventional Implicature." *Semantics and Pragmatics* 3: 1-57.

MacKay, A.F. (1968) "Mr. Donnellan and Humpty Dumpty on Referring." *Philosophical Review* 77: 197-202.

—— (1972) "Professor Grice's Theory of Meaning." *Mind* 81: 57-66.

McKinsey, M. (1976) "Divided Reference in Causal Theories of Names." *Philosophical Studies* 30: 235-242.

—— (1978) "Names and Intentionality." *Philosophical Review* 87: 171-200.

Malcolm, N. (1958) *Ludwig Wittgenstein: A Memoir*, Oxford: Oxford University

Press.

Marcus, R. B. (1960) "Extensionality." *Mind* 69: 55–62.

—— (1961) "Modalities and Intensional Languages." *Synthese* 13: 303–322.

—— (1981) "A Proposed Solution to a Puzzle About Belief." *Midwest Studies in Philosophy* 6: 501–510.

Marsh, R. (ed.) (1956) *Logic and Knowledge*. London: Allen & Unwin.

Martinich, A. (1996) *The Philosophy of Language*. Oxford: Oxford University.

Meinong, A. (1904/1960) "The Theory of Objects." In R. M. Chisholm (ed.), *Realism and the Background of Phenomenology*. Glencoe, IL: Free Press.

Mill, J. S. (1843/1973) *A System of Logic*. London: Longmans.

Millikan, R. G. (2017) *Beyond Concepts: Unicepts, Language, and Natural Information*. Oxford: Oxford University Press.

Monk, R. (1990) *Ludwig Wittgenstein: The Duty of Genius*. New york: Free Press, Maxwell Macmillan International.

Montague, R. (1960) "Logical Necessity, Physical Necessity, Ethics and Quanti fiers." *Inquiry* 3: 259–269.

—— (ed.) (1968/1974) "Pragmatics." In *Formal Philosophy*. New Haven, CT: Yale University Press.

—— (1970) "English as a Formal Language." In B. Visentini et al. (eds), *Linguaggi nella Società nella Tecnica*. Milan: Edizioni di Comunità

—— (1974) *Formal Philosophy*. New Haven, CT: Yale University Press.

Moore, G.E. (1953/1962) Some Main Problems of Philosophy. New York: Collier Books.

Moran, R. (1997) "Metaphor." In C. Wright and R. Hale (eds.), *A Companion to the Philosophy of Language*. Oxford: Basil Blackwell.

Morgan, J. L. (1978) "Two Types of Convention in Indirect Speech Acts." In P. Cole (ed.), *Syntax and Semantics, Vol. 9: Pragmatics*. New York: Academic Press.

Morris, C. (1938) *Foundations of the Theory of Signs*. Chicago: University of Chicago Press.

Neale, S. (1990) *Descriptions*. Cambridge, MA: MIT Press.

Nunberg, G. (1993) "Indexicality and Deixis." *Linguistics and Philosophy* 16: 1–43.

Ostertag, G. (1998) *Definite Descriptions: A Reader*. Cambridge, MA: Bradford Books/ MIT Press.

Parsons, K. (1973) "Ambiguity and the Truth–Definition." *Noûs* 7: 379–393.

Parsons, T. (1980) *Nonexistent Objects*. New Haven, CT: Yale University Press.

Peirce, C.S. (1878/1934) "How To Make Our Ideas Clear." In C. Hartshorne and P. Weiss (eds.), *Collected Papers of Charles Sanders Peirce, vol. 5*. Cambridge, MA: Harvard University Press.

Pelletier, F. J. (1994) "The Principle of Semantic Compostionality." *Topoi* 13: 11-24.

Pitcher, G. (1964) *The Philosophy of Wittgenstein*. Englewood Cliffs, NJ: Prentice-Hall.

Plantinga, A. (1978) "The Boethian Compromise." *American Philosophical Quarterly* 15: 129-138.

Platts, M. (1979) *Ways of Meaning*. London: Routledge & Kegan Paul.

—— (ed.) (1980) *Reference, Truth and Reality*. London: Routledge & Kegan Paul.

Popa-Wyatt, M. and Wyatt, J. L. (2017) "Slurs, Roles and Power." *Philosophical Studies* 1-28.

Potts, C. (2005) *The Logic of Conventional Implicatures*. Oxford: Oxford University Press.

Putnam, H. (1975a) "The Meaning of 'Meaning'." In K. Gunderson (ed.) (1975) *Minnesota Studies in the Philosophy of Science, Vol. 8: Language, Mind, and Knowledge*, Minneapolis: University of Minnesota Press.

—— (1975b) *Mind, Language and Reality: Philosophical Papers*, vol. 2. Cambridge: Cambridge University Press.

—— (1978) *Meaning and the Moral Sciences*. London: Routledge & Kegan Paul.

Quang, P. D. (1971) "English Sentences without Overt Gramatical Subject." In A. M. Zwicky, P. H. Salus, R. I. Binnick, and A. L. Vanek (eds.), *Studies Out in Left Field: Defamatory Essays Presented to James D. MacCawley*. Edmonton, CA: Linguistic Research, Inc.

Quine, W. V. (1951) "Two Dogmas of Empiricism." *Philosophical Review* 60: 20-43.

—— (1953) *From A Logical Point of View*. Cambridge, MA: Harvard University Press.

—— (1960) *Word and Object*. Cambridge, MA: MIT Press.

—— (1969) *Ontological Relativity and Other Essays*. New York: Columbia University Press.

Radford, A. (2004) *Minimalist Syntactic: Exploring the Structure of English*. Cambridge: Cambridge University Press.

Recanati, F. (1989) "The Pragmatics of What is Said." *Mind and Language* 4: 295-329.

—— (1993) *Direct Reference*. Oxford: Blackwell.

—— (2001) "What is said." *Synthese* 125: 75-91.

—— (2004) *Literal Meaning*. Cambridge: Cambridge University Press.

—— (2012) *Mental Files*. Oxford: Oxford University Press.

Reeves, A. (1974) "On Truth and Meaning." *Noûs*, 8: 343-359.

Reimer, M. (1992) "Incomplete Descriptions." *Erkenntnis*, 37: 347-363.

—— (2001) "Davidson and Metaphor." *Midwest Studies in Philosophy* 25: 142-155.

Rhees, R. (1959-60) "Wittgenstein's Builders" *Proceedings of the Aristotelian Society* 60 : 171-186.

Richard, M. (2008) *When Truth Gives Out*. Oxford: Oxford University Press.

Richard, I. A. (1936) *The Philosophy of Rhetoric*. London: Oxford University Press.

Roberts, C. (2012) "Information Structure in Discourse: Towards an Integrated Formal Theory of Pragmatics." *Semantics and Pragmatics* 5: 1-69.

Rosenberg, J. F. (1974) *Linguistic Representation*. Dordrecht: D. Reidel.

—— (1994) *Beyond Formalism*. Philadelphia, PA: Temple University Press.

Rosenberg, J. F. and Travis, C. (eds.) (1971) *Readings in the Philosophy of Language*. Englewood Cliffs, NJ: Prentice-Hall.

Ross, J. F. (1981) *Portraying Analogy*. New York: Cambridge University Press.

Routley, R. (1980) *Exploring Meinong's Jungle and Beyond*. Canberra: Departmental Monograph 3, Philosophy Department, Research School of Social Sciences, Australian National University.

Russell, B. (1905/1956) "On Denoting." *Mind* 14: 479-493. Reprinted in R. Marsh (ed.)(1956) *Logic and Knowledge*. London: Allen & Unwin. Also reprinted in D. Davidson and G. Harman (eds.) (1975) *The Logic of Grammar*. Encino, CA: Dickenson.

—— (1918/1956) "The Philosophy of Logical Atomism." In R. Marsh (ed.) (1956) *Logic and Knowledge*. London: Allen & Unwin.

—— (1919/1956) "On Propositions: What They Are and How They Mean." In R. Marsh (ed.) (1956) *Logic and Knowledge*. London: Allen & Unwin.

—— (1919/1971) *Introduction to Mathematical Philosophy*. New York: Clarion Books/Simon & Schuster.

—— (1957) "Mr. Strawson on Referring." *Mind* 66: 385-389.

Russell, G. (2008) *Truth in Virtue of Meaning: A Defence of the Analytic Synthetic Distinction*. OXford: Oxford University Press.

Saarinen, E. (ed.) (1979) *Game-Theoretical Semantics*. Dordrecht: D. Reidel.

Sadock, J. M. (1974) *Toward a Linguistic Theory of Speech Acts*. New York: Academic Press.

—— (1975) "The Soft, Interpretive Underbelly of Generative Semantics." In P. Cole and J. L. Morgan (eds), *Syntax and Semantics, Vol. 3: Speech Acts*. New York: Academic Press.

—— (1985) "On the Performadox, or a Semantic Defense of the Performative Hypothesis." *University of Chicago Working Papers in Linguistics*, I: 160–169. Chicago: University of Chicago Department of Linguistics.

—— (2004) "Speech Acts." In L. R. Horn and G. Ward (eds.), *The Handbook of Pragmatics*. Oxford: Blackwell.

Sag, I. A., Wasow, T., and Bender E. M. (2003) *Syntactic Theory: A Formal Introduction*. Stanford, CA: CSLI Publications.

Saka, P. (2007) *How to Think About Meaning*. Dordrecht: Springer.

Salmon, N. (1981) *Reference and Essence*. Princeton, NJ: Princeton University Press.

—— (1986) *Frege's Puzzle*. Cambridge, MA: Bradford Books/MIT Press.

—— (1998) "Nonexistence." *Noûs* 32: 277–319.

Schiffer, S. (1972) *Meaning*. Oxford: Clarendon Press.

—— (1979) "Naming and Knowing." In P. French, T. Uehling, and H. Wettstein (eds.), *Contemporary Perspectives in the Philosophy of Language*. Minneapolis. MN: University of Minnesota Press.

Schwartz, S. (ed.) (1977) *Naming, Necessity, and Natural Kinds*. Ithaca, NY: Cornell University Press.

Scott, D. (1970) "Advice on Modal Logic." In K. Lambert (ed.), *Philosophical Problems in Logic*. Dordrecht: D. Reidel.

Searle, J. R. (1958) "Proper Names." *Mind* 67: 166-173.

—— (1965) "What Is A Speech Act?" in Black, M. (ed.), *Philosophy in America*. Ithaca, NY: Cornell University Press.

—— (1969) *Speech Acts*. London: Cambridge University Press.

—— (1975) "Indirect Speech Acts." In P. Cole and J. L. Morgan (eds.) (1975) *Syntax and Semantics, Vol. 3: Speech Acts*. New York: Academic Press. Reprinted in J. R. Searle (1979a) *Expression and Meaning*. Cambridge: Cambridge University Press.

—— (1979a) *Expression and Meaning*. Cambridge: Cambridge University Press.

—— (1979b) "Metaphor." In A. Ortony (ed.), *Metaphor and Thought*. Cambridge:

Cambridge University Press. Reprinted in J. R. Searle (1979a) *Expression and Meaning*. Cambridge; Cambridge University Press.

—— (1979c) "Referential and Attributive." *Monist* 62: 190-208.

—— (1983) *Intentionality: An Essay in the Philosophy of Mind*. New York: Cambridge University Press.

Segal, G. (2000) *A Slim Book about Narrow Content*. Cambridge, MA: MIT Press.

Sellars, W. (1963) "Some Reflections on Language Games." In *Science, Perception, and Reality*, London: Routledge & Kegan Paul.

—— (1974) "Meaning as Functional Classification (a Perspective on the Relation of Syntax to Semantics)." *Synthese* 27: 417-437.

Sharvy, R. (1980) "A More General Theory of Definite Descriptions." *Philosophical Review* 89: 607-623.

Soames, S. (1987) "Direct Reference, Propositional Attitudes, and Semantic Content." *Philosophical Topics* 15: 47-87.

—— (2002) *Beyond Rigidity: The Unfinished Semantic Agenda of 'Naming and Necessity'*. Oxford: Oxford University Press.

Sosa, E. (1970) "Propositional Attitudes De Dicto and De Re." *Journal of Philosophy* 67: 883-896.

Sperber, D. (1984) "Verbal Irony: Pretense or Echoic Mention?" *Journal Of Experimental Psychology: General* 113: 130-136.

Sperber, D. and Wilson, D. (1981) "Irony and Use-Mention Distinction." In P. Cole (ed.) *Radical Pragmatics*. New York: Academic Press.

—— (1986) *Relevance: Communication and Cognition*. Cambridge. MA: Harvard University Press.

—— (2008) "Deflationary Account of Metaphors." In R. Gibbs (ed.), *The Cambridge Handbook of Metaphor and Thought*. Cambridge: Cambridge University Press. Reprited in D. Wilson and D. Sperber (eds.) (2012), *Meaning and Relevance*. Cambridge University Press. Pages reference are to the latter.

Stalnaker, R. (1968) "A Theory of Conditionals." In *Studies in Logical Theory, Ameican Philosophical Quarterly*. Monograph Series, No. 2. Oxford: Blackwell.

—— (1970) "Pragmatics." *Synthese* 22: 272-289. Reprinted in D. Davidson and G. Harman (eds) (1972) *Semantics of Natural Language*, Dordrecht: D. Reidel.

—— (1978) "Assertion," in P.Cole (ed.), *Syntax and Semantics, Vol. 9: Pragmatics*.

New York: Academic Press.

—— (1999) *Context and Content*. Oxford: Oxford University Press.

New York: Academic Press.

—— (2000) "Common Ground." *Linguistics and Philosophy* 25: 701-721.

Stanley, J. (2000) "Context and Logical Form." *Linguistics and Philosophy* 23: 391-434.

Stanley, J., and Szabó, Z. (2000) "On Quantifier Domain Restriction." *Mind and Language* 15: 219-261.

Stern, J. (2000) *Metaphor in Context*. Cambridge, MA: MIT Press/Bradford Books.

Stich, S. (1976) "Davidson's Semantic Program." *Canadian Journal of Philosophy* 4: 201-227.

Stove, D. (1991) *The Plato Cult and Other Philosophical Follies*. Oxford: Basil Blackwell.

Strawson, P. F. (1950) "On Referring." *Mind* 59: 320-344.

—— (1964) "Intention and Convention in Speech Acts." *Philosophical Review* 73: 439-460.

—— (1970) *Meaning and Truth*, Oxford: Clarendon Press.

Szabó, Z. (2000) "Descriptions and Uniqueness." *Philosophical Studies* 101: 29-57.

—— (2003) "Definite Descriptions without Uniqueness: A Reply to Abbott." *Philosophical Studies* 114: 279-291.

—— (ed.) (2005) *Semantics versus Pragmatics*. Oxford: Oxford University Press.

—— (2007) "Compositionality." In E. N. Zalta (ed.), *The Stanford Encyclopedia of Philosophy*. Available at http://plato.stanford.edu/entries/compositionality/ (last accessed 15 November 2007).

Tarski, A. (1956) "The Concept of Truth in Formalized Languages." In J. H. Woodger (ed. and trans.), *Logic, Semantics, Metamathematics*, Oxford: Clarendon Press.

Taylor, I. (1898/1969) *Names and their History: A Handbook of Historical Geography and Topographical Nomenclacure*. Detrot, MI: Gale Research Co.

Taylor, K. A. (1988) "We've Got You Coming and Going." *Linguistics and Philosophy* 11: 493-513.

—— (1998) *Truth and Meaning*. Oxford: Basil Blackwell.

—— (2001) "Sex, Breakfast, and Descriptus Interruptus." *Synthese* 128: 45-61.

Tirrell, L. (1989) "Extending: The Structure of Metaphor." *Noûs* 23: 17-34.

—— (2012) "Genocidal Language Games." In I. Mitra and M. K. McGowan (eds.),

Speech and Harm: Controversies Over Free Speech. Oxford: Oxford
University Press.

Travis, C. (1975) *Saying and Understanding.* New York: New York University
Press.

Tsohadzidis, S. L. (ed.) (1994) *Foundations of Speech Act Theory: Philosophical
and Linguistic Perspectives.* London: Routledge.

Tversky, A. (1977) "Features of Similarity." *Psychological Review* 84: 327–352.

Unger, P. (1983) "The Causal Theory of Reference." *Philosophical Studies* 43:
1–45.

Vanderveken, D. and Kubo, S. (eds.) (2001) *Essays in Speech Act Theory.*
Amsterdam: John Benjamins.

von Wright, G. H. (1958) "Biographical Sketch." In N. Malcolm (ed.) *Ludwig
Wittgenstein: A Memoir.* Oxford: Oxford University Press.

Waismann, F. (1965a) *The Principles of Linguistic Philosophy.* R. Harrè (ed.)
New York: St. Martin's Press.

—— (1965b) "Verifiability." *Aristotelian Society Supplementary Volume* 19: 119–50.

Walton, K. (1990) *Mimesis as Make-Believe: On the Foundations of the
Representational Arts.* Cambridge, MA: Harvard University Press.

—— (1993) "Metaphor and Prop-Oriented Make-Believe." *European Journal of
Philosophy* I: 39–56.

Warner, R. (1982) "Discourse Logic and Conventional Implicature." *Studia Anglica
Posnaniensia,* 14: 91–102.

Wearing, C. (2011) "Metaphor, Idiom, and Pretense." *Noûs* 46: 1–26.

Weinreich, U. (1966) "Explorations in Semantic Theory." In T. A. Sebeok (ed.),
Theoretical Foundations. The Hague: Mouton.

Weinstein, S. (1974) "Truth and Demonstratives." *Noûs* 8: 179–84. Reprinted in
D. Davidson and G. Harman (eds) (1975) *The Logic of Grammar.* Enico, CA:
Dickenson.

Weisler, S. (1991) "An Overview of Montague Semantics." In J. Garfield and
M. Kiteley (eds), *Meaning and Truth.* New York: Paragon.

Wettstein, H. (1991) *Has Semantics Rested on a Mistake?* Stanford: Stanford
University Press.

White, R. M. (1996) *The Structure of Metaphor.* Oxford: Basil Blackwell.

Whiting, D. (2013) "It's Not What You Said, It's the Way You Said It: Slurs and
Conventional Implicatures." *Analytic Philosophy* 54: 364–377.

Williamson, T. (2009) "Reference, Inference, and the Semantics of Pejoratives." In J. Almog and P. Leonardi (eds.), *The Philosophy of David Kaplan*. Oxford: Oxford University Press.

Wilson, D. (1975) *Presuppositions and Non-Truth-Conditional Semantics*. New York: Academic Press.

―― (2006) "The Pragmatics of Verbal Irony: Echo or Pretense?" *Lingua* 116: 1722-1743.

Wilson, D. and Sperber, D. (2004) "Relevance Theory." In L. R. Horn and G. Ward (eds.), *The Handbook of Pragmatics*. Oxford: Blackwell.

―― (2012a) "Explaining Irony." In Wilson, D. and Sperber, D. (eds.), *Meaning and Relevance*. Cambridge: Cambridge University Press.

―― (2012b) *Meaning and Relevance*. Cambridge: Cambridge University Press.

Wittgenstein, L. (1953) *Philosophical Investigations*. G. E. M. Anscombe (trans.) Oxford: Basil Blackwell.

Wolterstorff, N. (1970) *On Universals: An Essay in Ontology*. Chicago: Chicago University Press.

Yablo, S. (2006) "Non-Catastrophic Presupposition Failure." In J. J. Thomson and A. Byrne (eds.), *Content and Modality: Themes from the Philosophy of Robert Stalnaker*. Oxford: Oxford University Press.

Yourgrau, P. (ed.) (1990) *Demonstratives*. Oxford: Oxford University Press.

Ziff, P. (1960) *Semantic Analysis*. Ithaca, NY: Cornell University Press.

―― (1967) "On H.P.Grice's Account of Meaning." *Analysis*, 28: 1-8.

찾아보기